卓越教育

TOWARD EXCELLENCE

卓越教育 主编

走向卓越

中小学教师专业发展理论读本

（第一卷）

济南出版社

图书在版编目(CIP)数据

走向卓越：中小学教师专业发展理论读本（全6卷）/
卓越教育主编 . — 济南：济南出版社，2016.7
　ISBN 978-7-5488-2232-5

　Ⅰ . ①走… 　Ⅱ . ①卓… 　Ⅲ . ①中小学—师资培养—
研究 　Ⅳ . ① G635.12

　中国版本图书馆 CIP 数据核字（2016）第 179282 号

出版发行	济南出版社
地　　址	济南市二环南路 1 号（250002）
印　　刷	山东省东营市新华印刷厂
版　　次	2016 年 7 月第 1 版
印　　次	2016 年 8 月第 1 次印刷
开　　本	710 mm × 1 000 mm　1 / 16
总 印 张	174.75
总 字 数	3 050 千
印　　数	1—10000 套
总 定 价	598.00 元（全6卷）

（济南版图书，如有印装错误，可随时调换）

序

进入新世纪，随着基础教育领域新课程改革实验的不断推进和深化，广大中小学教师的专业读书活动蓬勃发展，已成为促进中小学教师专业成长、提高育人水平、寻求职业幸福，引导广大教师从优秀走向卓越的重要组成部分。一大批善于学习、善于改革创新，既有扎实的理论基础，又富有教育实践经验的教师脱颖而出，成为新课程改革实验的骨干力量和引领者。在互联网知识"爆炸与海啸"的今天，如何百尺竿头更进一步，为广大教师提供更好更多的优秀精神食粮和阅读材料，我们思考和研究了很多，很多。

新的教育理论认为，我们处于一个信息化的时代，一个需要终身学习的时代，一个需要每个人都具有终身学习的愿望和能力的时代。在新课程背景下，课程的综合性增强、知识更新提速、学习工具创新、课堂要求更高、教学手段更加丰富多样，这无一不对教师提出新的挑战。教师自身知识储备能否适应这些变化，能否满足学生的要求，成为教师面临的一道难题。

虽然中小学教师专业成长的路径和要素很多，比如在工作中不断地丰富自己的教育教学实践，深入而持续地对自己的教育教学行为进行反思，虚心学习与借鉴同行的成功经验，积极参加一系列学习报告会和实地考察，敏感地察觉先进科学技术对当前和未来教育的影响，以及对教育教学实践的观察与研究等等，缺一不可，但是，通过系统的专业阅读而形成教师自己科学完备的专业理论知识结构和体系，是教师专业发展的重要基础。

教育专业理论知识起源于人们对于教育规律的理性追求，是人们对教育现象和教育实践抽象、概括和总结基础上形成的专门化、系统化、科学化的理性认识。赫尔巴特这样论述科学的教育理论对于教师工作的价值："我曾要求教育者懂得科学，具有思考力。我不把科学视为一副眼镜，而把它看作一双眼睛，而且是一双人们可以用来观察各种事物的最好的眼睛。"教育专业理论不仅为教师观察教育教学现象提供了一双眼睛，它还能为教师提供一种精神的引导，一种判断的凭借，一种价值的支撑，更是教师实践之后进行反思的依据。教师拒斥教育教学专业理论，必然会减少其心智思考和主动探索的空间，把教育工作背后的复杂原因简单化理解，使其教育实践囿于习俗、经验、知觉和浅层次的思考，这种情形很难使人把他的工作与"专业"联系起来。

另外，苏霍姆林斯基也曾说过，教师不懂得教育学和心理学，就如同一个心脏专科医生不了解心脏构造一样。对教育科学理论的研究和学习，是教师掌握教育教学规律的必要前提。教育学、心理学、课程论、学习论、德育论等理论是教师必读科目，教师通过学习教育科学理论，并将其与自身教学实践相结合，必然能为自己的教育实践注入新的活力，提高自身的教学技能。

教师工作的主要职责是教书育人、立德树人，促进学生全面发展。教师职业的学习以自己的专业发展需求和专业知识技能的提高为本，应不断优化自己的专业思维理念，完善自己的知识结构，从而更好地胜任教学工作，创造性地解决在教学实践过程中遇到的各种困难和问题，使自己成为更加优秀的教育工作者。这决定了教师为教而学，其学习是为了更好地教，是为了让学生更好地学，也是为了更为科学有效地教学。

专业化背景下教师的学习基于社会发展的客观现实的专业要求，更基于教师个人的主观选择和价值追求，教师要持续不断地发展自己，也必然进行持续性、终身性学习。

随着现代教育技术越来越多地应用于教学过程，教师从传播知识的繁重任务中解脱出来，全心投入到育人的活动中；教师也从原来处于中心地位的知识权威，转变为学生学习的指导者、合作伙伴、社会文化的诠释者、教育的研究者，更多地关注学生学习活动的设计和开发。

据我们观察和研究，教师的专业成长基本上需要四类知识：第一层次的是最基础、最基本的知识，如世界观、人生观、价值观和接受基础教育所获得的知识；第二层次的是专业基础知识和学科知识，如汉语言文学专业的现代汉语、古代汉语、文学概论、古代文学、近现代文学、当代文学、外国文学、古代文论等，这些知识是教师专业知识的基础；第三层次是专业理论知识，如教育学、心理学、管理学、学科教学论、学习论、课程论、德育论等，是教师专业成长的关键知识；第四个层次是个人的教育教学经验。这四个层次的知识由低到高形成一个完整的框架和层次结构。四类知识相互连接、相互影响、相辅相成，成为一个系统有机、不可分割的整体。不论哪一类知识的缺乏和不足，尤其是专业理论知识不足、不系统的问题，将会造成知识结构和认知结构的重大缺陷，影响教师学习能力和解决问题能力的提升，进而影响职业成就。

目前在职教师对于这四类知识的理解和掌握已经有了明确的认识，在学习上也注重了积累和应用。总体上来说，对于前两类和第四类知识很重视且掌握得较为熟练和完整，而对于第三类知识——教师专业理论却学习掌握得最不系统、最薄弱、最不完备，成为教师专业知识结构和影响教师专业发展最大的短板。所以，全面而系统地学习和掌握教育哲学、教育伦理学、教育社会学、教育心理学、教育经济学、教育管理学、教育统计学、教育测量学、教育科学研究方法论、学习论、课程论、教学论、德育论、中国教育史、外国教育史、比较教育概论等专业理论知识，是补短板、求发展，走向卓越的有效路径。

随着社会信息量的无限累积和互联网的迅猛发展，当前教育教学专业理论知识的存在形式和呈现方式，极具多样化。其中主要的有两种，一种是碎片化存在与呈现，极像大树的缤纷落叶，丰富多彩但零散而不成系统，诸如报纸、杂志、微信、微博、论文集等所呈现的专业知识；另一种是系统化存在与呈现，极像大树的枝干，条理清晰但树叶并不丰茂，诸如通论、专著、教科书等所呈现的系统化知识。仔细审视，当前中小学教师专业化阅读存在的问题还在于获取的碎片化知识过多，浏览和阅读了很多报纸杂志、个人经验介绍以及论文集，甚至定制的微博、微信等，但由于专业知识的系统化结构化不够，既没有被教师原有的知识体系消化吸收，也没有在复原的基础上将专业知识进行重构形成自己独特的知识结构体系。

在教育研究领域，郑金洲教授将这样一种现象趋向表述为"碎片化"：即在教育理论研究与教育实践研究过程中，关心当下具体的教育问题、单一的教育实际、片段的教育事实、零散的教育观点。碎片化阅读是互联网时代的通病，每个人都深陷其中不能自拔。碎片化阅读的反面是沉浸式的阅读，这才是盛产体系化知识的好方式。碎片化知识如果不能够有机地结合于系统化体系之中，可以说碎片化知识几乎是没有价值的。

据《浅薄：互联网如何毒化了我们的大脑》研究发现，人们在上网时和读书时大脑活动的模式是不同的。读书时，大脑中与语言、记忆和视觉有关的区域很活跃；上网浏览和搜索时，大脑中做决定的区域则很活跃；上网时，每当我们遇到一个链接时，就要暂停至少1秒钟，让大脑去判断链接是否值得去点击，由此导致我们在上网时很难深入阅读和长时间集中注意力。上网时，卡尔说："我们牺牲了深入阅读的功能，变成只是信息的解码者，形成丰富的精神连接的能力被搁置。"点击和浏览网页还会损害我们长期记忆的积累，而它是思考的基础。只有把数据融合、存储在我们大脑深处，才能形成新的想法。不加选择地收集再多信息也无法弥补这种缓慢、综合性的创造。超级链接和过多的刺激意味着大脑必须把大部分注意力放在短期的决定上，被转移然后做深入处理的信息特别少。卡尔说："我们正在从一个推崇个人的创造力的社会走向社会构建起来的心灵，它更推崇速度和多数人的赞同而非创造力。"

据吴晓波说，在美国，医生被认为是职业门槛最高的，要成为一个高超的医生，你起码得学习3 000本医疗著作、上万篇论文和临床报告，需要你投入10年的时间，这便是所谓的"一万小时天才定律"。

当代认知学习理论认为，任何有效的学习过程都不能将现成的答案和结论硬塞给学习者，必须通过系统深入地阅读、思考、实践、体验、感悟、探讨、交流、总结、提升，学习者才能由外部刺激的被动接受者和知识的灌输对象转变为信息加工的主体和知识意义的主动建构者，才能建构科学完备的知识结构和认知结构，才能形成科学的思维方式和思维习惯。另外，元认知学习理论还认为，知识结构、思维模式、行为习惯、情绪管理、自我反思等是学习者智力开发、成绩提升、能力拓展的五个关键因素；认为知识结构决定思维方式，思维方式决定行为习惯，行为习惯决定个性，个性决定性格，性格即命运。

鉴于此，急需编辑出版一整套适合教师完善专业理论知识需要的专业读物。

中山大学王竹立教授在《碎片与重构——互联网重新塑造大教育》一书中

提出：在互联网数字时代，知识存在的形式更加呈现碎片化，所以数字时代基于互联网的学习思维，一种是"复原"，一种是"重构"。前者是一种垂直思维、传统思维，后者是一种水平思维、创新思维。复原就是学习者对网络或书本上的知识进行重新结构化处理，帮助学习者将碎片化的知识，按照每个学科内在的知识内在的逻辑体系重新整合起来。重构则是学习者以个人的兴趣爱好和问题解决需要为中心，对碎片化知识或逻辑化知识进行个性化改造，构建新的个人的知识结构和知识体系，而不是按照原来的学科知识体系进行整合。

本丛书的编写方式既是"复原"，也是"重构"；既有"解构"，更重"结构"，尽量做到多种学习方式有机融合，从而便于广大教师学习、阅读和研究，便于建构基于应用的科学完备的专业知识网络体系。本丛书不是严谨的学术著作，更像一套普及读物，主要是为广大教师提供一个学习线索，通过阅读本丛书，为今后深入学习和研究奠定初步的台阶和基础。

本丛书分6册，共设计了18个专题，每册由3个专题组成。

第一册内容有：教育原理概述、德育原理概述和未来教育发展趋势与人才培养三个专题；

第二册内容有：现代学习理论概述、现代教学理论概述和现代课程理论概述三个专题；

第三册内容有：教育哲学概论、教育人类学概论和教育伦理学概论三个专题；

第四册内容有：教育社会学概论、教育经济学概论和教育法学概论三个专题；

第五册内容有：信息技术改变教育、教育评价概论和教育管理学概论三个专题；

第六册内容有：校本教研的理论与实践、中国教育简史、外国教育简史三个专题。

每个专题10万字左右，专题之后精选了关联拓展阅读文章2~5篇，在系统化、结构化的前提下，将碎片化的知识进行拓展式链接，试图补充学界最新的研究成果，丰富丛书的内容，增加内容的多样化和新鲜性，不断开阔读者的视野。在本书的最后，还列举了主要参考文献，即中小学教师专业理论核心阅读推荐书目，供各位教师进一步全面深入拓展阅读参考。为了建构完善的专业理论知识网络，心理测量和教育统计学的知识也应该了解和掌握，但计算机庞大而快速的数据处理功能，使测量和统计变得相对容易操作，故本丛书就没有再编选这方面的知识，好在校本教研与教师发展和学习分析技术专题的部分章节中也有所涉及。如果您要深入研究和掌握测量和统计方面的学问，也可以按照附录中列举的参考书进行深入学习。本丛书将系统化结构与碎片化补充相结合，互相参照，相辅相成，相得益彰，增加了可读性和完整性。

专业理论的学习需要专心致志，其重要之处在于特别专注与高度活跃的、高效的破解文本与理解意义相结合，与深刻的反思自己的教育教学实践相结合，与顺畅的写作表达相结合。阅读时，我们不仅从作者的话语中接收知识，与作者对话，而且作者的话语在我们的心灵中引发智力激荡，生成我们自己的链接，形成新思想。

由于编选者的学养和见识所限，不足之处在所难免，甚至出现谬误，敬请各位读者批评指正！

是为序。

编者

2016 年 6 月 1 日

目　录

专题一　教育原理概述

专题二 德育原理概述

专题三　未来教育发展趋势与人才培养

专题一

教育原理概述

第一章 教育的基本概念

第一节 教育是什么

一、教育概念的界定

使用"谷歌"搜索引擎搜索"教育是什么",用时 0.14 秒,共获得约 13 800 000 条结果。人们对教育有着不同的诠释,众说纷纭,莫衷一是。虽然有些意思重复,但不可谓不多。他们有的从教育价值的角度,有的从教育目的的角度,有的从教育内容与方法的角度,有的从教育本质的角度来诠释。由于时代不同、角度不同,各人代表的阶级、所取的价值观和思想方法不同,这些回答就很不相同,有些甚至是完全对立的。如 19 世纪中叶有影响的英国哲学家和社会学家斯宾塞认为教育是为美好生活作准备,而 20 世纪初的美国哲学家、教育家杜威却认为教育不是生活的准备,它本身就是生活;有些教育家强调教育的目的是人格的培养,有些教育家却认为人格的培养是家庭和社会的事,教育应该着力于智慧的训练。即使在当今国内外的教育学教科书中,也很难找到完全相同的教育定义。以分析概念见长的德裔哲学家 W. 布列钦卡,在他著名的《教育科学的基本概念》一书中,对教育一词作了专章分析。他指出,教育,这一"看似很熟悉的概念实际上具有多义性和含糊性"。要想使其更为清晰和做出尽可能准确的界定,就有必要对已有的近代教育学上有关教育的各种含义做一个了解与分析。布列钦卡践行了自己的建议。但即便如此,他所提出的教育概念也未必就能无条件地成为业内共识。

"永恒主义"教育流派的代表人物之一赫钦斯（Robert Maynard Hutchins）说过："什么是教育？教育就是帮助学生学会自己思考，做出独立的判断，并作为一个负责的公民参加工作。"美国的杜威说："教育即生活。"英国的斯宾塞说："教育为未来生活作准备。"柏拉图说："教育乃是心灵的转向。"康德说："教育是由个体自我设计、自我选择、自我构建、自我评价的过程，是自我能力的发展，它体现着社会意志和教育者与受教育者平等自由地、审慎严肃地共同探究的机理，不是'指令'，不是'替代'，更不是让茧中的幼蝶曲意迎合或违心屈从。"蒙台梭利说："教育就是激发生命，充实生命，协助孩子们用自己的力量生存下去，并帮助他们发展这种精神。"裴斯泰洛齐说："教育意味着完整的人的发展。"马克思、恩格斯说：教育是促进"个人的独创的自由发展"。爱因斯坦说："什么是教育？当你把受过的教育都忘记了，剩下的就是教育。"真正的教育应该包含智慧之爱，它与人的灵魂有关，所以雅斯贝尔斯说："教育是人的灵魂的教育，而非理性知识的堆积。"亚米契斯说：教育是"爱的教育"。

《大学》曰："大学之道，在明明德，在亲民，在止于至善。"蔡元培说："教育是帮助被教育的人给他能发展自己的能力，完成他的人格，于人类文化上能尽一分子的责任，不是把被教育的人造成一种特别器具。"鲁迅说："教育是要立人。"陶行知说，教育是依据生活、为了生活的"生活教育"，培养有行动能力、思考能力和创造力的人。吕型伟对教育的认识有三句名言："教育是事业，其意义在于奉献；教育是科学，其价值在于求真；教育是艺术，其生命在于创新。"阮志孝说："教育是什么？它是一种社会传播现象，一种人类的社会传播活动；是一种典型的组织传播，一种专业的组织传播。"在《论语》中，孔子的教育理想是："暮春者，春服既成，冠者五六人，童子六七人，浴乎沂，风乎舞雩，咏而归。"

第一，在给教育这个概念作界定时，要充分考虑教育作为事实存在的复杂性，而不只是已有概念界定的纷繁性。概念的界定要尽可能地涵盖教育的各种实情，避免以偏概全；第二，要明确形成概念的认识目的，并以此作为依据去作界定，历史上和现实中对教育概念界定的分歧，不能简单归结为是概念界定者认识上的模糊。事实上，上述现象的出现，还与概念界定者选择观察、研究教育的立场、视角不同，针对的认识问题不同，涉及教育的层次不同相关。各种不同的界定未必只有一种为"对"，其他都为"错"。因此，对于我们重要的是确定自己的认识目的。具体地说，这一目的就是要通过界定概念，把教育与其他事物区别开来，认识其独特性；同时，又能涵盖现实存在的或曾经存在过的各种各样的教育。为此，我们分析了近百位著名教育家有关"教育是什么"的论述，透过纷繁的不同，发现了他们之间的共同基础，那就是都把教育看作是一种"活动"，而所有的区别都与对教育作为一种活动的价值、目的、内容、方法以及性质或本质的认识相关。在现实生活中，教育确实也以活动的形态存在。所以，我们决定把"活动"作为界定"教育"概念的起点，并通过对下列三个问题的讨论，明确教育究竟是一种以什么为其根本特征的活动。

在我们生存的大千世界中，存在着各种不同性质的现象与活动：无生命的、有生命的和社会的。教育属于有生命世界的活动，这是没有分歧的。但是，教育是人类特有的社会活动还是动物与人共有的动物界的生存活动？对此却有不同的看法。可见，要给教育下定义，首先要明确这个问题，不同的回答将使"教育"这个概念有不同的内涵和外延。

让我们先从词源上看看"教育"这个词的含义。我国汉代许慎在《说文解字》中注道："教，上所施，下所效也"，"育，养子使作善也"。把这两个字结合起来成"教育"一词，可以理解为是上对下、成人对儿童的一种影响，其目的是使受教者成善，手段是模仿。也就是说，教育是地位处于上者（国君、父母、教师等）对地位处于下者（臣、子女、学生等）、成人对儿童的有目的的影响。

在中国教育史的研究中，一般认为将"教""育"二字连用成"教育"一词，始于孟子"得天下英才而教育之，三乐也"的提法。这一连用在词义上并未有大的扩展，或生出新意，但可见言说者突出选择教育对象的意愿。

"教育"一词在中国近代意义上的广泛使用，是与 19 世纪末 20 世纪初中国主要通过日本将西方教育概念引进有关。日语中"教育"的发音与汉语同词相近，但是，日语教育同英语 education 对译，故具有不同于古代汉语中"教育"一词的新含义。该词由 educe 衍化生成，其意为"引出，自潜在物中引发"。这一词源学上的意义，反映出东西方文化的一种深度内在区别：中国的"教""育"，强调的是儿童要学习"外在"的规定的立身之内容，强调成人对儿童的养育。而西方强调的则是将儿童潜质的导引作为教育的内涵。但在德语和法语中，"教育"一词还源自古希腊语中的"教仆"（pedagogue）一词，在古希腊语中，"教育"一词与"教仆"一词相关，教仆是对专门带领儿童的奴隶的称呼。由此我们也可读出对儿童照料的含义。以后逐渐扩展到与教育技能、方法相关之事。这一词义可能与我国古代的词义有重合之处。从两种文字的"教育"的词源分析中可以看出，它们的共同含义是对人类社会中抚育新生一代这种特殊活动的概括，涉及的只是人类社会的活动。尤其是象形的甲骨文，最形象地表明了教育作为人类活动的特征。

19 世纪末，法国哲学家、社会学家雷徒诺（C. L. Letourneau，又译为勒图尔诺）在自己的著作《论各人种的教育演化》中首先明确提出了动物界已经在教育的观点。他以老猫教小猫捕鼠、老鸭子教小鸭子游水等为例，证明教育超出人类社会范围，并早在人出现以前就存在了。他认为人出现之后只是继承了业已形成的现成的教育形式，并做出不断改变和演进。因此，人的教育虽有一些新的性质，但本质上依然和动物界的教育一样。雷徒诺在另一篇名为《动物界的教育》论文中，详细地列举了各种不同的动物（从高等动物、脊椎动物到无脊椎动物）和处于不同环境中的动物（野生的和家养的），以及同类动物、异类动物和人与动物间的教育现象。他是从"引出"潜能即 education 的意义上来理解教育的，因此他把所有的遗传形成的包括人在内的动物内在的本能，看作是自发的教育。他认为："动物尤其是略为高等的动物，完全同人一样，生来就有一种由遗传而得到的潜在的教育，其效果见诸个体的发展过程。"除此以外，动物还有"有意识的教育"，有"自己的语言"。在雷徒诺看来，"兽类教育和人类教育在根本上有同样的基础；由人强加的人为的教育，可以动摇甚至改变动物被称为本能的倾向，并反复教它们具有一些新的倾向。为取得这一结果，通常只要让年幼动物反复地练习并恰当地利用奖惩也就够了。由此不难看出，人类教育的进行与动物的教育差不多"。类似的观点也能从我国已有译本的、20 世纪 20 年代初在英国出版的英国教育家沛西·能的《教育原理》中找到。他也认为教育从它的起源来说，是一个生物学的过程，教育是扎根于本能而不可避免的行为，因此生物的冲动是教育的主流。他在此书中反复强调人与动物没有根本的差别，"高等动物如狗和猿，它们的生活在许多方面是我们的模型"，并由此推断，人类很多教育上的努力所以比较没有效果，也许正是因为忽视了人类与动物的一致性。此类观点虽然在新中国成立后出的教育学教科书中不受赞同，但近年来在有些报刊上出现了以《动物也会教育培养后代》为标题的文章。在讨论教育的起源问题时，也有人提出："人类教育的前身只是也只能是古猿的教育——老一辈古猿为了维持自己同类的存在而将自己求生的固有技能传授给新一辈古猿的行为。"尽管这是谈教育的起源问题，但实际上涉及教育是否只为人类社会所特有。因为承认有"古猿的教育"，也就是说教育的概念应该扩大到人类社会之前，至少要包括古猿的教育在内。由此可见，探讨这个问题在我国当前来说并非无的放矢。

在此，我们先不涉及教育的起源问题，只把问题集中到动物界是否也有教育，教育是否根植于人的生物本性上来。这是弄清教育是人的社会活动还是动物界生存活动的关键所在。

我们认为，在动物界，尤其是高等动物界的代与代之间，存在着和人类两代人之间类似的"教"与"学"的现象。然而，这两种表面类似的现象在本质上却大不相同。

所谓动物的教育是一种基于亲子和生存本能的自发行为，它的产生与动物的生理需求直接相关，其内容也与动物的生存本能如捕捉食物、逃避天敌等相关。而小动物向老动物的"学习"，也是以本能为依据的。总之，正像马克思指出的那样，"动物和它的生命活动是直接同一的。动物不把自己同自己的生命活动区别开来。它就是这种生命活动"。把人跟动物的活动直接区别开来的是人的活动的有意识性与社会性。而人类的教育活动与动物的相比，最大的差别正是在其社会性上。尽管在教育人时要考虑到人也是生物，尽管人也有自然的生物本能，但是人之所以需要教育不是直接产生于生物本能，而是产生于个体在社会中生存和社会延续、发展的需要。教育一开始就是一种既为了个体，又为了社会，且两者交织而不可分割的活动，具有社会性和为了社会的指向性是人与所谓"动物的教育"的根本区别。

其次，动物没有语言，不具备将"个体"的经验"类"化、概念化并积累起来向他人传递的能力，即借此完成代际连续传递的语言能力。"动物不能把同类的不同特性汇集起来；它们不能为同类的共同利益和方便做出任何贡献。"因此，所谓动物的"教育"（不是人对动物的训练）只停留在第一信号系统的水平上，局限于动物的个体与个体之间的在具体情境中直接借助于自身不同器官进行的行为的"传授"，它不可能把"类"经验转化为"个体"经验，因而也不可能通过"教育"使动物一代胜过一代。不是吗？尽管一代代的老猫都"教"小猫捕鼠，但猫的本领始终不过是捕鼠而已。但是，"人则不同，各种各样的才能和活动方式可以相互利用，因为人能够把各种不同的产品汇集成一个共同的资源"。人通过语言和其他的自己创造的物质形式（如工具、产品），把个体的经验保存和积累起来，成为"类"经验。人类教育传递的正是人类社会共同体积累的类经验，不只是个体的直接经验。这些经验不是本能的产物，而是人类智慧的结晶。正因为如此，有史以来的两千多年中，人类自身的活动和社会产生了如此巨大的变化，这是高等动物中任何一种都无法比拟的。

最后，所谓动物教育的结果无非是小动物适应环境，维持生命，能独立生存。而人类教育的结果远远不止于此。人类教育不但使受教育者获得适应环境的经验，而且培养了人进一步改造环境、参与社会生活、创造财富、推动社会发展的能力，培养了人创造新经验的能力。这也是人类社会迅速发展的重要原因。

由此可见，教育是人类社会特有的活动，正像社会性是人与其他动物的本质区别，因此需要用"人"这个词把人与动物区别开来一样。社会性也是人的教育活动与动物所谓教育活动的本质区别，因此也需要用"教育"这个词把人的培育活动与动物的亲子本能活动区别开来。承认教育的社会性是十分重要的，它使我们从社会活动的高度，而不是从生物活动的水平来研究教育，从而可能揭示教育与社会之间的规律性联系。自然，这不等于否定作为生命体的人与动物的渊源关系和生物层面上的共性的存在。但同样，不能因此而得出人类教育活动与所谓动物教育活动之间的层次意义上的性质区别。通读雷徒诺的《动物界的教育》一文，我们不难看出，作者是以人为参照物去解读动物的。这种视角使他得出动物也有教育的结论就不奇怪了。

只确定教育是一种社会活动，还不足以完全确定教育的性质与范围，因为社会活动是多样的。是什么把教育活动与其他社会活动区别开来的呢？这就需要进一步讨论教育活动相对于其他社会活动的特殊性问题。

让我们先来分析一下两种关于教育最广义的定义。

《美利坚百科全书》"教育"条中写道："从最广泛的意义说来，教育就是个人获得知识或见解的过程，就是个人的观点或技艺得到提高的过程。"

我国也有学者认为，从广义来看，教育可以说是对人从生到死的全部影响的总和，即有计划的和偶然的、有组织的和无组织的、自觉的和自发的、来自自然环境和社会环境的影响的总和。这两种观点在我国 20 世纪 80 年代出版的《中国大百科全书·教育》卷中以概括的方式得到表达："凡是增进人们的知识和技能、影响人们的思想品德的活动，都是教育。"

以上说法从两个不同的角度给最广义的教育下了定义。前者是从受教育者成长的角度，后者是从对受教育者产生影响的角度。但是两个定义都失之于无法把教育活动与其他社会活动区别开来。因为人是任何社会活动中的主体、承担者，在任何活动中都可能"获得知识或见解"，得到进步、经验、教训和成长，也就是说，任何社会活动都可能对人产生影响。但我们却不能因此把任何活动都称为教育活动，不然，"教育"与"社会活动"就成了同义语。此外，这两个定义都站在受教育者的立场上来谈教育，而不是对教育活动本身下定义。但是，我们仍能从中得到的启发有二：一是教育总是与人的成长相关；二是能对人成长产生作用的不只是教育活动，可以说，人所参与的一切活动都可能产生教育的效果。因此，我们要区别"教育活动"与可能产生"教育影响"的其他活动，不能以有无"影响"和产生什么"结果"为准，不能只从这些活动给受教育者带来什么结果着眼，而要从活动的对象和目标着眼。因为凡是社会活动都有对象和目标，它们是决定活动特质和其他因素的先决因素。

教育活动是有意识的以人为直接对象的社会活动，它不同于其他以物或以精神产品的生产为直接对象的社会生产活动，如社会物质生产活动和精神生产活动。

强调活动的"直接对象",是一种区别不同类型活动的有效方法,它防止以间接对象纳入界定概念依据的概念泛化问题的产生,因为间接对象可以无限连接。教育的直接对象是人。强调活动的承担者是否"有意识"也是区别活动本身有无明晰目标和对象指向的重要条件。因为在人类也还存在其他以人为直接对象的社会活动,如家庭中对孩子的照料;文化活动,如阅读中自然产生的感受;或日常生活中得到的经验;成人无意识对儿童产生的影响。这些活动、行为都可能具有教育影响,但活动本身并不是教育活动。正如布列钦卡在评析法国社会学家涂尔干 1911 年提出的将"教育"界定为"成人一代对那些还不能成熟地应付社会生活的年轻一代所施加的影响"时所言:"将教育界定为'影响',不仅使其具有多义性而且具有含糊性。"这种"影响"里包括有意识的和无意识的。涂尔干明确表示:"这种影响总是当前的和具有普遍性的。在社会生活中,青年一代在任何阶段,甚至无时无刻都不可能脱离与成人一代之间的联系,也不可能不在教育方面受到其哪怕是无意的影响。……事实上,一种无意的教育从来就未曾停止过。"由此可见,不强调"有意识",就又会把教育回归为个体的全部社会生活,使教育又成为一种漫无边际、无法把握的社会存在。这种将教育概念泛化的思维是忽视教育活动与教育影响区别的产物。

这种说法表面看来似乎强调了教育无所不在的强大作用,实际上是忽视了教育作为一种有意识的人类社会活动的不可欠缺性,用"自然化"的方式消解了教育作为人类独特活动存在的价值。但是,不能反过来说,强调教育作为人类独特的社会活动,就是要否定其他社会活动存在教育影响。这种教育影响同样是一种客观存在,只是它不属于以"教育"为主旨的活动范围。

但是上述关于"教育活动"的表述,还不足以区分教育与其他有意识的以人为直接对象的活动。为此,我们还须作进一步限定,明晰教育是以对人的身心发展产生影响为直接目标。这样,就把教育活动和以保护人的身心健康、抵御疾病对人的身心危害为直接目标的医疗活动,以满足人的各种需要为直接目标的社会服务活动等区别开来了。至此,我们可以给教育下这样一个描述性定义:教育是有意识的、以影响人的身心发展为直接目标的社会活动。

在具体阐明这个定义时,还会涉及一些不同观点。例如,定义中的"人",

指的是人生中任何时期的人，还是只指"青少年"？主张后者的往往用"青少年"或"年轻一代"来代替定义中的"人"。定义中的"影响"包括正、反面的影响，还是只指正面的影响？主张后者的往往在定义中用"促进"来代替"影响"。

我们认为，在这个定义中，"人"应该包括各个年龄阶段的人。从现状来看，把教育对象只局限于青少年，即使从学校教育的范围来考虑也已经不全面了。在现代社会中，学校教育已开始贯穿到人的终身，学校教育对象的年龄限制也在逐步消除中。当然，在教育对象的总体中，青少年总是最基本的组成部分。对于人生来说也是如此，青少年时期的基本任务是接受教育。关于"影响"，采用这个词的本身就意味着包含"正"和"反"两种可能存在的影响。如果只是指积极的影响，那么历史上的一些教育和现实生活中的许多教育活动都不能算是教育了。因为远不是所有教育活动都对人身心发展产生实际的积极影响。我们可以把教育区别为好的与坏的、积极的与消极的、进步的与落后的、革命的与反动的，但只要是一种有意识的以影响人的身心发展为直接目标的社会活动，都得承认是教育。提出对教育做出价值判断或选择的要求，已经超出了为实现将教育活动与其他社会活动区别而做出概念界定的目标，属于对被称为教育的这类活动作内部区分的任务，因此不在此讨论，但并不是说教育无涉价值。因为前者是内外划界，后者是内部区分。

也许有人会提出另一种异议：这样给教育下定义，不是只从教育者的角度考虑问题，忽视了受教育者在教育活动中的能动性吗？我们认为，在教育活动中，教育者与受教育者的关系，是教育活动内部的要素之间的关系问题，在讨论教育活动与其他社会活动的区别时，只要抓住目的与对象上的独特性，就可满足区别要求了，故不必再涉及内部要素的关系问题。但并非意味着这一问题不必讨论或无足轻重。反复强调我们在开章时对教育一词做出界定的任务，是为了说明教育在不同的层次或从不同的角度，可以做出许多不同的定义。因此，明晰界定的层次和角度，是确定一个定义合理性的必要条件。将两个不同层次的定义作比较或判其是非、优劣，本身就是不合逻辑的。正因为如此，即使是同一个作者，在不同层次、情境和角度讨论教育时，会给出不同的定义或判断。本书也不例外。

二、什么是学校教育

上述的教育定义一般称为广义的教育，与此相对的是狭义的教育，即学校教育。为了明确学校教育的定义，还必须讨论第三个问题。

广义的教育定义只是把教育活动与其他社会活动区别开来，包括的范围还很广。如家庭教育，通过大众传播媒介如报纸、期刊、广播、电视等进行的群众性教育，由校外文化机构进行的教育，以及群众团体中的教育活动等，当然学校教育也包括在内。学校教育是近代以来教育活动中的核心部分，有其特殊的结构和功能。对学校教育的深入研究有助于我们对其他教育活动的认识。因此，我们有必要把学校教育从其他的教育活动中区分出来。

学校教育与其他教育比较起来，最主要的区别有两个方面。第一，学校教育是目的性、系统性、组织性最强的一种教育活动，因此也是可控性最强的。不仅各级学校内部是这样，各级学校之间的关系也体现了这个特征。它是一种由制度做出保证的教育。第二，学校教育是由专门的机构和专职人员承担的，学校的任务是专门培养人，这些人是取得入学资格的。满足了这两方面要求的教育活动可称为学校教育。因此，学校教育（即狭义教育）可定义如下：学校教育是由专职人员和专门机构承担，有制度保证的、有目的、有系统、有组织的，以影响入学者的身心发展为直接目标的社会活动。学校教育也被称为制度化教育。

关于学校教育的定义，我国现行的教育学著作中还有各种不同的提法，有的更为详细。如指出学校教育制定目的的依据、身心发展的主要方面等。我们之所以没有采用较为详细的定义，是因为用过细的规定无法全面概括历史上和现实中各式各样的学校，往往会以理想化的学校为模式概括出学校教育的定义，以细求全，反而不全。此外，我们在学校教育的定义中突出了学校机构职能的专门性和人员的专门性。因为，历史告诉我们，凡欲削弱或者取消学校教育者，必然首先削弱专职教师和学校机构的作用，而学校教育职能的强化和教育质量的提高，又总是和这两方面的状态直接关联。

最后需要指出的是，教育的概念是对教育活动的概括。因此，它不是一成不变的，而是随着教育活动的变化、发展而变化的，也是随着人对教育活动认识的深化而变化的。

第二节 教育的基本要素及相互关系

通过上一节对教育概念的界定，我们对教育这一概念涉及的范围和内容有了初步认识。在此基础上，有可能也有必要进一步研究教育的内部结构。广义的教育包含着许多不同类型的教育活动，这些活动尽管具体的对象、目的、内容、方式、方法千差万别，但由于都以影响人的身心发展为直接目标，因此具有共同的基本要素，并且通过要素间的相互联系，构成一个个相对独立的子系统；而各子系统之间的联系，又构成了教育的总系统。故认识教育的基本要素是认识教育内部结构的基础。

所谓要素是指构成活动必不可少的、最基本的因素，但它并不包含活动中涉及的所有因素。那些没有包括在要素中的其他因素，可视为只要具备了要素就能派生出来的成分。

受教育者是教育活动中人的因素。构成教育活动的基本要素是：教育者与受教育者，教育内容与教育物资。下面分别阐明各要素的内涵、特点，它们在教育活动中的地位、作用以及相互关系。

一、教育者与受教育者

凡是在教育活动中承担教的责任（包括直接承担者和间接承担者）和施加教育影响的人都是教育者。

从广义教育看，教育者包括：各级教育管理人员，专职和兼职的教师，校外教育机构的工作人员，家长等；在有明确目的、独立进行的自学活动中，受教育者自己教育自己，当他在为自己确定学习目标、内容和方法时，则承担着部分教育者的任务。从学校教育看，教育者主要是指具有一定资格的专职教师和相对固定的兼职教师。由于教育者的任务是研究教育的目的、内容、方法、过程和组织形式，在教育活动中，他们处于策划方案、控制过程、实施目标和承担教育责任的地位。但是，这一地位并不是教育成效的可靠保证，即使教育者具有良好的意愿和能力，也只有在受教育者接受教育者的要求并积极主动参与、付出努力后，教育要求才可能转化为受教育者的现实发展。

凡是在教育活动中承担学习责任和接受教育的人都是受教育者。在广义教育中，几乎任何人都可能成为受教育者。在学校教育中，受教育者是指获得入学资格的相对固定的对象——学生。

在教育活动中，相对于教育者，受教育者处于被领导、被控制和受教育的地位。只有受教育者主动、积极参与到教育活动中，把教的要求转化为自己的学习、成长需求时或者善于做出自己的选择时，他才能成为自己学习的主人，成为自觉实现自身发展的主体。

由此可见，决定谁是教育者、谁是受教育者的关键是各人在教育活动中所处的地位和承担的任务，不是个人的年龄、性别和职位。而决定个人在教育活动中地位的自身因素又是他的相对发展水平。一般说来，在身心发展各方面，或者某些方面甚至某一方面水平相对较高的一方，就可能成为教育者，另一方则成为受教育者。也就是说，相对于儿童而言，一般来说，成人可能成为他的教育者。但若成人缺乏上述自身条件，就会在实质上丧失成为教育者的资格。另外，教育者与受教育者的关系是在教育活动之中建立的。因此，没有永恒的、绝对的教育者，也没有永恒的受教育者。一个人可能在某种教育活动中处于教育者的地位，在另一种教育活动中处于受教育者的地位。对于学校来说，教育者的资格须以一定的形式得到社会承认，因为他们承担着社会委托的教育学生的任务。

在教育活动中，教育者与受教育者是人的因素中不可分割的两个方面，他们之间有着十分复杂的相互关系。

首先，在教育活动中，教育者与受教育者的地位有一定的相对性。我们以学校教育为例。在每一个教育活动的全过程中，学生从总体上相对教师来说是受教育者，但是每一个学生不一定在一切方面都不如教师。而且，经过一段时间的学习，学生也可能超过教师，即所谓青出于蓝而胜于蓝，生未必不如师，这意味着教师也可能向学生学习。学生群体中的每个人各有长处，学习速度有快有慢，效果有好有坏，他们可以互教互学。而且当学生具有较强的自我教育的意识和能力时，各自也经常"扮演"着教育自己的教育者的"角色"。教育者与受教育者的地位具有一定的相对性，是两者关系复杂性的表现之一。

教育者与受教育者相互关系的复杂性还表现为：尽管他们在教育活动中承担的任务不同，但相对于教育活动的其他基本因素，他们都处于主体地位，与其他要素一起构成第一层面的复合主客体；就教育者与受教育者的相互关系来说，他们既有主体间的复合关系，又互为主客体，互为存在的条件，构成两者之间的复合主客体关系；而就每方自身来说，在教育过程中，从不同的角度看，各自同时是这一活动的主体，又是另一活动的客体。还可以将自身作为客体进行反思，每个活动者一身兼有主客体的双重"身份"，构成个体意义上的复合主客体关系。由此可见，就教育活动整体来看，教育者与受教育者的关系呈现出多层次的复合主客体的关系。

需要说明的是，我们这里谈的主体不是指总体中的主要部分或者中心部分，而是指认识活动和实践活动的承担者，是有意识的、有能动性的人。在教育活动中，教育者和受教育者尽管承担的任务不同，但都是教育活动的承担者，都处于主体的地位。他们的共同客体是教育内容，即主体活动指向的共同对象。又因为在教育活动中，教育者与受教育者的活动是密切联系、相互影响、共时交织或前后相干的，因此，应该把教育者与受教育者称为教育活动的复合主体，而不是平行的双主体。

此外，在教育活动内部，存在着教与学两种活动。在教的活动中，教育者是活动的承担者，受教育者是他认识、施加影响的对象。在这个意义上，受教育者是客体，又是他开展活动的必不可少的条件。在相对开放的教育中，教师赋予学生积极参与教育活动和自主选择的更大空间，学生在与教师积极互动的过程中，还能直接影响教的方式、内容与进程，成为推进教师教的活动的积极因素。在学的活动中，受教育者是学的主体，教育者却成了学习者学习所必须的条件和客体之一。因此，在复合主体的内部又呈现出互为主客体和条件的复杂关系。

关于谁是教育的主体这一问题，长期以来一直都有争论。在传统教育派的教育著作和人们通常习惯的观念中，往往都只承认教育者是教育活动的主体，把受教育者看成只是接受教育、被教育者认识和塑造的对象，是教育活动的客体。这一观点有其合理的一面，那就是它揭示了教育活动中教育者与受教育者之间的一种内部关系，即受教育者是教育者在从事教的活动时被认识、受控制的客体，是教育活动的对象。全然否定受教育者在接受教育上的客体地位，将教与学完全混同，也使教育活动不再存在，因为它成了无对象，也谈不上目的的活动。但是，这一观点并不全面。首先，由于教育是由教与学组成的双边交互活动，因此，在教育活动中，教育者与受教育者之间还存在着另一种内部关系，那就是从受教育者学的角度看，教育者也是受教育者认识的对象和从事学习的条件，受教育者的学习状况与结果，也对教育者的教起部分调节作用，引起教育者行为、思想感情的变化。因此，教育者与受教育者之间全面的内部关系应该是互为主客体、互为条件，而不能只强调一方对另一方的作用并把它凝固化、绝对化。其次，学的活动只能由受教育者来完成。教育者教得再好，也不能代替受教育者的学习活动。受教育者在学习中并不是消极、被动的，任教育者摆布的。受教育者也是具有自己的意志、情感、需要和具有认识能力的、富有能动精神的人。随着受教育者发展水平的提高，他的能动性不仅越来越多地体现在接受教的学习活动中，而且体现在自我教育中，体现在对教的活动的积极参与中。因此，不能把受教育者排除在教育活动的主体之外，不能因受教育者处于接受教育的地位而忽视其接受教育过程中的主动性和能动性。

与上述观点相反，另一派只承认受教育者是教育活动的主体，否认教育者也是教育活动的主体。在这一派中又可以分为两部分，一部分连教育者在教育活动中起主导作用也不承认，历史上以杜威为代表的实用主义教育是持这种观点的典型。另一部分则承认教育者在教育活动中的主导作用。后者的提法是：

在教育活动中,学生是主体,教师是主导。这种提法在我国当前教育界颇为盛行。但两部分都否定教育者也是教育活动主体。其最主要的理由是:教育活动归根到底是使受教育者得到发展,而受教育者的发展只有通过其自身的活动才能实现。教育者是为受教育者服务的,他对于受教育者来说,只是外部条件,因此,不能成为教育活动的主体。这个结论表面看来与传统派的观点截然相反,但两者的思想方法却如出一辙。只是这一派强调了教育活动中学的一面,只从学的角度来看教育者与受教育者之间的内部关系,并把教育活动简化为学的活动,等同于个体的发展过程,这显然也是错误的。试想一下,如果没有教育者主动、积极地教,如果教育者处于被动、受支配的地位,教育活动能顺利进行吗?正像教育者的教不能代替受教育者的学一样,受教育者的学也不能代替教育者的教。

有人认为,承认教育者的主导作用就是对教的重视,而承认教育者的主体地位则会否定受教育者的主体地位,如若承认教育者和受教育者都是主体,则会犯折中主义的毛病。其实,主导作用和主体地位是从不同角度分析问题,不能互相取代。前者是讲作用,后者是讲地位,并不存在承认主导作用就不能承认主体地位的问题。同样,教育者与受教育者的地位也不是只能有一个作主体,关键是看你相对于什么来谈主体与客体。参照物变了,地位也会变。最后,折中主义的"帽子"也戴不到复合主体论头上。因为承认复合主体,同时也可以承认两个主体在教育活动不同过程中有不同的主客体关系方式。如教师在准备教学时,若想取得好的效果,一定要把学生作为客体来研究,根据学生的已有水平、特点及学习过程的一般规律,筹划整个教学过程。在课堂上,师生协同活动,教师除了按预定计划施教外,还必须关注学生课堂活动的状态,及时调整自己教的活动,与此同时,学生也只有处于积极的状态,才能真正学到东西。在完成课堂练习或课外作业时,学生的学习活动就带有更大的自主性与独立性,教师在这类活动中主要起辅助、评定、校正的作用。

总之,我们之所以主张复合主体论,是因为复合主体论更全面地反映了教育者与受教育者在教育活动中实际存在的关系,并且注意区别了教育内部两种不同层次的相互关系:作为教育复合活动中两个主体与活动对象的关系,以及作为在教与学不同性质的活动中，不同主体之间的相互关系，从而反映了教育过程中教与学两大类活动之间的区别与联系。

最后，复合主体论和教育活动内部的多层复合主客体关系，是就教育活动内部的要素关系性质而言，它还不足以揭示教育过程中教育者与受教育者更为动态和内在的关系性质。

二、教育内容

教育内容是教育活动中教育者与受教育者共同认识、掌握、运用的对象，是教育活动中的纯客体。它是教育过程中传递的信息要素的主要组成部分，但不是全部。不难理解，没有教育内容，教育活动同样不能进行。

教育内容的组成十分丰富多彩，从其涉及的范围来说，包括人类社会各种领域活动的知识、经验和技能技巧；从其价值来说，它具有发展人的智慧、品德、体力、审美能力和劳动能力等方面的作用；就其表现形态来说，有物质的、符号的、精神的、行为的。因此，不要把教育内容与学校的课程所包含的内容等同起来，更不能把教育内容看成就是教材，后者被包含在前者之中，前者的内涵与外延要比后者丰富得多。由于教育活动的多样性和各类教育活动具体教育目标的不同，教育内容有着各种不同类型的组合。

一般地说，学校教育比起非学校教育来说，在内容上更注意全面性和系统性，更注意目的与内容之间的吻合。学校教育内容与其他认识活动或实践活动中的客体比较起来，有下列几个显著的特点。

（一）学校教育内容具有明确的目的性与预定性

学校教育的目的决定了内容，而不是相反。目的则是由总体意义上的教育者层层确定的。一般而言，学校、教师根据国家层面的教育目的，按自己的理解或放大或缩小或增加、改变，形成具体的、与自己活动相关的总目标并组织、选择相关的内容。这些内容中最基本的和大量的是在教育活动进行前就选择好的，并不是随机捕捉到的或偶然决定的。在不是以影响人的身心发展为直接目标的其他活动中，虽然也会产生教育的影响，但这种影响是偶发的，并非预先确定的。

（二）学校教育内容不仅具有一般的认识价值，而且具有形成人的价值

学校要求学生掌握的教育内容，不仅是为了认识世界和参加社会实践活动，而且是为了把人类共创的和共有的、长期积累而形成的重要的知识与经验，转化为受教育者个体的知识、经验、智慧、能力、品德、信念和行为等，以促进个体的发展，保证人类社会的延续和发展。因此，在选择教育内容时必然要考虑到两种价值标准，不是只考虑其认识的价值。而在其他的社会实践中，完成实践任务本身是主要的，所以，认识实践对象，并非促进活动对象的内在发展，是活动的主要任务。以上两点体现了学校教育内容与其他认识活动、实践活动中的客体的区别。

（三）学校教育内容被两个处于不同地位而又密切联系的主体共同利用

在学校教育活动中，教师虽然对教育内容是已知的，但他还必须从教的角度，即从如何使学生掌握、运用并转化为学生个人成长的角度，重新研究、掌握和运用教育内容，以实现教育目的。学生对教育内容是未知的或知之不多、知之不系统的，他对教育内容的掌握是为了认识世界，促进自己的成长。因此，学校教育内容的组成与结构必须顾及教与学两方面的可能与需要。

（四）学校教育内容在教与学的两种活动中，分别与学生、教师组成具有不同性质的复合客体

在教的过程中，教师把教育内容与学生都先作为认识对象来处理，两者构成不同性质的复合客体；而后，又把学生作为施教对象，把内容作为中介，开展教的工作。在学的过程中，学生则把教学内容与教师作为自己的学习对象，它们又构成了一组不同性质的复合客体。这一特点反映了教育内容与教育中两个主体的不同相互关系。

如前所述，教育主客体的复合性在多种层次上展现。以往不少教育理论都只注意了教育活动中的一方、复合体中的一部分，因而，把活动中的主体和客体都单一化、绝对化，结果不但在认识上陷入对立，而且在实际上造成失误与低效。因此，认识教育主客体的复合性，是把握教育特殊性的十分重要的方面。

关于教育内容，还有必要强调的是：在教育目的确定以后，精心选择和设计教育内容，是学校教育活动取得成效的重要保证。教育内容事先选择、设计

得好，教师在教育过程中，可以把更多的精力集中到怎样教和掌握、研究教育过程的动态变化，研究教育对象上去。否则，教师就要花很大的精力去寻找教育内容，去"找米下锅"，这势必会影响教育质量。但是，这并不是说教师与选择、设计教育内容无关。相反，教师在教育实践中要根据自己教育对象的实际，不断丰富、修改教育内容，教育者负有提高教育内容质量的责任。创造性地运用和重组教学内容，使其更好地服务于合理的教育目标，是教师创造性工作的重要构成。此外，好的教育内容能否达到好的教育效果，还取决于教育主体作用的充分发挥。因此，教育者认识教育内容的特点，掌握其内在价值，无论对于提高教育内容的质量还是提高运用教育内容的水平，充分发挥教育内容的价值都是重要的。

三、教育物资

教育物资是指进入教育过程的各种物质资源。根据这些物质资源在教育中的不同作用，可以把它们分为教育的活动场所与设施、教育媒体以及教育辅助手段三大类。这是教育活动中物的要素。

作为一种活动的教育，不可能没有空间和必要的设施，尽管空间的大小、类型，设施的齐缺状态、高低水平可以各异。

教育的活动场所与设施在学校中主要指校舍、教室、操场、实验室、校办工厂、农场等的数量与内部的设备装置。从教育活动的理想模式来看，在这些方面有一定的客观标准（这个标准也是随时代而变化的）。但在现实中，不可能所有学校都达到标准。生产发展水平不同、富裕程度不同的国家以及政府、国民对教育事业的认识与态度不同，使这方面的差距很大。即使在同一国家中，不同地区、城市与农村间的差距也很大。在学校以外的教育活动中，同样需要一定的场所与设施，如在家庭中，孩子有没有自己学习的空间、书桌等，对学习效果都会产生影响。

与其他社会活动中的场所与设施相比，学校活动场所与设施的特殊性在于：它不仅反映了一个国家的经济、技术发展水平，反映了国家或人民、民族对教育的重视程度，同时，也反映了教育作为特殊的社会活动的专门化程度和一定的教育观；在某种意义上，可以说这是一定教育观的物质体现。就拿学校建筑物的结构来说，在以班级授课制作为教学的基本形式的观点支配下，学校的空间分配以讲授课程的教室为主，这些教室集中、固定、整齐，规划得如兵营一般，室外操场等学生活动场地很小。在教室内部，学生的桌椅固定且面向讲台与黑板，是一个不可分割的空间，完全适合教师讲与学生静听。但是，如果在强调教学过程中学生积极活动和户外活动重要性的教育思想指导下，学校建筑的总体结构与教室的内部设施将是另一番景象：户外活动的空间增大，且与教室、实验室、图书馆、礼堂等分别组合，在总体上呈现分散、灵活、多样，犹如簇簇花丛的形式。在室内，随着空间功能的不同，设施，包括墙壁的颜色也可能各不相同，即使是在教室里，桌椅也可能不再固定，可按教学活动的需要排成不同的图形；此外，还可设有活动墙壁，在需要时把一个教室分割成几个独立的小空间，供学生开展小组活动，且又互不干扰。

教育媒体是教育活动中两类主体（教育者与受教育者）之间传递信息的工具。教育媒体是教育内容的载体，也是教育中其他信息的载体。同样的教育内容，可使用不同的媒体。媒体的不同，教育的组织形式、方法、效果等都会发生变化。故有必要把媒体作为独立的要素来考虑。

教育媒体具有多种形式，从最简单的实物、口头语言，到图片、书面印刷物、录音磁带、录像带、电影、电视、计算机程序，等等。它们的形式是随着人类科学技术的发展，教育活动的日趋普及化、个别化而越来越丰富多彩和综合化的。在现代社会中，教育媒体已成为教育研究中不可忽视的一个课题。

教育媒体在教育过程中的主要作用是成为沟通教育者与受教育者之间的桥梁。只有借助于教育媒体，教育内容才可被不同的主体所操作，信息才有传递的可能。教育媒体还对教育活动的范围、组织形式，教育内容的容量、来源，教育者的职能，学习者的学习方法等产生影响。如在印刷术发明与普遍运用之前，教育媒体主要是教师的口头语言或用手工书写或刻出的各种"教材"，在这种情况下，教育不可能普及，教育的组织形式主要是个别式的，教育内容的容量也十分有限，教育者在知识相关方面的职能主要是传递知识。当印刷术发明并普及之后，情况就发生了变化，它为教育的普及、班级授课制的推行、教育内容的增多与及时更新、教育者职能的多样化尤其是指导职能的增强提供了可能。现代教育媒体的发展给教育带来的冲击更大，有人甚至提出学校可消亡，教师的职能可由教学机器代替。可见，这实在是不可忽视的教育要素之一。这种形势也提醒我们，在现代教育中，为了使教育目的有效实现，不仅要考虑内容的选择，还要注意媒体的合理选择与组合。

在此有必要强调指出，并非上述所列各种媒体的物质形式在任何情况下都能称为教育媒体，只有为一定教育目的服务，在教育过程中供复合主体使用的媒体，才是教育媒体。

教育辅助手段是那些帮助教育者教和受教育者学的物质工具与技术手段，它与媒体的区别在于它本身并不是教育中需传递的信息的载体，而是某些信息载体传递时必须有的工具或手段。如录音机、计算机以及供教师教和供学生学习使用的工具。它与教学媒体的材料有密切关系，不同的媒体对辅助手段有不同的要求。教育辅助手段的技术含量以及在怎样的教育观念下设计和使用教育辅助手段，使教育辅助手段产生不同的教育效应。现代教育技术在突破教育信息传递中的时空限制，提高受众面和教育中个别化学习，培养学生主动收集和处理信息等方面，都有极大的潜能。但技术本身不会自动转化为教育效应。过分倚重技术或以为新技术就是新教育，会导致技术主义的后果，使技术左右了教育中的人，而不是相反。在现代教育技术手段日益深入到学校内部的今日，尤其要防止这种可能性的出现。

以上论及的三种不同性质和功用的教育物资，其共同之处都是服务于且又独立于教育活动中的主体，它们都受制于社会对教育的重视程度、社会生产水平、物质技术和财富的发展水平；同时也受制于并体现着一定的教育观念者的区别，不仅在功用上，而且在灵活可变程度、与教育主体关系的密切程度上依次递增，也就是说在介入教育活动的深度上存在差异。

教育活动的进行总离不开教育物资并有一个最低限度的要求。自然，最低限度的具体标准是随时代、具体国家的发展水平而变化的。如在我国 20 世纪 80 年代初，对中小学教育物资的最低要求是学校无危房，每个班级需有教室，每个教室应有桌椅。如果连这些要求也不能做到，那么就不可能办教育。在教育物资低于基准线的情况下，教育中的"物"的要素就成为教育活动能否开展的决定因素。

但是，如果这个基本要求已经达到，那么，教育物资的改善只是有利于教育质量提高的重要条件，并不能对教育活动的开展起决定性的作用，也不是学校水平或教育质量的根本标志。在教育活动中起决定作用的还是人——活动的主体。教育物资的某些不足带来的困难，通过人的主观努力，能够克服或得到部分补偿。相反，有了很好的教育物资，但教育者不愿教或不善教，学习者不愿学或不善学，那么，这些物资不能充分发挥作用，只不过成为一种显示经济实力的"摆设"。我国 20 世纪 90 年代，城市中小学计算机设施基本普及，但教育观念和教师的教育行为没有根本性的变化，教育质量也并未因计算机的出现而呈现大的变化。更有甚者，有些学校还出现了"豪华型"物质环境，这不但未带来教育质量的提升，还对一些学生的发展产生消极影响。

上述说明，并不是要贬低教育中物的因素的重要性。事实是，在其他因素相同或相近的情况下，教育物资总体水平的优劣高低，对教育质量和教育效率起重要的左右作用。自然，在此的"优劣高低"，不仅是指这些物资的经济价值和技术水平，更重要的是指它所体现的教育观以及与教育内容、目的的相宜程度。

以上我们对教育活动三个基本要素及其相互关系作了概要的分析，从中可以看到，它们是开展任何教育活动都必不可少的，并且在活动过程中相互联系、相互影响。在教育活动中，当三者都具备时，主体因素是教育活动成效大小的决定因素。因为教育目的、内容、途径、方式方法、组织形式、活动的控制与调节以及选择和实现，都由教育主体决定。而要充分发挥主体的作用，关键是要处理好教育内部多层次的复合主客体的关系。从对教育基本因素的分析中，我们可以看出，在教育活动中，"教"与"学"的矛盾是基本矛盾。教育的目的能否实现，取决于这一对矛盾的合理解决。

在此，我们未将教育目的、任务、方法、途径、组织形式等作为构成教育的基本要素，主要基于两个原因：一是上述因素是教育活动开展过程的构成因素，是过程分析时涉及的要素，而不是系统能否成立的要素；二是上述要素是教育主体中教育者总体承担的育人职责，是他们策划教育活动必然涉及的方面，从这个意义上看，是派生性的因素，而非最基本的要素。

第三节　教育系统的结构与功能

教育三大类基本要素在活动中的不同具体构成和不同关系，形成了人类社会中各种不同性质和不同层次的具体教育活动。而不同层次的具体教育活动之间的内在联系又构成了教育系统。认识社会中存在的教育系统的结构，才能形成对作为独特的人类社会活动领域——教育内部的整体形态的具体认识，这也是进一步分析教育与社会以及教育与个体相互关系的需要。有关教育系统结构的认识，是对"教育是什么"的结构式回答，它有助于教育工作者在更广阔的视野中认清自己从事的某一方面工作的地位与作用，自觉地与其他相关的教育活动协调，以取得更好的工作成效。

一、教育活动分类与整体结构

从广义教育与狭义教育的区分中可以看出，教育活动分为两大类：学校教育与非学校教育。两者不同的联系方式构成教育系统不同的总体结构形态。

非学校教育是指学校之外的其他一切形式的教育。较之学校教育，非学校教育并不固定、系统、持续，因而显得不正规，但绝不是无足轻重。非学校教育与学校教育的联系方式在人类历史上已经历了好几次变化，详细地分析这个变化过程是下一章的内容。在此，我们只勾勒一下变化的轨迹：人类社会最初的教育活动完全是非学校式的。自奴隶社会出现学校后，就形成了两种教育活动并存的结构形态。此后，随着社会和学校教育本身的发展，尤其自资本主义社会实施义务教育以来，由于学校教育对象的大扩展和内部系统的丰富、完善，使学校教育逐渐成为整个教育活动的核心，而非学校教育成了它的补充与延续，使教育整体结构改变为核心式。

这种核心式的结构形态保持至今，而且可以预见在今后相当长的时间内不会发生结构形态上的变化。但是，这并不等于说，核心式的总体结构会永远保持下去。从发展的趋势来看，非学校教育的教育影响正在逐渐加强，其形式、内容也越来越丰富多样，而学校教育的形式也正在向着吸收非学校教育形式的长处的方向变化。尤其随着社会终身教育体系的完善建成，人类教育需求的多样化和社会传播媒介，包括教育传媒的发展，社会中教育总体结构形态出现核心位置的变化，或者在更高一级水平上的两种教育形式重新融合的新结构形态的可能性，并不是不存在的。但这种融合并不是对原始社会教育总体形态的简单回归。

学校教育与非学校教育虽然分为两大类，但还是有许多共同点。如两类活动目的的确定都与社会的需求有关，也都涉及个体发展问题。在两类教育活动内部，都存在着两种职能的活动：教育管理活动与教育实施活动。这两种职能的活动通过反馈相互作用，使教育活动内部成为可控制和可调节的系统。

教育管理和教育实施虽然在职能上不同，但两者密切关联，相互影响。在学校具体教育工作中，尽管也可以分成两个层面，但任何一个教育、教学活动，不但受制于管理，而且内含着管理。因此，在分析学校教育系统总结构时，两类活动都包含在内。

为了进一步认识教育系统内部的结构，我们将以学校教育系统为例作剖析。因为学校教育整个系统的组织性、层次性、可控性和可调节性相对强于非学校教育，在现代它又处于全部教育的核心位置。此外，认识学校教育系统的结构，也有助于认识非学校教育的系统结构。

二、现代学校教育的总结构

现代学校教育系统总结构在形态上呈现为阶梯式，共有四层。其中每层各有自己的任务、承担者和活动形式，层与层之间的相互联系呈现出这样的总趋势：由上至下看是把社会对教育的要求逐级内化。在内化的过程中不断增添各层的特殊性质。这个结构的起点是社会对教育的需求，终点是受教育者个体的发展。下面我们先逐层进行分析。

第一层次

该层次活动的总任务是把社会对教育的要求内化为学校教育系统的要求，对学校教育系统做出质的、量的与结构的规定，确定学校教育系统的总方案，并督促、检查方案的执行，按照执行的实际状况，适时做出调整。

现代社会相对于学校教育总系统来说是外在环境，满足社会对各种人才的需要是各种社会建立学校的重要目的之一。因此要使学校教育总系统发挥社会功能，首先要明确社会对学校教育的需要，研究学校教育从总体上怎样有效地满足这种需求，也就是说要确定学校教育系统的总方案。

在这一层次上活动的主要承担者是国家或地方一级的领导机关、教育行政部门及其工作人员。

具体地说，确定学校教育系统总方案的主要内容如下。

1. 确定教育目的

国家制定的教育目的是教育决策层对教育活动结果的预先、总体规定，即对培养什么样的人的一般、基准性规定。这是在学校教育系统总方案中必须首先确定的，具有相对稳定性。

国家教育目的之重大变化，通常与时代大变化、国家政权更替等相关。因为教育目的是教育活动的"瞄准点"，从理论上讲，它对教育活动的一切方面起指导作用，具有举足轻重的地位。教育目的有时与培养目标同义，当它们表示不同意义时，前者一般指对受教育者总的、一般的要求，后者一般指某一级、某一类学校甚至指更低一层次的学校内各教育单位（如各大学中的系）对受教育者的具体要求。除此以外，学校任何一项工作都会提出目的之要求，家长对于子女的教育也有自己的目的，每个学生、子女对自己接受教育也会有某种期望性目的。这些目的尽管不在政府决策部门的规定范围，但它们都实际影响着人们的相关教育行为，并相互作用。因此，教育目的之实际实现状态，与目的制定者的要求或理论上的期望总会出现偏差。但并不是说教育决策层制定目的是无足轻重的，其对教育机构的教育活动具有导向和行政制约作用。

2. 确定教育制度与学校教育制度

为了实现教育目的，必须建立相应的教育机构。在某国家里发挥教育职能的所有机构组成的体系称为国家教育制度。它包括学校教育系统，也包括学校外的教育机构，如少年宫、青年宫、少年科技活动站、博物馆、图书馆等。学校教育制度简称学制，它是国家教育制度的核心部分，由各级各类学校组成，其中各级表示学校实施教育的程度高低的区别，在学制结构图中用纵坐标表示。如现代学制中，学校分为初级学校、中级学校、高级学校、研究生部等。在现代学制中，根据入学者年龄的区别，可分为以学龄青少年为对象的正规学校和以成人为对象的成人学校；在以青少年为对象的正规学校中，根据入学对象的身心是否正常、健康，分为一般学校和特殊学校（特殊学校主要指为身心发展有缺陷儿童办的学校，也包括为数量更少的发展超常的儿童办的学校）；根据学校培养目标是否专门化，又可分为普通学校和专业、职业、技术学校，如中等教育阶段，就可分为普通中学、中等专业学校、中等职业学校和中等技术学校等；若以学生在校时间来区分，可分为全日制学校、半日制学校、定时制学校、延长日制学校、寄宿制学校等。除此以外，还可以学校主办管理单位为标准，分为国家办的、企业办的、地方办的、团体办的和私人办的学校等。对于一个具体学校来说，常常兼有几类性质。各级各类学校之间虽然相对独立，但并非散沙一盘，它们之间有着内在的纵横联系。这种联系及相互之间比例的合理性，是满足社会对人才需要的制度结构保证。因此确定学校教育制度，包括确定整个学校系统的级与类，各级各类学校的性质与任务、主办单位与主管部门、入学条件与修业年限、学校间的连接关系及沟通方式等。学校教育制度的制定除了要按照社会的需要以外，还要考虑国家人口结构和社会可提供教育的财力等各种支撑性条件，要顾及受教育者的年龄特点与身心发展规律，如儿童究竟几岁入小学；小学与初中分割以五四制为好，还是六三制为好等。

3. 制定普通教育的课程方案和课程标准

课程方案是根据培养目标制定的有关学校教学和教育工作的指导性文件。它具体规定学校应设置的课程、各门课程开设的先后顺序、课时分配和学年的编制等，并对课内教学和课外活动等方面进行全面安排。为了保持基础教育质量在要求上的一致性，普通教育的课程方案一般由行政主管部门负责制定。它为学校内教学、课外活动提供基础性指导与保证，也便于国家或地区对教育质量进行检查，便于同级、同类学校之间的比较、学习和交流。

对各门课程的教学内容要求以纲要形式做出标准性规定的文件称为课程标准。显然，课程标准按设定的各门课程分别编制。具体内容是规定各门课程知识的范围、深度及其结构，要求掌握的基本技能、技巧和需要培养的能力，教学的进度和教学法上的基本要求或建议。国家或地方有关教育的行政部门统一制定的课程标准，一般限于基础教育阶段的学科和专门教育中的基础学科。

课程方案与课程标准都是从内容上和指导思想上对学校教育活动作出规定，以保证教育目的基本要求的实现。

4. 确定学校教育系统的发展规划

国家或地方行政部门根据社会当前和未来对各种人才的需要，并从当前学校教育系统的实际和国家相关实力的实际出发，制定学校教育系统发展规划。发展规划可分为近期（1～2年）、中期（3～5年）和远期（5年以上），包括对资金、设备、教师队伍、招生人数、各级各类学校比例、规模和发展速度等方面的预测，也包括对教育事业发展战略与策略的分析与制定。为了使行政部门制定的教育总体策略与方案得到贯彻，并根据实施情况及时调节，有关部门需对各级各类学校的工作开展调查研究、督导与评估。

以上各点，尽管内容相异，但涉及的都是学校教育系统总体的问题，因此必须有高于具体学校的地区或国家一级教育行政机构来负责决策。在现代，由于教育与社会各方面的联系日益加强，还常常要求与教育相关的其他部门参与教育总方案的研究。这个层次上的活动，尽管与每个受教育者没有直接的、具体的联系，但是受教育者学习期间的学校生活，都受到总方案的限制。教育总方案的制定不仅要根据社会的需要，也一定要考虑受教育者总体的基本情况，包括他们的数量、质量及其发展的一般规律，从这点上说，它更不是与受教育者无关。

对第一层次的教育活动的策划与研究，是对教育作为国家或地区的，即社会事业总体性教育活动的研究，所以可称为宏观策划与研究。这一层次的工作和研究的成效，关系到整个国家或地区的教育成效，也是每一个学校顺利开展工作的前提，因此十分重要。

第二层次

该层次活动的总任务是把由上一层次制定的学校教育系统的总方案分别内化为各级各类学校办学的具体方案。也就是说，要求每个学校明确本校的具体培养目标、教育任务，制定学校总的和各部门的工作计划以及学校本身的发展规划，同时还要求及时检查和评定学校各项工作的执行情况，从教师、学校内其他工作人员、学生以及社会有关方面（如家长、街道、毕业生所在的单位等）获得反馈信息，及时调整工作，以取得更好的成效。可见，这一层次的活动是在每一个学校内部进行的，但停留在学校行政一级，活动的性质属学校管理的范畴，主要由学校领导机构及其成员负责。当然，并不因此而排斥学校内教师、其他工作人员、学生对学校管理的参与。

研制学校教育工作总方案，首先要明确国家、社会对教育的基本要求，学校在整个教育系统中所处的地位以及必须承担的任务。显然，不同学校的具体任务是不同的。如普通中小学的任务是为高一级学校输送合适人才和为社会输送合格的就业者。不同级、不同类的专业学校培养各级各类的专业人才。关于这些人才的具体规格，国家不可能作详细规定，只能由学校进一步制定。在教育内容方面，尽管上一级对基础教育有统一的课程方案与标准，但在专业教育方面，尤其在高等学校，由各学校自行规定。即使是普通中小学，也要根据学校所在地区的具体特点，增设部分校本课程与校本教材。学校内教育的主要途径是教学与各种类型的校内课外活动。教学是按国家规定课程的要求，通过课的形式进行的学校工作，是学校工作最基本的构成，也是实现培养目标的基本途径。每个学校都有自己的校历与周课程表，用以整体策划学校活动。在课程表中，通常还有晨会、班会等课程方案之外的专门用于学生班级开展活动的时间安排。它虽然不在课程方案中，但同样是学生成长，尤其是社会性发展所必须开展的活动。它不是狭义意义上的教学活动，列入课表是提供开展相关活动的时间保证。

学校在课程表具体规定的课程外所进行的学校内的活动称为校内课外活

动。它包括许多方面，如与教学有关的学科小组活动，培养学生兴趣才能的兴趣小组活动，各种学生组织开展的社团活动，节假日的庆祝活动等。学校在制定工作计划时，需妥善处理教学与各种课外活动的关系，以利于学校工作正常、有秩序、有机地开展和学生的全面发展。这些工作都属学校这一级领导的特殊任务。

各级学校为了使自己的工作成为学制系统中不可分割的一环，需要了解与自己相关的上下级学校（或其他机构）的水平与要求，以保证教育的连续性。各学校要注意与同级其他学校的横向比较，找自己工作的长处、特点与短处、不足，明确进一步发展的方向与突破点，研究制定学校进一步发展的规划。由此可见，要制定好学校教育工作的总方案并使其实现，不仅要研究学校内部各项工作的特点与规律，还要注意学校与相关机构的纵向和横向的联系。

学校工作总方案的制定，更要建立在研究学校自身特殊性、历史、经验、已有成效与发展可能的基础上，它不是上级行政要求简单演绎的结果。一个缺乏学校自身研究和自我认识支撑的学校工作总方案是缺乏活力和前景的方案，不可能调动学校全体师生的积极性为实现方案而创造性地工作。

对第二层次教育活动的策划与研究以学校为单位，研究的是学校内的总体工作，即机构总体性教育活动，因此可称为中观策划与研究。

第三层次

该层次的总任务是把学校工作的总方案内化为每个教师的工作方案、教育认识与行为。显然，这一层次活动的承担者是教师。与前面两个层次的重要区别是，这一层次对上两个层次要求的内化已经达到教育者个体水平，它一方面以不可直接观察的活动方案、规划等外在书面形态表达，另一方面也转化为教师的需要、愿望与行为等与个体生命活动直接相关的形态。

教师是按国家标准选拔担任学校教育工作的专业人员。国家用法律的方式规定和保证教师专业工作的权利和责任。教师是学校教育工作的主体构成，承担着教学和教育工作的具体任务，有十分重要的作用。从整个系统来看，教师的活动起着承上启下的作用。一方面，国家、学校对教育的要求都要通过教师来执行，只有教师理解、接受了这些要求，并把它转化为自己的教育思想和观点，转化为对自己工作的自觉要求和创造性的行为时，这些要求才可能在事实上得到贯彻。另一方面，学生在学校中的成长、发展，也直接受教师工作的影响，只有教师对自己的工作有了充分准备和专业性的认识，才能有效地促进学生的发展。就教师本身而言，这一层次的活动直接体现其工作的价值、质量与成效。教师承担的教育任务是复杂多样的。为了完成这些任务，教师不仅总体上要了解上级相关行政部门的要求，还必须了解、研究自己所教学生的共性与个性、班级的特点，自己所承担的学科教学的特点和教育工作的内容、性质和特点，即研究自己教育对象的特殊性和工作的特殊性。只有这样，他才可能合理地策划学科教学工作、课外活动、班主任工作等方面的目标，选择合适的内容、方式、方法和组织形式，做好时间安排，才能创造性地开展教育教学实践，在属于他们自己的舞台上有声有色地实践作为教师的独特生命价值，为学生的发展做出不可替代的贡献。可见，如果缺乏这些努力，教师在工作中就可能不清醒，缺乏目的性、主动性、合理性和创造性。

教师在这个层次上活动的主要目标是为自己的教学、教育工作做好充分的准备。教育人是一项复杂的工作，越是复杂的工作就越需要事前的充分准备。尽管教师工作的基本内容由上一级的机构规定，但是这并不妨碍教师在工作中发挥创造性。对教学、教育活动的具体设计是教师显露、锻炼自己的才能和创造性的重要方面。这部分的活动主要取决于教师的素质和努力，所以我们把它划作一个相对独立的层次。

第四层次

该层次的任务是把教师提出的对学生的要求内化为学生的自觉要求，把教育内容内化为学生个人身心的发展，这是教育活动追求的目标由可能转向现实的实质性一步，是世界上无数个学校天天在进行着的、千姿百态的教学活动和其他各种学校活动的现实展开，是教育领域里的"长青之树"。它是由教师与学生这一复合主体承担的，其任务的完成要求师生共同努力并有积极的交互作用。

这一层次的活动明显地受制于上面各层次的活动，还受到社会各界首先是学生家长对学校需求的影响，可以说，各种相关力量在此呈现出千针万线式的聚合，但其本身依然有很大的独立性和特殊性。在这个层次上，学生直接参加到教育活动中，教育的目标与内容将通过学生参与的学校各项教育实践，由外部的、社会的存在，向学生内部的、个体的需求与成长的方向转向，教师的工作触及学生的心灵和精神世界，这是前三个层次都没有涉及的领域。而且，这个转化过程不能直接观察，却又十分丰富多彩和复杂异常。唯有加强这一层次的研究，教育目的才有可能从理想变为现实，教师的专业发展与学生的各方面健康成长才能有效实现，教育的生命价值才能充分体现。

第三、第四两个层次是密切相关的，且都与有生命的个体——教育活动的主体相关，只是在第四层次中，不仅要研究"教"，而且要研究"学"，更要研究"教"与"学"的交互作用和动态生成，"教"向"学"的转化机制。因此，我们可以把对第三、第四层次教育活动的策划与研究称为微观策划与研究，即对个体交往性教育活动的研究。其研究的核心是各种具体的教育活动如何才能有效地促进学生的成长。

以上我们对学校教育系统的结构作了分层次的阐述，从中可以看到这四个层次的关系十分密切，前一层次对后一层次都有制约作用，各层次又都有自己的相对独立性。后一层次活动不仅为前一层次提供反馈信息，而且还有越级的反馈。每一层次的活动在现实中既同时开展，但又不可能完全同步发展到同一水平，因而呈现出纷繁复杂的景象。各层次的活动在性质上的关联呈现出逐级分化、特殊化，最终个体化，由统一转向多样，由外部转向内部的特征。从研究的角度看，教育系统可有宏观、中观、微观之分。

三、教育系统的功能

教育作为一个系统必然具有一定的功能。事实上，没有功能的系统不可能也不必要存在。自然生物界和社会中的各种系统都呈现这个趋势。从现实来看，教育系统的发展趋势不是退化而是猛进，由此我们可以认识教育系统具有巨大的功能。

无论从历史还是从现实看，教育之所以成为人类社会所必需的活动，主要是因为它具有两大基本功能。

（一）教育具有影响社会发展的功能

首先，人类社会的延续和发展必须依靠两种最基本的生产：一是社会物质生产，二是人类自身再生产。人类自身的再生产不只是指人类的繁衍，而且包括使个体社会化，形成社会的新生一代。显然，社会新生一代的形成必须通过各种形式的教育。因为人类文化、思想的世代相传不能通过遗传实现，新生一代只有通过教育才能在较短时间里继承人类历史文明的遗产，并在此过程中达到当代社会对人的要求，有可能在现有社会发展的基础上，发挥新人的聪明才智，创造新的财富、知识和经验，不断地向新的领域进军，做出新的贡献。另外，人类社会的物质生产也离不开教育。因此，教育促进社会发展的功能首先表现为它是人类社会延续、发展必不可少的工具，是架在人类社会的过去、现在和未来之间的转化之桥，教育起着整个社会的不断"创生性再生产"的作用。

其次，教育的社会功能还表现在沟通社会各方面、世界各国的横向联系上。教育是同一时代，不同社会制度、不同国家和不同民族，以及同一国家中不同领域、不同职业的人们，在思想、科学、技术、道德、文化、艺术等方面相互影响、交流的手段之一。教育的这个功能在现代社会更为明显，它增强了社会的活力和应变能力，加速了先进科学、技术、文化的传播。当代教育作为一个开放的系统，还带有国际性与全球性。

此外，教育的社会功能还突出表现为：在阶级社会中，教育有利于统治阶级地位的巩固与加强，即对于统治阶级来说具有政治功利性。此类政治功能，对于整个社会来说，因服务的阶级利益与社会发展方向的关系不同，可能具有延缓或加速或阻碍社会发展的功能。

（二）教育具有影响个体生命、人生发展的功能

教育的目标是直接影响人的身心发展，而且，教育的社会功能主要通过影响个体的发展实现。这决定了教育必然具有影响人生命发展的功能。教育对人发展的诸方面都可能产生影响，就人类发展总体而言，教育影响是正向的，具有促进作用；从人类发展的每一阶段或个体来看，教育的影响有正向的，也有负向的。

教育对个体的人生发展来说同样具有价值。每个人都只能在社会中度过自

己的人生。好的教育对个体人生积极价值取向的形成、才华和能力的培养和适应各种社会生活并在适应中寻找到发展可能，以满足自己的需要，创造幸福人生，都可能产生积极的效应。在一定的社会条件下，人可以通过教育改变自己的职业、社会地位、政治地位和经济地位。这种地位的改变必然对人的发展产生影响。

教育的两个功能具有内在联系并在活动中同时发挥作用。教育的社会功能通过对人的培养实现，而对人的培养又必须考虑到社会的需要和可能。能使两种功能在正方向上达到协调的教育是优秀的教育。能否做到这一点，既与社会发展水平和对教育的关注、合理要求密切相关，也有赖于教育系统整体结构的合理性、不同层面主体的有效工作与协调。

第二章　当代教育与社会系统的相互关系

第一节　教育与人类自然生态的关系

人类社会的自然生态主要包括人自身与人生活在其中的自然环境。将人口与自然环境称为社会的自然生态，只是与人类通过生产创造出的物质、精神财富的世界作为区别。它们先于人类生产活动存在，又是人类开展生产活动的最原始的条件和基础。研究教育与社会自然生态的关系，实质上是研究教育与人类自然生存基础的关系。

在人类自然生态系统中，人口与自然环境之间也有互动关系。其中，人口是人类自身的再生产，属于人类可控制的范围。故我们先讨论教育与人口的关系。人口是社会生态基础的重要组成部分。所谓人口，是指生活在一定社会、一定地区，具有一定数量、质量与结构的人的总体。教育与人口的关系是指教育事业与社会中人的总体的关系，而不是指与社会个体的关系，这一点是首先要区分清楚的。

教育作为培养人的社会活动，不仅与个体有关，也与社会人口状况有关。教育与人口之间发生联系可从近代社会算起，因为在古代社会并非人人都要和可能接受一定程度的学校教育。只有当义务教育普遍实现之时，作为社会事业的教育才与社会中人的总体发生联系。然而教育与人口之间联系的密切化和把此作为一个重要问题来研究，是自 20 世纪 50 年代左右开始之事。引起重视的原因是人口数量的猛增带来了全球性的人口问题。20 世纪 50 年代至 60 年代中期，全世界每年平均人口增长率由上半世纪的 0.8% 提高到 1.9%，此后，虽然欧洲、北美的增长率有所下降，但大部分发展中国家的人口增长率还在上升，由于人口基数扩大了，故人口绝对数量的增加更为惊人。1970 年世界人口大约为 36 亿，1987 年世界人口突破 50 亿大关，2005 年初全球人口已达到 65 亿。这种被称为"人口爆炸"的形势给社会包括教育提出了许多新的问题和新的任务。20 世纪 50 年代以来出现了一些新的人口学科，其中就有人口教育学。在现代社会中办教育不考虑人口已经成为不可能的事了。同样，要控制人口和人口过程，使人口结构合理化，也离不开教育。

一、教育与人口数量的关系

人类社会的人口数量是不断变化的，造成人口变化的原因有自然增长和人口迁移两方面。人口数量变化的速度可用增长率来表示。在一般情况下，对人口增长起主要影响的是人口自然增长率，它是出生率与死亡率的差额。在此，我们着重分析教育与人口增长率的关系。

（一）人口增长率影响教育发展的规模与结构

在人类社会中，人口增长率的变化有四种类型：第一种是高出生和高死亡构成的低增长；第二种是高出生和低死亡构成的高增长；第三种是低出生和低死亡构成的低增长；第四种是低出生和高死亡构成的负增长。第一、第三两种类型的低增长都有可能演化为零增长和负增长，第四种类型一般是在长期持续激烈的战争状态或遭遇巨大自然灾害时才会出现。

人口增长率对教育结构的影响，一方面表现在就学压力上，一方面表现在学校内部。在人口众多、经济发展水平较低的情况下，教育要大规模地发展，就必须采取多种形式，学制不能单一化。如在我国当前的情况下，普及教育还不可能采用全部免费的方式，也不能只靠国家统一投资拨款，还必须发挥地方、部门、企业、农村乃至私人的办学积极性，才能在较短时间里完成普及教育的任务。此外，成人教育与正规化的全日制大、中小学要并举，不然也不可能改变人口文化素质低的状况。由于人口增长方式不是匀速而是波浪式推进的，所以人口增长波峰与波谷的反复出现对学制和学校内部结构也产生很大影响。新中国成立后，曾出现几次人口增长高峰。第一次在新中国成立之初到 1957 年，第二次从 1962 年到 1975 年，1982 年起又出现一个高峰，那是由于第二次高峰期出生的人又陆续进入了婚龄期和育龄期。从 2016 年起，国家实行全面放开二胎的政策，势必在今后一段时间内出现一个新的生育高峰。这种出生率的大幅度波动，影响各级学校的绝对数量和各类学校在学制中占的相对比例。如 1982 年的出生高峰，带来 1985 年入托难的问题，随之而来的是 1987 年小学入学率的高峰，依次类推，一直会波及成人乃至老年教育的问题。与此相关的是每个学校都将根据可能入学的人数决定学校的一系列编制，如教师数、学生数、班级人数等，在不得已的情况下还可能要开设两部制。而在人口增长跌入波谷期时出现的将是另一番景象。正因为如此，无论是国家还是学校，在制定教育发展规划时，必须要考虑人口数量的因素，要摸清人口数量的现状和变化趋势，不能只考虑到当前的状况，在学校数、校内编制、师资力量等方面都要提前做好准备。

(二)人口增长率影响教育质量

人口增长率过高而造成人口数量激增的更为严重的后果是影响教育质量。首先是使教育经费和师资质量的平均水平降低。拿我国当前的情况来看，全国有 2.6 亿儿童要接受基础教育，其中大部分是农村儿童。这就需要大量的经费。如果要按现代化教育的要求来配置学校设施、图书、专用教室等等，花费之大就可想而知了。更突出的是师资问题。教育事业的发展和一系列改革对教师队伍建设提出了很高的要求。但目前师资队伍，在农村地区还存在着教师数量严重不足和学历不达标的问题，城市中虽然在数量和学历上基本满足要求，但从教育改革的角度看，离胜任还存在较大的距离。学龄人数的增加使班级人数也过多。这同样影响教育质量的提高。一般地说，每个班级学生数以 30 人左右为宜。这个数量既构成一定的集体（包括分小组）活动的条件，又使教师有可能了解、顾及每个学生。但我国学校，班级人数大部分在 40 人以上。大班额的现象在条件较好的学校更为突出。在有些农村质量相对较高的中学，班额多的可超过百人。入学人数的增加又会加剧升学竞争，这种竞争显然不利于人的全面发展。除此之外，每个家庭的子女增多，在家庭收入没有达到相应水平的增加时，也会影响家庭的教育投资和生活水平，影响家长对子女的关心、教育和期望程度。家庭对待教育的态度和家庭教育的质量，直接影响学生的成长，间接影响学校的教育质量。这在我国农村计划生育执行不力的贫困地区，以流动打工为生的农民工家庭中表现尤其突出。人口基数庞大和增长率过高对教育带来了许多不利的影响，这一点在我国表现是突出的，在其他人口增长过快的发展中国家也呈现同样的情况。

（三）教育是控制人口增长的手段之一

控制人口增长的手段很多，发展教育是其中之一，而且被认为是长远起作用的手段。经一些人口学家研究后得出的结论是：全体国民受教育程度的高低与人口出生率的高低成负相关。有人在拉丁美洲做过的有关调查表明：有工作的妇女生育率低于家庭妇女，有专业知识的妇女生育率低于一般农村妇女，受过中等程度教育的妇女的婴儿死亡率低于文盲妇女。我国有些调查资料也反映同样的倾向。

其一，国家教育事业的发展，首先与对劳动力的文化要求的提高相关，因此它就刺激了家庭对教育的需要。而家庭教育需求的提高会增加抚养儿童的费用，这就能起到控制生育率的作用。在工业化的初期，西方国家人口增长率也较高，人们并不控制人口的自然增长，因为社会生产中相当大量的劳动力不需受多少教育，要养育和培养这类劳动力所需的费用不高，家庭养得起。现代发达国家的社会生产却大不相同，它需要具有一定文化程度、比较熟练的技术工人和专业人员，因此父母养育儿童时要付出更多的教育费用。为了子女将来能取得较好的工作资格或较好的社会地位，这使许多人不得不少生一些子女，产生控制生育的愿望。我国当前农村控制生育率的愿望不强烈与农村劳动力文化构成低、教育水平低相关。

其二，教育程度的提高，能改变人们传统的"多子多福""人丁兴旺"的生育观和家庭观。我国多子女的家庭常常与重男轻女的思想联系在一起，有些人为了有一个传宗接代的儿子，多生了好几个女儿。一般地说，文化程度高的人受此类思想的束缚较少，他们也更重视孩子的质量而不是数量。

其三，教育程度的提高增加了妇女就业的机会，在提高妇女养育儿童能力的同时，减少了妇女照料孩子的可能时间。这些都使人们愿意控制人口的增长。在此前提下，只要有了有效的医疗措施，就能使降低人口的增长率成为现实。

二、教育与人口结构的关系

所谓人口结构的合理化，就是指人口结构有利于社会生产和各方面的发展。从上面分析的人口结构对教育的影响中，我们可以看到教育能发挥调整人口结构的社会功能，这尤其鲜明地表现在对人口社会结构的调整上。

首先，通过教育可以改变人口的文化结构和职业结构，使其适应社会发展的需要。教育能改变人口文化结构是不言而喻的。新中国成立以来，教育事业的发展已经对此做出了贡献，全国人民的平均文化程度有了提高。其次，教育可以促进人口地域分布向合理的方向流动。如农业劳动中缺乏有文化的人，国家可以通过办学来培养农业科学、技术人员，并通过毕业分配使这些人流向农村。学校还可以通过定向培养等方式，使农村部分人口的文化水平得到提高，又不使这部分人因文化水平的提高而流向城市。

21世纪，中国在总体水平上进入小康社会，并加速了城市化水平。在教育资源配置上，又提出了贫富人口享受教育资源的均衡和流动人口子女平等享受教育的问题。这体现了社会发展在通过每个人受教育权的平等来保障不同阶层和地区的儿童、青少年的生存、发展的权利。受教育权也是人权的基本和重要的构成，教育与人口之间的关系是相互制约的。

三、教育与人口质量的关系

人口质量是指人口身体素质、文化修养和道德水平。其中身体素质包括遗传素质和健康状况两个方面，是人口质量中的物质要素。文化修养包括人们的知识水平、智力发展程度和劳动技术水平。道德水平包括人们的思想觉悟、道德修养和合于社会规范的道德践行能力等，文化修养和道德水平是人口质量中的精神要素，人口质量是一个表明人口各方面素质综合发展水平的概念。

（一）人口质量影响教育质量

人口质量对教育质量的影响表现为间接和直接两个方面。直接影响是指人类已有的水平对教育质量的总影响，间接的影响是指年长一代的人口质量影响新生一代的人口质量，从而影响以新生一代为对象的学校的教育质量。众所周知，年长一代对新生一代的影响是多方面的。从身体素质的角度看，这种影响一方面通过遗传实现，另一方面通过成人对新生一代的养育过程实现。教育对象先天性的缺陷、遗传疾病会给教育带来一系列特殊问题，优生是保证新生一代遗传素质良好的重要条件。孩子出生以后的科学养育，则是保证新生一代身体健康成长的重要条件。这两方面的实现，不仅与父母的身体素质有关，也与父母的文化教育水平相关。只有具有一定文化水平的父母，才会重视优生和养育儿童的科学问题，才可能掌握和运用这方面的知识。从文化修养和道德水平的角度看，成年一代对新生一代的影响更为明显。成年人的文化素养和道德水平虽然不能通过遗传对新生一代产生影响，但它却能构成新生一代生长于中的文化环境和社会环境，以耳濡目染的方式渗透到新生一代的心灵之中。另外，老一代的精神素质不同，对新生一代的期望程度、要求和教育方式也不同，这同样影响着新生一代的精神素质。学校教育的质量不仅取决于教育者一方，还与受教育者进学校时的初始水平有关，与社会、家庭对学校的期望、支持与协作程度有关，也就是说与社会现有的人口质量相关。

（二）教育是提高人口质量的基本手段

教育除具有控制人口数量的社会功能以外，同时也具有提高人口质量的功能。与控制人口数量的功能相比较，教育在提高人口质量上的作用更为直接和突出，我们从人口质量的定义中就能体会到。

人口数量与人口质量是人口中密切相关的两个方面。人们对这两方面的要求是相关的，而且随着社会生产的发展而变化。当社会生产力处于较落后的状态下，强调的是人口数量。在主要依靠手工和人力进行生产的时代，生产的发展、收入的增加，主要靠劳动力的增加。过去我国农村的多子女状况与此相关，多一个人就意味着多一个劳动力，多一份收入。按 20 世纪 80 年代初的消费水平，抚育一个儿童到 16 岁，成为劳动力，在农村平均只需花 1 600 元（城市却要花 6 900 元），这笔钱经过几年劳动以后就能偿还。所以，农村家庭增加人口对增加收入有利。但当生产力发展水平达到高度科学技术化后，人们就强调人口质量，以高质量来代替多数量。当今在以全面开创社会主义现代化建设新局面的我国，提高人口质量更是当务之急。"地大物博、人口众多"曾是我国国民认同并引以为豪的两大特点，它也确实曾为以农业为主的中国社会的发展提供了充分的潜力。但事实上，我国的自然资源同众多的人口相比并不算很丰富，按人口平均数看，我国的主要自然资源都低于世界平均水平。如果人口质量不高，还影响资源的合理使用，特别在当代科学技术迅猛发展的时代，自然资源从生产的意义上看不是唯一和不可替代的了，但是，人才却是无法合成和代替的。对我国来说，当前最有开发潜力的是人口。它必须借助于教育。教育的作用不只是培养出各种人才，而且在于提高全民族的素质。只有通过全民族素质的提高，才能使 13 亿人口不成为发展经济的负担，而成为推进经济发展的决定性力量。

教育在提高人口质量方面的功能首先表现为对青年一代的培养。儿童、青年时期是人口质量的奠基时期，因此必须尽最大努力抓好和提高普通教育的质量，培养出德、智、体全面发展的一代新人。这代新人的培养不仅能提高当代人口质量的水平，而且会连续影响此后几代的人口质量水平。可以这样说，哪个年代我国的教育不但普及而且质量普遍提高，哪个年代就是我国人口质量向高水平转化的关键性年代。教育在提高人口质量方面不仅会产生眼前效应，而且会产生深远影响。因此，对于我国当前来说，抓好基础教育，尤其是抓好农村的基础教育，是提高中华民族素质的根本保证。

教育提高人口质量的功能还表现在对成年人的教育上。对成年人教育的目的不仅在于使他们自身获得提高、掌握新的知识与技能，以适应社会发展的需求，也是教育承担的直接提高当代人口质量的任务，且还要使他们提高对优生、优育的认识，获得相关的知识和能力，以便为自己的后代创造更好的发展条件。为此，成人教育中应包括遗传学、优生学、家庭教育学及儿童、青少年发展心理学等有关人类自身"再生产"和培养的知识，使人们对此持科学的态度，并养成全社会热爱儿童、关心儿童、为儿童各方面健康成长创造有利社会条件的良好风气。但中国目前的现实状况与这个要求还有很大距离，现在的成人教育还只把注意力集中在成人自己的工作领域，忽视后代的培养问题。成人教育除了通过学校教育的途径外，还应充分利用各种非学校教育途径，如大众传媒、工厂、机关、企业内部的职工教育，各社会团体组织的教育活动和社区教育，等等。

人口，作为整个社会发展的生态性条件之一，也是教育发展的生态性条件之一，而且还构成教育潜在对象的总体。因此，社会现存的人口状况与人口发展的趋势，对教育事业发展的规模、结构、速度、形式及至目标、内容都有一定的制约作用。在当今人口已成为一个世界性问题而教育又基本普及和趋向于终身化的情况下，研究教育和办教育都不能忽视人口这一社会条件。否则，就会出现教育不适应社会人口实际状况对教育的需求的现象，这不利于社会的发展，也不利于教育的发展。

今日的人口状况是制约教育发展的因素之一，而今日的教育又是影响明日的人口数量、质量和结构的因素之一。其中，教育对明日人口质量的影响具有实质性的、决定性的意义。因此，制定一个国家的人口政策，必须首先了解这个国家的文化教育状况，而人口政策的实现又必须发挥教育的作用。例如，在我国当前以控制人口数量、提高人口质量为人口政策的情况下，就不能忽视教育这个长远而有效的手段。显然，若要开发我国丰富的人口资源，离不开教育；若要使我国的人口结构趋于合理化，同样也不能忘记教育。这种关系在人口结构、发展趋势与我国处于类似情况的国家中普遍存在。

教育与人口之间的相互制约作用是随着历史的发展而日益鲜明起来的。由此可见，两者都受着社会生产发展的制约。只有当社会生产发展到需要对社会成员施行普及教育的情况下，教育与人口之间才确立直接的联系。所以，在强调教育与人口之间相互制约关系的同时，必须认识到人口不是制约教育的唯一因素，也不是制约教育的众多因素中起决定性作用的因素，尤其在对教育性质的影响方面。同样，教育也不是制约人口诸方面的唯一因素和决定性因素，尤其在对人口数量的影响方面。教育与人口的相互制约作用在不同方面的作用力大小并不是完全相等的。

教育与人口的关系不仅在国家范围的总体上反映出来，也表现在每一个具体的学校。如果把学校比作"生产"人才的"工厂"，那么对该地区或有关方面人口状况的了解，就像工厂要摸清生产原料的来源、数量、质量等方面一样必要。自然生态一般是指有机体或有机群体与周围环境的相互共存、共生的关系。在此，我们是特指当前我国人口群体与自然环境的相互关系。研究我国当前教育与自然生态的关系，首先需要了解我国当前自然资源的状态，以资源状态及其造成原因分析为基础，进一步认识教育与自然生态的关系。

第二节　教育与社会物质生产的关系

物质生产活动是人类社会赖以生存和发展的最基本的社会活动，是其他一切社会活动的基础。研究教育与社会各子系统的关系，必然要研究教育与社会物质生产系统的关系。在此，将进一步分析这种关系的内在必然性和性质，分析当今社会这一关系的具体表现和对人类社会发展的重要意义，并对曾经和当前流行的有关教育与社会物质生产的关系的几种观点作一些评析，以求得对这个问题的认识有所推进。

社会物质生产活动本身是一个复杂的系统。我们在此着重分析的是教育与组成物质生产活动各要素之间的内在联系，教育与社会物质生产发展水平的关系，教育与社会物质生产各部门构成的产业结构的关系。由此可见，本节涉及的范围宽于教育与生产力的关系，狭于教育与经济的关系。

作为其他社会活动基础的物质生产活动是不是教育这一社会活动的基础呢？我们的回答是肯定的。可以这样说，教育的每一步发展都与物质生产的发展有关，社会物质生产的发展为教育的发展提供了基础性条件，又对教育不断提出新的要求，成为推动教育发展的根本性的社会动力。

一、社会物质生产的发展为教育的发展提供了基础性条件

社会物质生产的发展为教育的发展提供了人力与时间、物力和财力，这都是教育事业发展不可缺少的基础性条件。

社会物质生产发展的趋势是把越来越多的人从直接为维持人类、社会生存与发展而进行的物质生产中解放出来，而且使社会每个工作者的劳动时间逐渐缩短，闲暇时间逐渐增多。这就为教育事业的发展提供了人力与时间的条件。从事教育活动，必须有教育者与受教育者。这些人在进行教育活动时，需要在不同程度上、一定时间内，脱离社会物质生产劳动。原始社会的生产水平极其低下，人类全力以赴为生存与大自然搏斗，不可能为教育活动提供上述条件，不可能产生专门从事教育活动的学校。近代生产的发展水平不仅要求，而且有可能使每个人在人生的一段时间内接受学校教育。现代发达国家的生产发展水平，不仅使青少年义务教育时间有可能延长，而且使在职人员也有重新获得学习机会的可能。在生产发展水平还处于农业经济为主、机械化程度不高的国家中，这种可能性就相对小得多。如果不顾社会可能提供的剩余劳动力，盲目发展在职教育或延长义务教育的年限，就有可能产生教育部门与产业部门争夺劳动力的现象。如在我国一些劳动力紧张的农村里，初中生辍学的现象较严重。在生产任务重、技术水平低、劳动力紧张的企业中，往往对职工的脱产学习数量作较严格的控制（此类企业在生产上也并不需要生产者有多少文化）。从发展教育事业和每个人的学习愿望都应得到满足的角度看，这似乎是不合理、消极的，但从教育发展程度是以社会能提供多少剩余劳动力为限的角度看，这种现象却是不可避免的。（当然，那种只看到企业眼前生产的需要，看不到企业发展离不开职工素质的提高，具备条件却不重视职工教育的现象不属于我们上述问题的范围。）

教育事业的发展需要有资金，这是不言而喻的。这些资金主要不是来源于学校通过生产劳动自己创造的财富，而是来源于国家的财政支付、其他社会力量的资金的投入。在基础教育方面更是如此。因此，教育事业的发展受制于整个国家的经济发展水平和富裕程度，本质上与社会物质生产的水平相关。（在每

个地区，还受制于该地区的经济发展水平和富裕程度。）即使从每一个人来看，可能接受教育到什么程度，也与家庭的经济状况或他可能获得的经济资助密切相关。大量的事实证明：在国际上，生产发达国家的教育投资水平高于生产落后国家；在同一个国家内，经济贫困地区常常是教育落后的地区。人们如果连温饱的问题都没有解决，那是无暇顾及教育的；在各类家庭中，经济富裕的家庭有可能为孩子的教育提供更多的资金。总之，贫富程度通常是造成教育发展水平差距的一个原因。就我国当前的经济发展还处在世界低水平这一事实出发，教育经费的拮据状态难以在短时间内改变。

社会物质生产力为教育发展提供物力，主要反映在教育物资的水平上。社会能否为教育提供数量充分的物资（包括足够的校舍、教室、实验室、操场、仪器设备、图书资料、体育运动器材，等等）是与社会物质生产发展水平相关的。然而，在这方面关系更为密切的是社会可能提供的教育物资的质量和其中蕴含的技术发展水平。在教育方面，与社会物质生产技术水平尤其相关的是通信、传播的技术水平。从一定意义上说，教育是一种特殊的传播活动，它必然要借助于一定的传播、通信手段。教育能借用的传播、通信手段，总是与社会使用的传播、通信手段相关的，而且往往是在某种通信传播手段已经相当发达并在社会上普遍使用的情况下，这种通信传播手段才会在教育领域内得到广泛使用。如当人们的通信手段只停留在借助于人的自然器官和口头语言的状态时，教育中采用的也基本是这个手段。印刷术在我国公元 7~8 世纪就已产生，14 世纪已传到欧洲，但只有在十六七世纪机器制造技术的发展为印刷术的机械化创造了条件后，才使学校广泛使用铅印的教科书有了可能。无线电、电影、电视、录音等传播手段在社会中的运用也都早于电化教育手段在学校中的运用，如第一台电视机是 1936 年间问世的，但在教育中的广泛运用还是 20 世纪 60 年代左右的事。由此可见，教育技术手段现代化的实现，是以相应的社会生产技术现代化为前提的。随着生产技术手段更新、普及周期的不断缩短，教育媒体的丰富与更新也随之加快，生产技术水平对教育的影响也不断加强，当代信息技术手段在教育中的广泛应用就是典型的一例。

然而，上述几点只是说明了社会物质生产的发展为教育的发展提供了基础性的可能条件，我们不能由此得出这样的结论：只要生产的产品丰富了，产值增加了，人民富有了，闲暇时间增多了，教育自然就能发展了。我国 1988 年在全国尤其广东等某些沿海地区出现的经济上去了，流失生现象却比以往更严重的事实说明了这一点。需要指出的是，2006 年我国推出农村实行免费义务教育后，在有的地区又出现新的"读书无用论"。究其原因还是有些农民认为子女读书所耗的时间，不如用来直接参与生产获取金钱。有些农民有了钱，宁愿把钱用在修造坟墓、赌博上，也不肯为子女受教育投资的情况也时有所闻。除此以外，各级政府在发展经济和发展教育的投入上，也出现教育投入长期不足，远远低于国民经济增长幅度的问题，地方政府挪用教育经费的事件也屡屡发生。历史和现实都使我们看到，物质生产在为教育发展提供基础性条件这一点上有限制的意义，表现为对教育发展上限的规定更具强制性和鲜明性，即教育的发展不可能超出社会生产提供的可能范围。但已有的生产发展水平未必能最大限度地促进教育的发展，这还要看人们对生产发展向教育提出需求的科学认识如何。

二、社会物质生产的发展对教育不断提出新的需求

教育作为社会延续和发展的工具，必然要适应社会发展的需要，其中首先是适应社会物质生产发展的需要。历史向我们呈现的总趋势是社会物质生产水平越高，对教育提出的需求也越高，物质生产的发展越来越成为推动教育发展的根本动力。

社会物质生产发展对教育的推动作用不是偶然的。只要我们分析社会物质生产发展的趋势以及这些趋势对教育提出了哪些新要求，就能更清楚地认识到两者之间的必然联系。

社会物质生产发展的趋势首先表现为生产过程中对科学知识和人类的智力、能力的需求越来越高，人类越来越依靠自己的智慧和智慧的创造物——科学、技术，而不是依靠单纯的体力消耗来获得自己需要的产品。

人类社会按生产的技术形态来分类，可以分为农业社会、工业社会和 20 世纪 50 年代以来初露头角、处于发展过程中的信息社会。构成生产活动的各要素

（劳动对象、劳动工具、劳动者）在三类不同技术形态中都发生变化，这些变化的具体内容虽然不同，但在反映生产对科学知识、人类智力和能力的需求提高这一点上却是共同的。

在劳动对象方面，农业社会以再生性的生物资源为主，工业社会逐渐转到以非再生性的自然资源（如各种矿藏）为主。在信息社会中，各式各样的人造材料充当起主角来。显然，非再生资源的开发与加工，比起再生性资源需要更多的科学与技术，而信息社会生产资源的开发与加工，对科技的需求量又远胜过非再生性资源。更令人瞩目的是，信息社会出现了以知识、信息为生产对象的新型知识产业并显示出将逐渐成为社会的重要产业的趋势。它们的存在与发展更显示了物质生产对科学技术的依赖。

在劳动工具方面，三种形态的社会循着以手工操作为主的简单工具，向机器，再向自动控制的机器这一路线发展；与此相关的能源，也由以人力、畜力、自然力为主，向以火力（煤、石油为燃料）、电力为主，再向以核能、太阳能等运用高技术开发出来的新能源为主的方向转化。

然而，生产发展对教育的需求不仅表现在量的扩展上，更深刻的是表现在对教育结构、培养目标、教育内容、方法、途径等一系列教育内部系统加以改造的要求上。它要求教育制度的结构能满足生产结构变化的需要和人终身接受教育的需要，加强成人教育的体系和企业内岗位培训教育；要求教育在培养人时，把着眼点放在基础学力、适应力和选择性上，培养出富有独立学习能力和创造精神的人；要求教育内容反映生产和科学技术发展的当代水平与趋势；要求教学方法、途径适应培养现代化社会所需要的人。只有经过了改造的教育才能适应当代社会生产发展的需要，成为生产进一步发展的保证。如果不改变传统的、只能适应经济缓慢发展和技术水平较低的社会需要的教育模式，那么教育数量上扩展越快，生产与教育的矛盾反而越大。所有这些变化，意味着中国教育需要实现转型性的变革，全面完成从近代教育向现代教育的转换。

三、教育对社会生产的作用

如果我们基本认清了社会物质生产对教育的作用，那么就不难看出教育对社会物质生产的反作用，而且可以理解，反作用的大小与作用的大小成正相关。

劳动力是社会生产力中最重要的组成部分。只有通过人的劳动，才创造出社会的物质财富，满足人类的各种需要。劳动者的劳动积极性和创造性越高，劳动的技能、技巧越熟练，他可能创造出的财富就越多。然而，这一切都不是靠遗传获得，人的劳动技能并非生而具有，正像马克思指出的那样："要改变一般的人的本性，使他获得一定劳动部门的技能和技巧，成为发达的和专门的劳动力，就要有一定的教育或训练。"在古代社会，这样的教育或训练主要在生产过程中进行，自近代资本主义社会起，由于劳动全程和技能的复杂化、知识化，对劳动者总体（包括直接操作与间接设计、管理人员）的文化水平、技能和智能的要求都提高，学校教育逐渐成了社会各种劳动力再生产的重要手段。

对于劳动者个体来说，通过教育和训练增强劳动能力主要表现在下列几个方面。

（1）提高对生产要求过程的理解程度和劳动技能技巧的熟练程度，从而提高工作效率。

（2）能合理操作、使用工具和机器，注意对工具机器的保养和维修，减少工具的损坏率。只有懂得工具和机器原理、性能的人，才能合理地使用它们。教育为劳动者提供了这方面的基础知识和专门知识，至少是培养了劳动者用理智的态度来对待工具的使用，懂得不科学地使用工具可能带来的危害。

（3）提高再学习能力，有助于缩短掌握、运用或更新岗位新技术所需的时间。通过教育，个人获得的不只是具体的知识、技能、技巧，而且提高了人的一般学习能力，越是成功的教育，在提高一般学习能力上的作用越大。提高人的一般学习能力对于当代来说特别重要，它能使人较快地掌握新技术、新工艺、新工种，以适应生产高速发展变化带来的职业或工种变换的需要。

（4）提高创新意识和创造能力。按国外一些企业统计，劳动者受教育年限每增加一年，合理化建议就平均增加6%。

（5）提高加强生产管理的愿望与能力。教育程度的提高能使人对自己的力量更富有信心，希望劳动安排得更合理和个人有更多的管理、自主权。现代社会生产率的提高确实需要生产者对管理的参与。

以上列举的主要涉及工业劳动者劳动能力的提高问题。对于农业劳动者来说，基本情况也是如此。当农业生产的科技水平提高，农业经济向多样化的方向发展后更是如此。20 世纪 80 年代初期，我国农村一些成功专业户中大多只具有初中或初中以上文化水平，他们在生产活动中表现出来的主体意识与传统的有经验的老农有很大区别。如老农种田主要凭经验，专业户较重视科学知识的指导，他们还关心党的政策和技术、市场信息，努力扩大产销门路，生产时讲究成本效益的计算，不是只管闷着头苦干。更主要的是在他们身上表现出了现代农民的意识和素质。

在现代社会中，教育为生产部门提供的不仅是直接进行物质生产的劳动力，而且提供生产中必需的各种技术人员、情报人员、服务人员、科研人员和管理人员。现代社会生产的每一部门、每一工种、每一环节，都需要受过一定程度的基础教育和不同程度专业教育的人。这就使教育不仅是广义的，而且是狭义的学校教育，成了社会生产持续发展的必不可少的重要条件。

还需强调指出的是，对教育随着社会生产水平提高在培养劳动力中作用日益加强的必然性的理解，无论从劳动力总体还是劳动者个体的角度，都不应该只从各类生产活动具体进行时对生产者操作的要求上去分析。如果只从这个角度分析，有可能得出机械化程度越高，对工人操作要求越简单的看法。只有从劳动者一生的劳动生涯所可能出现的各种机遇和在劳动全过程中潜能发挥、承担职能多样化、劳动中创造的需要等综合角度来看，才能把握住教育在提高现代化生产中劳动力素质方面的重要作用及深远意义。

四、教育是加速现代社会物质生产技术更新的有力因素

古代社会生产中的技术更新，主要依靠劳动者生产经验的积累。到了近代社会，科研成果对生产技术更新的作用越来越显明，但当时的科研先是作为科学家个体的，然后逐渐成为各种科学家团体的研究活动，与学校教育的关系并不十分密切。自近代社会后期起，尤其从 20 世纪 50 年代后期到现在，学校教学、科研与生产的关系越来越密切。它不仅表现在科研成果上的直接联系，而且表现为各方面机构在成员、目标与管理方面的联系。这就使教育尤其是高等

教育，成为加速现代社会物质生产技术更新的有力因素。

教育对生产技术更新能起促进作用，还因为作为知识形态的、潜在的生产力的科学、技术只有通过教育才能实现再生产。只有通过教育，培养出掌握科学技术的生产者，才能使潜在的因素转化为现实的因素。因此，一个国家的教育越普及，教育水平越高，教育与生产越有机结合，科学技术的普及程度就越高，新技术的推广速度更快，成效也更为显著。普及、推广时间的缩短，也缩短了新技术的更新周期。因此，不仅是高等教育，即使是中等、初等教育，还包括各种形式的群众性的科普教育，在推动生产技术的更新方面都起了一定的作用。

教育对生产具有上述两方面的重要作用，因此，教育具有经济效益。第一个对教育的经济效益进行定量的专题研究的是苏联经济学家斯特鲁米林，1924年他发表了《人民教育的经济意义》一文，算出国家对四年制的初等义务教育10年的投资，在5年内就可以全部收回并有所余，因为劳动力教育水平的提高使他们创造了更多的价值。此后，对教育经济效益问题的研究逐渐增多加深，乃至60年代初形成了一门新的科学——教育经济学。在生产日益科技化的今天，教育的经济效益更为鲜明了。无怪乎西方有人认为，现有的经济优势只能称霸一时，教育的优势则能称霸一世。

以上我们着重分析了教育对社会物质生产发展的促进作用，但并不是教育只要发展，就必然对社会物质生产起积极作用。相反，当人们的认识和行为处于盲目状态时，教育的发展甚至会起消极的作用。如超过经济实力和社会需求的发展，整体结构与产业结构不协调的发展，教育内容忽视社会生产发展基本需求、纯粹为升学服务的发展都属此列。另外，教育对社会物质生产的作用主要表现在对未来发展上，表现为长期的效应。其中，基础教育更是如此。如果以牺牲长效而获取短效，至少是不明智的。但长效并不意味着永恒，不意味着现实的教育都是合理的，也不意味着可以不顾眼前的矛盾，它只是意味着应从长远的、较为根本的、更富有适应变化的角度来考虑眼前的改革，设计教育的未来。

第三节　教育与社会政治的关系

在具体论述教育与政治的关系之前，首先应该对什么是政治有一个明确的界说。然而，这是一个困难的任务，因为从古至今，政治学家对政治有着许多不同的界说。在此，我们只能以这样的方式说明问题：在这一节中，我们所说的政治究竟指的是什么。

首先，我们认为，政治是一种社会现象，它产生于阶级社会有了国家以后。从词源学上看，在中文里，"政治"是合义词。《说文》中对"政"的解释为"政，正也，从支从正，正亦声"，恰如孔子在《论语·颜渊》中所谓："政者，正也。"而"正"字在甲骨文中表达的意思就是向着目标行走，即含"纠之使正"之治理之义。英语"政治"（politics）一词源于希腊文，意指作为物质实体的城市，随着时间推移，词义扩展为对"各种城市生活的处理，特别是公共事物的管理"。显然，能掌管古代城市的人只能出自统治阶级，无论是寡头政治、君主政治还是所谓民主政治均不例外。历史发展到近代，不同的阶级都有自己不同的权利与义务。政治的内容与形态都复杂化了，它包括了各阶级为维护和发展本阶级的利益而采取的策略、手段和组织形式。对于统治阶级来说，政治就是对国家的管理，对统治权的维护。由此可见，政治属于上层建筑范畴，它建立在一定的经济基础之上，又集中反映并服务于社会经济基础，它对社会经济基础有极大的反作用。

其次，政治是一种复杂的社会现象，政治斗争的核心问题是政权问题，但是，不能认为政治就是政权。政治有多种表现形态：国家政治制度、法律制度和各级政府机构、各党派的组织管理、组织机构形态。各阶级、各党派为维护政权、阶级、政党利益所进行的各种活动，是政治的活动形态；反映政权、政党、各阶级利益的路线、方针、政纲、政策以及与此有关的理论与学说，是政治的观念形态。政治这方面的形态是密切配合的，其中政治制度、法律制度和相应的政权机构具有强制性的机制，对一个国家的政治性质具有决定性的意义。

一、政治对教育的作用

政治是阶级利益的集中反映。所以，政治对教育不但有着直接的制约作用，而且，这种制约作用波及教育的一切方面。从教育的领导权到教育的享受权，从教育事业发展的规模到速度，从教育的总目标到各级各类学校教育的具体目标，从国家教育制度到学校管理制度，从教育内容到教育方法，从学校教育到非学校教育，无不承载、反映、渗透着政治对教育的作用。当然，对教育产生影响的不只是政治，但政治是影响、制约教育的重要因素；尽管政治对教育各方面产生影响的大小并不完全相等，但政治对教育的各方面确实都存在着影响。

首先，政治通过一定的组织手段对教育实现控制。政府、执政党往往对教育机构从组织上进行直接领导，尽管组织领导的形式可以各不相同：有些国家实行中央集中领导，如法国；有些国家由地方分权管理，如美国、德国。虽然形式各异，但实质上都是一种控制。我国宪法明确规定，教育由国务院主管，由中国共产党领导，与此相应，各级各类学校都设有行政领导机构和党组织的领导机构。各级党组织的作用是保证党所制定的政治路线、方针、政策在教育领域内得到贯彻，调动各方面的积极性，共同把教育工作搞好，而不是去代替行政工作，去干涉教育领域内的各项具体业务工作。新中国成立以来的实践已经证明，什么时候把党对教育的领导简单化地理解为包办、代替、指挥一切，把党的领导与调动各方面积极性对立起来，什么时候的教育就不可能得到蓬蓬勃勃的发展甚至造成大的损失。反之亦然，什么时候党削弱了政治领导，忽视了对教育的整体策划或做出错误的决策和保证，必然会给教育事业的发展带来消极影响，乃至造成重大的损失。由此可见，执政党及其代表的阶级的先进性，并不能天然地保证其领导教育的正确性。

组织上的控制还表现在对教育者的培养和委任方面。教育行政人员、教师在政治方面规定的角色是政府或一定阶级、一定党派的利益、方针、政策在教育领域内的具体贯彻者。尤其是教师，对学生能产生直接的、潜移默化的影响。1909 年列宁在给喀普里党校学员尤利·万尼亚等诸同志的信中曾对教师在教育工作中的政治作用有过深刻的论述。他强调指出："在任何学校里，最重要的是讲课的思想政治方向。这个方向由什么来决定呢？完全只能由讲课人员来决定。……任何监督、任何教学大纲等等，绝对不能改变由讲课人员所决定的讲课的方向。"正因为如此，在培训、选择师资方面，各国政府、各阶级历来都重视政治态度问题。当政府需要加强政治和思想控制时，对此要求显得更为严格、突出。无产阶级与其他阶级在这方面的区别不在于是否有控制，而是在于控制的性质和目的。反动统治阶级的政治维护自己统治的反动性，决定了他们对教师的控制必采取高压、强制甚至是法西斯的手段。

政治对教育作用的第二种手段是通过政府、政党制定一系列方针、政策，其中包括总的教育方面的以及与教育相关的其他领域的方针、政策等手段来实现。教育作为社会活动总体的组成部分，必然要受到总方针、总政策的影响，这是不言而喻的。

政治对教育作用的第三个手段是法律。法律本质上是掌握政权阶级的根本利益以"国家意志"形式的表达，国家用强制力保证其实施。法律具有鲜明的阶级性，政权掌握在少数剥削阶级手中，法律只代表少数人的利益；政权掌握在人民手中，法律维护的是全体人民的利益。另外，由于法律具有规范性和强制性，能起到方针、政策所不能起的作用，因此是每一个掌握国家政权的阶级必不可少的管理国家和社会各项事务的有力工具。

政治对教育作用的另一个最常用的手段就是直接对受教育者进行政治思想教育，以影响受教育者的政治立场、观点与态度，形成受教育者的公民意识和行为。这已成为教育内容中相对独立的重要组成，教育活动与政治活动在这种情况下合二为一。其主要内容贯彻在学校教育中政治性的课程及各门课程中，尤其是人文学科中反映的政治、思想倾向。学校对学生的管理，形势政治教育，公民权利、义务、责任和行为规范方面的教育与社会实践等也属此列。在社会主义国家中加强对受教育者的政治思想教育，应十分注意不要使政治教育演变为空洞的说教或教条的宣传，不应该把它孤立于学校一切工作之外，而是应采用生动活泼、深入细致的方式，把政治教育渗透到学校的一切工作中去。

二、教育对政治的影响

教育对政治的反作用，主要由下列几个方面来实现。

（一）宣传一定的政治理论、方针、路线

在政治斗争中，要巩固或推翻一个政权都必须制造舆论。政府制定的政治纲领、方针、路线、政策要被群众接受，也必须进行宣传。学校常常成为造成政治舆论的一个重要场所。学校是知识分子与青年聚集的地方，政治敏锐性很强，在高等学校中更是如此。从历史上看，许多政治事件常常从学校发端，如我国古代东汉时的太学生风潮、近代的五四运动等。学校的政治局势安定与否对社会产生反作用，它常常是社会政治安定与否的晴雨表，对社会政治舆论也起着推波助澜的作用。

（二）组织学生直接参加社会政治活动

这样做的目的，一方面在于直接推动社会政治活动的开展，另一方面是为了让学生在斗争实践中形成一定的政治观点，积累参加政治活动的经验，这对培养合格的公民无疑是有用的。

（三）通过教育制度，实现对受教育者的阶级或阶层的选拔，使原有的社会政治关系得以延续和发展，或者加速改变旧的社会政治关系

（四）通过教育培养合格的公民和各种政治人才

无论什么时代，无论哪个国家，掌握政权的阶级都要通过教育来造就公民，使受教育者具备政府所希求的政治观、世界观和人生观。封建统治需要驯服的、听天由命的臣民，这就决定了统治者灌输等级制度等天经地义、亘古不变的信念，实行愚民政策。资产阶级的理想公民是既能为资本家生产出更多的利润，又安于受资本家剥削与压迫、拥护资本主义制度的人。在无产阶级掌握政权的社会主义国家中，需要能真正关心国家命运，懂得怎样当家做主的公民。因此，必须十分重视提高人民的政治、文化素质。在社会主义教育政策中，扫除文盲，发展教育事业，改变劳动者文化落后的面貌处于重要的地位，这不仅是发展经济的需要，也是社会主义政治真正实现民主化的需要。社会政治的民

主化要求全体人民能关心、参与国家政事，共同享有管理政治生活、经济生活、文化生活和社会生活的权利，同时具有法律意识和运用法律维护自己正当权益的能力。然而这一切都与人民具有的普通文化水平和政治意识相关。正像列宁所指出的那样，文盲是站在政治之外的。当人民处于普遍缺乏文化和政治素养的情况下，必然缺乏参与政治的意识和能力，民主政治最多也不过是一个良好的愿望。而且，历史已经表明，文化、教育的落后，往往是产生和盛行政治上的偏激、盲从、专制主义的原因之一，而教育的兴旺发达，是政治上实行民主、进步的基础性保证。

上述教育对政治的反作用中，最后两方面是最基本和最经常的。因为，维持和改善已有的社会政治关系，培养公民和政治人才，关系到政府或阶级长远的、根本的利益。教育要更好地为社会主义政治服务，同样需要处理好为长远利益服务和为当前利益服务的关系。我们不能舍本求末，应在完善社会主义教育制度和提高学校培养人的政治、文化素质等方面做更大的努力。

此外，在谈到教育对政治的反作用时，不能忽视非学校教育的影响，尤其是家庭、校外文化和社会政治性团体的作用。

从教育对政治的反作用中我们可以看到，对于政治来说，教育也不只是恭顺的奴仆，而是有力的武器。它可以成为巩固政权的武器，也可以成为被统治阶级手中的武器，用来加速旧政权灭亡，为新政权诞生创造条件。因此，教育对政治反作用的性质取决于为哪个阶级、哪种政治服务。它可以是促进历史发展的，也可以是阻碍历史发展的。其作用程度大小取决于教育本身的成效，但是这种反作用同样有限度。教育不可能直接摧毁旧政权，改变社会性质。空想社会主义者和我国历史上一些爱国的仁人志士，想通过教育来改变罪恶的世界，使国家和人民的命运发生根本改变，也只能是一种善良的愿望，在认识上是对教育社会作用的夸大。正是从这个意义上，我们认为"教育救国论"可以理解，在当时有进步意义，但不是改变反动政权的良方。政治问题的真正解决还是要通过政治手段，只通过教育不可能完全解决政治问题。

总之，教育与政治的关系十分密切，但分属两个不同范畴；它们相互作用，但不能相互取代，其位置也不能相互颠倒。政治是经济的集中表现，发展生产的需要常常以政府的方针、路线、政策、计划等形式表现出来并以此作为满足经济发展和自身发展的教育实践的依据。从这个角度看，可以说教育与政治的关系较之教育与生产的关系更为直接。

第四节　教育与社会文化的关系

我们所说的文化主要指的是与人类精神活动及其产品有关的方面，它还表现在人的生存方式和行为方式中。文化的作用主要是直接影响人的精神风貌和精神创造的能力，影响人类精神文明的发展。我们这样界说旨在把文化限在精神生产的领域和人对周围世界影响方式的范围内，一是在社会活动领域层面上，将文化与物质生产的领域相区别并在这个范围内考虑文化对教育的影响，使我们在分析教育与社会其他子系统关系上，不至于重复或遗漏；二是关注到文化对人的生存方式、行为方式的直接渗透式、养成式的影响，以及这种影响对人与社会的发展意义，由此认识文化与教育更为内在的、在个体发展意义上的关联性。因此，上述界定并不是对其他各种文化定义的否定，在此我们无暇也无须顾及纯粹的关于文化定义的争辩。

文化主要有下列四种存在形态。

其一，物质形态。指精神创造物化在物质产品之中，如历史文物、古建筑、各种工艺用品，等等。它们本身是科学、艺术和技术的结晶。

其二，用物质手段存留的观念形态。指精神沟通的手段，如人类创造的各种形式的符号（从语言文字到各种数学的抽象符号）、各种科学著作、文艺作品。

其三，与各种文化创造和传播有关的活动形态。如学术活动、艺术活动以及与此有关的相应的团体、社会设施（如学术机构、大众娱乐机构、文化出版机构、学校等）。

其四，人的心理、行为形态。如民族的心理素质、价值观、思维方式、精神风貌，社会的生活方式、习俗、传统，个体对周围世界的影响方式等。

在时态上，文化也有过去时、现在时和将来时三种形态，文化在三重意义上具有生命性：一是文化作为人的生命的创造具有生命性；二是已经形成的文化要通过个体、群体、代际的转换才会发展，重新焕发生命活力，为创造新的文化和新的世界服务；三是文化具有内在的连续、演化的历史过程，本身呈现出有机和生成式的生命性。

一、文化对教育的作用

文化对教育的作用可分为三个层次来看：第一个层次是深入到学校教育活动内部的文化，可称为"学校亚文化"；第二个层次是作为学校教育外部的文化以文化背景的方式对教育的影响；第三个层次是直接对教育中的人的身心发展和生存方式产生影响。

文化的发展使课程不断丰富和更新，这是文化对学校教育影响的第一个也是最显而易见的方面。当科学文化处于突飞猛进的时代，这个影响表现得更为突出。在历史上，当自然科学有了长足的进步后，随着自然科学知识应用价值的提高，教学课程中自然学科也逐渐增多并占越来越重要的地位。当前，科学又以前所未有的速度发展和产生越来越多的新领域，且越来越快地向技术、生产层面转化，技术的内生力和更新、扩展的趋势也日益显著。学校课程面临着整体格局和具体课程双重更新的局面，主要表现在以下四个方面：一是增设新的富有时代气息的新课程。如有条件的国家或地区，在中小学里开设计算机课程、信息课程、未来课程、环境课程等，其中部分作为基础课程，部分作为选修课程。二是删去或压缩课程中已陈旧或相应显得简单的内容，把高年级的某些内容放到低年级去，或增加新的内容。近几年来，数学、生物等课程的改革就采用了这种方法。三是课程的结构呈现出多元性和选择性，呈一定的相关课程的组合性等多种形态，使丰富多样的科学、技术、艺术等文化内容与学生可能发展之间通过学生自主选择，形成更为合适的组合，从课程结构上体现当代的教育观念。在历史上，普通教育课程总结构经历了由以军事、音乐为主、着重于行为训练的原始结构，转化到以文字教育、伦理道德为主的古典结构，再转化到以科学知识技术等为主干的近现代结构。四是就每一门课程的内部结构看，它也是随着相应科学的发展而变化的。随着科学认识的不断深入和丰富，每一门课程结构的重点、主要线索、主导思想和内容详略、教学目标等都会发生变化。当前变化的趋势是每一门课程的教学目标都不再以传授科学知识为唯一目标，而是强调知识结构的剖析，强调传授科学知识过程中开发知识的全面育人价值。这一系列的课程、内容结构上的变化都与文化发展尤其是科学的发展直接相关。自然，文化对课程的影响不局限于科学。可以预料，随着人们闲暇时间的增多，各种类型的艺术活动在人们生活中的作用会比现在大得多，在学校亚文化中的地位也会相应变化。至于文化中蕴含的价值观的变化，必然会在整个学校教育选择内容的角度上得到反映。

但是，在强调教育内容与文化发展的相关性的同时，还必须指出，这两方面的变化在时间上并非完全同步。文化本身的变化在先，并且，要在这一变化的社会价值被认识并在社会发展中产生影响时，在这一变化的教育价值也被认识时，才会在教育内容中得到相应的反映。因此，相对于文化的发展、变化来说，课程内容具有相对稳定性，变化速度较缓慢。变化的过程也受教育者的自觉控制，它不是一个随文化发展而自发变化的过程，而是有意识的有控制的选择、编制过程。因此，不可能也不应该要求教育反映文化的每一个变化。

文化的发展除了直接影响教育内容的质量与结构外，也影响教育方法、手段和组织形式。这与人类认识世界的手段尤其是传递文化的手段的发展密切相关。现代科学技术的发展使人类认识世界的能力有了新的飞跃，在传递文化的能力方面也由于新技术的采用而得到提高，传播文化的途径越来越多。通信卫星的发射，使每个信息有可能传递到地球的每一个角落，空间的距离不再成为传递信息的决定性障碍，信息传递的必需时间也大为缩短。这一变化有可能导致整个教育系统结构的变化，学校在教育系统中的中心地位可能被由各种形式的教育所构成的网络式结构取代。就每个个体来说，随着传播手段的大众化，独立获取信息的可能也大为增强。这一切在学校教育中的应用，为教育内容的扩展与加深提供了技术上的保障，为教学方法的改革、教学手段和组织形式的灵活多样化、教学效率的提高创造了技术前提。如电影、电视、录像、计算机、互联网在教学中的运用，使学生的学习不受时空的限制，也不受课堂集体教学的限制。教学内容对学生也变得形象、生动，并可按照每个学生的学习需要，整体或部分地反复再现，由学生自己控制学习的速度，对提高学生的学习兴趣和效率都会产生积极的影响。同时也能改变传统的课堂教学的单一形式，赋予学生在学习中更多按自己的实际需要进行选择的权利。

传递文化手段的发展渗透到学校内部后产生的更深层的影响，使教师在教育中的地位与作用发生变化。教师在传统教学中处于中心信息源的位置，他的主要职能是传递信息和控制整个教学过程，使全班按统一的步子进行。获取信息手段的多样化，改变了教师作为中心信息源的地位，唯一中心成了多中心，从而也削弱了教师传递信息的职能。甚至可以这样说，在现代化的社会中，如果教师只是已有信息的载负者和传递者的话，那么学校可以不要教师。在现代化的学校中，教师在教学中的作用更多是作为一个组织者、辅导者、协调者、合作者和教学过程总体进展的调控者和责任人，其行为目的不再是全班的统一步伐，而是每个学生的最佳学习效果和全班活动多样与合作的统一。此外，教师在从繁重的传递信息的任务中得到部分解脱后，就有可能在培养和促进学生发展方面发挥更大的作用。

文化渗透到学校教育内部所产生的最深层的影响是对教育目的的影响。文化的发展并不是只意味着人类知识总量和精神财富的增加，数量的增加只是文化发展的最初效果，进一步发展的必然后果是使人的思维方式、价值观念和由此而产生的行为方式，即人类自身的精神世界及其表现发生深刻的变化。比如，随着人类对客观世界认识的全面深化，人类的思维方式也由点状向线状、再向纵横交错的网络状变化，由单面向多侧面、再向多层次、多侧面的系统方式变化。与此同时，人类对自身的发展、生命的价值、人生的幸福、人与自然、社会的和谐发展等关涉到人自身及其相关世界的问题也越来越关注，从而带来价值观上的一系列变化。这些变化只要是代表着时代和人类发展方向，就不可避免地、或迟或早地反映到学校教育目的上来，使每一个时代文化的内在气质在形成一代新人过程中得到体现和发扬光大。这种影响与前面提到的两个方面相比，显得隐蔽，是一种无形的影响，然而却更深刻、更根本，影响的时间也更长久。

其一，社会文化的发展提高了人们对教育的需求，促进教育事业的发展和完善。教育事业总是在一定的社会文化背景下进行的，就像水涨船高的道理一样。全社会文化水平提高，必然会提高对教育的需求。这种需求的提高表现为父母文化程度越高的家庭，对子女教育程度的期望也越高；社会中科学、技术发展的速度越快，各种就业人员对继续教育的需求就越大；科学、技术越是渗透到社会各领域里，包括生活领域中，社会给予个人的自由时间越多，人们越关注自身的全面发展和个性的充分发展。可以推测，文化高度发展的社会，必然是全社会成员终身从不同渠道不断接受各种级别和各种类型教育的社会。拿当前世界上发达国家与发展中国家相比，这种趋势已经部分以事实的方式呈现。

其二，社会文化发展促使学校与社会联系的加强。从历史发展的角度看，随着人类文化的发展，学校与社会的联系日益增强。一方面，学校的形式日益多样化，它向社会不同年龄阶段和不同职业、阶层的人开放，密切了学校教育与全社会成员的联系。另一方面，由于人们在学校以外也可以通过许多不同的渠道接受教育、学习文化，即使在校的学生，在信息传播手段高度发达的现代社会中，他们在校外接受的各种信息，就其总量来说并不比学校少甚至远远超过学校教育中的信息量，这在社会知识、伦理道德方面表现得更为突出。又由于学生在校外往往是通过各种娱乐的形式（如看电视、电影，读小说和各种杂志，交往、旅游等），或者是通过一些他们很有兴趣的、自愿参与的社会活动来接受信息的，因此所产生的影响往往具有强烈的情绪色彩，十分鲜明、生动而不易忘记。

除此以外，人们的生活方式、习俗、民族特性等因素以潜移默化、耳濡目染的方式影响着人的身心各方面的发展。

二、教育对文化的作用

正像文化对于教育来说是必不可少的一样，教育对于文化来说同样是必不可少的。教育对文化的作用首先表现为教育是文化延续和更新的必不可少的手段，是文化发展过程中必不可少的一环。

人类文化的延续可以通过许多方式，其中如实物的保存、运用包括语言文字在内的各种符号的记录等，都是通过物质或者借助于物质载体把人类精神活动的产物客观化、外化的保存方式。但是，文化的延续只通过物质化的方式是不行的，也是不够的，如果没有理解和懂得使用这些物质载体的人，那么这些物质就成为死物，既无认识的价值，也无使用的价值，历史遗留下来的文化就失去了光泽，也失去了生命。这样，连严格意义上的延续也谈不上，更不用说发展了。另外，文化本身还存在非物化形态，如民间口头艺术；还有相当一部分是以人的活动形式、心理、行为等方式存在的。这部分文化的延续，一定要通过人这个主体才能实现。由此可见，无论哪一类文化的延续，都离不开对人的培育。

对于文化的更新来说，更是如此。没有人对已有文化的掌握和运用，没有人在掌握和运用文化过程中逐渐形成的创造能力，就谈不上新文化的创造。此外，教育也是创造和传播新文化的手段。在社会文化的变革中，培养一代新人的学校起着特别重要的作用。就当前中国而言，社会文化和学校文化同时面临着转型的任务，全球化和信息化是共同面临的时代挑战。学校作为培养参与未来社会建设与发展新人的基地，学校文化创新更为突出和紧迫。对于今日中国的学校来说，必须认清复杂的社会文化生态，提出具有现实针对性和发展意义的文化建设任务。其中核心的任务是：学校文化要承担起市场竞争和消费社会生活中的人生导引；在西方文化对本土文化浸透背景下的文化培根的导引；在现代文化与传统文化纠缠状态中的未来导引。这是当代学校文化建设中为实现培养新人须承担的更新、超越性的任务，开辟着通向新文化的道路。因此，我们说，教育赋予文化以生命般的活力，使文化不仅能延续，而且能更新、发展。

在历史的长河中，教育延续文化的功能是一贯的、基本的，更新的功能却是有条件的，而且主要不是表现为学校对现存社会文化传统的直接改造。如果从这个角度看，学校教育在文化更新中的作用十分有限。有时，当文化更新之势已成必然，而教育却熟视无睹或者有意排斥新文化时，教育则起阻挠社会文发展的作用。

教育使文化延续和更新并不是以直接的传递或增添的方式实现，它是通过把人类共创的文化财富转化为个体的知识、才能、思维能力、实践能力等，再通过个体发挥智慧、才能的活动，体现出已有文化对今日社会的功能，或创造出新的文化成果，从而丰富人类文化的宝库，推进人类文化的发展。这里，文化经历了由群体向个体转化，再由个体转化为群体的过程。教育沟通了人类群体的精神力量和每个个体的精神力量，因此，能否使原有的文化保持活力，能否创造出新文化，关键就在于教育的性质，看教育能否培养出具有创新意识和创新能力的人，这就使教育在文化的发展中具有特殊的意义。在当今变革的时代，明确这一点是十分重要的。我国要实现现代化的目标，必须在经济、政治、文化多方面都进行改革，其中，文化的更新是最艰巨的任务。因为，它的对象是积累达几千年之久的传统文化，这些传统文化已经渗透在人的社会生活、思想意识和行为方式中，无论是积极的方面，还是消极的方面，几乎都达到了根深蒂固的程度。我们要想改变传统文化中的消极、保守、落后的一面，除了使我国的社会主义经济得到充分的发展以外，还必须通过各种教育的途径，改变人们已有的观念，树立适应现代化社会需要的新意识、新观念和新的行为方式。同时还要改革与传统文化相适应的传统教育观念，培养出既能继承传统文化中优秀的遗产，使它为社会主义建设服务，又能创造出富有时代特征的新文化的一代新人。新旧文化的交替是一个漫长的历史过程，人的意识、观念、行为的现代化是完成这一过程的最重要的保证。使传统文化中优秀的部分得以延续，为新文化的建设创造条件，这是革新时代赋予教育的重要历史使命。

教育对文化的第二个作用是普及。教育是提高全民族文化水平的重要手段，是一个国家文化建设的重要内容。各民族文化水平的提高说到底是一个普及教育的问题。因此，人们常常以一个国家教育水平的高低作为衡量这个国家文化是否发达的标志。掌握文字和其他一些最基本的认识世界的工具，这是人吸收文化和创造文化的最基本条件，这项任务通过教育来实现。在一个还具有相当数量文盲的国家内，扫除文盲、实现基础教育的普及，总是文化建设中重要的和必须完成的任务。从现代社会来看，文化普及的问题还不只是指扫除文盲。

实际上，处于不同文化水平的人，都面临着重学新知识、培养新能力、形成新的认识世界的方式和新的对待周围世界的态度的任务，尤其在时代发展到使原先只有少数专家必须掌握的知识、技能，变为某一层次或全民都必须掌握的知识、技能时，就面临着某一方面的"扫盲"任务，就必须借助于某种教育形式来完成这一任务。

教育普及文化的功能不只是表现在知识或艺术形态的文化上，也表现在其他形态方面。如在改变人们的生活方式方面，要使全国人民的生活方式达到科学、健康、文明的水平，没有教育作为基础是难以实现的。如果饮食要讲究营养，衣着讲究美观，言行要讲究文明礼貌、社会公德，消费结构要讲究合理，整个生活要讲究情趣、活泼、健康，就必须使每个公民不但具有基础的文化水平，而且要懂得与此相关的知识，只有这样才能使我国人民在精神文明的建设方面也逐渐达到小康水平。目前要想把我国建设成具有高度文明的社会主义现代化强国，教育还有十分艰巨的普及文化任务。经济发展的速度与文化建设的速度、国民物质生活水平的提高与精神文明的品质之间尚有巨大的落差，要改变这种状况，不能没有不同方面的教育力量的介入。

教育还具有交流、整合不同类型文化的作用，这种作用存在于不同地区、不同国家和不同民族间。在各种文化的包容能力不断增强的过程中，学校教育是不可缺少的推动因素。但是，如果教育采取"封闭"的立场，也可能起到阻隔、加剧不同文化对立的作用。

教育与文化关系的性质不同于教育与物质生产、教育与政治的关系，它们之间不是决定与被决定的关系，而是互相部分包含、互相作用，并互为目的与手段的交融关系。从社会总系统的结构来看，它们都受社会物质生产与政治决定，处于同一层次上。具体地说，文化中的部分内容构成教育的内容，每一种文化活动都具有一定的教育影响，而教育活动又是传播文化的重要手段之一，是文化活动的构成。因此，这两者的关系最为直接和密切。随着历史发展及文化在人类生活和社会活动领域中作用的加强，教育与文化之间的关系将越来越密切，应越来越关注社会文化的发展趋势，满足社会与个体对文化发展的需求。

第三章　教育与人的发展

第一节　教育与人的发展的几个概念

一、教育学对人的研究

研究人是教育学的课题，但并不是教育学的独有课题。生理学、心理学、哲学、社会学、人类学、文化学等学科都研究人。教育学的研究与其他学科的研究有什么区别呢？这是教育学研究人的问题时首先遇到的前提性问题，它关系到研究的导向与价值。就我们目前的认识来看，教育学研究人的问题之特殊性至少表现在下列三个方面。

第一，教育学把个体作为一个复杂的整体来研究，而不是把人的某一方面作为自己的研究对象。教育者面对的是一个个活生生的、整体的人，他既具有生物性与社会性，还表现出个体的独特性。不从整体上把握对象的特征，就无法教育人。因此，研究人的内在各方面因素的相互关系以及由此而形成的人的整体性特征，是教育学的特殊任务之一。为了实现这一目标，对其他相关学科的研究成果，教育学应做的工作是整合，而不是简单的相加。这方面的课题涉及的是教育学如何建设该问题的理论基础。

第二，教育学要研究个体的发展与形成问题。为此，不仅要把握人的一般整体性特征，而且要把握人生全程中各阶段的整体性特征以及发展过程的连续性与非连续性。更为特殊的是，教育学应研究在各种教育活动中人之发展问题，揭示教育与人的发展之间的规律性联系，阐明教育在影响人发展中的特殊任务以及与其他影响人发展的因素的相互关系，展示教育影响转化为个体素质发展的基本过程和必须条件，进而提出教育如何有效地促进个体发展的观点。对这些课题的探讨是任何别的学科都不能代替的，它们构成教育与人发展的关系研究的核心内容。

第三，教育学还需要研究个体发展与社会发展之间的各种可能存在的关系模式并探讨教育的社会功能与个体发展功能的统一问题。当我们在讨论问题时，由于阐述的需要，把这两大功能分开来写了。但是在实际的教育活动中，两大功能虽然各有不同的服务对象且不等值，不能直接互换，然而功能的发挥却具有同时性与不可分割性并体现在教育活动的全过程中。在各种具体条件下和教育系统内不同层次上，它们之间的关系模式还呈现出多种形态，从来也不是简单并列式的。研究这些复杂的关系模式，是正确选择教育的价值取向及有效发挥教育功能的理论保证。由此可见，关于教育与人发展问题的研究，不是也不能撇开教育与社会的关系，而是也必须是把教育与社会的关系和教育与个体发展的关系在微观层次上统一起来认识。可以认为，追求对两大教育功能的综合、深入、辩证统一的认识，是从整体上认识教育的教育概论研究的最终落脚点。

二、人性观与教育理论

教育与个体发展的关系是否存在，是以对人类个体的基本性质认识为前提的。我们把这种体现在个体身上的、区别于其他生物的类特征统称为人性。关于人性是什么及其善恶的问题，哲学家、科学家虽然争论了几千年，但还未得到统一。

（一）人性的构成

一般说来，人们都承认，人性包括自然性与社会性两大方面，这两大方面在每人身上的表现则又体现出共同性与差异性的统一（差异性也被称为个别性），亦可称其为具体人的个性。人的自然性是由作为生命机体的人体之需要与构成机体的器官各自具有的以及整体协调的功能决定的，它也被称为本能，即来自生命构成的本原之能。"本原"一词中的"本"字，《说文》释为"木下曰本"，随着文字的发展，意义上引申出"根本""根源""原本"之意。"原"字金文，为"源"的本字，指水源，即水流起始，引申指一般事物的初始，如"原始""原本""原地""原料"等。两字合用，可解为初始根基之意。"本原"一词在希腊语中最早是"初始"的意思，随着对世界本原问题讨论的开展，"本原"的意义用在人性上有被扩展为"基本""根本"之意，也有被狭窄化为人之动物性。我们在此还是取"初始"根基这个解释，把本能理解为人的自然机体出生时所具有的"初始之能"，是人的生命维系之根基。人的种种自然性都发端于这类初始之能。人性中的社会性是指人出生以后，在不同社会活动与社会交往过程中逐渐形成的各种能力与特性。它以自然性为其自身的物质基础，以个人的社会关系、生活方式、职业、政治、社交活动为基本内容，主要表现在人的价值取向、人生态度、处世、处事方式以及社会适应性和与他人合作、协调等社会群性水平。

关于人性构成问题的争论，与教育相关的，主要有两方面，即自然性与社会性在人性中哪个具有决定性意义？人性的个别差异是由什么决定的？对立的两派各执一端。

强调自然性具有决定作用的一方，主要的根据是自然性在人性中的基础地位、先天性，因而具有不可改变性。它对人的各种行为都有影响，而且决定人的一生。在这一派中，有的强调人天生素质不等，有上、中、下之分，每个人受教育的可能是受其天生素质的等第限制的，人在社会中的地位则应以受教育的程度而定。古希腊的哲学家柏拉图是持这种观点的最早和最典型的代表。他强调，上帝造人时使人分别含有三种不同的金属，第一种人含金质，属最高贵者，应受最高级的教育，使他成为哲学王即统治者，这类人在人类中只占极少数；第二种人含银质，其特点是志坚战勇，他们接受的教育只要达到当武士的要求即可；最后一种人是含铁质的，他们无须受多少教育，只要能服从、会从事各种劳动即可。上述柏拉图的观点所指的自然性就是先天性，它的内容主要还是指一种心理上的潜能。他强调这一点，其实并没有什么科学依据，只是企图以人性天生差别来论证当时社会中教育上的不平等与社会等级存在的天然合理性。这种论证对维护社会现有秩序有效，故受古代社会统治者的欣赏。遗传决定差异论在近代则披上了"科学"的外衣，典型代表是优生学的创始人——英国的高尔顿，他用英国 977 位名人家谱调查所得的统计数据证明人的差异是受遗传决定的。然而，他忽视了名人家庭本身所处的社会地位、家庭环境、文化倾向等诸种后天因素对名人成长的影响，因此尽管用了调查、统计等实证手段，但结论并不科学。

另一些人强调的自然性，主要指人性中的生物性因素。细分还可以归两类：一类强调人的生物性的先天性区别决定后天的发展，如血统论、人种论者；另一类则强调每个人的生物性中的某一种因素，决定人的一切行为或者说人的行为都可以用这种因素来解释。如近代奥地利精神分析派的创始人弗洛伊德的"泛性论"，当代美国生物社会学家威尔逊的"基因决定论"，持这种观点的人主张把对人性的研究还原到生物学水平。如威尔逊认为"包括意识形态在内的社会与人的各方面，都确实服从它的隐蔽的主人——基因，各种最高的冲动都可还原为生物学行为"。人性的改变问题根本上只是基因的改变。在人的自然性方面，他们认为人与动物并没有什么根本的区别，他们对人的研究着眼于生物本能及人与动物一致性的方面。这种观点在方法论上基本属于经典自然科学的分析还原论的传统，即认识复杂的方式是通过将复杂还原到简单元素，再以简单元素的特性为依据说明复杂，而忽视由简单到复杂是一个生成、演化、丰富、发展的过程。

上述强调人性中自然性决定社会性，人的先天因素的差异决定人的个别差异以及把人的社会性归根于自然性冲动或生物本能的一方，尽管具体观点不同，也并不否定教育的作用，但在教育与人性的关系问题上，主要强调教育作用的限度，在不同类型人身上的限度，在可达到水平上的限度。其中持遗传决定论者，他们对教育改变人性的力量，对人性的完善可能抱悲观态度，他们对人性的研究通常忽视社会性以及人性形成的社会根源。

主张社会性具有决定意义的一方，并不否定自然性的存在。他们与前者的区别，首先表现在对自然性的性质与作用的看法上。在他们看来，人的自然性并不是在出生时就已定型，它有可塑性，而且在人与人之间就自然性而言，没有很大的差异。如中国儒家先哲孔子就认定"性相近也，习相远也"，英国近代哲学家洛克把人性之初比做"白板"等。在他们看来，决定人之性质及其差异的不是自然性，而是在后天的环境及教育作用下形成的人之社会性。人的自然性只是人性形成的物质基础，它不是人性本身或至少不是全部。在现实中，从来没有纯粹表现为自然性的人性。其次，他们肯定人的社会性对自然性具有驾驭能力，社会性决定自然性发展的方向、程度及表现的方式。人不是靠自己的初始能力，而是靠后天形成的各种社会能力适应社会环境并得以生存与发展的。由此又进一步得出结论：人是万物之灵，人与动物有着根本的区别，那就是人通过教育能获得理性，具有道德并能认识自己，使人成为自身与世界的主人。

不难看出，强调人性之社会性的哲人、学者，更重视人性之后天形成与可塑性，从而更肯定教育的积极作用，肯定教育在发展人的能力、培养良好的社会品质方面的建树作用。其中极端者，还宣传教育万能、环境决定人的一切的理论，前面提到的洛克即是典型代表。在洛克看来，教育者可以在心灵的白板上随意涂抹，描绘理想人性的蓝图。他们对人性的完善抱乐观态度，并较重视人的社会性形成研究，重视研究教育如何才能塑造出完美的人性。然而，对人性中自然性深入的研究往往被忽视。

（二）人性善恶之争

关于人性如何之争，是价值判断之争。人性善恶是指人的本性的善恶，而不是指现实社会中人表现出的品性之善恶。这是一个更加不可能取得统一认识的问题，因为人对善恶的理解与判断标准是随着人的社会地位而变化的，在阶级社会里尤其受阶级地位的左右。

一派是人性本善派。这里的"善"，主要指人有爱他人之本性及有利于人类发展的智慧与创造之本性。这种本性使人与人之间有可能合作、友爱，使社会有可能发展、进步，使个人也可能发展完善。我国与孔子齐名的先哲孟子就是性善论的典型代表，他确认："恻隐之心，人皆有之；羞恶之心，人皆有之；恭敬之心，人皆有之；是非之心，人皆有之。"这四个"人皆有之"在《三字经》中被概括为"人之初，性本善"。在西方，自古至今也不乏性善论者，如当代美国著名心理、伦理学家埃·弗洛姆。他在自己的著作中充满激情地讴歌人性之善："爱汝邻人并不是一种超越予人之上的现象，而是某些内在于人之中且从人心中迸发出来的东西。爱既不是一种飘落在人身上的较大力量，也不是一种强加在人身上的责任；它是人自己的力量，凭借着这种力量，人使自己和世界联系在一起，并使世界真正成为他的世界。"

相信人性本善者，一般对教育的力量充满信心，且强调教育的作用就是顺乎自然，使人的本性充分发展，反对社会对人做出种种不合本性的规范，并把现实社会中人所表现出来的恶行，都看作是由坏的文化或社会造成的。用法国资产阶级启蒙思想家卢梭的话来说就是："出自造物主之手的东西都是好的，而一到人的手里，就全坏了。"这里的人，是指现实社会中的成人。

性善论者信奉人有道德的本性，从这个角度看是唯心主义的。他们对人类社会、人性充满着热情，但开出的治世"药方"却并不高明，主要原因还在于没有找到社会之病根。然而，他们对现实社会丑恶的批判常常是痛快淋漓的。他们关于教育须顺乎自然，发挥人内在的潜力以及每个人的个性应得到尊重与充分发展的教育理想，也有积极意义。

与性善论完全相对立的另一派是性恶论。此处的"恶"有两层含义：一层指人的自然欲望是贪婪的，永远不会满足，是非理性的，因而是卑劣的；另一层意思是，人天性自私，敌视他人，人本性中的攻击性，是社会上种种恶行存在的人性之根源。中国古代哲学家荀子是我国哲学史上性恶论的著名代表，他直言道："人之性恶，其善者伪也。"人生性好利、好嫉妒、好声色、好争斗，所以，如若顺其本性发展，必将使社会陷于混乱、抢夺、淫乱之中，十分有害。按照古希腊传统的哲学观点看，人的身体较之灵魂总是卑俗的，这种观点在中世纪的宗教哲学中已发展为原罪论。因为人有罪，故需要惩罚、奴役、赎罪。英国的近代唯物主义哲学家霍布斯也认定："自然的情欲引我们趋向偏私、骄傲、报仇之类"，为了保障社会的秩序，必须有契约。现代的一些社会生物论者，也把战争、社会治安等问题归之于人本性中的攻击性与贪欲。

性恶论者虽不颂扬人性，却同样强调教育。但他们认为教育的主要意义是对人性恶的矫正、改造与控制，以形成人对社会秩序有益的习惯。通过教育养成的习惯可以成为人的第二天性，使人高于动物，使社会保持秩序，他们看重的是教育的规范作用。

性恶论者所持的人生来就恶的结论与性善论者同样不准确，然而，他们看到了人性的自然属性中有物质需求这一最基础的构成，是对人性需要的一种唯物的态度，有其合理性。问题出在他们的解释上，他们只强调了人性中最基础的自然需要，而没有进一步看到人有社会需要的一面。当最基础的需要得到满足后，在一定条件下，人会追求更高的需要。他们提出了教育的规范作用，也可看作是对性善论的教育观的一种校正。如果把两种相反的论点联系起来，我们就可以看到教育在对人的发展中至少有两种基本作用。

在马克思看来，人的需求就是人的本性。他把人的需要分为"社会创造的需要和自然的需要"，说到底，就是作为自然界和社会的个体之生存与发展的需要。如果我们着眼于需要的分析，那么教育对于个体的意义，就是使个体具有正确合理选择自己发展方向的能力，提高个人满足自己合理需要的能力和向新的需要层次跃迁的自觉意识与能力。至于对需要的评价，我们感到可以把善恶标准转化为合理标准。自然，不同的社会和社会中不同阶级会有不同的"合理"标准，这正是价值判断的特征，"合理"具有历史性和现实性、阶级性和个别性的差异，即具有相对性。然而，我们可以把基于上述相对性的、经高一层次概括得出的、符合人类社会发展方向、有利于个体本身特性与创造力的发展以及不超出社会现实条件所提供的最大可能，作为具有普遍意义的"合理"标准。在现代教育理论中，传统的人性与教育的关系问题，正在向着人的需要及教育的关系问题转化，并引起越来越多的关注。

从生命具有的潜在性和在人生实践的展开中具有丰富的可能性的意义上看，我们可以说，人性具有向善或向恶的可能性，对于处于成长期的儿童、青少年来说更是如此。教育正是在增强学生分辨善恶、并做出选择的能力，形成积极性的力量上发挥作用和体现价值，而不是只有对所谓人性善恶作出判断后，才能决定如何教育。

三、个体发展观与教育

人性观与教育观的相关性，主要表现在人究竟有没有受教育的可能，教育能否有益于人性的完善，教育对人性影响的主要表现是什么以及是否所有的人都具有受同样教育的可能与权力等问题。接下来探讨的个体发展观与教育的相关性则涉及在人的发展过程中教育怎样才能具有有效影响的问题。

（一）个体发展贯穿于生命全程还是生命的一段时间

在相当长的时间里，教育理论把对个体发展的研究局限在儿童和青少年的每个时期。因为自古以来，都把人的发展看作是一种生命力蓬勃生长的、向上的过程。这也是人们根据日常经验与观察归纳而得出的结论：人到青年期以后，身体发育完成，生命力达到最盛时期，骨骼体架也基本定型，人的性格也已形成并开始步入社会生活，有一个固定职业。这似乎也意味着人的学习的结束、智力与能力发展的完成。此后的人生主旋律是维持与衰退，随着人的生命力的逐渐衰退，其他的方面也都衰退，直至走完人生的旅途、进入坟墓。由此可见，当人们把发展理解为是一种正向（生长）的变化以及主要以身体成长发育为标志时，发展就只是人生中某一阶段的事情。

随着社会为人的发展提供越来越大的可能及提出越来越多和越来越高的要求，随着科学对人自身方方面面研究的深化，人们对个体发展的认识超越了原有的水平，提出人的潜能的多面性与发展的相对无限性，从而改变了对个体发展时限的看法：把上限推前到生命的孕育期，受孕成为个体发展的起点；把下限延伸到生命的终点——死亡，个体的发展贯穿于生命全程。这也意味着个体发展不再被认为只是以身体的生长发育作为标志，而是把个体随着年龄的增长，自身蕴含的潜在可能不断转化为现实个性这种整体性变化，作为发展的实质性的含义，从而使个体发展与个体变化几乎成为同义。人的一生永远处在变化之中，变化在多方面呈现：身体的、精神的、个别方面的及整体结构的。即使在同一个时期，这些不同方面的变化也并非同步，不完全同速、同向，它们有先后、快慢、正负之分，因而不可能用纯粹是正向的变化作为发展的界定，画出终点。这一有关"发展"界定的变化使教育理论对个体发展的研究扩展到人的终生，同时也提高了人对自己生命质量的期望与信心，提高了对教育的期望，并把研究的重点转移到人之不同潜在可能性的开发上。

（二）个体发展的动因源于内还是源于外

这是与人性观密切相关的问题。从历史上看，主张性善者、遗传决定论者一般强调内在因素，被称为个体发展动因上的"内发论"，如前面提到的孟子，就认为万物皆备于我心。这里的"万物"实质上是指人所达成的理想品格，"仁义礼智，非由外铄我也，我同有之也，弗思耳矣"。其为气也"是集义所生者，非义袭而取之也"。故他反对"揠苗助长"式的育人。人心中自有"浩然之气"，发展就是"浩然之气"不断充盈的过程，教育的根本任务则是修身养性，坚持身体力行。柏拉图在论及人类智慧的发展时也强调内发，因为"理念"是先天存在于人的灵魂之内的，人只有通过追忆，才能获得知识。直至17世纪，德国著名的近代哲学家笛卡尔还认为，完全简单和清楚的观念是与生俱有的，自然规律的概念是上帝印入我们的心灵的。18世纪以来，主张内发论者更重视人的自然发展程序，认为教育应顺着人的自然生长程序而施加影响。在心理学中，它则表现为成熟论。成熟论认为人的发展受特定的顺序支配，这一顺序是由基因决定的，在它指导下的机能完善称为成熟。成熟论并不完全否定外部因素对发展之必需，然而否定外部因素对发展的决定意义，因而倾向于内发论。成熟论者认为教育抢在成熟的时间表前是无意义和低效的。美国著名的儿童发展心理学家格塞尔用他著名的同卵双生子爬梯比较实验为成熟论提供了实证性证据，他在一系列的儿童早期发展研究之后得出儿童密码"神经系统是按阶段和自然的程序成熟的……所以他的能力，包括道德都受成长规律支配"。瑞士著名的、具有重大国际影响的儿童心理学家和发生认识论的创始者皮亚杰，在他理论的初创时期也倾向于内发的成熟论，然而他关注的中心不是运动技能的发展顺序，而是儿童内在认知建构模式的成熟演化程序。从古代哲学或经验的角度提出的内发论转化到近现代的自然成熟论，反映了人对发展过程中内在因素研究不断具体化、深化和科学化，但它并没有完全走出人的命运由先天决定的阴影。它要求教育者更深刻地观察研究自己教育对象的发展路线，但在发展路线面前又显得有些无奈。

　　主张人的发展主要是由外在的力量，包括环境与他人、学校的教育与训练等决定的人被称为"外铄论"者。前一小节提到的性恶论者、强调人性之社会性及差异因后天影响而成的人，大部分都是"外铄论"者。荀子认为，"生而同声，长而异俗，教使之然也"，强调人只有通过学，才能发展善。洛克是教育万能论者，20世纪初美国行为主义心理学创始人华生则认为，只要通过环境和训练，人可以被塑造成任何你想塑造的样子。自华生始，"外铄论"也向实证科学的方向发展，深入到对人的学习活动的操作性研究。行为主义的"学习论"与"成熟论"遥遥相对。正像成熟论不完全否定外在因素在发展中的必要性一样，行为主义的学习论也研究人的学习行为的内在机制，其目的在于使学习成效提高，可以认为，这方面是行为主义学习论对教育理论的重要贡献。尽管从整体上来看，把人的发展决定因素归之于外部并不是正确的认识，但他们强调教育之"有为"，具有积极意义。

　　从当代学术界来看，对人发展的动因完全持上述两方中任意一方观点者已不多了。人们更多地把注意力转向对内、外因相互关系与转化以及各自在人的发展中的作用的研究。马克思在《关于费尔巴哈的提纲》中的一段著名论断，从哲学的高度论述了人、环境的变化与实践活动的辩证关系："环境的改变和人的活动的一致，只能被看作是并合理地理解为革命的实践。"确立发展主体的实践活动对人发展的决定性意义，必然会把教育与人发展关系的研究引向教育领域中的主体、客体及主体活动之间的关系研究，引向对处在不同条件下不同内容的教育活动模式的研究，以寻找教育有效影响个体发展的途径。

　　（三）个体发展的基本路线是什么

　　人们都承认个体发展的内容主要包括两大方面——身与心，这里的心，不只是心理学中的心，而是指更广义的心灵、精神。早在古希腊，亚里士多德就提出了"心灵之与身体可分为二，心灵又可再分为二部——理性的与非理性的，以及相应的两种状况——理性和嗜欲"。这一分类的基本模式延续至今，只是对每一类内的具体方面有了更清晰、细致和科学的认识。在此基础上，一般都认为人的发展包括身体与精神两大方面。身体的发展主要指身体各器官的结构与机能，以及机体系统的结构与机能的生长发育、成熟、退化等变化；人的体质的强弱变化，这些都属生理变化的范围。精神的发展包括人对外部世界和自己内部世界的认知能力、情感、意志以及精神的外部表现——各种满足需要的行为方式的形成与变化，还包括人的心理需求水平及个体心理整体结构和整体性特征——个性的形成与变化。这些主要属于人的精神力量的变化，这两大方面变化的整合就构成个体发展的全部内容。由此可见，个体发展从内容上看有两个层次整合：一个层次是身与心各作为一个子系统的内部整合，另一个层次是身、心两个子系统间的整合。不研究身、心各方面的变化发展，不研究上述两个层次的整合，就不可能具体和完整地把握个体身心发展的基本内容与特征。

科学发展至今日，人对于个体发展路线的认识已超越了上述简单结论。就过程而言，人的发展呈现出阶段性，阶段与阶段之间的区别不仅表现为数量上的变化，而且表现为发展水平上的区别、整体结构上的区别和中心问题上的区别。阶段与阶段之间的联系既有连续性的一面，又有非连续性的一面，每一阶段总有一部分新的特征产生出来；又有一部分原有特征淡化或被改造，或由原先的中心地位转化为基础性地位；还有一部分在上一阶段发展的基础上继续成长。个体的发展是一个生命力不断涌动、消长，与外界环境不断相互作用，从而使人生不断建构、不断推陈出新，显出无比丰富与斑斓变幻的景象，是一个令人神往的过程。这个过程呈现出的规律性，用直线或网等简单线条是远远无法表示的。

至此，我们可以把通过一番辨析后形成的个体发展观作一个简单的概括。个体发展指人的身心诸方面及其整体性结构与特征随着年龄的推移而发生不断变化的过程。它贯穿于生命的全过程，从生命孕育的瞬间始至跨入死亡的门槛终。个体发展沿着一定的程序前进，表现出阶段性，阶段与阶段间有量的变化，也有质的和结构性的变化，变化既有连续性的一面，也有非连续性的一面。不同个体的具体发展既受人类个体发展的基本规律制约，又纷呈差异与独特。个体发展是在发展主体与周围环境积极地相互作用中，通过生命主体的各种实践活动实现的，其实质是个体生命的多种潜在可能逐渐转化为现实个性的过程。

当我们对"人性"与"个体发展"有了一个基本清晰的认识以后，无疑会坚信教育对个体发展影响的可能性及重要性。同时，又会清醒地意识到，教育影响的实现是一个艰巨的过程。为了完成这一过程，我们必须认识影响个体发展的各种因素在个体发展中的作用及其作用方式与相互关系，认识个体发展必经的阶段及各阶段的特征与关系，然后才有可能正确拟定教育的目标与任务，选择相应的内容与手段并精心设计教育活动。

第二节　影响个体发展基本因素中的可能性因素

一、二层次三因素论的提出

我们将从对已有的因素论作分析入手，在批判吸收的基础上，依据当代哲学、心理学等提供的新思路、新材料，提出并较为详细地阐述一种新的因素论，并以此为理论前提，进一步阐明教育与个体身心发展的关系。

（一）几种不同的影响个体发展的因素观

在众多的因素观中，比较有影响的几种观点可以按它们提出的因素的数量分为下列三类。

1. 单因素论

遗传决定论、环境决定论和教育决定论都属此列。这些理论的贡献在于各从一个侧面提出、论证了该因素对个体发展的意义，其缺陷在于忽视因素间的相互关系以及绝对化的判断，所以它们不可能是全面、正确的，然而这似乎是人们在认识某一复杂问题时的必经阶段。

2. 三因素论

三因素论是在苏联教育家凯洛夫主编的《教育学》（1948年版）中有关影响人发展的因素理论的简称。其主要论点是：个体发展受来自遗传、环境与教育三方面的影响，但这些因素各自在发展中所起的作用不同。遗传是个体发展的基础，它为个体发展提供了可能，但是遗传对个体发展不具决定性意义，没有环境的作用，遗传提供的基础不可能实现，人也不可能成为人，世界上"狼孩"的存在就是实证。由此推论，使人发展成为人的决定性因素是环境。其中作为特殊环境的学校教育，对人的发展具有主导作用。在新中国成立初期的《教育学》著作中曾"引进"这一因素观，确认其为马克思主义的观点，并以此作为批判资产阶级因素观的武器。三因素论在我国教育学中的一致公认地位约持续到 20 世纪 80 年代初，可以说是对新中国成立后中国教育学理论有深刻影响的一个基本观点。它之所以在我国相当长时期内被一致公认，除了历史的原因以外，确实还因为它较之无论哪一种单因素论都更全面地体现了影响人发展因素的组成及其相互关系，且对原有的一些观点作了改造：把带有一定宿命论色彩的遗传决定论中对遗传作用的认识，改造成人的发展的物质基础，体现了唯物主义精神；在环境因素中，突出了社会环境的作用，摆脱了部分生物化倾向；对教育的作用，则强调了它在人的发展中定向、加速与强化的主导作用，这些在理论上是一大进步。然而，这一理论还存在着许多不足之处，且已在 20世纪 70 年代出版的由苏联教育家巴拉诺夫主编的《教育学》中得到了批评，并在 80 年代引起我国的强烈反响，因此而引出国内对影响人的发展因素的深入探讨。有关批评主要集中在以下几个方面。其一，认为三因素论在分类标准上存在混乱，教育对于遗传、环境来说不是同一层次上的，按教育是特殊环境说的理解，它应含在环境因素中，而不是与遗传、环境并列的一大因素。此外，这一分类没有突出因素本身的性质。其二，三因素论还没有包含影响人发展基本因素的全部，同时对因素间的相互影响也缺乏分析，把人在发展过程中的主观能动性仅局限在人主动参与实践活动上。正是在这样反思的基础上，又提出了一些新的因素论。新的因素论沿着两个方向发展：一个是对因素重新分类和重新界定每一类中所包含的内容，另一个是增添新的因素并进一步研究因素与因素间的相互关系。前者发展成二因素论，后者孕育出各种多因素论。

3. 二因素论

在我国出版的《教育学》著作中，二因素论首次出现在巴拉诺夫等著的《教育学》中。该书是我国"文化大革命"后翻译出版的第一本苏联教育学教科书。书中提出了不同于三因素论的二因素论，即把影响人的发展因素分为两大类：一类为生物因素，其中包括人的遗传因素、个体先天特点及生理结构、机制等方面的总和；另一类是社会因素，其中包括环境与教育等方面尤其突出环境因素中人的作用。该著作强调生物因素与社会因素的关系并非对立，指出人的发展是在人的活动中实现的。二因素论避免了原三因素论分类上的弊病并丰富了有关生物因素的内容，但对影响人发展因素的探讨并没有跳出三因素论的模式。

在此还需提到的是早在三因素论之前就存在的西方的二因素论，即"成熟"与"学习"的相互作用理论。成熟可看作是由遗传基因决定的因素，它不以人的意志改变，有自己的规律与路线。学习则是人在后天习得新知识、能力、行为的过程。自 20 世纪中叶始，西方心理学家和教育学家逐渐打破各执一端的局面，着重研究两方面的相互作用。其中有代表性的是斯腾的"辐合论"，他认为"心理的发展并非单纯由于受外界影响，而是内在本性和外在条件辐合的结果"。20 世纪 50 年代瑞士心理学家皮亚杰在他的学说中，对这一相互影响的类型和性质作了更细致的分析，并把儿童发展的因素归纳为：成熟、自然经验、社会经验及内部机制的平衡化，更突出了发展主体在相互作用中的作用。

4. 多因素论与综合因素论

近年来，国内理论界提出了四因素论（在三因素论基础上，加一个人的主观心理因素）、五因素论（在四因素基础上再加一个反馈调节因素，显然这是受皮亚杰思想启发而来。另一种五因素论为：生理因素、心理因素、自然因素、社会因素和实践活动论）。综合因素论则认为影响人发展的因素是多系统、多层次的，它们密切相互作用，很难用几因素的提法描述，关键是应研究因素的综合作用。值得一提的是，多因素论中增加的因素大多为个体内在的非遗传性因素，这反映了人们开始更注意发展主体自身因素对自身发展的影响。综合因素论则强调实际作用的综合性，因素间关系结构的系统性与层次性，这对进一步探讨因素问题显然是重要而富有启发作用的。

上述如此众多的因素论给我们提供了丰富的思维材料和思维角度，使我们有可能在批判性思考和综合的基础上，提出新的因素观。

（二）二层次三因素论

二层次三因素论是在吸取其他因素论的合理思想和科学材料的同时，在对三因素论中反映的方法论问题进行批判分析的基础上形成的。

在我们看来，要想进一步认识影响人发展的因素问题，不能只在因素分类标准及数量的增减上做文章，而必须突破静态的、形而上学的思维模式，抓住人的发展的特殊性，用动态的、系统的、辩证的思维方式重新认识因素的结构及其在人发展的全过程中的变化模式。

根据上一节中提出的关于人的发展在实质上是个体生命的多种潜在可能逐渐转化为现实个性的过程这一结论可知，对影响人发展因素的分类首先不应以因素本身的性质为依据，而应以对人的发展的影响性质为依据。由此，可以把影响人发展的因素分为：对个体发展的潜在可能产生影响的因素（以下简称"可能性因素"）和对个体发展从潜在可能转化为现实产生影响的因素（以下简称"现实性因素"）两大类，这两类因素对个体发展的影响不在一个层次上，因其分处"可能性"与"现实性"两个层次，我们称之为"二层次"。在这两个层次中共含有三大类的影响因素。可能性层次中，可分为个体自身条件（包括先天与后天，后天指每一阶段发展主体已达到的身心发展水平）与环境条件。现实性因素是指发展主体所进行的各种类型的实践活动。这就是我们所说的二层次三因素论的基本构成。

二、个体自身条件的先天因素

个体自身条件中的先天因素是指个体出生时机体结构所具有的一切特质，主要包括个体由遗传获得的特质；由受孕时父母双方遗传基因的组合方式与生命孕育过程中母体独特环境相互作用而生成的个体先天性的非遗传特质，以及受遗传基因控制的成熟机制。这些因素是原生性的，都属生物性因素，但它并不是个体发展过程中发挥作用的生物因素的全部。生物因素中还有一部分是后天形成的，如体质的强弱，由环境或突发事故造成的后天性生理缺陷或残疾等。所以在此称为先天因素，又称生物因素。从人的发展角度看，先天因素的最基本特征是生命主体，它组成主体又不受主体支配，是既定且潜在的。所谓

"既定"是指出生后的人不可能更换自己的遗传因素和已具有的非遗传性的天生特质，也不可能改变机体成熟的规律，而必须受制于它们。所谓"潜在"是指这些因素并非是一成不变的实体或只有量的变化的实体，它们主要是一种具有组织能力的内源结构，在机体发展过程中起着内部调节的作用。这一作用只有在发展过程中按现实条件才逐步展现出来，即便是器官的性状特质，也具有潜在的可能性。文艺复兴时期意大利著名的人文主义者皮科曾用生动的比喻来强调这一点："上帝把人作为一个没有区别的肖像作品来对待，为的是使你能够自由地发展你自己和战胜你自己……你可以堕落成为野兽，也可以再生如神明。"

（一）遗传因素与个体发展

在与生俱有的个体特质中，遗传因素是最基本的因素，遗传对人的发展有影响，这已是公认的事实。不同观点在认识上的分歧主要是围绕着以下几个问题展开的。

1. 人的遗传哪些能传递，哪些不能

一般都承认人的形态特征如外貌、身高、体重、骨骼构造以及神经组织的类型等都是通过遗传传递的。近年来国内外的研究又指出，在生理上对某些相同刺激物做出类似反应的行为也能遗传。这意味着对遗传能传递什么的问题的研究已从形态方面伸展到行为方面，这是一个值得注意的变化。但人们争论的焦点在于前代的获得性行为能否通过遗传在后代身上再现，如聪明、才智等。美国心理学家特赖恩曾以白鼠为对象做过一个有趣的实验。他让 142 只公母对等的白鼠走迷津，分别统计每一只白鼠走迷津时犯错误的次数，其中最"聪明"的犯 14 次错，最"愚笨"的犯 174 次错。然后挑出一对最"聪明"和一对最"愚笨"的白鼠繁殖后代。至第 18 代所生的白鼠出生后，他再次做上述实验，测得的结果为"聪明"组中最"愚笨"的与"愚笨"组中最"聪明"的犯错次数接近，他试图以这一实验说明获得性是可遗传的。但他这一结论并未被人们接受，一则因其他人做同样的实验所得结果与特莱恩不同；二则人们完全可以从另外的角度去解释这一实验结果，如真正遗传的不是走迷津的能力而是白鼠的神经类型，这依然是性状的传递。生物学家的研究和人类生活的经验到目前为止向我们提供的证明是：获得性行为不能通过遗传来传递。人的知识、

道德意识与行为等都是后天习得的。

2. 人因遗传而造成的先天性差异有多大

人们尤其关心脑与神经系统上的差异问题，一般认为这与人的发展关系最为重大。现有研究的结果表明，在常态下，人在神经系统的兴奋、抑制能力的强度与反应的灵活程度上有类型的差异；脑在大小、体积上有差异但并不显著。这对个体智力也不具有重要作用，相比之下，脑在结构上的差异更大，如左脑与右脑的结构，差异最大的是人脑的微观结构。电子显微神经形态学研究表明：人脑在突触与亚神经元水平上的个体差异，比在神经元水平上要大得多。这种结构上的差异不完全是先天就存在的，他与人的后天活动有很大的关系。这类表现型变异，经过若干代以后，可以逐步地以基因型的形式固定下来并通过遗传实现代际传递，人类漫长的生理结构演化史已雄辩地证明了这一点。作为自然体的脑结构的差异必然带来功能上的差异，但这种差异究竟在多大程度上决定人的智力差异，还是一个有待科学家揭开的"谜"。

3. 遗传因素对人发展的影响程度如何

这是一个属于科学但结论常常受科学以外的因素影响的问题。有时，它受政治的影响，如德国法西斯主义的种族优劣论，在此幌子下，希特勒进行大规模的武装侵略和对犹太人惨无人道的屠杀。有时，它还受传统观念的影响，如不少人或者父母因认为自己或孩子生来愚笨而失去发展的信心。就总体来说，由于遗传学的研究还处在方兴未艾的阶段，人们对自身先天特质及对自身发展的影响的认识还处于较粗糙的水平，日常的经验性认识在这个领域里还占相当比例。时至今日，至少有以下几点可以作为科学的认识被肯定下来。

首先，全部否定遗传对个体发展的作用显然是错误的。例如一度把优生学划归到资产阶级反动学说范围内的恶果在我国已有所表现，它对我国人口质量带来不可弥补的损失。然而，认识如果只停留在遗传是人发展的基础这样的一般性结论上远不足以指导我们的教育行为。我们认为，人的先天素质是个体发展的必要条件，它为人的发展提供了来自主体的自身物质基础、机体与外界发生作用的组织机制以及机体内部调节机制，从而使生命体成为一个开放的、具有自身稳定性能的结构，它能够不断地从外界吸取自己发展所必需的各种"养料"，进行加工改造，使机体能维持生命的存在与成长，为个体的发展提供了可能。正是从这样丰富的意义上，我们强调遗传因素作为人的发展的基础。同时，还必须指出：这种可能是多样的，其多样性不但由于遗传素质功能的潜在性，还因为环境因素的丰富性；这种可能的多样性相对于个体生命的有限性，为个体的发展提供了足够广泛且有希望的前景。可以断言，在正常状态内，个体的整体发展水平不会因遗传因素而受阻。就人的智力发展而言，一些脑科学家认为，大脑为人的发展提供的可能，远远没有被充分开发，其中被开发的比例只占 10%~15% 左右，大部分的区域尚未被"唤醒"。因此，对于每个正常的人来说，不必担心或埋怨天生之才的不济，而是应该充满信心地去开发自己的"潜能"。"天生我材必有用"这句古话体现了这一真理。

进一步分析遗传因素的具体作用可以看出，遗传作用的性质与程度和一系列因素相关，遗传因素对人发展影响的性质与其自身是否处于常态有关。

如上所述，大部分人是处于常态的，因此它对于大部分人来说不是决定性的作用。然而，对于处在常态两端的各占 3‰~5‰ 的个体来说，尤其对于有缺陷或低能的儿童来说，常常具有决定性的作用。对于超常儿童来说，他因具备了他人一般不能超越的先天素质，而使其发展具有先天的优势，然而能否使这一优势充分展现，则还要受到其他条件的限制。

遗传因素对人发展影响的程度还与具体机能的性质有关，生理学家和心理学家的研究结果表明：人的低级生理、心理机能（如眨眼、电反射、手腕运动等）受遗传影响程度强。反之，高级生理、心理机能（如人的认知高级神经系统的活动等）受遗传的影响程度相对较弱。这里的强弱是与环境的作用相对而言。

遗传因素对人发展的影响在人生整个发展过程中呈减弱趋势，这是从动态的角度研究遗传因素作用所得出的结论。苏联心理学家鲁利亚根据自己研究得出的结论是：至学龄中期，在人的复杂心理活动的方式方面，遗传已对它几乎没有影响。出现这种趋向的原因主要有两个方面：一是发展作为从潜在到现实的过程，随着时间的推进，"潜在"变成了"现实"或"潜在"错过了变为"现实"的时机，"潜在"因素的作用就变弱了；二是随着个体的发展，影响个体发展的因素逐渐增多与增强，人的心理发展也趋向高级、复杂，故遗传的作用就相对减弱。

以上对遗传因素的影响的分析尽管比以往详细与深入，然而，远不是完善与无误的。因为总体看来，我们对人自身的遗传之谜远未认识清楚，比起对自然界的认识来说，更是处在起步阶段。

（二）成熟机制与个体发展

成熟作为一种状态是指机体及其组成的各子系统、器官在形态与机能上达到完善。作为过程，它表现为一系列由遗传因子控制的程序。在研究个体发展时，我们更重视的是过程而不是状态。为了有效地促进人的发展，必须了解人体成熟的一般规律。根据生理学的研究，从有机体整体的角度看，成熟遵循如下规律。

1. 机体生长的不平衡性

这种不平衡性主要表现在两个方面：一方面是组成机体各方面在不同时期成熟的程度不平衡；另一方面，在不同年龄阶段生长的速度也不平衡。生长不是机体各组成部分同步的匀速运动，从各个子系统看，神经系统、淋巴系统成熟在先，肢体成熟居中，生殖系统最后成熟。从速度来看，出生最初几年与十三四岁到十五六岁期间有两个加速期。与此相关的是人的身心发展之间的不平衡尤其是在达到成熟状态方面，生理的成熟先于心理的成熟，这是教育中十分值得重视的问题。

2. 机体生长的顺序性

这在上面谈到不平衡性时已从总体上反映出，即使在各个子系统内，生长也循着一定顺序，如肢体的生长遵循自上至下的次序，先头部后颈部，再由上肢到下肢。生长顺序的有序性同样影响到人的学习行为的序列问题，如与神经系统的成熟过程相对应的，人的思维也从具体发展到抽象的路线不会改变，因此也是教育者必须掌握的。

3. 机体生长的阶段性

这条规律是上面两条规律综合作用的结果，生长的不平衡性和顺序性决定了人的生长表现出阶段性。不同阶段的区别，不仅表现在数量上，而且表现在发展的具体方面，表现在变化的性质上、生长的速度上、成熟的程度上以及整体结构上。这种种的不同的联系与复合就构成了发展各阶段的特征，它是机体内部在不断分化、整合过程中形成的。如果我们把每一阶段联系起来，就会发现这条路线总体呈现出波状，由几条起点相同，"波长""波峰""波谷"都不相同的波叠成。在结构上则不断朝更高级的方向变化，直至成熟状态的出现。生理成熟过程的阶段性，也必然影响人的心理发展过程的阶段性，还会进而影响到人的社会行为和可能承担的社会角色的变化。要具体地认识人的发展，就不能不研究阶段性及每个阶段的特征。

4. 机体各部分机能发展的互补性

上一条规律显示出机体成熟过程中各组成部分之间相互联系所构成的整体性方面，这一条规律则是这种联系的另一方面的体现——部分与部分之间的相关性。所谓互补，是指机体某一方面的机能损失甚至缺失后，可通过另一方面机能的超常发展得到部分补偿，如在人的感觉器官方面，若视觉器官受损或失明，在与环境相互作用的过程中，人的听觉、触觉、嗅觉等方面的发展就可能超出常人的水平，借助于此，有机体能保持与环境的协调。这种人体各器官机能之间的协调工作在所有人身上都是存在的，然而这种存在常因为它的天然所至而不被人们意识到，只有当某一方面机能的缺失出现后，它的作用才惊人地显现出来。事实上，人不仅依靠各器官的独立功能，而且依靠这种协调功能得以在环境中生存与发展、获取与创造，也正是这种互补性的存在，使缺陷儿童的教育具有可能。

5. 机体成熟的个别差异性

与上面几点的分析角度不同，这一规律概括的是不同个体成熟过程的不一致方面，而不是他们之间呈现的共同性。从另一个角度看，这也是第一点提到的不平衡性的一种表现，然而这种不平衡不是表现在同一机体内部的各部分和过程的各阶段，而是表现在不同的个体身上。这一点决定了教育者为了教育影响的有效，除必须掌握人的发展的一般规律之外，还必须研究每一个受教育者的独特之处，了解一般规律在具体个人身上的独特表现。

除个别差异外，机体成熟还存在着性别差异。它不仅表现在机体的组织性状上，还表现在成熟的起始年龄与发展速度、持续时间的区别上，一般来说，女性比男性成熟起始年龄早2～3年，速率高、持续时间短。

以上这五条成熟规律是密切相关的，把它们综合起来，我们可以得出这样的结论：成熟规律规定了个体身体发展的基本路线，从而也影响了人的心理发展的路线。然而，它并不绝对规定每一阶段发展达到的水平与速度，生理的成熟也不必然导致心理的成熟，更不意味着生理成熟与心理成熟的同步性。心理成熟除了生理基础以外，还必须具备其他条件。生理发展成熟只是心理发展成熟的必要条件，不是充分条件。正因为如此，教育在"成熟"面前，既不可为所欲为，也不是无可奈何的。

三、主体自身条件的后天因素

主体自身条件中的后天因素是指主体出生后，在发展过程中逐步形成的个体身心特征。从发展过程中的一个横断面看，它是某一阶段主体已经达到的发展水平，包括身体生长发展水平与健康状态；智慧、情感、意志、行为发展水平；知识、经验的积累水平与结构；对事、对人、对己的倾向性态度等。后天因素与先天因素尽管都属发展主体自身的条件，但在性质上却有显著的差异。后天因素不是原生性的，是派生的，是人出生以后逐渐形成的。最初，它是由带着全部先天因素出生的个人与环境相互作用的产物，而后，在不同的发展阶段上，它既是前一阶段发展的结果，又是对后一阶段个体继续发展产生重要影响的基本因素。在性质上，后天因素虽体现在个体身上，但已经不完全由个体自身原有素质决定，而是与环境、群体、社会文化等个体之外的因素密切相关，而且是通过个体的选择和生命亲历所生成的合成物。就个体本身而言，它处于不断变化之中，在不同阶段呈现出不同水平，具有极大的可变性；就个体之间来说，比起先天因素，它有更为显著的差异性。这种差异随着年龄的增长而不断扩大，因而是教育者应特别关注的因素。

（一）影响个体对环境的选择与作用的方式

人无时无刻不生活在环境中，但"心灵的大门"并不是向一切外界存在开放的。在日常生活中，每个人都发生过因专注于某一项工作或者因缺乏有关对象的起码知识与经验，出现"视而不见、听而不闻"或者"不知所云"等现象。不同的人处在同一环境中会有十分不同的感受和十分不同的关注，这也是日常生活中常见的。产生这些现象的直接原因就是每个人有不同的内部精神世界、机体状态和体现身心发展综合水平的能力和发展倾向性，它主要是由人已经达到的身心发展水平，即我们所说的后天因素决定的。它支配着人们对外部环境的选择，决定他注意什么，不注意什么；对什么采取积极的行动，对什么采取回避态度。正像心理学家勒温强调的那样，一个人怎样认识他所处的环境，取决于他的成熟程度、知识和目的。苏联心理学家列昂节夫把环境、事物对不同人或同一个人不同发展阶段所具有的不同含义称为"个性化含义"。这种为人所特有的对客观世界的选择，使每个人真实生活于其中的环境不同于全部客观存在的外部环境，而是其关注、认识和利用，并带着个人情感、意志色彩的世界。这是一个内部与外部交融在一起的世界，对于每个人来说都是独特的，它使处在相同环境下的不同个体，或者不同发展阶段的个体最终选择、形成不同的发展。

个体的后天因素影响他对客观世界的作用方式和对客观世界作用的接受方式，这表现在同一个体的不同发展阶段，也表现在不同个体身上。皮亚杰的发生认识论是最好的说明，他用自己的研究表明：不同年龄阶段的儿童有不同的认识世界的结构和不同的道德判断依据，这些结构与依据是前一阶段的发展之结果。外界刺激的输入必须通过儿童内部的已有认知结构的过滤，并以改变了的形式才能被儿童吸收与同化或者儿童改变自己的内部结构来实现对外部刺激的顺应。儿童正是在这种同化与顺应的过程中实现自己的发展。对于不同个体来说，他以自己的全部知识、经验所形成的独特认知风格来处理与环境的关系。由此可见，个体的后天因素首先通过对环境的选择与作用方式的选择，参与到自身的发展中去。

（二）当人的发展水平达到具有较清晰的自我意识和达到自我控制的水平时，人能有目的地自觉地影响自己的发展

可以说，这是充分体现人类特征的影响因素，因为，它意味着人不仅能把握自己与外部世界的关系，而且能把自身的发展当作自己认识的对象和自觉实

践的对象，人能建构自己的内部世界。只有达到了这一水平，人才在完全意义上成为自己发展的主体。

人对自身发展的控制表现在两个方面：一方面是人在认识自己与周围环境现实关系的前提下，不断地为自己的发展创造条件，而不是消极地期待客观条件的成熟；另一方面是人勾勒自己的未来前景，选择自己的发展目标，做出实现该目标的行为策划，并坚持为实现目标而践行，在践行中反思，不断调整策略和行为，以实现自我发展的目标。具有自我意识的人对未来的追求中，包括鲜明地对自身发展的追求。这种自觉的追求与行为，是人的主观能动性在影响人的发展方面重要的和高度的体现，然而以往却未受到教育者的充分重视和认识。教育者有强烈的塑造受教育者的意识，却不太意识到受教育者到一定年龄后具有自我形成能力。这又是人之生命性的显著特征，人不仅具有生理上的新陈代谢，而且有精神上的自我生成和更新的能力。正是这种人在意识中理智地复现自己、筹划未来的自我、调控今日行为的"自我形成"的能力，把个体发展的过去、现在、未来在意识中联结起来，不仅使人的已有发展水平影响今后的发展方向和程度，而且使自觉意识到的未来发展目标支配主体今日的行为。前者是过去的发展参与到现在的发展，后者是未来可能的发展意向参与到现在的发展，过去与未来在现在汇合了。正是从这个意义上，我们高度评价后天因素在人发展中的重要作用，它赋予了人在一定条件下主宰自己命运的可能。人不仅是先天因素与环境相互作用的产物，人也是自我选择的产物。

个体后天因素对自身发展影响的大小、强弱也是一个变化的过程。一般地说，后天因素作用的强弱与已经达到的发展水平成正相关。人的智力发展水平越高，从周围世界中能吸收到的东西也越多；人的过去经历越丰富，他对现实的认识、感受也越丰富。相反，如果在前一阶段发展中存在着什么缺陷，同样会对后一阶段的发展带来相关的影响。当然，人过去获得的经验、知识、能力，形成的态度并不是凝固不变的，它也存在着被后一阶段的生命实践改造的可能。而且，它也不是以简单累加的方式影响今后的发展，它是以整合了的结构形式发生作用。但总体上看，过去的一切越丰富，已达到的发展水平越高，则为人今后发展提供的可能性越多样，这几乎是无疑的了。就生命全程来看，与先天因素作用大小的变化方向相反，后天因素的趋势是增强与变大。1989 年，我们曾对 11 所小学不同年级的 385 名后进学生的成因作了纵向比较，发现了学生落后原因的变化趋势为：在低年级，主要是由家庭条件、父母溺爱等外部原因和低能、疾病等生理原因造成的，也与学生因初入学而对学校生活不适应相关；到中年级，由前阶段外因带来的结果（学习或品德上的后进）已变成内因在学生身上反映出来，内部原因占据突出位置；到高年级，缺乏正确的学习方法问题即能力问题变得突出起来。与此相反，外部原因与生理原因在后进生成因中的作用却随年级升高而降低。在整个演变过程中，关键性的转折点是独立的自我意识和自我调控能力的形成，它把个体对自身发展的影响提高到自觉的水平。这是一种影响性质的变化，不纯粹是强弱、大小的变化。我国古代教育家孔子在总结自己的人生经验时已经直觉到这一点："吾十有五而志于学，三十而立，四十而不惑，五十而知天命，六十而耳顺，七十而从心所欲，不逾矩。"这是一个具有自我意识的人对世界和自我的认识、调控能力不断提高，最终达到自觉程度的发展过程的高度概括。

此外，后天因素对个体发展作用的大小与发展的具体方面相关。它与高级心理活动的过程、能力的相关性大于与低级心理活动的过程和能力的相关性，与遗传因素的作用呈相反状态。

综合以上两大部分所述，影响个体发展可能性中的个体自身因素是一个复杂的综合体，这个综合体的内部结构和对个体发展的影响随着个体本身的发展而变化着、互相渗透和转换着。前一阶段的发展结果转化为后一阶段发展的原因；遗传的潜在因素转化为现有的发展水平因素，而现有的发展水平因素又对潜在因素实现的可能性产生作用。如此等等，构成了一个复杂的、呈现出一定变化趋势的动态结构。总之，主体因素为每个人的发展提供了多种可能性并赋予人在一定条件下自主人生的可能。

四、环境对个体发展的影响

环境因素是影响个体发展可能性的第二大项，也是人借以生存、发展的不可缺少的必要条件。

（一）环境因素的分类

环境泛指个体生活于其中、能影响人发展的一切外部条件。环境因素的分类有两种，这两种分类对于教育研究来说，都是必须重视的。

第一种分类是以构成环境因素的成分的性质为标准，可以把它分为自然环境与社会环境。自然环境包括人的出生地的自然条件、所处的地理位置。这些因素不仅对人的身体发展有影响（如根据科学研究，人的身高与日照时间相关，日照时间长，人长得高大，如我国北方地区人的身材比西南地区人的身材平均高度要高，就与此相关），而且还会影响人的心理发展水平。例如，处在自然条件较险恶的环境中，人的性格相对坚强；处在沿海、交通发达地区，人的见识相对较广，视野也相对较开阔。社会环境包括发展个体生活圈中的一切社会因素：经济的、政治的、文化的以及各种性质的社会关系。显而易见，这一切对人的发展，尤其是社会性的发展具有重要作用。

第二种分类，如若从教育学研究的角度看，我们认为以范围为标准，把影响人发展的环境分为大环境与小环境更为适宜。

大环境指发展个体所处的总体的自然环境与社会环境，其中的社会环境主要指个体所处的时代和国家制度的性质与发展水平，如所处社会的政治、经济制度、经济发展水平、民族文化传统与科学文化发展水平以及教育的制度、性质及发展水平。例如，对于一个出生于 1990 年的中国婴儿，他所处的大环境就是：亚洲东方的亚热带地区；人类社会已进入 20 世纪末；作为社会主义的中国还处在社会主义初级阶段，面临着政治、经济、教育等诸方面改革的严峻任务；义务教育普及年限至初中；学校教育体现社会主义国家的教育特征，等等。任何一个该年出生的中国婴儿，都处于这样的一个大致相同的大环境下。

小环境是指与发展个体直接发生联系的自然环境与社会环境，那就是个人的出生地的自然位置与条件；所在的家庭及其居住区、学习单位或工作单位。就内容来说，涉及为个体提供的物质财富、精神财富，个体生存期间周围世界发生的各种事件和与发展个体相关的各种人际关系。

以往教育学对环境影响个体发展的作用较多地局限于小环境而忽视大环境。在社会发展较缓慢的时期，这一忽视还无碍认识这一问题的大局。但是，当社会发展处于迅速变化的时期，这一忽视就不是无足轻重的了。迅速变化的时代本身不仅向作为社会事业的教育提出了新的要求和提供了新的条件，而且向每一个发展着的个体也提出了新的要求和提供了新的条件。社会通讯、信息传递手段的更新和传递速度的加快，又使大环境对人尤其是对年轻一代的影响迅速增加。这种时代的变化，恰恰是首先通过大环境，而不是通过学校，直接作用于受教育者的。如果看不到这一点或者不去自觉地研究这些变化，教育者由于受到自己在过去时代形成的知识、能力和眼界的局限，往往会把自己的认识，而不是时代的需求作为标准，去衡量、要求受教育者，这样的教育就会与时代的发展脱节，或者不能找到解决时代提出的新问题的新方法。

（二）环境对个体发展影响的性质

环境是任何有机体生存、发展必不可少的条件，这是一个无须加以证明的客观事实。对于人类来说，社会环境又是使人成为人而不是兽的基本条件，其中，人类社会共同使用的、作为人类文化载体的语言以及与个体之外其他人的人际关系，是社会环境中把个人与社会群体联系起来的最根本的手段，脱离了人类群体又不会使用语言的"狼孩"的出现证明了这一点。

1. 环境对人发展的影响主要表现为提供了多种发展可能性，同时也做出了一定限制

人的发展总要受到他所处时代的限制，受到自己生活的小环境的限制。然而，生活在同一时代的乃至相近小环境中的人却有着很不同的发展，这除了个人的天赋与努力不同之外，还因为环境为人的发展提供了多种可能性，从而也为个人的发展提供了选择的可能。

上述多种可能性的提供，表现为在人的一生中常会遇到许多不同的机遇，也表现为在生存空间中出现的事物，对于个人来说，具有多种而非单一意义。环境为人的发展提供了客观条件，也提供了认识与实践的对象。这些条件和对象对于人来说是可认识、可改变、可利用和可吸收的。

由此，我们引出了一个问题：究竟是逆境有利于人的发展，还是顺境有利于人的发展？自然，人们对顺境与逆境的理解还处在日常水平上。通常，人们把环境条件较优越称为顺境，把环境条件较困难称为逆境，其中包括物质的和

心理的环境。而且，在对待顺境与逆境的态度上，时常有矛盾的现象：人不断为自身的生存环境的改善而奋斗，但又认为优越的环境不利于人的内在潜力的发挥。

我们认为，要回答这一问题，有必要区别环境因素中的条件因素和对象因素。作为条件因素，人类社会发展是沿着提供越来越优越的条件的方向前进的，这是不可逆转的。因此，人们没有必要有意制造困苦去所谓磨炼人的意志，像中世纪教育中或者古代斯巴达教育中那样，让肉体受摧残，让正常的欲望受到强力的压抑。以往所说的逆境能锻炼人，只是从人为超越环境束缚所作出的超常努力提高了人的诸方面能力而言的，并不是对逆境本身的赞赏。逆境本身确实有摧残人的一面，正如卢梭曾经说过的那样："逆境当然是一个了不起的先生，但是，他索取的学费太高，而你从中获得的收获往往得不偿失。况且，没等你从这些姗姗来迟的教训中学有所成，运用它们的时机却转眼即逝了。"对于成长中的青少年来说，更是如此。我们理应为儿童、青少年的发展提供良好的环境与条件。然而，要教育学生能适应各种环境，要有超越环境和创造更美好未来的追求。此外，环境中还存在着"对象"因素，对象因素是与认识任务、实践任务联系在一起的。因此，要想使环境对人的发展起促进作用，这些对象因素应具有激起或调动学生内在潜力的力量，使个体感受到困难，使他努力去超越自己现有的水平。如果把这种因素理解为逆境的话，那么，逆境对于人的发展来说是必不可少的。

2. 环境对人作用的大小与环境本身的性质、变化相关，也与个体发展水平相关

环境对人的作用在个体一生的发展过程中不是一个常量，而是一个变量，它的变化表现在下列几个方面。

环境中不同的构成部分，对人发展的不同方面及在不同发展时期的作用大小不同。如在童年期，自然环境、小环境对人的发展影响较大；当人进入到青年期，社会环境尤其是文化因素、大环境对人发展的影响相对增强。此外，环境本身的开放程度不同，对人发展的影响也不同，开放的环境提供的可能性多，封闭的环境则更多地发挥了限制的作用。

环境的影响随着主体自我意识的形成而相对减弱，影响的性质也由限制逐

渐转向更有效地利用。此外，环境因素还随个体活动能力的大小而变化。人在童年期活动能力不强，活动范围不大，环境因素的变化不大。到了青壮年时期，人变得经验丰富、视野开阔、兴趣广泛、精力充沛，活动天地大大开拓，变化程度也激烈。一旦进入了老年时期，随着体力和各种活动能力的减弱，人的活动天地又相对缩小了。

3. 环境对人发展的影响在方向上有正反之分，大小环境的作用方向有多种组合的可能

所谓方向的正反是指对人发展影响的性质是积极还是消极，前者为正，后者为反。在同一环境中，各种因素的作用方向可能不同；大小环境之间的作用方向也有多种组合，认识这一点对正确利用环境是至关重要的。

我们知道，影响人发展的大环境与小环境不是互不相关的两大部分。从空间上看，它们是整体与部分的关系；从内在联系上看，它们是一般与特殊的关系；从对人发展的影响看，是间接作用与直接作用的关系。总之，大环境渗透于小环境之中，小环境包含在大环境之内。

如果我们进一步分析大、小环境对人影响的方向问题，就会发现有两类不同的组合：一致或不一致。在作用方向趋于一致的情况下，或出现正向的合力，或出现反向的合力。这种一致性一般出现在时代、社会发展相对平稳的时期。大小环境作用方向不一致有两种情况：一种是社会发生朝着有利于个体发展方向的变化，而小环境还处于守旧的状态，抵制大环境的变化；另一种情况恰恰相反。在这两种情况下，都不可能产生合力，不利于最大限度地发挥环境效应。教育者应正确认识大环境的性质、特点与发展趋势，按时代发展的方向调控、改造小环境，使两者的作用方向趋于一致，减少对人发展产生消极影响的不利因素，提高积极因素的作用强度。

至此，可以得出这样的结论：研究环境对人发展的影响，不仅要注意构成环境因素的性质、范围及其各方面的、不同方向的变化与相互关系，而且要注意环境因素与发展个体自身因素变化的相互关系。在影响人发展可能性的因素中，环境因素与个体自身因素是密切相关的。某一部分的变化会带来或引起另一部分的变化，它们通过相互作用实现相互渗透和转化。在相互作用中，一般

情况下，主体的变化带有主导性。研究这些关系的性质与变化规律，是教育者寻求有效影响人的发展途径所必须完成的任务。

第三节　影响个体发展基本因素中的现实性因素

一、现实性因素的构成

个体自身具备的多种发展可能以及环境中具备的为个体发展所必须的条件与对象，虽然都是个体发展的必要条件，然而两者相加还不是个体发展的充分的条件，它们都只提供了个体发展的多种可能。这种可能是潜在的，不会自动转化为发展的现实，个体已具备的条件与环境也不会自动相互作用。个体发展从潜在的多种可能状态向现实发展的转化，个体与环境两种不同性质的因素真实发生相互作用，人对外界存在的摄取吸收，都要通过发展个体的不同性质、不同水平的生命实践意义上的活动来实现。所谓"生命实践"，是由生命个体所亲历的或指向外部世界的，具有目的性的活动。它相对于人类意义上的社会实践，尽管就其实践性质和内容而言也具有社会性，但不同于纯粹由机体机能和自动调节的人体生理活动；尽管所有个体的实践中都不可能不含生理活动，也不同于人精神活动中的无意识活动。生命实践是内含生命活动的、个体亲历的实践性活动，是个人全部生命活动中有意识的和具有实践意义的部分，这些不同性质、水平的生命实践活动就是我们所称的使个体发展得以实现的现实性因素。

从活动结构的角度看，人的各种水平的生命实践都由活动主体需要、客体对象、目的、内容、手段与工具、行为过程、结果及调控机制等基本要素构成。从活动水平的角度看，人的生命实践由三个层次构成：最基础的层次是常态下自动化的生理水平上的个体生命活动；第二个层次是个体内在精神层面上的生命实践，但不包含精神层面上的无意识活动部分；第三个层次是社会实践水平上的个体生命实践。前面两个层次的活动主要在个体内部进行（有外显行为），可称为内部活动，后一层次的活动主要表现为人的生命之外部活动。内、外活动具有同构性并密切相关。

人的生理活动是人作为有机体与环境中的物质发生交换的过程，它是人满足机体生存与发展的最基本需要的活动，与人的身体发展直接相关。在这类活动中，人自身的各种器官就是与环境沟通的直接工具，其过程是新陈代谢。生理活动的直接结果是人体的生长、发育或衰退。由于生理活动达到自控的程度，因此在常态下，此类活动几乎不被人所意识到，然而，它却是真实地、无时无刻不在进行着。它的正常进行不但对于身体的发展是至关重要的，而且也是各种精神活动和社会实践活动必不可少的基础。倘若遇到特殊情况，如机体活动的某一方面机能受阻或者自然环境急剧变化，生理水平活动的反常就可能对人的整个身心发展产生影响。残疾人的心态在某种程度上不同于常人，他们感知、认识世界的某些独特方式，各种病理状态带来的心理活动障碍等都证明了这一点。即使在一般人身上，也能看到这种影响，在生命历程中，机体活动机能发生急剧变化的两个时期——青春期与更年期，伴随着生理活动的激烈变化出现的特殊精神问题就是一例。

精神活动尤其是以高级心理活动为基础的精神活动，是每一个人作为人类所特有的，它还是具有鲜明个体特征的生命实践。精神活动中最基本的活动是认识活动，它满足个体与外界环境进行信息交流的需要。外界提供的各种信息以及个体自身状态、行为所提供的信息，是高级心理活动的主要加工对象，人的各种感觉器官和神经系统尤其是高级神经系统，是承担心理活动的主要"工具"，作为活动的直接结果是认识与判断的形成。人主要根据自己的认识与判断，确定自己对环境的态度与行为以及调节对自我的态度。这是个体认识外部世界和认识并建构自己的内部世界的过程，是物质对象、事件等由外在符号构成的知识等转化为内在意识与经验的过程，它还具有调控主体活动的作用。无疑，精神活动的内容不只是认知，还包括情感与意志。它们满足人与外部世界的交往以及人形成自我相关。

与生理活动相比，精神活动具有较鲜明的目的性，因而表现出明确的指向性。在精神活动过程中，人与环境的交换已不是直接的物与物交换，而是以符号的形式进行，这就使精神活动可以超越现实环境所处的时空的限制，从而使个体不仅与今日的世界、现实的人物，而且与昔日的世界、人物"神交"，还可以"神往"未来的世界和理想的天地、人物，这就是心之大以及由心之大带来的人之大。

社会实践活动是人之生命实践参与的最高也最富有综合性的活动，每个个体都不可避免地要投入到社会实践活动中去。社会实践活动是人类为满足社会或群体的发展需要保持、扩大自己利益的活动，也是个体为体现自己价值、满足发展和创造的需要而进行的活动。个人生命实践中的社会实践活动是个人与环境之间最富有能动性的交换，富有鲜明的目的性、指向性和程序性，体现了个人的主动选择。在活动过程中，个人与环境不仅实现着物质与信息的交换，而且实现着能量的交换；活动不仅使个人的智慧和力量得以外化和对象化，实现对外部世界的改造，对物质财富和精神财富的创造，而且使个人的才干、意志、智慧在实践中得到发展，实现内部世界的丰富与发展。马克思在《资本论》中对人类意义上最基本的社会实践活动——劳动在人与自然改造中作用的分析，精确地阐明了这一点。他指出："为了在对自身生活有用的形式上占有自然物质，人就使他身上的自然力——臂和腿、头和手运动起来。当他通过这种运动作用于他身外的自然，并改变自然时，也就同时改变他自身的自然。他使自身的自然中沉睡着的潜力发挥出来，并且使这种力的活动受他自己控制。"

个体的社会实践活动在内容上，有可能涉及人类所从事的各种社会活动领域：从生产到生活，从经济到政治、文化，从学习到研究、创造。在社会活动中，人与人之间还结成了各种不同性质的社会关系，个人在这些关系中承担着不同的社会角色，这些角色的更替与多重性随着个体参与的活动性质变化，也随着个体的成长而变化。人从事社会活动，还要借助于各种活动工具，这些工具是由人类创造的，它凝聚着人类的智慧与经验，是人类文化的重要构成。正是个体参与的社会实践活动，使每一个个人不作为孤立的个体存在，而是作为社会"有机体"中独特的一分子而存在。

以上三类不同水平的个体生命实践活动，在实际进行时是交融为一体的。人的生理活动和精神、心理活动渗透在一切社会活动中，人的一切社会活动又受到生理、心理活动的"支持"和影响。同样，内部活动与外部活动也是并存且相互转化的。从发生学的观点看，人的外部动作是人的内部认识发展的起点，人的内部思想活动的机能则是外部活动内化的结果。皮亚杰在自己的著作《发生认识论原理》中阐述了这一过程，他指出，人对外界的认识之最初中介并不是知觉，而是可塑性要大得多的活动本身。最初人分不清主体与客体，他只有自发的动作。只有当他在调节自己的动作时无意识地达到了目标，才肯定了自己的存在并把自己与环境区别开来。人体动作的逐步协调，一方面使个体体会动作之间的排列顺序和联系成为逻辑数学结构所依据的最初形式；另一方面，一定的动作协调导致目标的达到，故又成为在感知上形成因果性结构的一个起点。由此构成的前语言智力，成为个体以后的语言获得、社会性交往与相互作用的先决条件。苏联心理学家加里培林对儿童智力过程的研究也说明了这一点。他认为，个体发展的主要方式是掌握人类所积累起来的经验，认识过程是变客观经验为主观经验的过程。儿童对事物的认识由定向开始，经过物质化阶段（关键是手的动作的参与）、出声的外部语言阶段、不出声的外部语言阶段，最后才达到智力阶段的结构。皮亚杰和加里培林的分别研究，向我们揭示了人的发展与活动的密切关系，人的活动把内、外世界联结起来，成为由外向内转化的重要中介和具体过程。而上述马克思关于劳动活动的意义的分析，则着重于人与世界关系中由人的内部能量转化为外部世界变化的过程。在真实进行着的生命实践中，充满着各种不同水平的和不同性质的内、外双向转化，人正是在这样转化的过程中，实现自己的发展。

二、教育的基本特征

个体生命实践活动对人发展的决定性影响及其高度综合性，使我们有必要深入研究怎样组织这些活动才能有效地促进个体的发展，即研究提高活动的"发展效应"问题。无疑，这对于教育活动是十分重要的。

总之，我们可以这样来概括教育的基本特征。

首先，从历史的角度看，教育具有永恒性与历史性。作为培养人的社会活动，教育与人类社会共存亡，它是使人成为区别于动物界的社会意义上的人的基本条件。因此，它与社会物质生产一样，是人类社会必不可少的活动，属于永恒的范畴。但是，永恒并不意味着不变，永恒在此是指存在的永恒，不是指内容、形态的不变。教育是随着社会的发展和人类自身的发展而变化、发展的，在每个历史时期，教育都放射着特有的时代光彩，在不同的国家、民族中，有其独特的风格。这使教育呈现出历史性，历史性与永恒性的统一，则是通过教育自身的批判继承实现的。因此，我们可以说，教育是一项最古老的事业，也是一项需要不断更新、发展，在现代社会则要求面向未来，走在时代最前列的最富有生命力的事业。

其次，从功能的角度看，教育具有工具性。教育之所以能永久存在，就因为它是社会延续发展和个体延续发展必不可少的工具。它是人类为维系社会及个体纵向延伸而创造出来的工具，是具有社会和个体更新性"再生产"功能的工具。如果把教育的工具性具体化的话，就可以看到教育因其工具性而派生的阶级性、生产性等诸多特性。教育的工具性与其他的工具有两点不同：其一是它的多功能性，这种多功能性因其服务对象之间存在着内在联系，故具有相互影响的整体性，因此对教育功能的设定要从整体着眼，而不能只立足于部分；其二是它的开发性，教育这个工具的任务是把人类已有的、共同创造的文化、经验、智慧，转化为个体的道德、智慧与能力，激发出个体潜在的能力与创造力，使其有可能投入到社会的更新性再生产之中，故它实现的不是"守衡性"的"能量"转化，而是"开发性"的"能量"转化，所以它能为社会提供新的"创造能量"，这是教育这个工具最有价值和最宝贵之处。

再次，从教育内部的结构看，教育是复杂、开放的社会系统，因此它具有一切复杂、开放系统所具有的共同特征，如整体性、有序性、动态平衡性等。但是，教育系统还具有区别于其他复杂系统的特点：其一，教育系统内的活动主体具有复合性，它以双边共时、交互作用、相互建构的方式开展活动，广义的"教"与"学"的矛盾是教育活动最基本的矛盾。其二，活动过程中的控制是自控与他控的结合，所谓自控是指教育活动的主体——教育者与受教育者在活动过程中具有程度不同的自我控制能力，教育活动内部各层次、各环节之间也可通过反馈实现自控。他控是指教育活动中的人本身也受其他因素控制，活动过程还受到各种因素（偶然的与必然的）的影响与控制。这两种控制的并存，使最大限度排除他控因素中的消极面和最有效地利用积极面，将他控尽可能地转化为有意识的自控，成为教育活动的结果能否与目的基本符合的重要条件。正因为如此，教育活动的规律性的表现是概率式的，是确定性与不确定性的历史统一，是丰富而多形态的。因此，不能用线性的、单向的、简单分析、还原的思想方法去认识教育，教育的丰富性和复杂性需要用复杂的思维方式去揭示。

最后，从时间的角度看，教育具有长周期性、未来性和因需积累而造成的滞效性。长周期性与人的成熟过程较长相关，长周期性又决定了教育的未来性。这种未来性在教育中一直存在，只是在当今社会发展速度加快的情况下突显出来了。今日的教育必须考虑到明日社会的需要，对个体来说，尽管教育总是要根据人的过去经历和现有水平，但它瞄准的目标总是个体发展的未来。滞效性有两个含义，一是指教育的效果常常不是立竿见影的，尤其在涉及对人的发展具有基础意义和根本性的问题方面，必有一个较长时期的积累过程，如认识能力的形成，世界观、人生观、信仰的确立等；另一方面是说，滞效性还表现为教育对其他社会系统和个体所产生的效应，都不是短暂的、一次性的，而是能延续相当长的时间。好的教育能造福于几代人，坏的教育也能贻误几代人；好的教育使人受益终身，坏的教育则使人遗憾终身。因此，教育是关系到国家、民族、社会、个人百年大计的事业，在一个以人为本的社会中，教育是最体现生命关怀的事业。

教育存活在我们每个人的生命之中，教育是直面生命、通过生命和为了生命的人类独特事业。谁如果想成为一名出色的教育者，谁如果愿意把自己的生命献给这一伟大而崇高的事业，那么，谁就应该努力使自己成为富有历史感和时代感的人，成为热爱人、理解人、善于研究人的人，成为深刻地了解社会与教育相关的一切，并对人类社会未来充满信心的人。只有这样的人，才能在为使人类与社会变得更美好的教育事业中贡献自己智慧、力量和生命的同时，使自己也变得更美好。

所以说，没有学生自我发展意识的全面觉醒和良好意志品质的养成，就没有真正的教育。学生不是灌输的容器，也不是被动接受的工具，他们都有强烈的进取心、求知欲和积极探索未知世界的精神。所以，教育必须以学生为本，落实学生的主体地位，使其对自己的前途命运负责，千方百计地调动学生主动学习、自主发展、健康成长的积极性，增强他们主动进取的责任和意识，提高他们主动学习的方法和能力，进而形成良好的行为习惯和浓厚的学习兴趣，成为具有远大理想和执着追求，能够自律自强、自动自发和充分发挥主观能动性的人。

所以说，没有教师对教育规律的深入把握和对学生成长规律的深刻理解，就没有真正的教育。进入信息时代，知识爆炸、科技更新、数字海啸，教师已经不能像过去那样用自己所学的知识包打天下。所以，教育是培养人的一种社会活动，是传承生产经验和社会经验的基本途径。教育必须将全人类最美好、最宝贵、最光辉灿烂的文明和普世价值体系传递给学生，关注学生的个性差异，为他们发挥自己各方面的潜能创造良好的教育环境，在培养学生创新精神和实践能力上下功夫，使学生逐渐养成正确的世界观、价值观和人生观，成为德、智、体全面发展的人。

所以说，没有学校独立办学地位的明确确立和管理活力的自主释放，就没有真正的教育。学校不是政府职能的延伸，也不是政府的附庸，而是立德树人、教书育人的场所。学校的管理也不能像机械生产那样搞标准化的流水作业，更不能像传统大工业生产那样限制教师的思维，束缚教师的言行。所以，对学校的管理就必须遵循教育规律，理顺政校关系，积极构建政府依法宏观管理、学校按章程自主办学、社会参与评估和监督的现代学校制度。校长要努力营造宽松舒适、人际和谐的管理环境，减少过多的制度束缚，充分发挥教职工的积极性和主动性，让教职工的创造源泉充分涌流。

教育是百年大计。展望未来，教育在全社会物质文明、政治文明和精神文明建设中，将发挥越来越重要的作用。

关联拓展阅读之一

什么是教育（节选）

雅斯贝尔斯

卡尔·西奥多·雅斯贝尔斯（1883～1969），德国最重要的存在主义哲学家之一。出生于德国奥登堡，早年曾在海德堡和慕尼黑大学学法律，后来在柏林、格廷根和海德堡大学学医，1909年获海德堡大学医学博士学位。

作为一个哲学家，雅斯贝尔斯认为，哲学的任务既不是去说明客观世界的意义，也不是去说明一般的意识或精神的意义，而是要描述人的存在的意义。人唯一能达到生存的途径是显示生存，即发现人的各种可能性。人的生存的本质特征就是人的自由，而人的生存就是发现和选择人面向未来的各种可能性，这种发现和选择的行动就是人的自由。主要著作有《普通精神病理学》《理性和生存》《生存主义》《论历史的起源和目的》《伟大的哲学家》《人类的未来》。

其《什么是教育》一书出版于1977年。全书共19章，论述了人类必需的文化环境，教育的基本类型，教育的意义和任务，可能性和教育的界限，教育的必要性，教育的权威，教育与语言、文化、传承及大学观念、任务等问题。本文摘选自该书第二章《教育的基本类型》。

一、经院式教育、师徒式教育、苏格拉底式教育

如果我们不考虑社会和历史背景，仅就教育本身而言，我们可以归纳为以下三种教育的基本类型。

（一）经院式教育

这种教育仅仅限于"传授"知识，教师只是照本宣科，而自己毫无创新精神。教材

已形成一套固定的体系。人们崇拜权威作家及其书籍。教师本人无足轻重，只是一个代理人而已，可以任意替换。教材内容已成为固定的形式。在中古时期，教师采用听写和讲解的方式教学。听写的方式现已不再采用，因为可以由书本取代。但是听写的意义还是保留下来。人们把自己的思想归属于一个可以栖身其中的观念体系，而泯灭自己鲜活的个性。因为知识已经固定了，所以学生总是抱着这样一种想法：到学校去就是学习固定的知识，学会一些现成的结论和答案，"将白纸黑字的书本——明白无误的东西带回家即可"。这种经院式教育的根深蒂固的基础就是理性传统。

（二）师徒式教育

这种教育的特色是完全以教师为中心，具有个人色彩的传统。学生对教师的尊敬和爱戴带有绝对服从的特点。这种从属的距离，不只是程度上的、代沟之间的差别，而且是本质上的。教师的权威具有神奇的力量，这种力量满足了人类不愿自己负责而愿依附别人的需要，并使人归属一个团体来减轻从属性，提高其自我意识，达到自己力所不能及的严格教育。

（三）苏格拉底式教育

从教育的意义上看，教师和学生处于一个平等地位。教学双方均可自由地思索，没有固定的教学方式，只有通过无止境的追问而感到自己对绝对真理竟一无所知。因此，教师激发学生对探索求知的责任感，并加强这种责任感。这是苏格拉底的"催产式"的教育原则。也就是说唤醒学生的潜在力，促使学生从内部产生一种自动的力量，而不是从外部施加压力。这不是发挥学生凭偶然机会和一时的经验所表现出来的特殊才能，而是使学生在探索中寻求自我的永无止境的过程。苏格拉底式的教师一贯反对做学生的最大供求者；教师要把学生的注意力从教师身上转移到学生的自身，而教师本人则退居暗示的地位。师生之间只存在善意的论战关系，而没有屈从依赖关系。教师有自知之明，并要求学生分清上帝和世人。

这三种教育类型都需要学生具有对绝对真理和寻求真理的引路人——教师的敬畏之心。这种敬畏心情在传统的经院式教育中达到了登峰造极的地步，经院式教育传统即使在目前等级制度中也是根深蒂固的；在师徒式教育中，学生的敬畏心情表现在师傅个人身上；在苏格拉底式教育中，学生的敬畏心情表现在精神的无限性上，在这无限的精神内，每个人要负起超越自身存在的责任。

二、教育家苏格拉底

直到克尔凯郭尔才发现苏格拉底教育思想的本源以及在现代世界里苏格拉底最深刻的意义所在。苏格拉底的教育思想，包括反讽（刺激学生感到离真理甚远）、催产术（通过问答逐渐使真理显明），以及探索发掘真理，而非传递真理。如果一个人真正体会到了苏格拉底的教育思想，就会影响他的基本思维方式。

当今世界的不合理现象，不论是民主政体、贵族政体或是专制政体，都无法通过重大的政治行为来消除。每一种社会改善的先决条件要求每个人都要受教育，以便能自我教育。教师要唤醒人的潜在的本质，逐渐使他们自我认识知识，探索道德。一个正直的人，他同时就会是一个正直的公民。

由于每个人天生有发展的机会，苏格拉底总是将别人和自己置于人格平等的地位。他不喜欢门徒制度，因此他甚至借自我嘲讽来遮掩他本身的优点。

苏格拉底从不给学生现成的答案，而让学生自己通过探索去作结论。他让那些自以为是的人意识到自己的无知，并让他发现真知，因此人们从内心深处得到那些自以为还不知道实际上都早已具有的知识。因此可以说：知识必须自我认识，自我认识只能被唤醒，而不像转让货物。一个人一旦有了自我认识，就会重新记忆起仿佛很久以前曾经知道的东西。

苏格拉底最大的特点也是值得我们深思的，他对错误的东西进行毫不留情的批评，而严于律己，以身作则，坚持真、善、理性的信念。这是一位思想家义不容辞的职责。苏格拉底不知何为神明，但谈的却是神明之事。不论世界怎样变化，他仍然坚持这一原则。

这就是苏格拉底的虔诚。首先，他相信真理会在正确的发问中显现出来，自知无知就不会无知，相反会产生决定生命意义的知识。其次，苏格拉底的虔诚表现在他对古希腊众城邦神明的信仰中。最后，苏格拉底的虔诚也表现在对守护神的敬意里。

受过苏格拉底影响的人通过思考而潜移默化，使自己变成另外一个人。这种思考使人在与道合一的过程中保持独立的地位，在思考中我们可以获得人类发展的最大可能性，不过借助这种思考我们也可能进入虚无。因此，思考的真实在于，它是美好人性和理想社会的"前显现"，借"思"来展现将成为现实的东西，而这东西又要超过思考本身。

三、对话是探索真理与自我认识的途径

苏格拉底的对话是他生活中的基本事实：他经常和手工艺匠、政治家、艺术家、智者与艺妓讨论，他像许多雅典人一样，将生命消磨在街头、集市、运动健身房和餐宴上，这是一种与每一个人对话的生活，但这种对话对雅典人来说是极其新鲜而不寻常的：一种在灵魂深处激动、不安和压抑的对话。如果说对话是自由不羁的雅典人的生活方式，那么现在作为苏格拉底哲学的推理方式则有所不同了。因此，只有通过人与人的交往，只有了解事物的本性，才能获得真理。为了追求真理，苏格拉底需要群众，而且他确信群众也同样需要他，尤其是青少年，因此苏格拉底决心献身于青少年的教育事业。

苏格拉底主张教育不是知者随便带动无知者，而是使师生共同寻求真理。这样师生可以互相帮助，互相促进。师生在似是而非的自我理解中去寻找难题，在错综复杂的困惑中被迫去自我思考，教师指出寻求答案的方法，提出一连串的问题，而且不回避答疑。当基本知识清楚于胸之后，真理就清晰显现出来，而成为维系群众精神信仰和安身立命的纽带和本源。苏格拉底死后兴起的对话式的散文创作，就是依据这一道理，而柏拉图就是这类创作的导师。

在一筹莫展的"思"的痛苦中，会产生自己独立的判断力，在《米诺篇》（柏拉图的《对话录》）中有这样一个例子：有一个奴隶，最初他对一道数学题有绝对把握，经过反复提问质询以后，他陷入了进退维谷的窘境，从而猛醒自己的可笑和无知，经进一步的追问，他顿然感悟从而获得了正确的答案。根据这一实例，用对话的形式可以辩明真理。两位对话者并不知道真理在哪里，其实真理却已经在那里，两位对话者绕着真理转，并被真理所引导。

对话便是真理的敞亮和思想本身的实现。对话以人及环境为内容，在对话中，可以发现所思之物的逻辑及存在的意义。

四、反讽与间接传达

为了能适当感受反讽中的言外之意，除了理性思维的训练，培养哲学敏感性也是必要的。在反讽的多样性中，迷惑和真理相互交错，具有多种意义，使人陷入不断的误解之中，而只让真正能够了解的人认识真理。在这一点上，柏拉图的本意似乎是：那些没有能力了解真理的人，就让他们误解吧。有时候在反讽的诙谐中，似乎隐藏着一股激情。这里，在传达中理性不能达到之处，便不能强求以理性的推演去获得正确的理解。

反讽的深层意义是对本然真理的关切，而且，它使我们避开歪曲真理的错误，这种对真理的歪曲往往是以具体知识、作品或形象的形式出现，在堂而皇之地为真理作证中遮蔽了真理，人们若把那些外表漂亮的伪真理当作绝对真理，那就大错特错了。

哲学式的反讽表达了对真理本源的向往。面对着纷繁复杂的多义现象，理性阐释的单维性已显得苍白无力，反讽却能够通过去伪存真，找到真理之所在，但它不用直说的方式，而是通过感悟唤醒来达到。哲学式的反讽是对隐藏不露的真理的暗示，但虚无主义的反讽则是油嘴滑舌和毫无意义的。有意义的反讽希望在众多复杂的现象中引出不可言说的实情真相，相反，无意义的反讽则会被错综复杂的现象卷入深不可测的虚无。哲学式的反讽将一孔之见视为拥有真理的做法看作大忌，因为，轻而易举获得的绝非真理，而是对真理的误解，甚至是谬误。

上述的一切都可在柏拉图的对话录中找到。在这里我们把反讽分为三个阶段来界定。首先，苏格拉底在对话中使用反讽，是使一切蒙昧均清晰陈列于眼前，反讽使苏格拉底获得透明性。于是，他可以使人循入绝途而终于醒悟，或攻击别人明显的错误言论以求其自省。第二阶段是苏格拉底所采取的反讽的基本立场（态度），即让人对自己的无知（而自以为知之甚多）有所认识。在第三阶段，柏拉图制造出一种动摇别人根本信念的整体氛围，在这种氛围中，反讽所表示出的一切现成物都成为模棱两可的，也只有在这两个极点之间，在纯然反嘲的氛围中，存在的质（核心）才会出场。凡不能通过反讽以使思考达到破伪呈真的境界，就不是真正的思。思之光投射到存在的本源之处。哲学为解蔽而言说才有其存在的价值。这种哲学是严肃的，但不是自以为拥有真理的教条主义者的那种道貌岸然的严肃，也不是虚无主义者那种令人生厌的严肃，而是自称为乐观自信的富于探索精神的严肃。

五、作为顿悟艺术的教育

所谓顿悟，是与人的理智相关的一个概念。它并不呈现为别人的给予或目所能及之类感官层次。相反，是灵魂的眼睛抽身返回自身之内，内在地透视自己的灵肉，知识也必须随着整个灵魂围绕着存在领域转动。因此教育就是引导"回头"，即顿悟的艺术。由于教育的这一神圣本源，因此在其藏而不露的力量中一向存在着精神体认的财富，但教育只有经由顿悟才能达到对整个人生的拯救，否则这种财富将失去效用。

六、教育即生成

生成来源于历史的积聚和自身不断重复努力。人的生成似乎是于不知不觉的无意识之中达到的，但这无意识曾是在困境中以清醒意识从事某事的结果。我们生活在形成习惯的过去之中，不断形成和打破习惯是我们现在生成的坚实基础，没有习惯为底蕴，我们精神的每一进步将是不可能的。当下无意识的思想关联承接着有意识的思想，习俗便是德行的承担者。生成的静态形式即习惯，动态形式即超越。

习惯具有两种可能性：

一种可能性是：习惯作为基础服务于我们的，其内容随时被我们所把握，同时，习惯的内涵还是我们赖于生活基础的指南与知识。习惯的形式只是本然愿望的保障，但习惯并不占据统治地位，相反，它处于附属地位。

另一种可能性是：习惯既巩固了传统，但同时也削弱传统。传统的内涵自身并不能推动人们，而只有积淀下来的习惯才具有这一作用。在平静的状况下，生存的需求固守着一些无关紧要的习惯，然而这不过是人的自我欺骗而已。一旦碰到根本性的冲击，即将习惯的内涵暴露于光天化日之下，它就毫无反抗能力，而陷入困境之中的习惯，其意义也再不具有生命力，人在单纯的习惯中也将丧失自身。

不过，习惯仍然是意向连续性之可靠而必要的手段。从原初意义来看，人不可能每一时刻都生活于重新创造的环境中。因此，许多习惯就作为决定的规则、风俗的形式、行为举止而约定俗成，被人们所普遍接受。这些又成为人类的生活方式。教育、儿童游戏室和职业习惯使人类社会成为可能，缺少它们，人类社会将萎缩到永远无所依持的境地。尽管在新的情境下，约定俗成的形式并非是绝对有效的，其中每一种形式都是可摧毁的，但是在意向中却要求保护这些形式，以防止它们被破坏。轻松自如而理所当然地沿袭作为第二自然的习惯形式，是一个社会历史基础的基音和可靠地团结合作的基调。生成就是习惯的不断形成与不断更新，这是一个人秉诚自持的重要过程，而放任自流就是堕落。因此形式即形式，纪律就是纪律，即使它们表面上有杂质，但仍然是发挥着作用的权威条件。

关联拓展阅读之二

教育的目的

怀特海

艾尔弗雷德·诺思·怀特海（1861～1947），英国著名哲学家和数学家。1911～1914年在伦敦大学大学院任教，1914～1924年任伦敦大学帝国科学和技术学院应用数学教授，1924～1936年任哈佛大学哲学教授，1945年被授予功绩勋章。

怀特海反对把教育仅仅看作促进发育的观点。他与杜威和沛西能一样，赞扬理智的卓越。他认为，不应把自由教育和职业教育对立起来，因为学校教育既应关心技术，又应关心课程的理智方面。他反对教育中传授死的知识或"无活力"的概念，即仅仅刻板地接受而不予运用，认为一切教育的中心是使知识保持活力和防止知识僵化，要求理论性的概念必须在学生课程中经常得到应用。强调规律是绝对的，凡是不重视智慧训练的民族是注定要失败的。

本文选自怀特海所著《教育的目的》一书第一章。

在教育史上，最引人注目的现象是，学校在一个时代才气横溢，而在后续的一个世代却只显示着学究习气和墨守成规。原因是学校被无活力的概念沉沉压住了。教育上有了无活力的概念，这种教育不仅是无用的，尤为重要的是，它是有害的。腐蚀最好的东西是一种最坏的腐蚀。除了若干罕见的短暂的智慧沸腾的时期以外，过去的教育已根本上受了无活力的概念的毒害。这就是为什么一些受过教育的有才智的妇女，她们饱经世故，到了中年却成为社会上最有教养的人。她们从这种无活力的概念的可怕的压力下解放了出来。每一次曾经引起人类巨大震动的思想革命，就是对于无活力的概念的一次激情的反抗。由于对人类心理的可悲的无知，有些教育制度就用它自己所造成的无活力的概念重新把人类束缚住了。

现在我们要问：我们应该怎样在我们的教育制度中预防这种心理的衰败？我们要提出两条教育的戒律。一条，"不要教过多的学科"；另一条，"凡是你所教的东西，要教得透彻"。

教很多学科，每门学科教那么一小部分，其结果就是消极地接受一些没有活力的火花照耀的、没有联系的概念。儿童教育中所教的主要概念要少而重要，还要使它们尽可能集合成各种组合。儿童应该使这些概念成为他自己的概念，并且应该懂得这些概念此时此地在他实际生活环境中的应用。儿童应该从他一开始受教育就体验到发现的愉快。他必须发现，普通概念使他理解那倾注在他生活中的川流不息的事件，这川流不息的事件也正就是他的生活。我这里所说的理解，虽然包含逻辑的分析，却不单纯是逻辑的分析。我所说的"理解"，意思和法国的一句谚语"理解一切就是宽恕一切"中所用的意义相同。学究们蔑视有用的教育。但是，要是教育没有用，它算是什么呢？它是藏着不用的才能吗？当然，不管你生活的目的是什么，教育总是应该有用的。教育过去对圣奥古斯丁是有用的，对拿破仑是有用的。它现在还是有用的，因为理解是有用的。

我略而不谈应该是文科教育所致力的那种理解。我也不愿被认为要对古典课程和现代课程哪个好表示意见。我只想指出，我们所要的理解乃是对迫切的现在的理解。过去的知识，它仅有的作用，是武装我们对付现在。没有比轻视现在对年轻人的心理造成更致命的损害了。现在包含着一切现在存在的东西。现在是神圣的基地；因为它就是过去，它也就是将来。同时，必须看到，一个时代，不管它是处在两千年前还是处在两百年前，同样都是过去。千万不要受拘泥于年代日期的骗。莎士比亚和莫里哀的时代与索福克勒斯和弗吉尔的时代，同样都是过去。圣徒们的共同体是一个伟大而启发灵感的集合，但是，这个共同体只有一个可能的集会大厅，那就是现在；无论哪一批圣徒，他们到达这个会议厅旅途所必需的时间本身是无关紧要的。

现在来谈谈科学的教育和逻辑的教育。我们记得这里也是这种情况，不加利用的概念是绝对有害的。所谓利用一个概念，我指的是把概念和由感性知觉、感情、希望、欲求以及调整思维与思维的关系的心理活动所组成的川流联系起来，这个川流就构成我们的生活。我能设想有一些人可能通过消极地回顾一些没有联系的概念来加强他们的心灵。但是，也许除了某些报纸编辑以外，人类不是那样建立起来的。

在科学训练方面，对待概念的第一件事是去证明它。但是，请允许我稍为引申一下"证明"的含义，我的意思是证明概念的价值。一个概念，除非它所包含的命题是真实的，否则是没有多大价值的。因此，所谓证明一个概念，主要就是或者用实验的方法或者用逻辑的推理来证明命题的真实性。但是，开始引进一个概念，不一定就应证明命题的真实性。无论如何，在开始时，受人尊敬的教师维护这个概念就是一个足够的证明。在我们开始接触一组命题时，我们是从赞赏这组命题的重要性开始的。我们大家在离开学校以后的生活当中就是那样做的。我们并不试图在严格的意义上去证明一个东西，或者反证一个东西，除非这个东西很重要，值得我们这样做。这两个过程，即狭义的证明过程和赞赏的过程，并不需要在时间上严格分开。两个过程几乎可以协同进行。但是，就两个过程中必须有个优先来说，优先应该属于通常运用的赞赏过程。

此外，我们不应试图孤立地运用命题。我的意思肯定不是说整本书从头到尾就是一小组实验说明第一个命题然后证明第一个命题，一小组实验说明第二个命题然后证明第二个命题，等等。没有比这更为令人厌烦的了。相互关联的真理是作为一个总体利用的，各个命题可以按任何次序使用，也可重复任何命题。试就你的理论性题目选择某些重要的应用；一面研究理论的应用，一面进行系统的理论说明。理论说明要简短，但是就一般情况说，一定要严谨。理论说明不应太长，以致影响透彻和确切的理解。过多的食而不化的理论知识，其结果是悲惨的。同时，理论不应和实践混淆起来。儿童对什么时候是在证明、什么时候是在利用应该没有怀疑。我的意思是，凡是被证明的东西都应加以利用；凡是被利用的东西，只要实际可行，都应予以证明。我远不是主张证明和利用是同一个东西。

讲到这里，我可以非常直接地以离开本题的外部形式来推进我的论证。我们只是刚才认识到教育的艺术和教育的科学要求有它们自己的天才，进行它们自己的研究；而这种天才和这种科学要比某一科学或文学的分支的单纯知识多得多。这个真理在前一个世代只是被部分地觉察到；而中学校长们，未免有些简单化，要他们的同事以用左手玩板球戏和喜欢踢足球来代替学习。但是，文化要比板球戏多得多，比足球多得多，比广博的知识多得多。

教育就是获得运用知识的艺术。这是一种很难传授的艺术。每当编出一本具有真正教育价值的教科书的时候，你可以十分肯定有些评论员会说，这本教科书难教。当然，这本教科书将是难教的。要是它容易教，它就应该被烧毁，因为它不可能具有教育价值。在教育上，和在别处一样，华丽的大道是通向肮脏的地方的。一本书或一本讲义，实际上使学生把下一届校外考试中可能出的一切题目都背熟了，就代表着这条罪恶道路。校外考试人员可以撰写有关课程和学生成绩的报告，但是绝不允许他对学生出一个实际的教师所没有严格指导或至少在一次长时间讨论中所没有被启发到的题目。这一条常规有少数例外，但它们到底是例外，而且在一般常规的前提下也是可以允许的。

现在让我们重新回到我前面的一个论点，那就是理论性概念应该总是在学生的课程中得到重要的应用。这并不是一个容易运用的理论，而是一个非常难于运用的理论。这个理论本身就包含着一个使知识保持活力和防止知识僵化的问题，这是一切教育的中心问题。

最好的程序将依靠几个因素，其中没有一个因素可被忽视，这些因素就是：教师的才能，学生的智力类型，学生的生活前景，学校周围环境所提供的机会，以及这一类的有关因素。正是为了这个理由，所以统一的校外考试危害那么严重。我们公开指责校外考试，并不是因为我们是一些固执成见的人，喜欢指责现有的事物。我们并不是那么幼稚的。同时，这种考试也有着检验怠惰的作用。我们不喜欢校外考试的理由是很明确的，也是很实际的。校外考试扼杀文化的精华。当你们根据经验来分析教育的中心任务时，你们会发现这个任务的胜利完成依靠细心地调节很多可变因素。理由是我们是在处理人的心智，而不是处理死的物质。好奇心、判断力和控制复杂环境能力的激发，运用理论对特殊的情况有预见性——所有这些能力，不是一个考试科目表中所包含的一条固定规则所能传授的。

我向你们有实际经验的教师们呼吁，只要学生纪律好，总能把一定分量的无活力的知识灌进他们脑子里去。你拿出一本教科书，要他们学习，暂时不会有什么问题。儿童懂得如何解一个二次方程，但是教儿童解一个二次方程，目的何在呢？对这个问题有一个传统的回答。回答是这样：心智是一个工具，你先要使它锋利，然后才运用它；解二次方程能力的获得，就是使心智锋利的过程的一部分。这个回答恰好有着足够的道理使它从古以来一直被人引用。这个回答虽有部分真理，但有一个根本的错误，就是很可能窒息现代世界的才华。我不知道谁应首先对把心智比作死的工具负责。我根本不知道，会不会是希腊七个智者之一，或者是他们全体。不管创始者是谁，这个答案由于不断地受到有名人士的赞扬而具有威信是无可置疑的。但是不管这个答案威信多高，也不管它受到的赞扬多大，我毫不犹豫地谴责它是所有引进教育理论中的最致命、最错误、最危险的概念之一。心智绝不是被动的；它是一种永不休止的活动，灵敏、富于接受性、对刺激反应快。你不可能推迟它的生命，到你使它锋利了的时候才有生命。不管你的教材具有什么兴趣，这种兴趣必须在此地此时引起；不管你在强化学生的什么能力，这种能力必须在此地此时予以练习；不管你的教学应该传授什么精神生活的可能性，这种可能性必须此地此时表现出来。这是教育的金科玉律，而且是一个很难遵循的规律。

困难恰好在于：一般概念的了解，心智活动的习惯以及对心智活动成就的令人愉快的兴趣，不是任何形式的词语所能引起，不管如何正确地使用这些词语。所有有实际经验的教师们都知道，教育是一个一分钟一分钟、一小时一小时、一天一天地耐心地掌握细节的过程，不存在一条由灿烂的概括铺成的空中过道通往学问的捷径。有一个关于只见树木、不见森林的谚语，那个困难恰恰就是我所强调的那一点，教育的问题就在于使学生通过树木而见到森林。

我所极力主张的解决方法，是要消除扼杀我们现代课程的活力的各学科之间互不联系的严重现象。教育只有一种教材，那就是生活的一切方面。我们不给儿童这个单一的整体，而向他们提供：代数，以后没有什么跟上去；几何，以后没有什么跟上去；自然，以后没有什么跟上去；历史，以后没有什么跟上去；两种语言，从来没有掌握过；最后，最最沉闷的是以莎士比亚的戏剧为代表的文学，要求记熟语言学的注释以及关于戏剧情节和人物的简短分析。这样一个科目单能够说代表大家所熟悉的实际生活吗？至多只能说这是神在想着创造世界时脑子里可能匆匆地想一遍的一个草率的目录单，但是还没有决定怎样把它们构成一个整体。

现在让我们回到二次方程的问题，我们手上还有着这个没有回答的问题。为什么要教儿童解二次方程？除非二次方程配合在一个互相联系的课程中，自然没有理由教他。此外，虽然数学在全部文化中应该占有广阔的地位，我有点怀疑，对很多类型的孩子来说，二次方程的代数解是否属于数学专门家的事情。这里我可以提醒你们，我还没有讲过关于专门化的心理学或内容的问题，而专门化乃是理想的教育的重要部分。但是，那样做便是逃避我们的真实问题，我仅仅提出来以免对我的回答有所误解。

二次方程是代数的一部分，而代数乃是为了了解世界的数量关系而创造的智力工具，没有办法摆脱它。这个世界彻头彻尾受到数量的感染。说话要有道理，就要用到数量。单说这个国家大没有什么用，多大？单说镭稀少没有什么用，怎样稀少？你不能逃避数量。你可以飞到诗歌和音乐中去，但是数量和数字将在你的韵律中和在你的八度音程中碰到你。蔑视数量理论的风雅的知识分子不过是一些没有发展完善的人。与其责备他们，不如怜悯他们。在他们学生时代在代数的名义下教给他们的一堆胡言乱语倒是应受鄙视的。

代数不仅在字面上而且在实际上退化为胡言乱语，这一个问题提出一个可悲的事例，表明如果你对希望在儿童活生生的心灵中培养的品质没有一个清楚的概念，改革教育计划是无用的。几年以前，曾有学校代数需要改革的呼声，但是大家一致认为图解将使一切事情搞好。所以，各种东西都排除了，增加了图解的内容。就我所知，只是单纯地加了图解，而没有理论根据，从此每一份试卷都有一两个有关图解的题目。我个人是图解的热心支持者，但是我不知道到目前为止我们所得好处是否很大。你不能使任何普通教育的计划有生命，除非你能表明这个计划和一切智力理解或情绪感受的某些重要特征有关系。这是一句严厉的话，但这是实话；我不知道怎样说得轻一些。在做出这些微小的形式变动时，你们被事物的本性打败了。你们是和一个很精明的对手斗智，那个对手设法让你上当。

改革必须从另一端开始。首先，你必须决定世界上有哪些足够简单的数量关系应该安排到普通教育中去；然后制订一个代数的计划，这个计划将在这些数量关系的应用中找到例证。我们无须为所宠爱的图解担忧，当我们一旦开始把代数作为研究世界的严肃的手段时，将会出现很多图解。在对社会进行最简单的研究所出现的数量问题中，可以找到图解的一些简单的应用。历史上的曲线同学校中枯燥无味的历史课中占有大量地位的干巴巴的人名和年代表比较起来，要生动而有教育意义得多了。搞一个不出名的帝王和王后的一览表，要达到什么目的呢？托姆、迪克或者哈里，他们全都死了。全面的复活都是失败的，最好推迟吧。现代社会势力的数量的变动可以很简单地表达出来。同时，关于变数、函数、变率、方程和解法、消元等概念，都作为抽象的科学为它们自身而进行研究。当然，并不用我这里所用的夸大词语，而是反复地采用适合于教学的简单的特殊事例。

如果遵循这个途径，那么从乔叟到黑死病，从黑死病到近代的工人运动这条道路，将使中世纪的圣地朝拜者的故事和抽象的代数科学联系起来，两者都可反映出那个单一主题生活的许多方面。我知道你们大多数人对这一点是怎么想的。你们会想，我刚才勾画出来的这一条严谨的途径，并不是在说我自己能够这样做。但是你们的反对正是为什么一个共同的校外考试制度对于教育有严重危害的理由所在。表现应用知识的过程能否成功，主要依靠学生的品格和教师的才能。当然，我没有讲到我们大多数人都熟悉的那些最简单的应用。我指的是像力学和物理学这类科学的数量方面的问题。

有关这一方面，我们还可以按时间把社会现象的统计材料制成图表，然后除去相对应的时间因素。我们能设想，我们在多大程度上表现了真正的因果关系，或者在多大程度上只表现了暂时的巧合。我们注意到，我们可能把一个国家的一些统计材料按时间画了一个图表，把另一个国家的一些统计材料另外画了一个图表，因此，如果题目选择适当，就得到了肯定表现出仅仅是巧合的一些图解，而另外一些图解却表现出明显的因果联系。我们不知道应该怎样区分，因此，只要我们愿意，我们就被吸引住了。

但是，在考虑这段话时，我一定要请你们记住我上面坚持过的主张。首先，一种思想方法不会适合所有的儿童。例如，我料想喜爱手艺的儿童需要一些比较具体的东西，同时，从某种意义上说，比我这里所讲的还要快些的东西。也许我是错的，但是我总是这样想。其次，我并不想作一次出色的讲演，一劳永逸地激发一个表示赞赏的班级。教育并不是这样进行的。不是。在学生彻底掌握整个学科以前，他们一直在努力工作，解答例题，画图和做实验。我是在描述穿插进去的说明，应该给他们思想上的一些指示。必须使学生感觉到他们是在学一些什么东西，不仅仅是跳跳智力的小步舞而已。

最后，如果你在教学生准备某种普通考试，优良教学的问题就大大复杂化了。你们见过诺曼底式拱门上锯齿形的线条吗？古代的工艺品是美丽的，近代的工艺品是丑陋的。理由是近代的工艺品尺寸非常精密，古代的工艺品根据工人的特殊爱好而有所变化。这里密密层层，那里稀稀落落。要学生考试及格，根本的一点是对课程计划的各部分同样重视。但是，人类生来是专门家。一个人看到整个学科，而另一个人只能找到少数分散的事例。我知道，在为广博的陶冶而特别设计的课程中容许有专门化，似乎是矛盾的。没有矛盾，这个世界就会比较简单些，也许比较枯燥些。但是，我确信，要是你在教育上排除专门化，你就毁灭了生活。

我们现在要谈谈普通数学教育的另一个大分支，即几何学。同样的原则都是适用的，理论部分应该是鲜明、严谨、简短而又重要的。每一个对表达概念之间的主要联系非绝对必需的命题应予删去，但是重要的基本概念都应保留。像相似性和比例这一类概念不能省略。我们必须牢记，由于图形在眼前而得到的帮助，几何学在练习演绎推理的能力方面是一个具有不可比拟的优越性的领域。其次，当然就是几何作图，它在训练手眼方面具有很大意义。

但是，同代数一样，几何学和几何作图必须超出仅仅几何概念的范围之外。在一个工业地区，还可适当扩展到机械和工场实习。例如，在伦敦工艺学院，在这一方面已经获得了显著的成效。对许多中学来说，我建议把测量和绘图作为几何学的自然应用，特别是用平板仪的测量应该使学生对几何学原理的直接应用有一个生动的理解。简单的绘图仪器，测量员用的测链和指南针，可以使学生从调查和测量一块田地提高到绘制一个小地区的地图。从最简单的仪器到最多的知识，这是一种最好的教育。我们非常反对采用精密仪器。绘制一个小地区的地图，考察这个地区的道路、等高线、地质、气候、这个地区和其他地区的关系，及其对本地区居民的状况的影响，这样将可学到比有关珀金·沃贝克或白令海峡的任何知识更多的历史和地理知识。我的意思是，不要作一个模糊不清的报告，而要进行一次认真的调查，在这个调查中，借助精确的理论知识确切地探知事实的真相。一个典型的数学题应该是这样：测量某某田地，按某某比例制一个图，求面积。这是不用证明而传授必要的几何命题的一个十分良好的程序。同时，就在完成测量的过程中，学会了这些命题的证明。

幸而专门教育问题要比普通陶冶问题容易一些。关于这点有许多理由。一个理由是，很多应该遵守的程序原则在两方面都是相同的，不需要再重述了。另一个理由是，专门训练是在学生学习进程的比较高级阶段进行，或应该进行的，所以，有比较容易的材料可以研究。但是，主要的理由无疑是专门研究通常对学生具有特别兴趣的研究。他之所以研究它，是他为了某种原因希望了解它。这样就完全不同了。普通陶冶旨在培养心智活动，专门研究则利用这种活动。但是，过分强调这种整整齐齐的对立是不行的。正如我们已经看到的，在普通教育课程中，特殊兴趣的中心将会产生；同样，在专门研究中，学科的外部联系使学生的思想向外引发。

再者，并没有一门课程只给学生普通陶冶，而另一门课程只给专门知识。为了普通教育目的而学习的学科，也就是专门地去学习的专门学科；另一方面，鼓励一般智力活动的方法之一就是培养一种专门的爱好。你不能把一件无缝的学问外套割裂开来。教育所应传授的，是对学生的生活具有特殊意义的某一方面的知识，对概念的力量、概念的优美和概念的结构有一种亲密的感觉。

对概念结构的欣赏，这是有教养的心智的一个方面，它只有在专门研究的影响下才能发展。我指的是对一盘棋的见解，对一些概念和另一些概念的关系的见解。只有通过专门研究才能评价一般概念的确切表达，所表达的各概念之间的关系，以及概念对了解生活的作用。经过这样训练的心智，应该是更加抽象而又更加具体。它受到了理解抽象思维的训练，又受到了分析事实的训练。

最后，应该发展一切心理品质中最严峻的心理品质；我指的是对风格的感觉。这完全是一种建筑在赞赏单纯而不费事地直接达到一个预见的目的的基础上的审美的感觉。艺术的风格、文学的风格、科学的风格、逻辑的风格、实践的风格，它们基本上具有同样的审美品质，即成就与克制。

这里又把我们带回到我们开始的地方，即教育的功用问题。风格，在它最精微的意义上，就是有教养的心智的最后一个要求；它也是最有用的。风格渗透到一个人的全身。一个有了风格感的行政人员憎恨浪费，一个有了风格感的工程师节约材料，一个有了风格感的技工喜爱好作品。风格是心智的终极的道德原则。

但是，在风格之上，在知识之上，还有一个东西，一个模模糊糊的东西，好像凌驾于希腊众神之上的命运。这个东西就是力量。风格就是力量的形成和力量的克制。但是，归根结底，达到所希望的目的的力量乃是基本的。第一件事就是要达到这个目的。不要为你的风格而担心，首先要解决问题，向人们证明上帝的道路是正确的，料理好你自己部门的事务，或者做好交给你的任何其他事情。

那么，风格有什么帮助呢？风格的帮助在于：有了风格，达到目的时不会出现枝节问题，也不会发生不良的炎症。有了风格，你能达到你的风格，除了你的目的以外，别无其他。有了风格，你活动的效果是可以估计的，远见是神给人们的最后的礼物。有了风格，你的力量增加了，因为你的心智不被不相关的东西所干扰，因而你更有可能达到你的目的。而风格乃是专家独有的权利。有谁听到过一个业余画家的风格，一个业余诗人的风格吗？风格总是专门研究的产物，总是专门化对陶冶的特殊贡献。

英国教育在它目前的阶段苦于缺乏一个明确的目的，并且苦于扼杀它的活力的外部机构。我在这个报告中，到现在为止已经考虑了应该统率教育的一些目的。在这方面，英国在两种意见之间踌躇难决。它没有决定是培养业余工作者还是培养专家。19世纪在世界上所产生的深刻变化是知识的增长使人有远见。业余工作者主要是一个掌握一种既定的常规而具有欣赏能力的多才多艺的人，但是他缺乏从专门知识得来的远见。我这个报告的目的就是建议如何培养专家而不失去业余工作者的主要长处。我们的中等教育机构，在它应该让步的地方却严格了，在它应该严格的地方却又松弛了。每一所学校，要是训练男孩子们准备小小的一套特定的考试，一定受到毁灭痛苦。没有一个中学校长能自由地按照他学校的教师、环境、学生和学校基金所创造的条件来发展他的普通教育和专门研究。我认为，一个以考查学生个人为主要目的的校外考试制度，除了造成教育上的浪费以外，不可能有任何结果。

应该受到检查的主要是学校而不是学生。每一所学校应该根据它自己的课程发给毕业证书。这些学校的标准应该加以抽查和校正。但是教育改革的第一个要求是把学校看作一个单位，有它自己被批准的课程，这个课程建立在它自己的需要上，由它自己的教师来制订。如果我们不能做到这一点，我们就会从一种形式主义坠入另一种形式主义，从一堆无活力的概念坠入另一堆无活力的概念。

当我说学校是任何国家制度中保护效率的真正教育单位时，我把学生个人的校外考试看作一个可供选择的制度。但是神话说每一个昔勒大岩礁总面临着它的卡列勃迪斯大涡流，或者，用比较家常的话来说，在道路的两旁都有着一条沟，进退两难。如果我们落到一个管理部门的手里，它认为可以把所有的学校分成两三类，每一类学校必须采用一种固定不变的课程，这对教育将同样是有害的。当我说学校是一个教育单位时，我的意思恰恰就是我所说的那种单位，不会大一点，也不会小一点。每一所学校必须有权联系它的特殊环境来考虑问题。为了某种目的把学校分类是必要的，但是不允许有不受学校教师修订的绝对固定不变的课程。这些原则，经过适当修改，同样也适用于大学和技术学院。

当人们全面地考虑国家年轻一代教育问题的重要性的时候，那种由于处理教育问题时行动迟缓而造成的生活的破碎、希望的毁灭和国家的失败，真是难于抑制内心的激怒。在现代生活的条件下，规律是绝对的，凡是不重视有训练的智慧的民族是注定要失败的。所有你们的英雄行为，所有你们的社会魅力，所有你们的机智，所有你们在陆上或海上的胜利，都不能改变这个命运。今天我们维护我们自己，明天科学又将前进一步，到那时，对没有教养的人们所作的判决将不会有上诉。

关联拓展阅读之三

我的教育信条

杜威

约翰·杜威（1859~1952），美国著名哲学家、教育家。实用主义芝加哥学派创始人之一，功能心理学的先驱，美国进步主义教育运动的代表。出生在佛蒙特州柏林顿市附近的农村，祖先三代都是佛蒙特州的农民。

1882年进霍布金斯大学攻读哲学，两年后获哲学博士学位。同年秋，受聘为密歇根大学哲学和心理学讲师。杜威对教育的兴趣始于在密歇根的年代。他发现多数学校正沿着早先的传统路线进行，没有适应儿童心理学的最新发现和变革中的民主社会秩序的需要。寻找一种能补救这些缺陷的教育哲学，成了杜威主要关切的事。

1894年他离开密歇根，任芝加哥大学哲学教授，哲学、心理学和教育系主任。他在1896年创办的芝加哥大学实验学校，使他的教育理论和实践得到检验，吸引了国内外广泛的注意。

杜威一生学术著作甚丰，他的思想涵盖逻辑学、认识论、教育学、心理学、社会哲学和美术、宗教等。1919年曾来华讲学，传播实用主义教育思想。中国著名学者胡适、陶行知等都曾师从杜威。

杜威的主要教育著作有《我的教育信条》《学校与社会》《儿童与课程》《民主主义与教育》《明日之学校》《经验主义与教育》和《人的问题》等。

第一条 什么是教育

我相信——

一切教育都是通过个人参与人类的社会意识而进行的，这个过程几乎是在出生时就在无意识中开始了。它不断地发展个人的能力，熏染他的意识，形成他的习惯，锻炼他的思想，并激发他的感情和情绪。由于这种不知不觉的教育，个人便渐渐分享人类曾经积累下来的智慧和道德的财富，他就成为一个固有文化资本的继承者。世界上最形式的、最专门的教育确是不能离开这个普遍的过程。教育只能按照某种特定的方向，把这个过程组织起来或者区分出来。

唯一的真正的教育是通过对于儿童的能力的刺激而来的，这种刺激是儿童自己感觉到所在的社会情境的各种要求引起的，这些要求刺激他，使他以集体的一个成员去行动，使他从自己行动和感情的原有的狭隘范围里显现出来，而且使他从自己所属的集体利益来设想自己。通过别人对他自己的各种活动所做的反应，他便知道这些活动用社会语言来说是什么意义。这些活动所具有的价值又反映到社会语言中去。例如，儿童由于别人对他的牙牙的声音的反应，便渐渐明白那牙牙的声音是什么意思，这种牙牙的声音又逐渐变化为音节清晰的语言，于是儿童就被引导到现在用语言总结起来的统一的丰富的观念和情绪中去。

这个教育过程有两个方面：一个是心理学的，一个是社会学的。它们是平列并重的，哪一方面也不能偏废。否则，不良的后果将随之而来。这两者，心理学方面是基础的。儿童自己的本能和能力为一切教育提供了素材，并指出了起点。除了教育者的努力是同儿童不依赖教育者而自己主动进行的一些活动联系的以外，教育便变成外来的压力。这样的教育固然可能产生一些表面的效果，但实在不能称它为教育。因此，如果对于个人的心理结构和活动缺乏深入的观察，教育的过程将会变成偶然性的、独断的。如果它碰巧能与儿童的活动相一致，便可以起到作用；如果不是，那么它将会遇到阻力、不协调，或者束缚了儿童的天性。

为了正确地说明儿童的能力，我们必须具有关于社会状况和文明现状的知识。儿童具有自己的本能和倾向，在我们能够把这些本能和倾向转化为与他们的社会相当的事物之前，我们不知道它们所指的是什么。我们必须能够把它们带到过去的社会中去，并且把它们看作是前代人类活动的遗传。我们还必须能把它们投射到将来，以视它们的结果会是什么。在前一个例子中，正是这样能够在儿童的牙牙的声音里，看出他将来的社会交往和会话的希望和能力，使人们能够正确地对待这种本能。

心理的和社会的两个方面是有机地联系着的，而且不能把教育看作是二者之间的折中或其中之一凌驾于另一个之上而成的。有人说从心理学方面对教育所下的定义是空洞的、形式的——它只给我们以一个发展一切心能的观念，却没有给我们以怎样利用这些心能的观念。另一方面，又有人坚决认为，教育的社会方面的定义（即把教育理解为与文明相适应）会使得教育成为一个强迫的、外在的过程，结果把个人的自由隶属于一个预定的社会和政治状态之下。

假如把一个方面看作是与另一个方面孤立不相关而加以反对的话，那么这两种反对的论调都是对的。我们为了要知道能力究竟是什么，就必须知道它的目的、用途或功能是什么；而这些，是无法知道的，除非我们认为个人是在社会关系中活动的。但在另一方面，在现在的情况下，我们能给予儿童的唯一适应，便是由于使他们充分发挥其能力而得的适应。由于民主和现代工业的出现，我们不可能明确地预言二十年后的文化是什么样子，因此也不能准备儿童去适合某种定型的状况。准备儿童使其适应未来生活，那意思便是要使他能管理自己，要训练他能充分和随时运用他的全部能量，他的眼、耳和手都成为随时听命令的工具，他的判断力能理解他必须在其中起作用的周围情况，他的动作能力被训练能达到经济和有效地进行活动的程度。除非我们不断地注意到个人的能力、爱好和兴趣，也就是说，除非我们把教育不断地变成心理学的名词，这种适应是不可能达到的。

总之，我相信，受教育的个人是社会的个人，而社会便是许多个人的有机结合。如果从儿童身上舍去社会的因素，我们便只剩下一个抽象的东西；如果我们从社会方面舍去个人的因素，我们便只剩下一个死板的没有生命力的集体。因此，教育必须从心理学上探索儿童的能量、兴趣和习惯开始。它的每个方面，都必须参照这些考虑加以掌握。这些能力、兴趣和习惯必须不断地加以阐明——我们必须明白它们的意义是什么。必须用和它们相当的社会的事物的用语来加以解释——用他们在社会事务中能做些什么的用语来加以解释。

第二条　什么是学校

我相信——

学校主要是一种社会组织。教育既然是一种社会过程，学校便是社会生活的一种形式。在这种社会生活的形式里，凡能最有效地培养儿童分享人类所继承下来的财富以及为了社会的目的而运用自己的能力的一切手段，都被集中起来。

因此，教育是生活的过程，而不是将来生活的预备。

学校必须呈现现在的生活——即对于儿童来说是真实而生气勃勃的生活。像他们在家庭里、在邻里间、在运动场上所经历的生活那样。

不通过各种生活形式，或者不通过那些本身就值得生活的生活形式来实现的教育，对于真正的现实总是贫乏的代替物，结果形成呆板而死气沉沉的局面。

学校作为一种制度，应当把现实的社会生活简化起来，缩小到一种雏形的状态。现实生活是如此复杂，以致儿童不可能同它接触而不陷于迷乱；他不是被正在进行的那种活动的多样性所淹没，以致失去自己有条不紊的反应能力，便是被各种不同的活动所刺激，以致他的能力过早地被发动，致使他的教育不适当地偏于一面或者陷于解体。

既然学校生活是如此简化的社会生活，那么它应当从家庭生活里逐渐发展出来，它应当采取和继续儿童在家庭里已经熟悉的活动。

学校应当把这些活动呈现给儿童，并且以各种方式把它们再现出来，使儿童逐渐地了解它们的意义，并能在其中起着自己的作用。

这是一种心理学的需要，因为这是使儿童获得继续生长的唯一方法，也是对学校所授的新观念赋予旧经验的背景的唯一方法。

这也是一种社会的需要，因为家庭是社会生活的一种形式，儿童在其中获得教养和道德的训练。加深和扩展他的关于与家庭生活联系的价值的观念，是学校的任务，现在教育上许多方面的失败，是由于它忽视了把学校作为社会生活的一种形式这个基本原则。现代教育把学校当作一个传授某些知识、学习某些课业，或养成某些习惯的场所。这些东西的价值被认为多半要取决于遥远的将来；儿童所以必须做这些事情，是为了他将来要做某些别的事情，而这些事情只是预备而已。结果是，它们并不成为儿童的生活经验的一部分，因而并不真正具有教育作用。

道德教育集中在把学校作为一种社会生活的方式这个概念上，最好的和最深刻的道德训练，恰恰是人们在工作和思想的统一中跟别人发生适当的关系而得来的。现在的教育制度，就它对于这种统一的破坏或忽视而论，使得达到任何真正的、正常的道德训练变为困难或者不可能。

儿童应当通过集体生活来使他的活动受到刺激和控制。

在现在的情况下，由于忽视了把学校作为社会生活的一种方式这个概念，来自教师的刺激和控制太多了。

教师在学校中的地位和工作必须按同样的基本观点来加以阐明。教师在学校中并不是要给儿童强加某种概念，或形成某种习惯，而是作为集体的一个成员来选择对于儿童起作用的影响，并帮助儿童对这些影响做出适当的反应。

学校中的训练应当把学校的生活作为一个整体来进行，而不是直接由教师来进行。

教师的职务仅仅是依据较多的经验和较成熟的学识来决定怎样使儿童得到生活的训练。

儿童的分班和升级的一切问题，都应当参照同样的标准来决定。考试不过是用来测验儿童对社会生活的适应能力，并表明他在哪种场合最能起作用和最能接受帮助。

第三条 教材

我相信——

儿童的社会生活是他的一切训练或生长的集中或相互联系的基础。社会生活给予他一切努力和一切成就的不自觉的统一性和背景。

学校课程的内容应当注意到从社会生活的最初不自觉的统一体中逐渐分化出来。

我们由于给儿童太突然地提供了许多与这种社会生活无关的专门科目，如读、写和地理等，而违反了儿童的天性，且使最好的伦理效果变得困难了。

因此，学校科目相互联系的真正中心，不是科学，不是文学，不是历史，不是地理，而是儿童本身的社会活动。

教育不能在科学的研究或所谓自然研究中予以统一，因为离开了人类的活动，自然本身并不是一个统一体；自然本身是时间和空间里许多形形色色的东西，要自然本身使它自己作为工作的中心，那便是提供一个分散的原理，而不是集中的原理。

文学是社会经验的反映和阐明，因此，它必须产生在经验之后，而不是在前。因此，它不能作为统一体的基础，虽然它可以成为统一体的总和。

再次，历史就它提供社会生活和生长的各个方面来说，是具有教育价值的。它必须参照社会生活而加以控制。假如只简单地作为历史来看，它便陷于遥远的过去而变成僵死的、毫无生气的东西。历史如被看作是人类的社会生活和进步的记录，那就成为有丰富意义的东西了。但是我认为，除非儿童也被直接引入社会生活中去，否则对于历史是不可能这样看的，所以教育最根本的基础在于儿童活动的能力，这种能力是沿着现代文明所由来的同一的总的建设路线而活动的。

使儿童认识到他的社会遗产的唯一方法是使他去实践那些使文明成其为文明的主要的典型的活动。

因此，所谓表现和建设的活动便是相互联系的中心。

这便给予学校中烹调、缝纫、手工等活动地位以一个标准。

这些科目并不是附加在其他许多科目之外，作为一种娱乐、休息的手段，或者作为次要的技能的特殊科目而提出的。我更相信它们是代表社会活动的类型和基本形态的；而且，通过这些活动的媒介把儿童引入更正式的课程中，这是可能的，也是值得向往的。

科学研究就它显示了产生现代社会生活的各种资料和方法而言，是具有教育意义的。

目前科学教学的最大困难之一是：这种资料以纯客观的形式提供出来，或者作为儿童能加于他已有经验之上的一种新的特殊经验。其实，科学之所以有价值，正因为它给我们一种能力去解释和控制已有的经验。我们不应当把它作为新的教材介绍给儿童，而应当作为用来显示已经包含在旧经验里的因素，和作为提供更容易、更有效地调整经验的工具。

现在我们丧失了许多文学和语言科目的价值，这是因为我们抛弃了社会的因素。在教育学著作里，差不多总是把语言只当作思想的表现。语言固然是一种逻辑的工具，但基本的、最重要的是一种社会的工具。语言是一种交往的手段，是一个人用以分享别人的思想和感情的工具。如果只是把它当作个人获得知识，或当作表达已经学到的知识的工具，那么就会失去它的社会的动机和目的。

因此，在理想的学校课程中，各门科目并不是先后连贯的。如果教育即是生活，那么一切生活一开始就具有科学的一面、艺术和文化的一面以及相互交往的一面。因此，一个年级的固定科目只是阅读和写字，而较高的年级里却开设阅读、文学或科学，这是不正确的。进度不是在于各门科目的连贯性，而是在于对经验的新态度和新兴趣的发展。

最后，教育应该被认为是经验的继续改造，教育的过程和目的是完全相同的东西。

如要在教育之外另立一个什么目的，例如给它一个目标和标准，便会剥夺教育过程中的许多意义，并导致我们在处理儿童问题时依赖虚构的和外在的刺激。

第四条 方法的性质

我相信——

方法的问题最后可以归结为儿童的能力和兴趣发展的顺序问题。提供教材和处理教材的法则就是包含在儿童自己本性之中的法则。由于情况正是这样，我认为下面的论述，对于决定教育所赖以进行的那种精神是极端重要的。

（1）在儿童本性的发展上，自动的方面先于被动的方面；表达先于有意识的印象，肌肉的发育先于感官的发育，动作先于有意识的感觉；我相信意识在本质上是运动或冲动的；有意识的状态往往在行动中表现自己。

对于这个原理的忽视便是学校工作中大部分的时间和精力浪费的原因。儿童被置身于被动的、接受的或吸收的状态中，情况不允许儿童遵循自己本性的法则，结果造成阻力和浪费。

观念（理智的和理性的过程）也是由行动引起的，并且是为了更好地控制行动。

我们所谓理性，主要就是有顺序的或有效的行动法则。要发展推理的能力、判断能力，而不参照行动方法的选择和安排，便是我们现在处理这个问题的方法中的一个重大错误。结果是我们把任意的符号提供给儿童。符号在心智发展中是必需的，不过它们的作用在于作为节省精力的工具；它们本身所表现出来的乃是从外部强加的大量毫无意义的和武断的观念。

（2）表象是教学的重要工具。儿童从他所见的东西中所得到的不过是他依照这个东西在自己心中形成的表象而已。

假如将现在用以使儿童学习某些事物的十分之九的精力用来注意儿童是否在形成适当的表象，那么教学工作将会容易得多。

目前对于课业的准备和提出所费的许多时间和注意力，可以更明智地、更有益地用来训练儿童形成表象的能力，使儿童将经验中所接触的各种东西不断地形成明确、生动和生长中的表象。

（3）兴趣是生长中的能力的信号和象征。我相信，兴趣显示着最初出现的能力，因此，经常而细心地观察儿童的兴趣，对于教育者是最重要的。

这些兴趣必须作为显示儿童已发展到什么状态的标志来加以观察，它们预示着儿童将进入那个阶段。

成年人只有通过对儿童的兴趣不断地予以同情的观察，才能够进入儿童的生活里面，才能知道他要做什么，用什么教材才能使他工作得最起劲、最有效果。

这些兴趣不应予以放任，也不应予以压抑。压抑兴趣等于以成年人代替，这就减弱了心智的好奇性和机敏性，压抑了创造性，并使兴趣僵化。放任兴趣等于以暂时的东西代替永久的东西。兴趣总是一些隐藏着的能力的信号，重要的事情是发现这种能力。放任兴趣就不能从表面深入下去，它的必然结果是以任性和好奇代替了真正的兴趣。

（4）情绪是行动的反应。力图刺激或引起情绪而不顾与此情绪相应的活动，便等于导致一种不健全的和病态的心理状态。

只要我们能参照着真、善、美而获得行动和思想上的正确习惯，情绪大都是能够约束的。

除了死板和呆滞、形式主义和千篇一律之外，威胁我们教育的最有害的东西莫过于感情主义。

这种感情主义便是企图把感情和行动分离开来的必然结果。

第五条　学校与社会进步

我相信——

教育是社会进步及社会改革的基本方法。

改革仅仅依赖法规的制定，或是惩罚的威胁，或仅仅依赖改变机械的或外在的安排，都是暂时性的、无效的。

教育是达到分享社会意识的过程中的一种调节作用，而以这种社会意识为基础的个人活动的适应是社会改造的唯一可靠的方法。

这个概念对于个人主义和社会主义的理想都予以应有的重视。它恰恰是个人主义的，因为它承认某种品格的形成是合理生活的唯一真正基础。它是社会主义的，因为它承认这种好的品格不是由于单纯的个人的告诫、榜样或说服所形成的，而是出于某种形式组织的或社会的生活施加于个人的影响，社会机体以学校为它的器官，决定道德的效果。

在理想的学校里，我们得到了个人主义和集体组织的理想之间的调和。

因此，社会对于教育的责任便是它的至高无上的道德责任。通过法律和惩罚，通过社会的鼓动和讨论，社会就会以一种多少有些机遇性和偶然性的方式来调整和形成它自身。但是通过教育，社会却能够明确地表达它自己的目的，能够组织自己的方法和手段，因而能明确地和有效地朝着它所希望的前进目标塑造自身。

当社会一旦承认了朝着这种目标前进的可能性以及这些可能性所赋予的义务，人们便不可能去设想听任教育者随意地使用时间、注意力和金钱等资源。

为了提醒社会认识到学校奋斗的目标，并唤起社会认识到给予教育者充分设备来进行其事业的必要性，坚持学校是社会进步和改革的基本的和最有效的工具，是每个对教育事业感兴趣的人的任务。

做这样设想的教育是标志着人类经验中所能想象得到的科学和艺术最完善、最密切的结合。

这样形成人类的各种能力并使它们适应社会事业的艺术是最崇高的艺术；能够完成这种艺术的人，便是最好的艺术家；对于这种事业，不论具有任何识见、同情机智和行政的能力，都不会是多余的。

心理学事业的发展增长了对于个人的心理结构和生长的法则的观察能力；社会科学的发展增长了我们关于正确组织个人的知识，一切科学的资源都可以为教育的目的而使用。

当科学和艺术这样携手以后，支配人类行动的最高动机已经达到了，人类行为的真正动力将被激发起来，人类本性中可能达到的最好的事业便有保障了。

最后，教师不是简单地从事于训练一个人，而是从事于适当的社会生活的形成。

每个教师应当认识到他的职业的尊严；他是社会的公仆，专门从事于维持正常的社会秩序并谋求正确的社会生长的事业。

这样，教师总是真正上帝的代言者，真正天国的引路人。

关联拓展阅读之四

教育的四个支柱

雅克·德洛尔

雅克·德洛尔（1925~　　　），法国经济学家、政治家、欧共体委员会主席。

1987年，受欧共体首脑会议的委托，德洛尔制定了一份题为《为一体化的成功而奋斗》的报告，通称《德洛尔计划》，开创了"欧洲振兴"的局面，对推动欧洲一体化产生了积极的作用。

21世纪将为信息的流通和储存以及为传播提供前所未有的手段，因此，它将对教育提出乍看起来近乎矛盾的双重要求。一方面，教育应大量和有效地传授越来越多、不断发展并与认识发展水平相适应的知识和技能，这是造就未来人才的基础。另一方面，教育还应找到并标出判断事物的标准，使人们不会让自己被充斥公共和私人场所、多少称得上是瞬息万变的大量信息搞得晕头转向，使人们不脱离个人和集体发展的方向。可以这么说，教育既应提供一个复杂的、不断变动的世界的地图，又应提供有助于在这个世界航行的指南针。

根据对未来的这种展望，仅从数量上满足对教育的那种无止境的需求（不断地加重课程负担）既不可能也不合适。每个人在认识之初积累知识，而后就可无限期加以利用，这实际上已经不够了。他必须有能力在自己的一生中抓住和利用各种机会，去更新、深化和进一步充实最初获得的知识，使自己适应不断变革的世界。

为了与其整个使命相适应，教育应围绕四种基本学习加以安排。可以说，这四种学习将是每个人一生中的知识支柱：学会认知，即获取理解的手段；学会做事，以便能够对自己所处的环境产生影响；学会共同生活，以便与他人一道参加人的所有活动并在这些活动中合作；最后是学会生存，这是前三种学习成果的主要表现形式。当然，这四种获取知识的途径是一个整体，因为它们之间有许多连接、交叉和交流点。

在任何一种有组织的教育中，这四种"知识支柱"中的每一种应得到同等重视，是教育成为受教育者个人和社会成员在认识和实践方面的一种全面的、终身持续不断的经历。

学会认知：这种学习更多地是为了掌握认识的手段，而不是获得经过分类的系统化知识。既可将其视为一种人生手段，也可将其视为一种人生目的。作为手段，它应使每个人学会了解他周围的世界，至少是使他能够有尊严地生活，能够发展自己的专业能力和进行交往。作为目的，其基础是乐于理解、认识和发现。今天，一个真正受到全面培养的人需要有广泛的普通文化知识并有机会深入地学习研究少量的学科。在整个教育过程中，应该促进这两方面同时发展。如果最初的教育提供了有助于终身继续在工作之中和工作之外学习的动力和基础，那么就可以认为这种教育是成功的。

学会做事：学会认知和学会做事在很大程度上是密不可分的。不过，后者与职业培训问题的联系更为紧密。如何教会学生实践他所学的知识？还有在不能完全预计到未来工作变化的情况下，如何使教育与未来的工作相适应？已经不能再像过去那样简单地理解学会做事的含义就是为了培养某人去从事某一特定的具体工作，使他参加生产某种东西。学习应有相应的发展变化，不能再被看作是单纯地传授多少有些重复不变的实践方法，即使这些方法仍具有一定的不应忽略的教育作用……由于知识和信息对生产系统起着支配作用，个人能力的概念被置于首要地位。能力是每个人特有的一种混合物，它把通过技术和职业培训获得的严格意义上的资格、社会行为、协作能力、首创能力和冒险精神结合在一起，交往能力、与他人共事的能力、管理和解决冲突的能力越来越重要。

学会共同生活，学会与他人一起生活：这种学习可能是今日教育中的重大问题之一。当今世界是一个充满暴力的世界，它与一些人对人类进步寄予的期望背道而驰。人类历史始终是一部冲突史。一些新的因素，特别是人类在20世纪创造的奇特的自毁能力，正在增加冲突的危险；另外，普通的竞争气氛已成为各国内部尤其是国际上经济活动的特点，它愈来愈突出竞争精神和个人的成功。事实上，这种竞争现在已经导致了无情的经济战争，导致贫富之间的紧张关系，从而造成各国和整个世界的分裂；这种竞争也激化了历史上存在的敌对情绪。教育有时因为对竞赛概念的解释不正确而有助于这种气氛继续存在下去，这是令人遗憾的。教育似乎应该采取两种互相补充的办法。发现他人，即教育的使命是教学生懂得人类的多样性，同时还要教他们认识地球上所有人之间具有相似性又相互依存，为实现共同目标而努力，当人们为一些能使自己摆脱日常习惯、值得一做的项目共同努力时，人与人之间的分歧甚至是冲突就会逐步减弱，有时就消失了。

学会生存：教育应当促进每个人的全面发展，即身心、智力、敏感性、审美意识、个人责任感、精神价值等方面的发展。应该使每个人尤其借助于青年时代所受的教育，能够形成一种独立自主的、富有批判精神的思想意识以及培养自己的判断能力，以便由他自己确定在人生的各种不同的情况下他认为应该做的事情；发展的目的在于使人日臻完善；使他的人格丰富多彩，表达方式复杂多样；使他作为一个人，作为一个家庭和社会的成员，作为一个公民和生产者、技术发明者和有创造性的理想家，来承担各种不同的责任。

人的发展从生到死是一个辩证的过程，从认识自己开始，然后打开与他人的关系。从这种意义上说，教育首先是一个内心的旅程，它的各个阶段与人格的不断成熟的各个阶段是一致的。因此，教育作为实现成功的职业生活的一种手段，是一个非常个人化的过程，同时又是一个建设相互影响的社会关系的过程。

关联拓展阅读之五

对教育本质的新认识

顾明远

前不久，联合国教科文组织发布一份新的研究报告《反思教育：向"全球共同利益"的理念转变》。这是联合国教科文组织成立 70 年以来，继 1972 年发布的《学为生存：教育世界的今天和明天》（简称富尔报告）和 1996 年发布的《教育，内在的财富》（简称德洛尔报告）以后第三份重要的报告。这份报告必定像前两份报告那样对世界教育的发展产生重大的影响。

1. 教育要以人文主义为基础，尊重生命和人类尊严

《反思教育》（下面简称报告）面对世界新的挑战，提出教育应负的责任和教育的变革，提出要重新定义知识、学习和教育。总的精神如报告导言中说的：教育应该以人文主义为基础，以尊重生命和人类尊严、权利平等、社会正义、文化多样性、国际团结和为可持续的未来承担共同责任。在教育和学习方面，要超越狭隘的功利主义和经济主义，将人类生存的多个方面融合起来，采取开放的灵活的全方位的学习方法，为所有人提供发挥自身潜能的机会，以实现可持续的未来，过上有尊严的生活。

报告提出未来教育要以人文主义为基础。报告强调经济发展必须遵从环境管理的指导，必须服从人们对于和平、包容与社会正义的关注。报告认为，人文主义方法可以让教育辩论超越经济发展中的功利主义作用，应对全球学习格局的变化。

教育和学习要超越功利主义和经济主义，将人类生存的多个方面融合起来。要将通常受到歧视的那些人包容进来，包括妇女和女童、土著人、残疾人、移民、老年人以及受冲突影响国家的民众。这将要求采用开放和灵活的全方位的终身学习方法。由此，报告提出，教育是全球共同利益的理念。

2. 教育是全球共同利益

关于教育是全球共同利益的理解，报告在最后一章作了详细的解释。我认为有这么几层意思：

一是教育的人文主义精神。报告强调教育是人的生存和发展的权利，教育要尊重生命、尊重公正、平等，使人们过上有尊严和幸福的生活。报告提出："根据当前形势重新审视教育权。"指出："国际发展讨论常常会将教育作为一项人权和一项公益事业。教育是一项基本人权，并且有助于实现其他各项人权。"这意味着国家要确保尊重、落实和保护受教育权，除了提供教育之外，还必须成为受教育权的担保人。报告批判了功利主义和经济主义。报告认为，要重新审视教育的目的。报告说："教育的经济功能无疑是重要的，但我们必须超越单纯的功利主义观点以及众多国际发展讨论体现出的人力资本理念。教育不仅关系到学习技能，还涉及尊重生命和人格尊严的价值观，而这在多样化世界中是实现社会和谐的必要条件。""维护和增强个人在其他人和自然面前的尊严、能力和福祉，应是21世纪教育的根本宗旨。"

二是强调教育的共同利益。报告认为，"共同利益"可以定义为："人类在本质上共享并且互相交流的各种善意，例如价值观、公民美德和正义感。"报告认为，共同利益的概念超越了个人主义的社会经济理论。共同利益不是个人受益，而是一项社会集体努力的事业。在界定什么是共同利益时，强调参与过程，知识必然成为人类共同遗产的一部分。指出："要在相互依存日益加深的世界实现可持续发展，就应将教育和知识视为全球共同利益。"这意味着知识的创造、控制、获取、习得和运用向所有人开放，是一项社会集体努力。报告批评了教育私有化，并为知识的私有化趋势担忧。报告说："教育是社会平等链条上的第一环，不应将教育出让给市场。"教育作为一项公益事业，国家要确保教育权的落实。

三是强调多样性、多元化。报告认为，共同利益的含义必须根据环境的多样性以及关于幸福和共同生活的多种概念来界定。共同利益有多种文化的解读。因此，在尊重基本权利的同时要承认并培养关于环境、世界观和知识体系的多样性。教育作为共同利益应该具有包容性。因此，必须探索主流知识模式之外的其他各种知识体系，承认并妥善安排处理其他知识体系，而不是将其放在劣势地位。这里指的是各种社会、民族，特别是弱势群族的文化知识体系。

这是对教育本质的深刻认识。过去人们总是用工具理论来解释教育。教育要不就是作为阶级斗争、政治斗争的工具，要不就是作为经济增长的工具，缺乏对教育作为人的生存和发展的权利、缺乏教育对人的本体发展的重要性的认识。教育的确离不开政治和经济并要为它们服务。但教育更是人的权利，同时只有人个体得到发展，才能为政治经济服务。

3. 全方位的终身学习方式

报告认为，面临当前的社会挑战，学习方式需要改变，要重新定义学习的概念。学习可以理解为获得信息、认识、技能、价值观和态度。学习既是过程，也是这个过程的结果；学习既是手段，也是目的；既是个人行为，也是集体努力。学习是由环境决定的多方面的现实存在。报告批评当前国际教育讨论张口闭口谈学习，但"主要关注的是教育过程的结果，而往往忽视了学习的过程。关注结果，主要是指学习成绩"，而忽视了"对于个人和社会发展具有重要意义的知识、技能、价值观和态度"。面对当前社会和经济的变革，教育要帮助人们改变思维方式和世界观。同时，报告认为，教育作为全球共同利益，需要采用开放和灵活的全方位的终身学习方式。

过去，把教育理解为有计划、有意识、有目的和有组织的学习，正规教育和非正规教育都是制度化的。但是人的许多学习是非正式的。"我们在生活中学习到的许多知识并非有意为之。这种非正式学习是所有社会化经验的必然体验。"所以要重视非正式学习。

报告提出要"反思课程编排"，强调人文主义课程和多元化课程，反对一切文化"霸权"、定型观念和偏见，把课程建立在跨文化的基础上。

当今世界进入了互联网时代。互联网改变了人们获取消息和知识的途径、交流方式。报告认为，数字技术为表达自由创造了更多机会，但同时也引发了人们关心的重大问题：个人信息涉及隐私和安全等重要问题。需要用法律和其他保障措施来防止数字技术的误用。"在这个新的网络世界里，教育工作者需要帮助新一代'数字国民'做好更加充分的准备，应对现有数字技术乃至今后更新技术的伦理和社会问题。"

4. 学校教育和教师不会消亡

在数字化、互联网时代，学校和教师起什么作用？会不会消亡？报告的回答是否定的。报告提到，现在有些人认为，由于电子学习、移动学习和其他数字技术提供了大量学习机会，学校教育没有前途。但是报告认为，正如富尔报告和德洛尔报告中说的，虽然知识的来源改变了，人们与知识之间的交流互动方式也改变了，但正规教育系统变化缓慢。因此，报告认为："学校教育的重要性并没削弱。学校教育是制度化学习和在家庭之外实现社会化的第一步，是社会学习（学会做人和学会生存）的重要组成部分。学习不应只是个人的事情，作为一种社会经验，需要与他人共同学习，以及通过与同伴和老师进行讨论及辩论的方式来学习。"这一段话，既说明学校教育的不可替代性，又说明当代学习方式的变化。学习不是个人埋头读书，需要与同伴和老师共同学习。

当然，数字化、互联网大大拓宽了学习空间，给以课堂为中心的学习带来挑战。报告介绍了慕课（MOOC）和移动学习的方式和特点，但目前的发展趋势是从传统教育机构转向混合、多样化和复杂的学习格局，实现正规学习、非正规学习和非正式学习，让学校教育和正规教育机构与其他非正规教育机构开展更加密切的互动，而且这种互动要从幼儿阶段开始，延续终生。

报告指出，某些人起初预测，教师职业会消亡，数字技术将逐步取代教师。但报告认为，"这种预测已不再令人信服"，教师应当成为"向导，引导学习者（从幼儿时期开始，贯穿整个学习轨迹）通过不断扩大知识库来实现发展与进步"，因此"所有国家必须仍将有效的教学职业视为本国教育政策的优先事项"。

注释：

1.《富尔报告》发表在 1972 年，是在 20 世纪五六十年代科学技术迅猛发展的背景下提出来的，充满了科学主义和经济主义的精神。该报告认为：20 世纪科学技术的发展改变了世界，科学技术革命把人类带入了学习化社会。人们只有不断学习才能适应科学技术革命所带来的生产和社会的变革。而"教育是随着经济的进展而进展的，从而也是随着生产技术的演进而演进的"。因而科学技术革命使得知识与训练，也就是教育有了全新的意义。报告提出了"终身教育"的概念，并特别强调"学习化社会"和"终身教育"两个基本观念。这两个观念影响了世界教育的发展。

2.《德洛尔报告》发表在 1996 年，是在世界经济经过七八十年高速发展的黄金时代逐步走向衰退的时候，也是在世纪之交的时候。人们期望 21 世纪经济能有更好的发展，社会矛盾能有所缓解，环境得到有效的改善。报告充满了乐观主义和理想主义的色彩，并对教育充满了希望。在教育上提出"四大支柱"，即学会认知、学会做事、学会合作、学会生存。

选自《光明日报》2016 年 1 月 6 日

专题二

德育原理概述

第一章　德育与德育理论的发展

第一节　德育的概念

什么是德育？简而言之，德育即培养学生品德的教育。对德育概念具体理解的不同之处主要集中在两个方面：一是德育的内容主要包括哪些；二是如何理解德育过程。

一、德育包括些什么

德育——旨在形成受教育者一定思想品德的教育。在社会主义中国包括思想教育、政治教育和道德教育。在西方，一般指伦理道德教育以及有关的价值观教育。狭义的德育专指道德教育，亦即西方教育理论所讲的"moral education"。在我国，许多人并不赞成这一定义，认为德育必须包含更多的内容。一种广义的德育概念解释为：与伦理学体系中的德育概念（专指道德教育）不同，"教育学上的德育，则是相对于智育和美育来划分的，它的范围很广，包括培养学生的思想品质、政治品质和道德品质"。另外还有更为广义的德育界定，认为德育除思想、政治、道德方面的教育之外，还应当包括法制教育、心理教育、性教育、青春期教育，甚至还应包括环境教育、预防艾滋病教育等。以至于有人打趣说："'德育'是个筐，什么东西都可往里头装！"这就是所谓的德育概念"泛化"的问题。在中国大陆，德育概念的泛化主要有以下三个方面的原因。

第一，传统思想的影响。在近代西方，曾经有过一个学科分化、意识形态概念的分化历程，道德同政治、法律、宗教等有一个区分的历史过程，道德教育也同宗教教育、政治（公民）教育有明确的区别，相关概念就不容易混为一谈。但是在中国，这一分化的过程并不明显，由于我们有道德与政治不分的传统（中国古代教育思想是一种整体思维，"德""道德"都是政治化的"大德"），加上中华人民共和国成立以来对政治教育的强调（毛泽东表述的教育方针中只提"德、智、体"几方面，思想、政治教育等只能划到"德"育名下），德育是道德教育这样一个简单的命题就难以被广泛接受。

第二，受苏联教育学的影响。在 1953 年人民教育出版社出版的凯洛夫著《教育学》第三编"教育理论"中，"共产主义道德教育"是与"辩证唯物主义世界观基础的形成"及"苏维埃爱国主义教育""劳动教育"等并列阐述的，并无统括的"德育"一词。及至 1956 年，人民教育出版社出版凯洛夫等人主编的《教育学》时，在第十一章"德育"的总标题下，除道德教育内容外，还包括了爱国主义和国际主义教育、科学无神论教育、劳动教育、纪律教育等内容，"德育"变成了与我国相似的概念。但该社 1986 年出版的巴班斯基主编的《教育学》则又"恢复"了最早的提法，道德教育与思想政治教育、劳动教育等重新分离，并列成为"教育论"的组成部分，曾经使用过的"德育"又回到了"道德教育"这个狭义定义上来。所以从苏联教育学界的思考历程来看，他们也有一个德育概念是大还是小的问题。应该说，由于苏联教育学中有相当于我们德育概念（比之更广、大）的"教育"一词，所以在他们的教育学中，无论是分还是合，概念体系上都不会有太大的矛盾。反倒是学苏联的我们只学了合乎自己思维习惯的东西，于是形成了较为泛化的德育概念。

第三，中国政治革命的特殊历史轨迹使然。由于以小搏大的战争环境等原因，1949 年之前红色根据地的中国共产党人的德育概念有两个明显的特征。一是德育概念泛化、政治化。德育包括思想政治和道德教育，且政治、思想教育大于一切，道德教育反而处于次要地位。二是不分党政干部和普通群众、成人和儿童，一律进行为战争服务的非常态（非国民教育）的"教育"（思想政治教育，或政治动员）。新中国成立之后，这一战争思维的惯性并未得到及时的改变，相反，由于"左"的思维，尤其是"文革"的影响，思想、政治教育反而得到了更进一步的强化。德育概念始终没有与时俱进，回归到国民教育意义上的学校教育中来，学校道德教育的基础性也就无法得到真正的强调。

对概念解释的不同，实际上反映了对德育范畴理解的角度和价值取向上的不同。狭义的德育概念反映了一部分学者和教育工作者对于道德教育的基础性质的强调。事实上，道德教育也的确是思想、政治教育的基础。一个在基本的道德品质上不合格的人，思想、政治上亦很难有健康的追求，很难经得起人生的考验，更难担当社会、政治上的大任。中国古代教育强调从修身、齐家开始追求治国、平天下的远大政治理想的教育之道的正确性也在于此。不过，人类个体的一生不可以没有正确的世界观和思想方法；作为"政治动物"，人也不可以没有正确的政治观念。所以，道德教育只是作为个体社会化的基础和重要的组成部分，却不是唯一的维度。道德教育如果不与政治、思想、法制等方面的教育结合起来，在逻辑和实施上也都是不可思议的。但是，这丝毫不意味着德育概念没有外延上的边际。

过于广泛的德育界定有以下几大弊端：（1）将德育视为无所不包的范畴，实际上也就取消了这一概念本身。（2）目前教育学或德育原理方面的著述往往在下定义时讲德育是"思想、政治、道德、心理健康教育"，但由于思想、政治、心理健康教育的心理机制并不等同于道德教育，可资借鉴的西方德育及其心理学主要讨论的又是道德教育，所以在论述德育过程或德育的心理机制时又统统变成了道德教育过程或心理机制的描述，这在理论体系上也存有致命的逻辑问题。（3）过于宽泛的德育概念在理论上往往使人无法在一个共同的语境下讨论德育的问题。世界上大多数国家的德育均指道德教育，英语中也只有"moral education"与之相对。我国德育的其他内容他们称之为公民教育、宪法课等。我们若一味坚持自己的"特色"，则难以与人对话，难以"同世界接轨"。（4）在实践中让德育承担其所不能承担的任务，而忘却最根本的目标。（5）在德育实践中容易使道德与政治、思想、法制或心理及其教育问题在性质上相混淆，采取错误的教育策略，误判而误诊。

二、德育定义

德育是教育工作者组织适合德育对象品德成长的价值环境，促进他们在道德认知、情感和实践能力等方面不断建构和提升的教育活动。简言之，德育是促进个体道德自主建构的价值引导活动。

第二节 德育理论的形态及主要内容

一、德育理论的形态

德育理论的形态从历史演进的角度看主要有四种：德育思想、德育论、德育学、德育科学或德育学科群。

德育思想首先是一种关于德育的价值性哲学思考。它主要反映人们对德育的应然与必需所产生的主观判断和选择。古代和现当代的许多思想家和政治家往往都从价值判断和选择的角度对德育的理想与方式等提出了自己的见解，都属于德育思想的范畴。德育思想基本上是前德育理论形态。它的主要存在是近代教育学产生以前，现当代虽然仍然存在这一形态，但已不再是主流的理论形态。中国的孔子、孟子、朱熹、王阳明等，西方的苏格拉底、柏拉图、亚里士多德、昆体良等思想家都为人类贡献了十分宝贵的德育思想。德育思想形态的特点是应然的、未分化（非专门）、非体系的。在中国、在西方、在世界文明的其他部分，德育思想的遗产都是以后学校德育理论发展的基础。同时，现当代形态的德育思想（一直会存在下去）也是德育理论发展的源头活水。

"德育论"则是一个与德育经验、德育思想相对的范畴。有德育实践即有德育经验、德育思想。但有德育经验、德育思想却不一定有德育论。德育论是教育学产生之后，作为与教学论、课程论等并列的德育思想的理论化的形态。

夸美纽斯的《大教学论》中就有"道德教育的方法""灌输虔信的方法""论学校的纪律"等专门论述学校德育的章节，可以视为德育论形态的起点。此后洛克的《教育漫话》、卢梭的《爱弥儿》、裴斯泰洛齐的《林哈德与葛笃德》、康德的《教育论》、赫尔巴特的《普通教育学》等都对学校德育有十分重要和专门的论述。例如赫尔巴特认为："道德普遍地被认为是人类的最高目的，因此也是教育的最高目的。""我想不到有任何'无教学的教育'，正如相反方面，我不承认有任何'无教育的教学'。"这些论述对教育学理论体系的建立产生了重要的影响。德育论是作为教育学、伦理学的组成部分存在的，与作为前德育理论存在的德育思想相比，德育论具有一定的专门性、系统性，但是随着无所不包的教育学形态转变为教育学学科群，德育论也独立为德育学。

德育学是从教育学科群中分化出来的独立的教育理论形态，主要存在于19世纪末20世纪初。涂尔干的《道德教育论》（又译作《道德教育》）、杜威的《教育上的道德原理》、凯兴斯泰纳的《品格概念与品德教育》、马卡连柯的《论共产主义道德教育》等都是德育学形态的代表。其中，涂尔干的《道德教育论》往往被视为独立的德育学产生的标志。这一著作的突出观点是，学校德育应当与宗教教育分离，德育的重要使命是培养纪律精神，努力实现个体的社会化。20世纪上半叶我国也有一批德育学专著出现，其中有梁启超的《德育鉴》、管拙诚的《道德教育论》、余家菊的《训育论》、李相勖的《训育论》、姜琦的《德育原理》、汪少伦的《训育原理与实施》和吴俊升的《德育原理》等。不过，"德育学"也是一种过渡性的德育理论形态。由于对学校德育日益专门、分化的研究和交叉学科研究的发展，德育学和教育学一样很快成了"学科群"，即德育学已经演变成一种"复数"形式和广义性质的"德育科学"。作为"学科群"，"德育科学"至少包括：（1）作为分层次与分支学科的研究，德育科学有德育哲学、德育课程理论、德育方法理论与德育工艺学等；（2）作为交叉学科的研究，德育科学形态有德育社会学、德育心理学、德育人类学、德育文化学、德育美学等。

在众多的德育学科研究的基础上需要一种整合各方面研究成果的一般理论形态，同时，在教育学专业的教学中也需要一门综合性的"德育原理"的课程存在。这就是教育学常常要着力关注的"德育原理"领域——它的重点在于说明德育的一般规律，回答德育面临的最基本的问题，以做其分支学科和交叉学科研究的基础。总而言之，德育原理是作为整合诸多德育科学研究的一般理论形态而存在的。作为"原"德育之"理"的一个领域，它有研究学校德育领域一般理论问题的使命。德育原理又是教育专业的一门基础课程，因此它又具有引领教育专业的学习者全面了解道德教育理论的性质。从这两点出发，德育原理的特征主要是理论性和基础性、综合性几个方面，学习德育原理应当注意把握以上特征。

二、学校德育理论的主要议题

从历史演进的角度看的德育思想、德育论、德育学、德育原理诸形态，与从学科群的角度看作为复数形式的诸多德育科学都有较为集中关注的一些主题。德育原理当然应以此为主要的议题。

哈什等人在《德育模式》中，从一个道德行为的组成要素角度，认为道德教育理论应当关注关怀（caring）、判断（judging）、行动（acting）三个方面。应该说其已经涉及道德教育的主要领域，但是主要集中在德育目标和内容上。道德哲学家弗兰克纳·威廉认为道德教育理论至少应当关注四个方面的问题：（1）道德教育要培养的人应当具有什么样的品质，换言之，什么样的人才能算是受过道德教育的人；（2）支持这些品质的理论基础，如哲学立场、理论前提和实验因素是什么；（3）道德教育方法上的建议；（4）支持这些德育方法的理论前提与依据有哪些。查赞·巴里则认为当代德育理论共同关心如下九个问题：（1）个人与社会；（2）道德原则；（3）伦理学中的理性；（4）德育内容和形式；（5）行动；（6）在道德上受过教育的人的概念；（7）灌输和道德教育；（8）教师的作用；（9）教学的方法、过程、材料等。这是一个比较全面的概括，但是道德教育范畴、道德教育的可能性等基本问题仍未得到全面的反映。

在当代中国德育理论界，还有几本较有影响的德育学专著，如胡守芬主编的《德育原理》，鲁洁、王逢贤主编的《德育新论》，欧阳教著的《德育原理》等。

第二章　现当代德育思想

第一节　科尔伯格

　　科尔伯格（1927～1987）是著名的美国心理学家、教育学家，也是品德发展心理和道德教育领域认知主义流派的最重要的代表人物。在芝加哥大学学习期间，科尔伯格在一个偶然的机会阅读了瑞士著名心理学家皮亚杰的名著《儿童的道德判断》并对此发生了浓厚的兴趣，于是科尔伯格开始运用和改进皮亚杰的研究方法对儿童、青少年道德判断的发展进行研究，于 1958 年以"10 岁到 16 岁时期儿童思维与选择方式的发展"（The Development of Models of Thinking and Choice in the Years 10 to 16）为博士论文获得博士学位。此后先后在耶鲁大学、芝加哥大学等机构工作，1968 年被哈佛大学教育研究生院聘为教授，1970 年在哈佛大学创立了著名的"道德发展与道德教育研究中心"，领导他的同事和研究生从事了大规模和卓有成效的道德发展与道德教育研究。1987 年 1 月 17 日，年仅 59 岁的科尔伯格于医院失踪，4 月 6 日被发现其遗体于波士顿一个沼泽地。

　　"科尔伯格对道德发展的研究和对学校道德教育实践所做的贡献是无与伦比的。他数十年来在这一领域所取得的成就超过了与他同时代的所有人。"科尔伯格在短暂的一生为人类留下了数百篇论文、演讲和三卷本《道德发展文集》，他培养的大批研究生和其他研究人才至今仍然对心理学、教育学等学科的发展产生着巨大的影响。

科尔伯格最重要的贡献主要是道德发展和道德教育的研究。在道德发展的研究方面，他提出了著名的三种水平六个阶段的道德发展阶段理论。道德教育方面的贡献则是基于对儿童、青少年道德发展阶段的认识而提出的"道德两难问题讨论法"（"新苏格拉底法"）和"公正团体法"（"新柏拉图法"）等。

科尔伯格认为和一般认知发展一样，道德思维也具有结构的特质，是一种有组织的心理活动形式，个体道德发展处于不断的建构或结构的重建之中。科尔伯格认为道德判断的发展就其"结构"特征而言，会出现以下三种水平六个阶段。

水平 I——前习俗水平

阶段 1：服从和惩罚的道德定向阶段。

阶段 2：朴素的享乐主义或功利主义定向阶段。

水平 II——习俗水平

阶段 3：好孩子定向阶段。

阶段 4：尊重权威和维护社会秩序定向阶段。

水平 III——后习俗水平

阶段 5：社会契约定向阶段。

阶段 6：良心或普遍原则定向阶段。

科尔伯格强调道德决定是因人而异的，但我们都有一些共同的基本价值。虽然在不同的文化和亚文化中存在不同的具体的价值与信念，但是各文化也存在相同的基本道德价值和共同的道德发展阶段与顺序。道德产生于社会实践活动，产生于主体和客体之间的相互作用；基本道德价值在不同个体身上会有不同的表现，但主要是因为个体处于不同的道德发展阶段和水平。如果我们看到有高于自己的道德发展水平的判断，将会有助于我们自身道德水平的提高。据此，科尔伯格提出了道德教育的三个基本原则。

1. 必须首先了解学生们道德发展的水平、阶段。

2. 必须在儿童中引起真正的道德冲突和意见不一。这同传统的教育强调教给"对的答案"是完全不同的。

3. 要向儿童揭示出高于他已有发展程度一个阶段的道德思维方式。低于儿童道德发展水平或远远高于儿童发展阶段的道德教育容易因遭到儿童的排斥而失去效果。

科尔伯格的上述建议是建立在道德发展阶段理论和相关实验的基础之上的，以下为两个典型的实验。

——杜里尔的实验。杜里尔（E. Turiel）在 1966 年曾经将处于不同发展阶段的儿童分为实验组分别给予不同水平的"说理"。第一组接受高于儿童已有水平一个阶段的道德说理；第二组接受高于儿童已有水平两个阶段的道德说理；第三组接受低于儿童已有水平一个阶段的道德说理。经过一段时间的"教育"后，测得的结果是：只有第一组表现出了明显的道德发展。科尔伯格因此得出结论："发展性道德教育的第一个心理学原则是，儿童只能同化在发展意义上合乎他们自身水平的那些道德说理。"而第二个原则是："道德发展上的向前运动不仅依赖于向儿童揭示下一阶段的思维，而且要使儿童体会到运用他们自己当前的思维水平到道德问题情景中发生认知冲突的经验。如果经验不到足够多的认知冲突和不确定性，道德发展就不会发生。"

——布莱特的实验。布莱特（M. Blatt）在杜里尔研究的基础上做了进一步的实验。他设计了 10 人一个实验组的六年级学生每周讨论道德两难问题两次，一共进行了 3 个月。同前期测量相比较，实验组大多数学生都几乎向前发展了一个阶段，而对照组没有明显的变化。这一道德发展的差异在一年后仍然得以保持。这一实验的结果使科尔伯格深受鼓舞，他将这一结果称之为"布莱特效应"。布莱特在实验中运用的两难讨论法既依赖于诱导学生的道德认知冲突，又依赖于向学生揭示比他们已有水平高一个阶段的道德问题讨论。讨论组通常由 3 个或 3 个以上相邻道德发展阶段的学生组成，以利于在讨论中进行不同的思维或推理水平的比较。教师首先帮助澄清和支持超过学生最低阶段的观点，比如说支持阶段 3 而不是阶段 2 的观点。当大多数学生理解和掌握阶段 3 的判断时，教师可以转而提出新的思维方式向阶段 3 发出挑战，并支持新的超过阶段 3 的思维方式（如阶段 4）。依此类推，以促进儿童的道德发展。

此后，科尔伯格及其追随者不断对上述两难讨论法进行完善，主要是将讨论内容从最初的虚拟的两难故事（如海因兹偷药）到日常生活中的道德问题（如越战、堕胎等）；讨论方式也从小组讨论扩展为结合各科教学、利用教学影片进行道德讨论等多种形式。

"道德两难问题讨论法"等旨在促进道德判断发展的德育方法（或"认知—发展的道德教育方法"）又被称为"道德教育的新苏格拉底法"，主要是因为这一方法吸收和发挥了苏格拉底教学法中诱发认知冲突、促进积极思维的精髓。

但是科尔伯格的这一方法也有片面强调道德认知和教育上的"过程主义"倾向。20世纪70年代，科尔伯格开始纠正他自己所说的从发展心理学的研究直接推论道德教育目的与方法的"心理学家的谬误"，从单纯强调道德认知转到认知与行为培养的兼顾，从假设的两难问题讨论转向真实的两难问题讨论，从着眼于个体内部道德思维转向对团体道德气氛的重视，从简单依据心理学研究确定教育目的与方法转向更多依据社会实际与教育实践，等等。

在教育方法上则开始由强调"道德教育的新苏格拉底法"转向同时提倡"道德教育的新柏拉图法"或"公正团体法"。科尔伯格认识到："道德讨论和道德课程只是促进道德成长的诸条件中的一部分。当我们转而分析更广泛的社会生活环境时，我们就应考虑到家庭、学校和社会中的那种道德气氛。"

"公正团体法"是在对犹太人聚居区的教育考察和监狱德育实验中得到启发的。1969年科尔伯格和他的同事在访问以色列一个犹太人聚居区——萨沙集体农庄的学校时，发现集体农庄学校的道德教育有效的原因之一是特别强调团体精神对于道德发展的决定作用。这一考察促使科尔伯格对于道德气氛、隐性课程等有了进一步的思考，于是科尔伯格开始考虑改进其已经在监狱进行的德育实验，将两难讨论和道德气氛的建设结合起来，取得了很好的效果。1973年开始，科尔伯格领导的哈佛大学"道德发展与道德教育研究中心"开始在剑桥附属学校等公立学校开始了"公正团体学校"和"参与性民主"的教育实验，逐步形成了所谓的"道德教育的新柏拉图法"。其具体做法如下：（1）在社会研究和英语等课程中引入道德讨论；促进学生相互交流思想；通过参观教堂、监狱等社会机构获得道德经验；（2）每周举行由全体师生参加的团体会议，每个人都有就共同关心的道德问题做出选择的权利；（3）定期举行小组会议，讨论有关的道德问题；（4）每周举行由教师或导师指导的咨询或劝告会，解决学生的个别问题；（5）建立一个由小组代表轮流组成的纪律委员会，负责督促团体成员的行为，并对违反纪律者做出处理。这一方法在提高学生自我管理和纪律自觉、提高学生的道德判断水平等方面都取得了成功，因此这一实验的成果后来在美国的许多中小学得到了推广。

英国心理学家辛格尔曾经这样评价科尔伯格的工作："科尔伯格的影响是巨大的。无论在哪里，论道德发展，若不详细考虑他的工作，都将会是不全面的。"虽然科尔伯格的研究后来也曾受到了来自不同方面的批评，但是他在道德发展和道德教育上做出的以上探索仍然是卓有成效的。这些卓有成效的研究使他在 20 世纪全世界的道德教育研究领域成为一颗最为耀眼的明星。

第二节　价值澄清理论

价值澄清（Values Clarification）是美国 20 世纪六七十年代广为流行的一种德育理论。价值澄清理论的最大特点是强调个人价值选择的自由，因而将价值教育的重点从价值内容转移到澄清个人已有价值的过程上去。也就是说，教师从事教育工作的任务在帮助学生澄清他们自己的价值观，而不是将教师认可的价值观传授给学生。

价值澄清理论诞生的标志是 1966 年拉思斯和他的学生哈明、西蒙合著的《价值与教学》的出版。凯钦鲍姆于 20 世纪 70 年代出版的《超越价值澄清》《高级价值观澄清》等著作，也对价值澄清理论做出了重要贡献。

这一流派曾经在 20 世纪六七十年代对美国的德育产生了巨大的影响，一个具体体现是当时一本介绍价值澄清教学策略的手册竟然卖出了 60 万册之多。有专家评论说"这是（美国）关于教育方法方面著作从未有过的发行数目"。价值澄清理论的产生与发展有其特有的历史背景和时代要求。20世纪六七十年代，由于通讯、交通等手段的迅速发展导致信息的空前丰富，美国社会面临着移民社会、工业化程度迅猛加快等因素带来的价值多元化的冲击。人们尤其是儿童在众多的价值选择面前无所适从，而当时美国学校的道德教育却又形同虚设，从而导致儿童在价值观方面出现混乱局面。面对这种情况，拉思斯等人从杜威的经验主义价值论、人本主义心理学尊重儿童的角度出发，提出了价值澄清理论。

价值澄清理论关注的主要是价值观教育。他们认为个人的价值或价值观念是经验的产物，不同的经验就会产生不同的价值（观），价值本身没有真伪与对错。价值的形成与发展完全是个人选择的结果，因而，教育者不能也无法向儿童传授和灌输任何价值观，正如拉思斯等人在《价值与教学》中所说："生活随时空的不同而不同，我们无法确知某个人会有怎样的经验。我们因而不能确定什么样的价值观、什么样的生活方式最适合于某人。然而，我们的确多少懂得什么样的过程对于获得价值观最富有成效。"由此可见，尽管价值是相对的，是不能被传授和灌输的，但是作为成人，我们还是有能力也有义务帮助儿童形成他自己的价值，也就是应该教会儿童价值澄清的过程。

价值澄清理论认为，有效的价值形成过程必需的七个步骤及其理由是：

1. 自由地选择。如果有某些东西实际上在指导着一个人的生活，不管是否有权威的监督，这种东西必须是自由选择的结果。如果在选择过程中存在某种强制，个体就不可能长时间地坚持自己的选择结果，尤其是当施加压力者鞭长莫及时。所以只有是个体自由选择的结果，价值才会被个体真正珍视。

2. 从各种可能的选择中选择。价值的定义是基于个体所做出的选择。很显然，若无可供选择的对象，价值选择也就无从谈起。例如，说一个人珍视"吃"毫无意义，可以说个体选择吃何种食物，而不是"吃"本身。我们必须提供足够的食物，否则选择无从谈起。只有当有一种以上的选择时选择才成为可能，价值选择才会实现。

3. 认真思考每一种选择的后果再进行选择。凭冲动或轻率所做出的选择并不能形成我们界定的价值，那些真正指导个体生活的东西一定是个体仔细权衡和理解的结果。只有当个体仔细权衡和完全理解每一种选择的后果，个体才会做出明智的选择；只有在认真考虑每一种可供选择的后果后，进行的选择才会形成价值。

4. 赞同与珍视。当说起那些我们珍视的东西时，我们总是语气坚定。我们会赞同它，珍视它，尊重它，坚持它，我们会为所珍视的感到高兴。有的选择，即使是自由的和审慎的选择，我们也不一定会为此高兴。比如我们可能选择参战，但我们有时会对该选择的合理性产生不安。我们界定的价值必须是我们高兴地做出的选择结果。我们会赞同和珍视那些价值并用以指导生活。

5. 确认。当我们在考虑各种可能选择的后果之后自由地做出选择并为之感到自豪时，被别人问及时我们愿意当众确认自己的选择，甚至愿意为之辩护。如果会为某一选择感到羞惭，被诘难时不敢表明自己的立场，那么我们选择的就不是价值而是别的什么。

6. 根据选择行动。我们所信奉的价值观体现在生活的诸多方面，为了使某种价值得以浮现，生活本身势必受到影响。事实上，不存在不对现实生活进行指引的价值观。

7. 重复。只要某一事物被提升至"价值"水平，它就很可能在个体生活的许多场合影响他的行为，它会表现于不同的情境与场合。只在生活中出现过一次的事物不能被视为价值，价值观往往会以某种生活方式不断重复。

价值澄清理论认为，教师应当特别留意"价值指示器"在日常教育生活中的存在，并适时对学生进行必要的帮助，使价值观念得以澄清，以促进他们价值观念的形成。

实质上，价值澄清理论源于课堂对话。这一理论与其说是向学生传授价值观，倒不如说是教会学生如何运用价值澄清过程。为了教会学生熟练运用澄清过程，价值澄清理论提出了一系列的操作性极强的价值澄清策略。其中，"澄清反应"（clarifying response）是最基本、最核心也是最重要的一种方法，亦称"澄清式问答""澄清式回应"，教师通过与学生就其关注的某一问题的对话，帮助学生澄清其思想以形成学生个人的价值观。比如，倘若有一名学生说他高中毕业后打算上大学，教师可能会回答"这对你有好处"或"你打算上哪一所大学"或"嗯，希望你能成功"。这种回答很可能使学生感到高兴，但没有起到帮助学生澄清价值的作用。但如果教师回答说"你考虑过其他的选择吗"，这就很可能促使该学生思考上大学和其他可能的选择及利弊得失；如果最终决定上大学，这个决定就可能比先前的决定更接近某种价值，后一种反应即是"澄清反应"。

价值澄清理论提供的澄清策略和德育方法十分丰富，但不管哪一种方法，它们都必须遵循价值澄清过程，遵循有效澄清反应的基本要求，其目的都在于帮助学生澄清自己的价值观，从而使其获得比较明晰的个人价值观，同时也教会他们掌握价值澄清的方法论。

价值澄清理论提出的价值教学策略简单实用，很容易为广大的教师所掌握并运用到价值教学实践中去，而且该理论所关注的主题都很贴近学生的现实生活，充分尊重学生的主体性选择与自由，因而受到广泛的好评。然而，该理论也存在明显的形式主义、过程主义、相对主义的局限与不足：它没有区分道德价值和非道德价值，只注重价值澄清的过程而不在乎学生到底获得什么样的价值观，很容易导致基本的道德是非标准的缺失。因此，对于价值澄清理论的理论和实践的批评几乎从这个流派产生之日开始就不绝于耳。

第三节　关怀理论

关怀理论是当代德育理论中的重要流派之一，代表人物是美国当代著名的教育哲学家、德育学家尼尔·诺丁斯（Nel Noddings）。

诺丁斯是斯坦福大学教育学院教授，退休后在哥伦比亚大学教育学院任教。她于 20 世纪 80 年代开始提出的关怀理论受到了德育学界的广泛关注。

诺丁斯在道德教育方面的主要著作有《关怀：一种女性特点的德育方式》

《努力实现学校教育中的关怀》，中文版译名为《学会关心——教育的另外一种模式》《培育有道德的人》等。

诺丁斯特别强调道德情感在个体道德发展中的作用，主张以关怀（Caring）为核心来组织教育，是道德教育中重视情感因素的杰出代表。诺丁斯不仅是一个关怀理论的鼓吹者，还是一个关怀理论的忠实实践者。除了自己有五个子女，诺丁斯还收养过六个被遗弃的儿童，她对孩子们的爱心曾经在斯坦福大学的校园里传为佳话。

诺丁斯是一位教育哲学家，她通过哲学的推理和论证建构了道德教育的关怀理论。她以关怀为核心，根据对自我、对他人、对动植物、对器具以及对思想等各个不同的关怀为中心组织了一整套课程体系。

关怀伦理学和多元智力理论是关怀教育思想的重要理论基础。

诺丁斯认为，每个人在人生的各个时期都需要得到人们的理解、接纳、尊重和认同，因此关怀他人和被他人关怀都是人的基本需要。诺丁斯认为关怀不仅是一种美德，更是一种关系，它的维持和巩固既需要关怀方对关怀对象的需要做出反应，也需要关怀对象认可和接受对方的关怀行为，这样关怀双方在关怀关系中就是平等互惠的。由于道德生活源于"爱"和"联系"，因此我们应当建立、维持和增强关怀关系。同时，诺丁斯还认为道德原则并不足以产生道德动机，她援引一些调查证明人们的道德行为大多是出于同情和关怀，是一种直觉的反应，因此主张道德教育首先应进行道德情感的培育。

诺丁斯还对当前的学校教育进行了强烈的批判，她认为学校对当今社会发生的各种剧烈变化应对不足。受多元智力理论的影响，诺丁斯主张人的智力是多种多样的，除了语言智能和数理智能以外，运动、人际、空间、音乐以及自我知觉等都应算作人的智能。不仅人的智能是多元的，而且每个人的天赋、需要和兴趣也是各不相同的。当代学校教育出于"民主"的考虑，为每个儿童提供所谓一视同仁的"博雅教育"（liberal education），但现实中的博雅教育往往过分强调知识的学习，特别是语言能力和数学能力的培养，忽略了学生内心的感受和需要，也忽略了学生能力的多样性和个体差异，因此很多学生反映教师和学校对自己漠不关心。这不但使学校的教学效果大受影响，而且使学校不能有效地对学生发挥引导作用。

那么教育到底应该怎么组织呢？诺丁斯进行了一场"思想试验"来建构自己的教育模式。假设我们要抚养一个大家庭，家庭里的每个孩子都各不相同。这时候父母或教师都不能单方面决定教给孩子什么，而必须和所有人（包括孩子）"对话"，通过充分有效的交流和沟通来决定对孩子的教育。诺丁斯认为学校教育的目标也应当是多元的，不能仅仅局限于学术能力的提高。既然关怀是人的普遍需要，因此我们可以以关怀为核心来组织整个教育。而关怀本身就包括很多不同的领域：对自我的关怀、对亲密的人的关怀、对有联系的人以及远方陌生人的关怀、对非人类的动植物的关怀、对人造的工具和物品的关怀以及对思想的关怀等。围绕不同的关怀中心会涉及不同的态度、知识和能力，教育可以由此逻辑展开。诺丁斯强调不同的关怀领域需要的态度、知识和能力是不同的，比如关怀身边的亲人、朋友和亲戚并不意味着愿意帮助素不相识的人；有的罪犯会精心培育花草，但对自己的同胞却麻木不仁。正是由于关怀的认识、态度和能力在不同的关怀领域之间不一定具有迁移性，我们才有必要学习各个不同的关怀领域。

诺丁斯以关怀为核心，根据不同的关怀领域及其涉及的主题、知识、态度和技能等设计了一套不同于现行教育的课程体系。这套课程并不是要反对发展学生的智力或获得学术成就，恰恰相反，它能够为二者提供坚实的基础。

这里我们可以以身体教育为例，身体、精神、职业以及娱乐是对自我的关怀中的四个主要方面。目前学校里的体育、生物、营养、卫生以及性教育等课程都会涉及身体方面，但彼此之间却相互独立，我们可以用身体教育把它们整合起来。与身体相关的问题很多，如健身、营养和药品、安全和外表、健康以及出生和死亡等。围绕这些问题，学校可以做的不仅是让学生做运动、玩游戏，更应当提供一些相关信息，如为什么要健身以及如何健身，如何保存食物中的养分等；还应当给学生提供讨论的机会来思考相关的数学、经济、伦理、时事、社会学以及人际理解等问题。如在一些团队性的体育运动里就可以讨论竞争和合作的问题；如何合理安排时间来协调工作、家务劳动与锻炼；对运动广告进行分析从而抵制盲目消费的刺激；讨论维持健康的成本和效益、税费和医药费等问题；获得医药资源也是保持健康所必需的，在这里会涉及少数民族、劳动阶层、失业人员等人获得这类资源的社会民主问题。因此，技术和价值、做和想以及学术性课程和非学术性课程在这里都会有所涉及，讨论的问题也都兼有智力因素和人际的因素，都需要检验我们的价值、选择和承诺。

诺丁斯强调，教师应当重视学生的问题并和学生平等交流。当学生提出自己的疑惑时，教师有责任帮助学生解决问题。例如如果学生提问应该把收入的多少用在身体保健上时，教师就应该停下来和学生一起讨论、学习相关的数学技能，并尝试着解决问题。教师不能局限于自己所教的科目，对学生提出的与自己所教科目无关的问题视而不见，关心学生才是教师的首要责任。这对教师的要求可能会比较高，因为学生的很多问题都来自生活实际，需要综合多方面的知识，但教师本身具有的生活常识和算术、物理、文学等基本技能是可以应付的，另外教师还可以组成团队进行合作，这样就能发挥各自的长处，互相补充。

在诺丁斯看来，道德教育具有双重含义。首先是指教育自身是道德的，强调道德情感对道德动机的发动作用，强调关系的相互性。她认为每个人都要对与自己有关的人负起一定的责任，一个人的道德水平部分取决于别人对待他的方式。因此培养道德的人首先要有道德的教育，教育只有道德地对待学生，关注学生的生活、情感和需要，才能培养出富有爱心和关怀的学生。教师也要为学生着想，关爱学生，学生才会愿意接受教师的影响，进而以之为榜样。因此教育在目的、内容和手段上都必须是道德的，整个教育都应当以建立关怀关系和培养关怀的综合能力为首要任务。可见，诺丁斯在讨论关怀理论时是从整个教育体系出发，首先建立起关怀理论的课程体系，而道德教育的第二层含义才是我们平时所说的专门培养学生道德品质的教育。

在讨论专门的道德教育时，诺丁斯反对把道德等同于道德判断和道德知识，反对用教授数学推理的方式来进行道德教育。她强调道德动机的发动，强调从情感上对他人的需要做出反应，认为"真正的道德教育需要形成共同的意义感，而不仅仅是信息的传递"。诺丁斯从关怀伦理学的角度提出了道德教育应当特别强调的四种主要成分或教育要素：榜样（modeling）、对话（dialogue）、实践

（practice）和认可（confirmation）。

1. 榜样

在绝大多数道德教育体系中，榜样都是一个重要成分，但在关怀理论中，它的地位更是至关重要。首先，道德教育不是教授学生道德的原则以及如何按照数学推理的步骤利用这些原则解决实际问题；相反，教师必须以身作则地和学生建立关怀关系，在这种关系中，通过自己的行动向学生展示如何去关怀。另外，能力的发展离不开一定的经验。教师对学生的关怀有助于学生积累被人关怀的经验，这些经验正是发展关怀能力所必需的，因此教师作为关怀者的角色要比作为榜样的角色更加重要。

2. 对话

很多道德教育模式中都会用到"对话"，但一般对话的目的都是要证明某种道德决定的正确性，旨在得出结论或获得思维上的进步。例如科尔伯格的道德两难故事就试图向学生表明有些思考方式要更高级，代表了更高的道德发展水平。关怀理论希望的则是通过"对话"来建立和维持关怀关系，认为对话是我们了解他人想法和需要以及检验自己行为效果的途径。

诺丁斯所说的"对话"是一种开放性的对话，在这样的对话中，对话双方在一开始都不知道最终的结果和决定将是什么。她认为由一方阐述自己的主张而另一方只能偶尔提几个问题的"讲话"不是对话，如果家长或教师在对话前就已经做出了自己的决定，那就不可能和孩子进行对话了。在诺丁斯看来，对话的目的是寻求理解、同情或欣赏，对话允许人们阐述自己的意见，给人们提出疑问的机会，这就使对话双方能够获得充足而正确的信息并在此基础上做出决定。另外，这样的对话还能够增进人与人之间的了解，加强相互间的联系，有利于维持关怀关系。

对话需要人们的全神贯注，在真正的对话中，关怀交谈的对象要比结论更为重要。处于关怀关系的人们不会把注意力完全放在智力性的问题上，而会无条件地关注对话的各方。对话中的人会关心对方的感受，会考虑话题是否会对其他人造成伤害等，因此对话本身就体现了一种关怀关系。诺丁斯很重视对话的作用，她重点介绍了三种形式的对话：

第一，正式的对话。这是一种带有哲学味道的、严肃的、受规则限制的对话。在讨论道德哲学问题时会用到这种对话。这种对话可以帮助我们发现自己的立场有哪些优点和缺陷，还可以让学生学会如何进行理想的对话。

第二，"不朽的对话"。这种对话既有正式的，也有非正式的，它的特点是讨论的主题都是与存在有关的重要问题。诺丁斯建议在这种对话上打破各学科之间的界限，引导学生在学科中狭窄的技能和观念之外讨论更广泛的问题。

第三，日常对话。这种对话通常都有熟人和朋友参与其中。这是最重要，但也是最容易被人们忽视的一种对话。很多人认为日常对话随便而且琐碎，但在日常对话中，我们会更注意交谈的伙伴而不是话题；日常谈话的内容并不重要，人们交谈是因为喜欢彼此并且希望能够待在一起，因此，这种对话能够增进人与人之间的了解和联系。孩子很少有机会和成人交谈，成人也不把孩子的话当真，所以我们更应该通过日常对话和孩子建立并维持关怀和信任的关系。由此，孩子可以学习各种各样的东西：生活实际、礼貌交谈的规则、行为方式和风格、信任和信心、如何倾听、如何做出反应而不造成伤害以及其他人际交往的要素。

如何在学校中进行以关怀为中心的教育？诺丁斯认为必须要做到以下几点：

1. 教育的目的是明确的和毋庸置疑的。教育的主要目的应当是培养有能力的、关怀的、充满爱心并且受人喜爱的人。

2. 满足相关的需要。让学生和教师（在彼此的同意之下）共同生活几年，尽可能让学生相处在一起，努力让学生在一段时间内能生活在同一个地方。让学生视自己为学校的主人，最后还必须有专门的时间用于建立关怀关系和信任关系。

3. 减弱控制力。给教师和学生更多的职责去做自己的判断，取消竞争性的升级制度并减少考试等。

4. 取消等级制的教学计划，为所有学生提供卓越的教学计划。那些不以升入大学为基础的计划要和旨在升入大学的计划一样丰富、有吸引力和要求严格。

5. 每天至少有一部分时间用于关怀的主题。讨论和生存有关的问题，为学生提供与关怀有关的实践活动，帮助他们学习如何道德地对待别人等。

6. 告诉学生任何领域的关怀都需要一定的能力。关怀是人类生活坚韧的支柱。

此外，诺丁斯还提出了要淡化教师的职业角色，跟班教学，增加教师人数以保证关怀的质量和数量，学校、家庭、社会教育应当相互配合等教育主张。

诺丁斯在理论假设和教育实践上都贡献了许多创造性的成果，这一理论的优势和弱点都与其人本主义和自由主义的特色密切相关。

第四节　品德教育

"品德教育"（Character Education）实际上更像是一种广泛的教育运动，而不仅仅是一个教育理论上的"流派"，因为许多专家都参与了这一运动。"品德教育"运动理论的代表人物主要有美国纽约州立大学科特兰校区的托马斯·里可纳（Thomas lickona）、伊利诺伊大学的爱德华·怀因（Edward A. Wynne）、波士顿大学的凯文·莱因（Keven Ryan）和美国前教育部长威廉·贝内特（William J. Bennett）等人。

在 20 世纪六七十年代，美国大多数德育流派，尤其是价值澄清理论和认知发展理论都具有相对主义和过程主义的倾向，德育上的相对主义和过程主义给美国本来就有的极端个人主义火上浇油，于是 80 年代有评论认为"现在的状况也许已经超过了美国历史上的任何时期，贪婪和欺诈被大家认为是极其平常的事情"。文化上回归传统伦理的"保守主义"势力日益强大，大量出现的青少年问题也使得美国教育界开始重新反思并回归传统的道德教育模式，因此从 80 年代开始不断有专家批评相对主义和过程主义的德育取向，呼吁加强品德教育。在此基础上，1988 年美国"课程发展监督协会"邀请 11 位德育专家组成专家组，起草了一份题为《学校生活中的道德教育》的文件，公开呼吁学校应当正面帮助孩子养成 6 种基本的"品德"，并提出了 8 条教育上的建议。4 年以后（1992 年 3 月），"课程发展监督协会"与普林斯顿 55 计划、约翰逊基金会等机构在威斯康星的瑞夏茵（Racine）联合发起了主题为"从幼儿园到高三年级如何进行有效的品德教育"的大型研讨会，吁请全国各教育协会组织对品德教育予以更多的关注，并呼吁建立全国性品德教育机构，以协助和推动学校实际开展品德教育。

1992 年 7 月，28 位专家参加了科罗拉多州阿斯彭的约瑟夫松学院主办的主题为"道德与品德教育：应当、能够和将要做些什么？"的研讨会。会议的结果是成立了"品德关注联盟"，号召并希望通过组织支持学校培养学生的 6 种基本品德。1993 年 2 月，另外一个重要的、有基督教背景的组织"品德教育伙伴组织"诞生。今天，品德关注联盟和品德教育伙伴组织分别以广泛推广品德教育各种模式和鼓励品德教育并提供品德教育资源上的支持为各自的特色。其他与品德教育相关的组织还包括儿童发展项目、公正社区学校、完美解决冲突计划、责任心教室等，不过在这些组织中，品德教育的强调往往包含在一个更综合的教育改革方案之中。

由于品德关注联盟和品德教育伙伴组织两大组织和其他方面的努力，1994 年美国众、参两院无异议通过了指定每年 12 月 16～22 日为"全美品德关注周"，此后通过的《中小学教育法案》（ESEA）则明确追加了对于品德教育资助的两个经费来源的条款，仅国会批准的全国"品德教育先行者资助计划"的资助经费迄今已超过 3000 万美元。白宫也分别于 1994 年、1995 年、1996 年、1997 年 4 次组织社会各方面的领袖研讨加强品德教育的有效对策，与会的议员和政治家们都一致强调应当将品德教育置于国家发展的优先地位。

进入 21 世纪，品德教育运动仍然保持着强劲的势头，并且得到了小布什总统的支持。乔治·布什本来就有道德保守主义的倾向，就任总统后多次强调品德教育的重要，大幅度追加对"品德教育先行者资助计划"的经费支持。2002 年 6 月 19 日，布什还曾经在白宫专门召开题为"品德与社区"的研讨会。布什在会议发言中强调：学校是美国的希望所在，加强品德教育是家长和学校的重要责任。教育者不能羞于进行品德教育，应当教给孩子什么是对的什么是错的，应当向孩子们传授普遍价值，应当通过社区服务等形式使孩子们成为一个不仅能够谋生而且知道如何生活、负责任、有爱心的公民。

由于品德教育工作者的努力，也由于政治上的支持，美国已经在十多年前重新开设品德教育课，目前已经有超过 2 / 3 的州要求学校开设品德教育课程，"品德教育行动如雨后春笋般涌现"。

理论上说，品德教育是以批判道德上的相对主义和教育上的过程主义为主要诉求的。托马斯·里克纳在他的名著《为品德而教育》一书中曾经尖锐地指出：价值澄清理论流派的问题在于，将一些琐碎的生活问题与重要的价值观混为一谈，将肤浅的道德相对主义四处扩散；将"你想做什么"和"你应做什么"混为一谈，忽略了价值标准存在的必要性；同时将儿童当作大人看待，忘记儿童有一个需要成人帮助建立价值观的过程而不是仅仅澄清已有的价值观。至于科尔伯格认知发展模式，里克纳认为，尽管科尔伯格反对价值澄清理论所具有的道德相对主义，但是他仍然将德育的重点放在品德发展的过程而非价值内容上，注重发展的是儿童的道德思维，而非道德价值本身。另外也有学者指出，尽管上述两个模式的具体方法上差异很大，但是"它们依据的理论基础是相似的。两者都避免以某种确定的品德为核心来进行德育"。"无论是价值澄清还是认知发展模式，它们都是以过程为中心去实施德育的，缺乏价值背景作为教育的基础。"

所以里克纳明确指出，即使在文明冲突、价值多元的社会中，仍然存在普遍认同的价值，除非我们承认正义、诚实、文明、民主、追求真理等价值观，否则价值多元是不能成立的；民主社会尤其需要品德教育，因为公民需要承担作为民主公民的责任；没有无标准的道德教育，问题不应当是"要不要教价值观"，而应当是"教哪些价值观"和"怎样教这些价值观"；传授正确的价值观过去是、现在仍然是文明之举，在社会普遍忽视德育的情况下，学校德育尤为重要，否则对良好品德的敌视很快就会弥补道德教育的真空。他的观点基本上代表了许多品德教育领袖人物的观点。

但是对于"什么是品德教育"这样的问题，由于这一全国性的运动中参与的机构与个人太多，到目前为止可以说并没有形成一个完全统一的意见。所以尽管品德教育早已是一个十分时尚的词汇，但是美国德育学术界的许多人都认为这一概念在内涵与外延上都是含混不清的。

许多专家，尤其是早期品德教育的倡导者们往往是从社会和青少年存在的问题入手谈论品德教育的。托马斯·里克纳教授呼吁加强品德教育的主要原因在于：在美国的青年人中，暴力倾向、破坏财物、不诚实、蔑视权威、校园暴力、固执己见、粗话连篇、性早熟和性混乱、自我中心、无公民义务意识、自暴自弃的行为等现象有愈演愈烈的趋势。凯文·莱因则直接强调青少年和社会问题实际上都产生于品德塑造的缺失。因此他们都认为，学校教育应当通过加强价值教育的方式来促进好的品德与行为。但问题是他们对于品德教育的定义往往过于宽泛。有人认为品德教育应当包括学校纪律、学生着装一直到参加民主游行和社会福利计划，有人则认为"门门课程都可以塑造品德"，也有人认为"品德教育的历史比文字的出现还要久远"。品德教育运动中涌现出来的大量实践的案例也各不相同，因此很难找到一个大家都一致认同的定义。而由于概念的不统一，人们发现无论在理论还是实践上都会产生诸多困难。比如：第一，在推行品德教育时不知道品德教育到底要干什么；第二，在评估品德教育的功效时没有特别肯定的尺度可以作为依据；第三，在品德教育的学术分析与对话上，概念的混乱无疑也会带来许多的困扰。

品德教育运动已经有二十多年的历史，至今方兴未艾，但这不等于说这一运动没有问题。上述概念的界定问题实际上就是品德教育运动目前面临的最大尴尬之一。除此以外，品德教育运动目前仍然难以回答的问题还有：

美国的学校教育实际上一直存在着价值观教育或道德教育，存在不存在需要"回归"品德教育的问题？既然直接的品德教学过去曾经被证明过是效果不佳的，为什么今天又要走回头路？

当学校回归品德教育之后，如何能够有效防止过去曾经有过的价值教育上的"灌输"？品德教育的许多做法是否违背教育的民主原则？

在确定所谓核心价值观念，并且在学校和一定的社区中达成"共识"的时候，如何确保这一核心价值的"共识"不是一部分人（多数人或者少数人，例如新教徒）的价值观念，不是一部分人的意识形态？品德教育运动的倡导者们是否忽略了对于品德及其教育问题的社会的、经济的、政治的、文化的、意识形态的分析？

　　注重纪律和良好行为习惯的养成是正确的，但是道德情感、认知、行为三者何为第一位的要素，应当得到更多的强调了解，包含"思想、情感与行为"，"有效的品德教育要求有意识、积极和综合地提高学校生活所有层面核心价值的教育方法"，"学校应当是一个爱心或关怀的社区"，"学生要有机会参与道德行动以发展自己的品德"，"有效的品德教育要求有教育意义和有挑战性的学术课程，并鼓励和帮助所有学习者在这些课程学习上获得成功"，"品德教育必须激发和发展孩子们内在的学习动机"，"学校教职工应当共同承担德育的责任，努力保持与用以教育学生的核心价值的一致"，"有效的品德教育要求合乎道德的学校和学生管理"，"学校必须要求家长和学校所在的社区作为支持品德教育完全的伙伴"，"品德教育评价应当注意评估学校有无公认的品德标准、员工对品德教育的支持和学生对美德认可的程度"。

　　上述标准的提出当然是品德教育的倡导者们希望解决问题的努力之一，但是从这些标准的具体内容又不难看出，品德教育的倡导者们与其说是试图解决问题，不如说是希望尽量在某些方面使一些问题得以改进。但是，公平地说，品德教育面临的许多问题实际上是世界各国学校德育理论和实践的历史上一直面临而且难以彻底解决的问题。目前品德教育运动及其思想仍然处在发展之中，尽管遇到了理论和实践上的一些挑战，但它仍然是目前美国道德教育的主流。

第三章 德育功能

第一节 德育功能概念及其认识

对德育功能的理解影响到对德育存在的价值和意义的认识。正确地理解德育功能有助于理解德育的重要性，也有助于理解德育概念本身。

那么，什么是德育的功能？有人认为德育功能即德育所要完成的任务、目标等；也有人将德育功能与德育的客观效果或发挥出来的能量等相混同，其实都不对。德育的目的、任务只是人们对德育活动的一种主观期待和设定，属于"想要德育干什么"的问题，与德育本来的功能属于两个范畴。德育的客观效果与能量虽然揭示了功能的"客观"性而具有一定的合理性，但是已然的效果和能力往往也并不等于事物本身所具有的全部能量。德育的效果有高有低，并因具体的德育实践而定，但德育功能却有一定的稳定性的规定，故客观效果和能量只是反映了"德育实际上干了什么"的问题，而德育功能则须反映这样一个问题——"德育（本来）能够干些什么"。

将德育功能与德育目标、任务以及德育的实效区别开来并不是一个纯粹的理论问题。德育功能与德育目标、任务以及德育的实效既有区别又有联系，这种相关性决定了对德育功能的认识，亦即确立正确的德育功能观具有重要的实践意义。

首先，正确的德育功能观有助于德育目标的确定。教育主管部门及学校德育系统都会在宏观和微观上设定德育工作的目标、任务等，离开对德育功能的正确认识，会对这一设定产生十分明显的副作用：设定的目标或任务大大高于或低于德育功能所能允许的阈限，前者的结局是德育的"力不从心"，德育目标是虚妄的，实践当然会落空；后者则是对德育功能的潜力认识与发掘不够，德育的形象受损，德育实践亦将流于琐碎。故正确的德育功能观的实践意义之一就在于它有助于我们合理地确定具体德育实践的任务和目标体系。

其次，正确的德育功能观有助于适度、适当的德育评价的形成。"想要德育干什么"与"德育能够干什么"总是有差距的。在中国，人们普遍抱有一种对于学校德育系统的高期望：给学生以"好"的政治立场、世界观、人生观，给学生一个良好的道德品质、心理品质、全面的人格，给学生以一个中国人的文化性、民族自豪感及作为世界公民的全球意识、正确的自然观（环保意识）……人们总是用"应是"的眼光去看德育，人为制造"德育神话"。而由于常以"神话"的眼光去看德育现实，人们对德育的评价多为"实效太低"。德育的健康发展需要社会和教育系统本身用"实是"的眼光来看德育，因为只有正确评价，才谈得上正确的理解和支持！

最后，正确的德育功能观有助于适当适度的德育实践。德育期望和评价问题不仅发生在德育系统外部，而且发生在每一个德育实际工作者身上，只有正确的功能观才能使德育工作者做他该做且能做的事情，既不盲目僭越，也不妄自菲薄。一些纯粹属于政府职能、社会行为、私生活范围的事应该让政府、社会和个人去完成，学校德育只能在其本来能够有所作为的领域去恪尽职守。

"昨天"的极端形式指"文革"时期。所谓单一功能观指的是在认识上将德育等同于政治宣传，认为德育只有一个单一的政治甚或专政的功能，仅仅是阶级斗争的工具。"文化大革命"时期中这种政治功利主义导致的是一种"非德育"，甚至是一种"非教育""反教育"，其后果人所共知。

"今天"指改革开放以来相当长的一段时间。这一时期人们已克服了单一（政治）功能观的"左"的片面性，对德育的经济、文化、个体发展功能等都有了全面而深入的认识。但是新的片面性又已产生。中央教科所《德育信息》1994年第2期王文元的《我国德育功能研究综述》一文曾列举了理论界说明过的德育功能，总数已达二十多项，从德育的政治功能、经济功能、文化功能到民族性格功能、性格优化功能、认知发展功能等，不一而足。面对这样一种混杂局面，人们不禁要问：德育当真有这么多的功能吗？这些功能之间有没有一定的层次或逻辑联系？所以今天人们对于德育功能的认识有无度（即无限罗列）和无序（无层次划分、无中介环节）的缺点。这种无边际的功能观显然是虚妄的，它给德育实践带来的影响之一是德育工作者无所适从，不知道应该干些什么。在这种情形之下，一些学校又回到"文革"时期简单的做法上去了。这就是所谓的"遵从惯性"。无度无序的德育功能观带来的是泛化因而无力的德育实践。德育要做一切事，然而它又做不了一切事，其结果可能是一事无成。所以"泛德育"亦是一种"非德育"。

"明天"即理想的，也是相对科学和全面的功能观的实现之日。它应是否定之否定的结果，应当使德育工作者了解德育功能的本来面目，从事扎实有效的德育实践。这一功能观的特征应当有：（1）适度，即不能无限罗列；（2）分层，即不能无序排列；（3）中介，即必须认识功能实现的中间环节。以下依据上述原则，对德育的主要功能做一说明。

第二节 德育的主要功能

依据以上认识，我们认为可以将德育功能理解为以下三个主要的方面。

一、德育的社会性功能

德育的社会性功能指的是学校德育能够在何种程度上对社会发挥何种性质的作用，主要包括德育对社会政治、经济、文化以及生态环境等方面发生影响的政治功能、经济功能、文化功能、生态功能等。

古代中国是一个特别重视道德教化的国度，德育一直是统治者"齐风俗，一民心""齐家治国平天下"的工具，所以在中国，人们较早也较多地关注了德育的社会性功能。不过，我们在理解德育的社会性功能时往往片面、直接，缺乏中间环节的说明。所以，今天我们对于这一功能的认识必须注意以下几点。

1. 必须树立全面的德育（社会性）功能观。何谓"全面"的功能观？其一指学校德育不仅为政治服务，而且对社会的经济、文化发展和生态平衡等均有重要的作用，政治功能须与经济功能、文化功能等一起构成德育社会性功能的完整构架。片面强调社会性功能的任一因素均有片面性，这不仅表现在片面强调德育的政治功能上。"文革"结束后，随着国家工作重心的转移，理论界曾较多地关心过德育促进生产力、商品经济、市场经济发展的经济功能。但是一时间德育一下子从政治工具转为经济工具的看法同样对德育实践产生了片面的影响。"全面"的社会性功能观的第二个特征是要求对每一项具体的德育功能必须有全面的理解。如德育的政治功能，它不仅指在阶级社会中为阶级斗争服务，而且也有为国家的政治法律制度的民主化、完善与改革服务的一面。学校德育所要造就的德育对象既应具有对现存政治体制的理解、协同的能力，也应具备理性思考与批判的能力，以期具有未来政体改造的智慧。政治功能如此，其他社会性功能的理解也应如此。

2. 要充分注意德育社会性功能实现的间接性。学校德育功能从其作用的形态上看，可分为显性功能和隐性功能；从其作用方式上看，则可分为直接功能和间接功能。教育实践中往往关注较多的仍是显性和直接的一面，对间接和隐性的一面关心不够。其实政治、经济功能等绝不意味着学校德育对学校发展要起完全、直接参与的作用。社会性功能的实现首要的中介环节在于学校德育通过系统本身影响、塑造好德育对象的品德或道德人格，学校主要通过德才兼备的"产品"去影响社会。相反，那种实现直接和显性的社会性功能的活动不会也不宜在学校德育中占据过高的比重，强力为之，则殃及正向德育社会性功能的有效实现。

3. 文化功能是学校德育功能中的中介。德育文化功能指的是学校德育在社会文化发展历程中的作用（即对于文化选择、文化传播、文化融合、文化变迁等方面的作用）和学校德育在不同文化形态中所起的作用（即教育在文化传统、文化构成中所起的作用）。前者为历时（过程）态功能，后者为共时（结构）态功能。学校德育本身也是一个文化的因子，而且是具有动力或"造血"机制的文化因子。学校德育的核心功能在于传播伦理文化，使德育对象完成伦理、政治等方面的社会化，同时使之具有伦理、政治文化等的创生能力。学校德育的政治、经济、生态诸功能均赖其文化功能的实现而实现，故所谓德育功能实现的中介不仅要在德育之个体性功能实现中去寻找，而且在社会性功能体系之中，亦有这样一个层次。认清学校德育之文化功能对于全部社会性功能实现的中介性，有利于德育理论和实践克服急功近利的功利主义倾向。学校德育要追求社会性功能的真正实现，就要有一个平和务实的心态，其中就包括通过文化功能的实现去达成其他社会性功能目标。

总之，学校德育对于社会现实的适应，必须从时间和空间两大序列进行全方位和系统的思考，现实性的适应之路在于学校德育对于自身和社会现实的双重审视，在于学校德育对于德育对象品德与人格的具体塑造。

二、德育的个体性功能

德育的社会性功能是指德育对社会发展所能发挥的客观作用，个体性功能则是指德育对德育对象个体发展能够产生的实际影响。

德育的社会性功能和个体性功能分析起来是两个领域，但在德育的事实上看却是一体的。个体性功能的实现不能脱离社会性功能去空谈，社会性功能也需以个体性功能为其实现的中介。由于中国社会社会本位的传统影响，也由于现代社会对人的个性发展的时代要求，中国教育应当对德育个体性功能的发挥予以高度关注。

德育的个体性功能内涵丰富，不同的理论对其有不同的界定。我们认为，德育的个体性功能可以描述为德育对个体生存、发展、享用发生影响的三个方面，其中享用性功能是德育个体性功能的本质体现与最高境界。

人类个体要生存，首先要服从生存的原则。所有的生命个体要存活都要服从客观规律，遵循与环境交换的"经济原则"，即以最小的代价换取最大的报酬。经济原则实际上渗透在人类生活的所有领域。心理学证明，即使是直觉、情感、潜意识活动之中，这种经济原则也是潜在地存在的。人固然要超越自然生命，但人又必须生活在自然生命的具体之中，这是人的现实之一，德育必须直面这一现实。道德教育对于个体生存的贡献是什么呢？其核心任务是要赋予每一个个体以科学的价值观、道德原则和行为规范等。这些观念、原则、规范看起来似乎是约束个体的异己的东西，然而却正是这些异己的东西才能够使个体在社会性（即现实性）的生活中生存下去，同时也由于具有充分的社会性，个体才能禀赋社会所给予他的力量，才能最大限度地实现特定任务。伦理规范等其实是一代代人在人际关系调整方面智慧的积淀，是人类文明的宝贵遗产的一部分，拒绝它就是拒绝生存的经济原则。所以从类的角度看，伦理规范乃是人自己为自己立法，是内在而非外在的东西。只有使个体作为类的主体站在与类同一的角度，德育才能使其顽强的疏远性得以克服。讳言功利、只讲片面的牺牲与奉献是德育的病态。如果否定"德福一致"的总体原则，道德规范等如果被教授为牺牲，对个体的生存一无贡献，这种德育的内容就和整个德育模式一样是虚幻的。当然，讲德育促进个体生存的功能或"德福一致"的原则并不是要否定道德的超功利本质。道德就其本质而言，是对个体无限欲望及其可能导致的全面人际紧张的一种超越性的价值系统和规范体系，道德的本质是利他的。但是客观上、总概率上，伦理、政治智慧又的确是有利于个体的生存及其质量提高的。否定德育的超越性本质，德育将是非道德的；无视德育的生存价值，既违背事实也扼杀德育的生动性，有背德育规律。

如果生存性功能是"德—得"关系的体现，则发展功能是德育对个体品德现状与发展（"静—动"关系）作用的体现。德育的个体生存价值或功能是一种德育效果的评价，仅仅或过分关注这一功能就会走向误人、反道德、反德育的泥淖。道德教育的本质乃是对个体社会人格的塑造或对个体道德人格发展的推动，因此，德育个体性功能的第二个方面是德育个体发展功能。

个体的社会人格是一个综合概念，一个成熟的人类个体的生成不仅要靠德育，而且要靠全社会文化资源的调动。在"文化化人"过程中，德育所要和所能做的是塑造社会人格中的品德结构这个核心，德育之个体发展功能主要指的是对个体品德结构的发展所起作用的功能。个体品德是一个结构系统，它首先包括品德内容、形式、能力三大维度，然后每一维度之中又包括若干因素。品德内容中含有价值真理、道德原则、行为规范等；品德形式指个体道德认知、情感、信念、理想等方面；品德能力指道德判断力、决策能力、践行策略等。由于人类总体社会实践的作用，实际上人类个体从 0 岁开始就已载负了社会性遗传所赋予的品德的"先验性"的心理"图式"，但这一图式在最初只是潜在的、原始的、简单的和开放的。道德的任务就是要依据这一潜能进行开发、创设道德学习的情境，从而使个体不仅在自然生命上成长，而且在品德图式（即结构上）不断同化、异化（指质变），形成更高质量、更具丰富性的个体道德人格。德育对个体人格的这种促进功能即是所谓的德育之个体发展功能的实质。

个体发展功能的发挥应注意两个问题：（1）必须充分尊重道德学习个体的主体性，否则就会阻抑这一功能的正常发挥；（2）品德发展实质上是人的文明化或社会化，所以，必要的规范学习与价值、道德原则的学习相结合以形成社会理性，乃是个体发展功能发挥的重要内容。

规范往往表现为一种道德他律，社会理性则表现为一种自律，但是他律、自律的道德仍然是共具一种外在性。稍稍品味一下"义务""良心"这两个词，我们就会发现，前者是一种外在的责任，后者仍然有一个社会理性转化而来的超我（容体性的我）在命令道德主体。"凭良心做事"，良心的命令中主体仍然是不自由的。真正的道德应该是自由的，而自由的道德发自"本心"而非"良心"。何谓人的本心？孟子说的"人皆有恻隐之心"是也。人作为社会动物，社会性遗传使即使是婴儿的个体也具有向善求善的本能，这就是所谓的道德的精神需求。当我们讲道德的生存价值时，是侧重其客观效果的维度，一旦以偏概全，认为道德的功利效果就是它的本性，那是对道德需求精神性的抹杀。正是这种道德需求的精神性，才使得许多人在日常生活中，感到做奉献就是一种幸福人生而不觉得是"牺牲"；正是这种道德需求的精神性，才能使人把做人的价值放在自然生命的价值之上，做到"杀身成仁"而不"存身以害仁"……道德人格的崇高或壮美由是而生。故德育对每一个个体来说，除具发展的功能外，还具有一种享用功能。所谓德育的享用功能，即是说，可使每一个个体实现某种需要、愿望（主要是精神方面的），从中体验满足、快乐、幸福，获得一种精神上的享受。如果德育的个体生存性功能是"德—得"关系的体现，发展功能是德育对个体品德"静—动"关系作用的体现，则德育享用性功能就是德育过程中个体"苦—乐"关系的体现。

个体享用性的实质是让个体在道德学习与生活中领会、体验道德人生的幸福、崇高、人格尊严与优越，因而具有审美的性质，同时践行道德，从这一角度看，亦可谓道德人生的立美创造。所以，个体享用性发挥要求德育的将是一种审美和立美的德育模式的建立。当个体享用性功能实现时，德育过程中教与学的双方的乐教与乐学就在实质上实现了，所以，德育之个体享用性功能的实现是与最高的德育境界联系在一起的。

三、德育的教育性功能

德育的教育性功能有两大含义：一是德育的"教育"或价值属性；二是指德育作为教育子系统对平行系统的作用。

德育对智、体、美诸育的促进功能就其共性来看主要有三点：（1）动机作用；（2）方向作用；（3）习惯和方法上的支持。在动机方面，无论智、体、美育，都需要道德情感等启动和放大学习动机，同时，学习动机也需要借助德育改进其方向性、强度和持久性等质量特征。马克思写《资本论》历 40 年之久，司马迁写《史记》也用了 18 年时间，倘无持久的动机推动，这些伟业的成就是难以想象的。任何一种学习都需要高质量的动机，而动机的高质量与个人的社会责任感、品德素养直接关联。所谓方向作用，是指德育可以为个体提供价值的方向。科技的发展使人类的创造能力和毁灭能力同时得到了空前提高，因此，科技的学习和掌握、体能的提高、艺术创造等都史无前例地面临着一个十分严峻的课题：人类向何处去？个人的发展以何种价值作为向导？德育虽然无法独立完成这一任务，但的确是解决上述课题的有力武器之一。最后是习惯和方法问题。杜威说过："我们在'学习方法'的标题下讨论的关于心的种种特征，实质上无一不是道德的特征。例如，虚心、诚实、真心、远见卓识、一丝不苟、承担起赋予的社会使命——凡此种种，都是道德的特征。"这就说明良好的道德教育不仅可以对智育、体育、美育贡献动机、方向，而且可以提供良好行为习惯和学习方式、方法上的直接支持。美国学者埃齐奥尼（Etzioni）等人（1984）曾经通过实证研究指出：学生自律、价值学习方面的得分高，其学业成就测验成绩的得分也高。应该说这一结果可以视为德育的教育性功能之一的证明。

综上所述，所谓德育的教育性功能，实际上是指德育在完成教人做人的总目标和支持智、体、美诸育具体任务的完成这两个方面的实际作用。

德育的教育性功能与其社会性功能、个体性功能有密切的联系，但却不是从一个维度观照的结果。比如我们讲德育为个体的学习提供方向与德育的政治功能等有一致处，但前者重在学习动机与目标，后者重在成品化之后的德育对象的实际政治作用。再如讲德育个体发展功能时，我们自然会想到德对智、体、美诸方面发展的促进，但德育的教育性功能重在说明德育对智育、体育、美育的促进，重在育的效果而不在育的内容。因此，要完整地描述德育的功能，坚持社会、个体和教育性三大维度是实事求是的态度。

德育应在其全过程中逐步实现和不断发挥这种个体的享用功能。道德教育不仅要使人感受到掌握与遵循某种道德规范对自身来说是一种约束、一种限制、一种牺牲、一种奉献，而且应当使他们从内心体验到，从中可以得到愉快、幸福与满足，得到自我的充分发展与自由，得到唯独人才有的一种最高享受。这种对道德享用价值的内心体验，需要在德育过程中不断深化与提高，德育更使儿童从小就能因其道德的行为（亲社会行为）而得到赞许、表扬、肯定，从中产生积极、快乐的情绪；德育还要使儿童、少年从能使他人得到快乐与满足的道德行为中体验到自我满足与幸福；德育还要进一步使少年、儿童从有利于集体的思想行为中获得荣誉和尊重，产生自我肯定的深刻体验，满足其在群体中的归属感与安全感等需要；德育还要更进一步地使个体从自身道德的发展、道德人格的完善中获得一种自我提升的满意感、满足感；在人的发展最高层次上，德育要使人们从其道德理想、道德信念的实现中，获得一种崇高感，体验到一种最大的幸福，感受到一种最高的享受。

只有使道德教育的自我享用功能不断得到提升与发挥，才得以使教育把各种道德规范的遵从逐渐从他律转变为自律；使他们不是把各种道德规范视为约束与限制，而当作自我肯定、自我发展的需要；使他们不是把道德、道德教育视为一种异己的力量，而成为自身的主动追求，是一种与自身不断完善化、理想化相一致的力量。

第四章　德育对象与德育主体

第一节　道德教育的可能性

道德教育的可能性即是问："德育何以可能？"这实际上包含三个问题：第一，"道德"或"德性"是可教（可以通过教而学会）的吗？第二，如何理解"教"？第三，"道德"为何可以教给儿童？或者，德育对象为什么可能接受道德教育，是否具有"可教性"？

一、"道德"是可教的吗

众所周知，这是古希腊时期曼诺（Menon）向苏格拉底提出的问题。苏格拉底是以"美德即知识"的命题而著名的。在苏格拉底看来，没有人喜欢或追求恶，作恶的主要原因是对善的无知。科学的真知和道德的真知都是智慧或知识，道德的知识不过是知识的一部分。一个真正有知识的人，他的灵魂一定是智慧的。一个拥有真正智慧的人，他的灵魂就一定会将他引向正确的行动。有善的灵魂就不会做出不道德的事，相反，则可能纯系偶然、伪善或好心办坏事。自然，苏格拉底的结论是：美德是可教的。

如果美德的确如苏格拉底所言是一种"知识"或者知识体系，从学科教学的角度去看，就是可以传授的，诸如正义、勇敢、节制等的德育知识可以通过概念的界定去明了和学习。但是美德又不仅仅是知识，它可以是"知识以外"

的东西，是一种人们践行道德的"识见"。这样，美德就不可能仅仅通过德育的说教与学习获得。因此，在《普罗塔哥拉斯》中，苏格拉底也曾提出过"美德不可教"的命题。

所以"道德"是否可教的问题，从另外一个侧面看就是如何理解"教"的问题。关于道德不可教的结论，我们认为也可以修正为应当正确地理解道德教育之"教"的内涵——道德教育是有别于一般学科教学的复杂形态的"教育"。

道德不仅是知识，还是情感、意志与行动，所以单靠讲授与听讲是不能完成道德学习的全部任务的。杜威曾经提醒我们注意区别作为品性一部分的"道德观念"和作为纯粹道德知识的"关于道德的观念"："关于道德的观念，关于诚实、纯洁或仁慈的见解，在性质上是不能自动地使这些观念变为好的品性或好的行为的。"但是，道德品性的个体生成又是在一定的价值情境或价值影响中完成的。事实上，即使是道德直觉之类的道德素质也不是一成不变、不受教育和环境的影响的。道德教育之"教"，如果理解为直接道德教育、间接道德教育及隐性课程的统一，教授、学习与实践的统一，道德之知、情、意学习的统一，则道德是可以"教"的。如果这样理解道德教育，我们就应当认为，道德是可以教的。

道德是可教的，基本上是所有教育家的基本假定。中国德育也一直有肯定的回答，《大学》中开宗明义地说："大学之道，在明明德，在亲民，在止于至善。"王夫之则言："天无所不继，故善不穷；人有所不继，则恶兴焉。""教者皆性，而性必有教，体用不可得而分也。"这些都是我国德育坚持正面德育传统的重要依据。道德可教，那么接下来的问题就是：从受教育者角度言之，德育对象有接受道德教育的可能性吗？

二、"新性善论"是现代德育理念的基础

概括地讲，现代德育首先是讲主体性的德育。虽然"德育主体性"概念的内涵与"教育主体性"一样丰富多彩，因而难以予以完全、准确的界定，但主体教育思想在德育中落实的最根本的要求是德育对象道德价值与规范学习之主体性的充分发挥。而德育对象主体性发挥的根本前提是承认德育对象是道德生

活与学习的主体，所以我们不能不考虑德育对象有没有接受道德教育的可能的问题。关于德育主体性，我们需要回答的问题有：第一，学生是不是道德生活的主体？如果是，他们从什么时候开始"成为"了道德生活的主体？第二，德育对象与"外在"的道德价值与规范体系之间是一种什么样的关系？

有一种观点认为，德育对象一开始没有或没有多少主体性，主体性是到一定年龄后才慢慢具有的。也就是说，儿童一开始并不是道德生活的主体，只是到了某一天他突然成了道德生活的主体。但是，这种观点有一个致命的逻辑问题，那就是：从零里是长不出任何东西的。此外，他们也无法回答儿童什么时候才突然成为道德生活的主体的这样一个问题。

事实上，道德生活的起点并不是零，儿童从一开始就是道德生活的主体。简而言之，由于人类整体社会实践的作用，祖先们无数次的道德操作实践会在文化心理的道德形式方面有所遗传，形成孟子所讲的不思而虑的"良知"和不学而能的"良能"或"善端"。这种先天的心理图式的存在决定着即使是 0 岁的婴儿也不等于道德上的"白板"，德育对象一直是道德生活的主体，一直以自己的方式生活于道德之中，理解、掌握、运用着道德规范。不能说儿童在什么时候突然变成了道德生活的主体，因此教育工作者必须承认儿童具有先天的道德禀赋，德育过程或价值引导情境中儿童道德的学习过程并不是由外而内，而主要地是由内而外的过程。换言之，道德教育有表象或形态上的"转化"问题，但本质上却是内发、生长或建构的过程。道德教育的原点或对于德育对象而言，道德教育的可能性就是对这一道德学习个体"生长""生成"或"建构"过程本质的承认。当然我们应当同时说明的是，文化心理的遗传只解决了道德心理的形式方面，一个具体道德的学习过程必须使这一心理形式与特定的道德文化相结合，即实现道德学习主体对特定价值环境的操作，以完成其道德心理的真正"建构"。

何谓"新性善论"？就是用辩证唯物主义解释的性善论。孟子说："人皆有不忍人之心。""今人乍见孺子将入于井，皆有怵惕恻隐之心……无恻隐之心，非人也。"（《孟子·公孙丑上》）过去我们认为这是唯心主义、先验论，但是时代发展到了今天，儿童具有先天性道德禀赋的事实实际上已经得到了许多心理学理论的证实。认知学派说的图式、格式塔学派讲的格式塔、马斯洛讲的超越性需要都具有先天性，移情实验也证明儿童有先天的社会移情能力，所以我们可以也必须对"性善论"做出新的解释。我们认为，由于人类整体社会实际的作用，人类个体已经先天地拥有某种对个体来说是先验但对人类整体实践来说是后天的社会性心理文化结构的遗传存在。这一社会性遗传不是说道德教育不重要，而是说它提供了我们道德教育的可能性。正是由于先天的道德禀赋存在，道德教育才能有发掘、发扬光大这一禀赋的可能。当然这也是我们从一开始就必须尊重教育对象的重要理由之一，这就是我们所谓的"新性善论"。

"新性善论"是德育主体性发挥的前提之一。因为我们一旦承认道德教育的对象一开始就是道德生活的主体，就可以比较轻松地回答第二个问题——德育对象与"外在"的道德价值与规范体系之间的关系，就只能是一个主宰与工具、生长着的主体与其生长环境之间的关系。德育所能做的事情其实很有限，它只能是提供一种有利于道德生长的价值引导环境而已。

从表面看，任何人都不会否定德育对象主体性发挥的重要性，但德育对象主体性发挥的前提乃是首先承认他是一个"主体"，所以中国德育尚须在德育过程观上实现从"转化"理论到"生长"或"建构"理论的范式变革。在这一前提下，我们要做的主要工作有两个方面：第一，作为道德生活的主体，儿童道德生活及其发展的具体内容是什么？我们必须有透彻的理解。从皮亚杰到科尔伯格的主要贡献在于将道德教育的原则建立在儿童道德认知或道德判断的发展水平之上，贡献巨大但又远远不够。如果道德生活不只是认知，那么道德的教与学就不能止于道德认知。了解不同年龄段学生作为道德生活主体的生动特性乃是因材施教、发挥其主体性的最大前提。第二，我们必须努力清除"转化"或宽泛意义上的"灌输"理论留下的障碍。这些障碍首先包括：内容上，必须对德育内容进行清理，清除那些没有任何证据的"教条"（doctrine），还德育对象一个开放因而可以自由选择的价值空间；方法上，摒弃强迫和反理性的教育方式，让德育对象依据自己的理性和情感做判断，而不是越俎代庖代做结论和排斥学生的道德批判，以"消灭异端"为快。

第二节 德育对象的道德发展与道德教育

关于道德发展，西方心理学的研究很多。概括地讲，影响最大的主要有三大流派：情感发展方面的精神分析理论、行为发展方面的社会学习理论和认知发展方面的道德认知发展理论。

一、精神分析理论

精神分析理论的典型代表之一是弗洛伊德（1856~1939）。弗洛伊德认为，人格中有本我（id）、自我（ego）和超我（superego）三个层面，新生儿只有本我。本我主要由无意识的性本能和攻击本能组成，按照快乐原则行事，其核心是即时性的个人满足。在个体生命的头两年中，本我中逐渐分离出自我。自我努力满足本我的需要，但是它与本我不同的是，它行事时会把周围环境的现实情况纳入考虑范围，按照现实原则行动。超我大约发生在 5 岁时。超我合并了社会的价值观念与标准，这些标准通常由父母传达给儿童。超我由良心和自我理想两部分构成，它抑制本我的冲动，使自我采取较高的道德标准。人的一切行为都是三个层面之间的矛盾冲突的结果。道德是通过超我的发展而获得的，就是说儿童是借助于父母、教师等力量，通过"自居作用""纳入"机制将社会伦理规范加以内化而形成的。在不道德的动机形成时，会由于超我也就是良心的压力而产生情感上的不安。弗洛伊德将人格发展分为口唇阶段（1 岁前）、肛门阶段（2~3 岁）、男性生殖器崇拜阶段（3~5 岁）、潜伏阶段（6~12 岁）、生殖阶段（成人阶段）。每一个阶段都有一个动欲区与之相联系，解决方式的不同会影响人格发展。例如停留在口唇阶段的人会易于上当，因为他"吞咽"所有的东西；也可能形成挖苦、讽刺等特征。肛门阶段会使人或者慷慨大方或者吝啬、小气。男性生殖器崇拜阶段可能出现恋父情结和恋母情结等，停留在这一阶段的男性表现出父亲的特征如鲁莽、男子气概等，女性则可能乱交、勾引男性或相反，使男性苦恼，表现出伤害、欺骗男性的特征。潜伏阶段的儿童的性欲权利被移置为一些替代性活动，如学习、体育、同辈团体的活动等。生殖阶段儿童可能由一个自私的、追求快感的孩子转变为一个导向选择配偶、享受性爱、抚养子女的现实和社会化的成人，但条件是通过精神分析疏浚掉早期经验残余或解决所谓的固结（fixation）问题。口唇阶段、肛门阶段、男性生殖器崇拜阶段被弗洛伊德称为前生殖阶段（pregenital stages），弗洛伊德认为，一个人的性格基本上是在这三个阶段结束时形成的。

精神分析理论的主要关注点在情感方面。这一理论的突出之处在于强调父母对儿童的感情影响，以父母为榜样意味着继承父母的道德情感。所以幼时父母的行为方式、赏罚方式会极大地制约儿童的人格与道德发展。但是正如已有的对于精神分析理论，尤其是对弗洛伊德的批评所揭示的那样，精神分析理论对人格与道德发展的分析过于武断和简单——尽管它是有强烈的启发性的。

二、社会学习理论

社会学习理论是一个受行为主义影响但又有所进展的心理学派，所以有人称他们为新行为主义学派。班杜拉就是他们的代表。

社会学习理论的主要观点是，儿童只需通过观察学习就可以获得大部分的新行为。这一过程实质上是一种"替代强化"。儿童可以通过替代强化去习得道德行为。环境、社会文化以及成人榜样直接影响儿童的道德形成和发展。如果充分利用这样一些条件和方法，鼓励儿童的正确行为，抑制其不良习惯，将有利于学生的道德成长。

社会学习为了证实自己的理论，曾经做过大量有说服力的实验。这里只列举两个比较著名的实验。

一是班杜拉和麦克唐纳关于模仿学习的实验（1963～1968）。他们选择了一些道德判断故事，然后经过初测选择三个等组的5～11岁的儿童进行实验。第一组，当儿童对故事所做的道德判断比初测时稍有进展就予以积极强化；第二组，在儿童做道德判断时除了给予积极强化之外，还有一个成人同时做道德评价方面的榜样；第三组与第二组情况基本相同，但成人不给儿童判断以积极强化。经过一段时间的训练后，对这些儿童进行再测，结果是：初测时水平相等的儿童在判断上有显著的差异，第二、三组儿童的成绩远远超过第一组，第二组略高于第三组。这一实验证明，强化的作用远不如成人榜样对儿童的影响。研究者认为，儿童道德判断不像皮亚杰等人所说的那样有那么多的年龄差距，而重要的是个体差异——它来自于不同的社会学习和不同的成人榜样的影响。

二是沃尔特斯等人所做的抗拒诱惑实验（1963），目的是证明抗拒诱惑的能力可以通过榜样学习而增强。实验组挑选了一些所谓下层阶级的 5 岁男孩进入一间放有玩具和字典的房间，让他们参观，但提醒他们"这些玩具禁止玩，但可以翻看字典"，然后将儿童分为三组。第一组儿童看一部短片，影片中男孩在玩一些被告知不准玩的玩具，不久男孩的妈妈进来，夸奖他并和他一起玩。第二组与第一组情况大体相同，但男孩的妈妈进来后严厉训斥儿童，男孩显出很害怕的样子。第三组，是控制组，即不看电影，最后让儿童回到原来的房间单独待 15 分钟，通过单向显示屏观察。其结果是：第一组儿童很快就屈从于诱惑，在 80 秒后即开始玩玩具；第二组儿童抗拒诱惑时间最长，男孩可以克制自己 7 分钟，最高的能坚持 15 分钟；第三组儿童则平均坚持了 5 分钟。研究者认为：榜样的"替代强化"作用很大程度上影响了儿童对诱惑的抗拒。

社会学习理论的特点是从外在行为习得的角度研究人格与道德发展，其有说服力的实验研究对于我们正确认识和改进家长、教师的行为以及完善、优化德育环境等都有非常大的作用。社会学习理论的缺点是缺乏对儿童道德发展阶段性的必要关注，同时对儿童的认知结构在行为学习过程中的作用关注不够。

三、道德认知发展理论

这一理论以皮亚杰、科尔伯格为代表。

皮亚杰是著名的瑞士心理学家，其一生最大的贡献是创立了发生认识论。他通过儿童心理学尤其是儿童智慧心理学的研究强调主体认知结构在认识形成中的重要作用，并以不同水平的认知结构作为划分儿童认知发展阶段的依据。皮亚杰认为，儿童心理发展的一个新水平是许多因素的新融合、新结构。在环境和教育的影响下，儿童的动作图式经过不断的同化、顺应、平衡，形成不同的心理结构，构成不同的心理发展阶段。

皮亚杰认为儿童认知发展的阶段是：感知运动阶段（0～2岁）、前运算阶段（2～7岁）、具体运算阶段（7～11岁）和形式运算阶段（11～15岁）。在道德发展阶段理论方面，皮亚杰于1930年发表了《儿童的道德判断》一书，认为，儿童的道德发展可以从其对规则的理解去划分为这样四个阶段——第一阶段是6岁以前，儿童处于纯粹的"自我中心主义"阶段。儿童还不能将自己同外界区别开来，将自己与外界混为一谈。这时他即使能够接受规则，也不能真正理解规则的意义，不会按照规则行事。第二阶段是所谓的"权威阶段"或他律阶段（6～8岁）。儿童的道德判断具有强烈的尊重规则的倾向，但是这些规则又都被理解为权威人物制定因而是只能服从、不能违背的。儿童倾向于客观责任、服从的公正、抵罪性的惩罚，只看结果不问动机。第三阶段为"可逆性阶段"（8～10岁）。由于已经在认知上进入具体运算阶段，思维具有可逆性、守恒性，这一阶段的儿童开始认识到，规则并非一成不变的东西，而是由伙伴间约定，因而是可以改变的。第四阶段是所谓的"公正"阶段，这要到10～12岁左右才能达到。这一阶段的儿童对规则的认识开始从可逆性转移到公正性，从权威性到平等性。儿童认为公正、平等应当符合个人的特殊情况，公正感成为道德情感领域的一个核心。皮亚杰认为促使儿童由自我中心向他律道德和自律道德转变的关键是儿童的社会交往，儿童通过社会交往和社会合作形成真正意义上的道德观念。

科尔伯格认为他律、自律阶段的划分过于简单，依据的范畴也不充分。他用两难故事法研究儿童在30个道德观念（维度）上的道德发展，提出了著名的三种水平六个阶段的道德发展阶段理论。以下是科尔伯格对道德发展阶段的划分。

水平I：前习俗水平（preconventional level）

这一水平的道德观念是纯然外在的。儿童为了免受惩罚或赢得奖赏而服从权威和权威规定的规则。这一水平包括两个阶段。

阶段1：服从和惩罚的道德定向阶段。儿童只根据后果来判断行为的好坏。他们为了免遭惩罚而听从权威人物的命令，尚未具有真正意义上的准则概念。儿童"不参与"某种行动不是因为他意识到这一行动是坏的，而是因为权威的作用；判断过错的标准不是行为本身的性质，而是遭受惩罚或造成破坏的程度。

阶段2：朴素的享乐主义或功利主义定向阶段。这一阶段的儿童为了获得奖赏或满足自己的需要而尊重规则。假如对自己有好处，为别人服务就是"对"的。"你对我好，我就对你好"是这一阶段的指导思想。这是一种低级的、实用主义的对等观念。但儿童对过错的严重与否的判断已经开始部分地根据行为者的意向来进行了。

水平Ⅱ：习俗水平（conventional level）

这一水平的主要特点是个体着眼于社会及其希望考虑问题，认为道德的价值在于为他人和社会尽义务，以维持社会的传统秩序。它包括阶段3和阶段4两个阶段。

阶段3：好孩子定向阶段。处于这一阶段的儿童在进行道德评价时总是考虑到他人和社会对一个"好孩子"的期望和要求，并以此为标准展开思维和行动。

阶段4：尊重权威和维护社会秩序定向阶段。处于这一阶段的儿童更加广泛地注意到维护普遍的社会秩序的重要性，开始强调每个社会成员都应当严格遵守全社会共同约定的某些行为规则，亦即强调对法律和权威的服从。

水平Ⅲ：后习俗水平（post conventional level）

这个水平的主要特点是个体不仅认识到尊重规则的重要性，而且开始认识到法律、规则的人为和相对的性质，会考虑到诸如全人类的正义、个人的尊严等形成超越法律和规则的普遍原则。它包括5、6两个阶段。

阶段5：社会契约定向阶段。这一阶段的个体不再把规则、法律看成是死板的、一成不变的教条，而是认识到规则是人为的、灵活的，是一种民主的、"契约"性的东西。只有那些经过民主程序、符合公正原则的准则才是可以被接受的；强加于人的、不符合大多数人利益的法则都是不公正因而应予拒绝的。

阶段6：良心或普遍原则定向阶段。这一阶段个体已经认识到了社会秩序的重要性和维持社会秩序可能的弊端，因而看到了社会规则、法律的局限性。个体开始基于自己的良心或人类的普遍价值标准判断道德行为，形成自己的道德哲学。

此外，科尔伯格通过上述研究还提出了以下几点结论：

1. 儿童道德判断力的发展在10岁前大多处于第一种水平；13岁以后半数处于水平Ⅱ，只有极少数人进入第三水平；16岁以上30%进入水平Ⅲ。

2. 儿童道德发展阶段的次序是固定不变的（与思维发展有关），但对每个人来说，时间有早有迟（与文化背景、社会交往有关）。

3. 要促进儿童的道德发展，必须让他不断接触道德环境和道德两难问题，以利于讨论和展开道德推理方面的练习。

道德认知发展理论对道德认知能力的发展及其阶段性的研究大大推进了我们对德育对象的道德发展实际的认识。但是认知只是道德发展的一个侧面，要真正了解德育对象的发展实际，需要我们有更为全面的认识。

以上是我们对道德发展阶段的一种概括性的描述，这一理解应当与道德心理发展的具体研究成果的掌握结合起来。最后，我们需要强调的是，一般的道德发展阶段应当与每一个体的实际发展、个性等结合起来理解，否则，道德教育就会走向道德发展上的年龄主义和教育方式上的教条主义。

第三节　德育对象的个性实际与道德教育

一、个性与德育

所谓个性，心理学解释为"一个人的整个精神面貌，即具有一定倾向性的心理特征的总和"。它主要包括个体的意识倾向性和个性心理特征两个方面。

个体的意识倾向性在一定意义上是与"需要"密切联系的一种"动机性"的心理形态，包括个体的兴趣、爱好、动机、目的、理想、信念、自我意识、人生观、世界观等。以上个体意识倾向性因素有的与道德品质是交叉概念，甚至就是道德品质的组成部分（如理想、信念、人生观等），有的与道德发展相平行，但关系密切（如兴趣、爱好、自我意识等）。在一定意义上说，个体倾向性因素的发展水平往往也可以理解为个体道德品质的水平指标之一。个体倾向性因素对道德活动的主要作用可以概括为唤起作用、定向与选择作用和强化作用等几个方面。所谓"唤起作用"是指个体的意识倾向性，具有唤醒个体道德判断、抉择、行动冲动的始动功能。"定向与选择作用"是指个体意识倾向性会使个体的行为具有一定的目的性，依据主观愿望去实施行动达到目标。"强化作用"指由于倾向性因素的动机作用，主体可能使道德行为具有某种情绪色彩，从而能够对自己的行动进行组织与强化，使活动能够顺利完成。当然，反过来，道德学习、道德品质的提高也会对个体意识的倾向性有一定的调节作用。

个体意识倾向性因素是发展和有阶段性的。心理学的相关研究已经提供了一些有关个性发展阶段性特征的成果，以下介绍几个与道德教育关系最为密切的方面。

动机方面。婴幼儿时期是道德动机的萌芽期，幼儿晚期到小学阶段是道德动机的形成期，而到了青少年阶段，道德动机的水平与复杂性逐步提高。总的说来，儿童与青少年的道德动机的发展趋势是：从生理性到心理性、从本能性到社会性、从缺失性到存在性、从外在到内在、从具体到抽象、从直接到长远。

理想方面。婴幼儿阶段的理想、信念等尚处于朦胧期，少年期儿童的理想大多是一些具体形象，只是在特定情境中，道德理想才能与一定的生活现实相联系，只是到了青年初期才开始出现概括性的道德理想，与现实生活建立经常性联系。此外，少年期心理具有动荡性特点，道德理想也较易发生变化，青年期个体的理想往往与能力、兴趣、认知水平结合在一起，具有较大的稳定性，因而不易改变。

人生观方面。人生观萌芽于少年期，形成于青年初期。小学阶段儿童开始关心人生的意义，但还不能形成真正意义上的人生观。中学阶段是学生人生观形成的关键时期。我国学者对初一到高二年级学生人生观发展的研究表明：青少年对人生意义的理解和对某些正确人生观赞成的比率随年级升高而增高。但对命运是由天命还是实践决定之类问题的回答中，高二学生赞成由天命决定的比率（30%）比其他年级都高。这不仅说明高年级人生观教育的必要，也证明人生观的复杂程度是随年级升高而提高的。

自我意识方面。幼儿自我评价主要依赖于他人对自己外部行为的评价上；社会情感的自我体验已经开始，但易受暗示；在行为上已经有一定的自控能力，但处于一个较低和逐步提高的水平。到了中小学阶段，学生自我意识的发展大体有三个上升期，即小一至小三、小五至小六、初三至高一。具体发展特点为：中小学生自我评价一直处于发展之中，速度较快；自我体验先快后慢；自我控制则因外部控制力与内部控制力的不同提高缓慢，呈现忽高忽低的特点。

个性心理特征是个性内容最重要的方面之一，主要包括能力、气质、性格三方面的内容，个体的道德行为会因心理特征的不同而具有不同的特点。由于气质是遗传因素影响个体道德发展的中介因素，从因材施教意义上说意义较大，我们这里予以集中讨论。

气质是一个反映心理活动强度、速度、灵活性和指向性等方面稳定性心理特征的概念。尽管现代关于气质的心理学研究很多，但是我们还是认可古希腊医生希波克拉底的四类型分类，即认为人的气质分为胆汁质、多血质、黏液质、抑郁质，不同气质的人表现出不同的心理特征。一般认为胆汁质的人直率、热情，精力旺盛，情绪易于冲动，心境变化剧烈，具有外倾性。多血质者则活泼、好动、敏感，反应迅速，喜欢与人交往，注意力容易转移，兴趣容易变换，具有外倾性。黏液质者安静、稳重，反应缓慢，沉默寡言，情绪不易外露，注意力稳定、难以转移，善于忍耐，具有内倾性。抑郁质的人孤僻，行动迟缓，精神体验深刻，善于觉察别人不易觉察的细小事物，具有内倾性。

对于气质与道德品质和道德教育的关系，正确的理解至少应当包括以下几个方面：第一，不同气质都具有优点和缺点，要用理解的态度对待不同气质的学生；第二，不同气质所具有的正面和负面发展的可能性与教育方式密切相关，道德教育应当注意扬长避短；第三，气质是遗传的，但气质也是可以锻炼和改造的。由于气质在儿童早期表现明显，所以及早对儿童进行锻炼与改造，为他们奠定形成良好品德的基础是十分必要的。

二、德育中的"因材施教"

从个性与德育的关系角度去看，德育过程中的"因材施教"至少应当包括以下几点内容：

第一，应当根据个性实际进行道德教育。首先，我们知道，个体意识倾向性因素有一个逐步发展的过程。不同阶段德育对象的个性特征可能具有阶段的共性，但应当依据这些年龄阶段的个性实际去开展对不同阶段的道德教育。其次，由于每一个个体的个性心理特征各不相同，应当依据不同类型的能力、气质、性格特征进行教育策略上的调整；再次，每一个德育对象都是独一无二的，是不同阶段与类型的混合，应当依据对象的综合实际，而不是按照心理学、教育学规定好的类型或阶段实际按图索骥地开展德育活动。

第二，应当对道德任务的难度做适当的安排。因材施教原则的实质是要合理安排教育内容或任务的难度，动机心理学上有所谓的耶尔克斯·道得逊（Yerkes Dodson）定律，即是说任务容易，增强动机效果提高，而不断增强任务的难度，最佳动机水平就会减低。所以，我们既不能过高也不能过低估计儿童的个性发展水平，而是应当在"最近发展区"的理念指导下创造儿童道德发展的最佳条件。

第三，应当做到德育与"心育"的统一。从个性与品德的关系可以看出，个体的意识倾向性会影响个体道德判断与行为的发生，个体的个性心理特征也制约着道德行为的表现形式。此外，从道德问题复杂性的分析也不难看出，许多道德问题往往与心理问题尤其是个性及其发展的阶段性联系在一起，比如青少年的吸烟、早恋等问题就与他们的心理发展阶段有关。这些问题的解决需要认识上的全面，也需要措施上心育与德育的结合。

第四，应当根据个体特定情境的全部个性实际去实施因材施教的德育。德育过程中的因材施教首先应当包括个性发展的阶段实际，也应当包括个性心理特征方面的实际。但是需要说明的是，以上我们所讲的个性主要是指心理学意义上的个性，德育过程中的个性最好理解为德育对象道德发展过程中的全部"个体性"。这样说是因为我们认为后者可以包括更多的德育对象的实际。德育工作者应当对具体德育对象的具体的"个体性"实际有透彻的了解，并在这个基础上进行德育。

以上我们讨论的是德育对象的问题。然而康德说："人只有靠教育才能成人。人完全是教育的结果。更可注意的是，只有人才能教育人——换言之，即只有自身受过教育才能教育人。"康德所言的这条原则对道德教育来说尤为重要，因为社会学习理论等早已揭示，教育者的人格是学生进行价值学习的关键性中介。离开作为德育主体的教师和其他教育工作者谈学校道德教育是不可思议的事情。

第四节　德育主体

一、德育主体的概念

（一）谁是德育的主体

谁是教育的主体？谁是德育的主体？这是教育和德育理论中争议极大的一个命题。20世纪80年代以来，中国大陆关于教育主体问题存在着"单一主体论"（教师主体或学生主体）、"双主体论"（教师和学生都是主体或互为主体）、主体转化（教师开始是主体，然后学生逐渐成为主体）等对于教育和德育主体的不同论述与讨论。

不同主体理论之所以出现，最主要的是关注我国教育活动中忽视学生主体的理论和实践所带来的问题，从而对单一主体中教师主体的怀疑和否定的结果，其实质就是反对传统教育观念中的"教师中心论"，本身具有十分积极的意义。

但是，对教师作为整体教育活动的单一主体的怀疑和否定也有一定的问题。比如将学生视为单一主体，固然有尊重学生、符合教育规律的一面，但是由于学生只能视为学习过程的主体，全部教育过程中学生作为主体的作用是建立在教师主体性发挥的基础之上的事实使这一结论难以成立。而双主体或主体转换理论表面上似乎更加全面，实质上是回避而非解决了谁是教育过程（作为一个整体）主体这样一个命题，逻辑上是有缺陷的。

虽然应当注意吸收学生主体、双主体及主体转化理论对学生主体的强调，即我们应当将学生主体性发挥作为教师主体性发挥的核心或本质去看待，但是我们也应当坚持教师是整个教育或德育过程的主体。所谓"将学生主体性发挥作为教师主体性发挥的核心或本质去看待"至少有三种意味：第一，整个教育过程的特点之一是存在一个包含于其中的主体性的实践活动——学生的学习活动，因而必须承认教育对象本身也是（学习活动的）主体这样一个事实；第二，教师作为教育或德育主体的主体性需要教育对象主体性发挥为前提、为检验的尺度，即教育主体性发挥有或无、多或少，均需在劳动对象的主体性发挥中才能得以证明；第三，教育、德育活动在劳动形态上的确是师生"主体间"的活动，因而教师的教育主体性发挥也应具有"主体间性"的特征。以上三点构成了对于教育主体特殊性的说明，但这一说明不能否定教师作为整个教育活动主体的基本结论。这样，我们就既能照顾到教育活动整体中教师主导作用的经验事实，也能够充分考虑学生在教育活动中的中心地位。这是一种教师主体论，所以是"保守主义"的；但由于这又是否定之否定之后，充分考虑、吸纳了对学生主体性发挥的积极意义的结论，所以谓之"新"保守主义。

"德育主体"实际上就是在德育过程中以充分注意道德学习主体性发挥为自己道德教育活动最大主体性目标的道德教育工作者——教师。

（二）德育主体的两种形态

从历史发展和现实存在两个方面看，德育主体有两种形态，即专门和非专门的"德育工作者"。在古代教育活动中，教育即德育，所以全部教育工作者都是德育主体，德育主体当然只有一种尚未分化的混沌形态。随着社会发展对智育的强调，加上社会分工、学科分化等因素的影响，教育系统中慢慢形成专门德育学科的教学人员、咨询辅导及专门的教育管理人员与其他非德育学科教学人员的相对工作分工。所以近代以来，尽管我们认为"没有无（道德）教育的教学"，却仍然使德育主体实现了分化，出现一部分"专门的德育工作者"，而另一部分似乎是"非专门的德育工作者"（往往被误解为"非德育工作者"）的德育主体。德育主体的上述分化有着十分重要的意义，因为这一分化意味着德育工作有了值得专门关注和研究的必要，实际上是对德育特殊性的认可，也是德育主体需要专门知识、专门训练的一大理由。但是这一分化也带来了一个不容忽视的消极后果，那就是人们往往将道德教育的责任不自觉地推到专门的德育主体身上，从而忽视了非专门的德育主体应有的道德教育责任，同时，德育活动也就限定为某一些教育工作者在某些特定时间、特定场合的专门的课程，这样的认识使德育效果反而有一种由于得不到全方位支撑而下降的趋势。德育主体及其作用范围在近代以来有一种逐渐萎缩的趋势。有学者指出，由于对德育主体形态认识的偏差，我国德育已经出现了一些不良后果，如由于分工不同而忽视德育责任，德育惯于集体性模式而忽视了个性化影响，等等。

我们认为，第一，由于直接德育和间接德育都是德育的重要组成部分，隐性的德育课程和显性的德育课程一样重要，专门的德育工作者与非专门的德育工作者之间只有工作方式上或德育内容分工上的差别，而不能理解为教育责任的完全分离。所有教育主体当然都有德育的使命，都是德育主体。第二，由于道德教育专门的课程（例如课堂教学）只能解决道德教育任务很小的一部分（比如道德认知），所以课内、课外，集体性的教育和个别化的教育都是道德教育的途径，因此德育主体存在的时空不仅不能萎缩，相反应当得到进一步的拓展。

二、对德育主体作用的认识

对德育主体在道德教育过程中的地位与作用的认识，也是德育理论不断研讨的一个命题。争论的主要内容在两个方面：一是教师与学生的关系；二是在教育过程中教师作为德育主体如何呈现自己的价值。归纳起来看，大体有以下三种不同的态度。

（一）权威主义

对教师在德育过程中地位与作用的权威主义态度首先是古代德育观念的组成部分。在中国古代，最具代表性的观点是荀子的"贵师重傅"说。

荀子特别强调教师的地位与作用。他说："天地者，生之本也；先祖者，类之本也；君师者，治之本也。"天地君亲师是礼之本，"礼者，所以正身也；师者，所以正礼也。元礼何以正身？无师，吾安知礼之为是也？"正是因为如此，所以"国将兴，必贵师而重傅……国将衰，必贱师而轻傅"。从教师的崇高地位出发，荀子特别强调教师在道德教育中的价值权威和主导作用。他说："人有师法而知，则速通，"故"言而不称师，谓之畔；教而不称师，谓之倍。倍畔之人，明君不内（纳），朝大夫遇诸途不与言"，"非礼是无法也，非师是无师也"。"天地君亲师"的师道尊严观念正是从荀子开始明确地建立起来的，其对中国的教育和道德教育传统产生了巨大的影响。

在近现代，对教师在德育过程中的作用作权威主义理解的可以洛克和涂尔干为代表。洛克从"白板说"出发，认为"我们所有的知识都是建立在经验之上的，知识归根到底导源于经验"。至于道德价值和规范，"做导师的人应该随时灌输给他，应该用尽一切办法使他懂得，使得他彻底信服"。涂尔干认为教师的权威地位主要是基于两个原因：第一，学生在教育过程中自然地处于被安排的被动状态；第二，教师拥有文化和经验上的优势，自然应当对儿童产生主导性的作用。涂尔干认为道德教育中立主义的德育主体论是一种具有现代性的观念，但价值中立立场在古代德育理论中的鼻祖也许可以追溯到苏格拉底。苏格拉底总是以"无知"的态度出现在学生面前，然后引导学生积极思维，得出道德结论。

（二）中立主义

在现当代，持中立主义立场的代表有价值澄清学派中的一些代表人物和英国人本主义课程理论代表斯腾豪斯等人。

价值澄清理论认为：第一，在价值领域尽管可以接近绝对真理，"但是要绝对清晰地认识它是一个极有可能，却从未达到的目的"。第二，价值是纯粹个人的事情，因此价值观念的学习应当是学生个人审慎思考和选择的结果，而

"如果我们希望学生对那些棘手的、丰富的价值问题进行反省，就必须避免站在任何立场阻碍学生公开地反省"。拉思斯等人认为，道德教育的根本任务是通过价值澄清过程使学生掌握价值澄清的技巧，因此教师个人的价值、信念和生活方式不能影响其教学活动，尤其不能将自己的价值观灌输给学生。

斯腾豪斯则认为，现代德育的一个重要任务是要实现教师从"权威角色"向"中立角色"的转变。而所谓的中立角色意味着"教师不发表自己的意见；对学生的观点和教材中所包含的价值不予评论；可以回答诸如词的意义等问题，但不能提供事实知识"。斯腾豪斯认为，教师保持中立的价值立场不是让教师放弃自己的立场，相反，价值中立本身意味着教师拥有一种更为重要的价值观。

中立主义的价值立场的确有充分尊重学生的价值学习主体性的一面，对克服道德教育过程中的强制灌输有十分积极的意义。但是绝对中立既难做到，也并不利于进行真正的道德教育。许多德育理论家都对此有不同意见。比如科尔伯格就说："相信价值相对的教师是不能真诚地向学生传授价值的。为了教育，教师不得不相信，某些道德价值是正确的，而不管学生是否接受。"因此，中立主义的德育主体观念必须经过改造才能成为对道德教育中教师的作用和地位的科学的界定。

（三）调和的立场

由于德育主体的权威主义和中立主义观点都各有偏颇，所以很自然地出现了综合两者的"调和的立场"。这里所谓的"调和"是一个中性或褒义的概念，不是一个贬义词汇。持这一立场的代表人物有杜威、威尔逊、贝克等人。

杜威的理论常常被人理解为"儿童中心主义"，价值澄清学派等往往也正是从这一理解出发得出"价值相对，因而教师应当保持价值中立"的结论的。但是杜威本人则明确表示过他对传统教育的批评不是要否定教师的重要作用，而在于批评传统教育对儿童的忽视。他说："传统教育的问题，不在于教育者负起了安排环境的责任。问题在于他们没有考虑到创造经验的另外一个因素，即受教育者的能力和要求。""实际上，教师是一个社会团体的明智的领导者……认为自由原则使学生具有特权，而教师被划在圈外，必须放弃他所有的领导权力，这不过是一个愚蠢的念头。"在教师问题上，杜威既反对"权威"模式，也反对"放任"模式。他的真实主张是"所需的信仰不能硬灌进去，所需的态度不能粘贴上去。但是个人生存的特定的生活条件引导他看到和感觉到一件东西，而不是另一件东西；它引导他制定一定的计划以便和别人成功地共同行动；它强化某些信仰而弱化另一些信仰作为赢得他人赞同的一个条件。所以，生活条件在他身上逐渐产生某种行为系统，某种行动方向"。教师的责任在于组织、安排好这一"特定的生活条件"。"教师在学校中并不是要给儿童强加某种概念，或形成某种习惯，而是作为集体的一个成员来选择对于儿童起着作用的影响，并帮助儿童对这些影响做出适当的反应。"杜威认为"建立在个人经验的基础上的教育也许意味着比在传统学校任何时候曾经存在的成人和儿童之间的更复杂和更亲密的接触，结果是更多而不是更少地受别人指导"。杜威认为，在道德教育过程中，教师的主体作用表现在两个方面：第一，教师的工作应当以促进儿童的生长为中心；第二，教师是学生的向导、指导者、领导者，也是道德价值的学习者和活动的组织者。作为德育主体的教师应当具备的素养除了道德价值方面丰富的专业知识之外，还必须拥有有关环境条件形成经验的一般原理，懂得如何形成有利的环境促进儿童经验的生长。此外，教师还必须了解儿童经验发展的连续性，了解儿童的希望、兴趣与理想，从而能够更好地帮助学生进行价值反思与判断，提高价值水平和能力。威尔逊是一个对道德理性能力培养高度重视的德育理论家。一方面，他主张直接的道德教育，主张专门的道德教育课程设置。他认为："将道德教育作为一种附加的或边缘性课程来对待只会导致灾难。"与此相关的另一方面是，他坚决地赞同教师在道德教育中的主导作用。虽然他反对道德灌输，主张学习道德生活的方法论，但是他不反对在训练学生学习这一方法论时发挥教师的积极性，甚至他也不反对教师保持自己的价值立场，以供学生参照。威尔逊明确指出："作为教育者，使学生确实清楚我们在道德教育上正在努力做什么以及如何把道德教育作为一门学科来处理是极其重要的。"威尔逊认为，在道德教育中，鼓励和帮助学生寻找答案和答案背后的理由是一回事，而暗示根本就没有正确答案是另外一回事，任何开放的道德教育都应该承认这样一个事实：我们是为了发现真理而讨论的，也就是说，存在有待发现的价值真理。所以诚实的教师应当向儿童证明某些值得依靠的方法论和价值选择。

克里夫·贝克是"反年龄歧视论"的德育理论家。他认为，在真正的价值教育过程中，教师与学生一样都是学习者。理想的道德教育应当是师生之间的一种精神对话，是一个对双方都共同感兴趣的领域相互提出问题、共同解决问题的过程。"通过对话，学生的教师和教师的学生都将不复存在，取而代之的是一个新的术语：'教师—学生'和'学生—教师'。教师不再仅仅是施教者，在与学生的对话中，他也是受教者。反之，学生在受教的同时也在施教。他们对共同发展的过程负责。在这一过程中，基于'权威'的那些论点不再是天经地义的……这里没有向别人施教的人，也没有自己教自己的人。（人们）相互教。"贝克认为在道德教育过程中，教师的职业角色犹如一个曲棍球的教练，他自己不一定打得比队员出色，但是他由于杰出的教练技巧而受到很高的评价。教师的职业价值主要体现在他有较好的职业技巧，更主要的是他能够提供建议，帮助制定、管理实施价值教育的计划——这一计划既是为学生制定的，也是为自己制定的。贝克指出："要完全避免权威主义是困难的，但是，使我们的教学成为非权威和对话式的教学应当成为我们的理想。教师应当尽其所能地为他们的学生服务，与他们共同努力以确保对话的实现。"贝克认为，一个合格的价值教育的教师应当具备的素质是，具有丰富的专业知识和合作探究的能力和品质；要有良好的政治意识并善于向学生实施政治影响；尊重学生的理智能力和人格，保持学校和课堂的民主气氛；要不断改善自己的社会和道德品质；必须有从事价值教学所必需的技能和技巧，等等。为此，必须对从事价值教育的教师进行认真的职前和职后的培训。

我们认为，杜威、威尔逊和贝克的观点对我们辩证地看待教师作为德育主体的地位与作用富有启发性。对德育主体作用的正确认识至少应当包含以下几点：

第一，德育主体主体性发挥的核心是学习主体道德学习的主体性发挥。所以不仅要尊重学生的人格，而且应当像贝克所说的那样，以一个"教师—学生"的身份出现在学生面前，作为探索者之一来开始自己的工作。为此，教师应当做的首要工作是为学生创造一个相对自由的价值空间和心理氛围，以宽容、珍视的心情看待学生的价值探索，否则不仅不可能形成真正的道德，而且这一道德教育过程本身有沦为"反道德"过程的危险。

第二，德育主体的价值体现在对学生道德成长的引导上。教师、学校因素存在的必要，就在于能够使学习者少走弯路。教师与学生人格上的平等并不等同于地位上的对等，所以一个诚实和负责的教师不能放弃自己作为学生价值成长的引导者的使命。而所谓"引导者的使命"意味着教师不仅是学生道德成长之路上的"同志""朋友"，而且应当是学生的"指导者""帮助者"。教师有责任将自己个体和整个人类社会的道德经验提供给学生参考。保持绝对的价值中立不仅不可能，也对学生的道德成长有害。

第三，德育主体的主体性发挥的关键之一是如何处理价值引导和尊重学生之间的关系。事实上，当代社会在师生关系上采取绝对立场的人并不多，在中国，中庸的传统使我们最易接纳的立场也正是辩证或"调和"的立场。但是，教育是一门需要高度智慧的艺术。在道德教育实践中如何根据具体情况形成民主型（非权威也非放任的）师生关系，对教师而言，我们认为取决于两个要素：一个是教师作为德育主体的素养；一个是教师的教育智慧水平。智慧水平对特定个体来说是不可控的因素，另一方面又与主体素养有一定的正相关，所以德育主体性发挥的研究不能不与德育主体素养的研讨相联系。

第五章　德育目的与德育目标

第一节　德育目的及其功能

一、德育目的与教育目的

人是目的性动物。尽管近现代社会人的"机械化"使许多人自觉、不自觉地陷入了"机械论"（mechanism）的可悲境地，否认或忘却了人的目的性，但目的性仍然是人与动物的分水岭。由于有了目的，人类的活动就不再是一种无反省的动物性本能，而是一种追求理想和完美的创造性实践活动。有了目的，即有了活动的目标；有了目的，即有了反思活动得失成败并使之趋于完善的标准。作为人类自身的再生产的教育和德育活动，当然也具有各自的目的。这就是我们所要讲的德育目的与教育目的。

除非清晰确定学校教育的目标，否则为教育观念、技巧和价值所设计的具体细节便成了目的而不是手段，从而模糊了更大的目的。那么，什么是德育目的？

一般认为，教育目的是教育活动预先设定的教育结果和教育活动追求的终极目标，具体说来是教育活动所要培养的人才质量的规格与标准。那么我们也可以认为，德育目的就是德育活动预先设定的结果和德育活动追求的终极目标，是德育活动所要生成或培养的品德规格。

教育目的与德育目的之间有三重关系：第一，德育目的就是教育目的。比如赫尔巴特认为："道德普遍地被认为是人类的最高目的，因此也是教育的最高目的。"赫尔巴特的观点至今仍有许多人认同。德育目的与教育目的的这层关系是由教育的价值属性所决定的。就是说，离开德育就无法谈教育。第二，德育目的是教育目的的组成部分。教育目的具有整体性，需要分解为若干方面，德育目的是其中的一个重要方面。例如我国的教育方针要求教育应当实现学生德、智、体、美全面发展的教育目的，其中"德"的发展是重要的教育目的之一。因此，德育在完成培养健全人格的整体教育目的的过程中的地位举足轻重。第三，德育目的是教育目的的具体化。教育目的具有高度的概括性，需要予以具体化。道德发展在教育目的中只是一个概括性的项目，但在德育目的中它就必须予以较为具体的确认。这一点对于采用直接德育模式的教育来说更为明显。显然，讨论德育目的的重点在于具体地讨论道德人格的培养。

三重关系具有不同的意义。在不同的情境中，人们往往会强调以上三重关系中的某一方面，实际上，以上三重关系是始终存在于学校教育之中的。

德育目的作为一种对活动结果的期望与预设，应当具有以下几个规定性。

第一，德育目的应具有价值性。德育活动当然要完成很多方面的任务，有许多与一般教育活动相同的目标。但是德育作为一种对于学生品德成长的帮助活动，其价值属性特别突出。就是说，价值态度的改变是最要害的目标。认知方面的任务仍然重要，但是相对于价值目标来说，是工具性的目标。行为的改变也只有有价值态度的真实改变作为基础，才算是真正的"德行"。

第二，德育目的应具有预见性。作为德育活动结果的设定，德育目的确定时应已对德育过程诸因素，如教师、学生、教育内容、教育手段以及教育过程诸环节，如对道德价值与规范的认知与情感体验、道德内化、道德行为的改善等，都有预先的设想，从而全面和有前瞻性地规划德育活动。

第三，德育目的应具有超越性。德育目的的超越性主要表现为两个方面：一是由于道德本身对生活的超越性，德育目的的要求应当适当高于德育对象的现实的道德水平；二是德育目的应当适当超越日常生活，在价值目标上具有适当的时代超前性。关于德育目的应当高于德育对象的现有水平，科尔伯格曾经有过卓越的论述。他说："不管是以阶段 5 还是以阶段 6 来规定学校道德教育应达到的水平，都不要紧。但可以肯定地说，不能以比这两个阶段低的阶段的道德概念去规定道德教育的目的。"对具体的教育对象（德育目标）而言，虽然科尔伯格认为"儿童极少能理解超过其所属阶段一个以上的信息"，但是他仍然坚持："对于年幼的儿童，我们在传授道德信息时确实可能会犯水平过高或水平过低的错误，而犯水平过低的错误比犯水平过高的错误更糟糕，这是因为，在信息水平过低的情况下，儿童会失去对所传递的信息的尊重。"

第四，德育目的应具有可能性。即德育目的的制定不仅应具有超越和超前的特点，还应当考虑到社会发展及德育对象的道德发展两个方面的实际，具有实现的可能。德育目的是一种对德育对象影响的预期。德育影响作为德育主体道德建构的价值环境能否有效实现，要害在于环境的设计能否与主体的接受状态联系起来。不进入主体接受的阈限，德育目的就是妄想。此外，长远或超越性的德育目的既要有现实性，又要有实现它的具体方式，比如将目的、目标进行分解、分层等工作。

此外，由于德育活动具有强烈的价值或意识形态色彩，德育目的也具有全人类的普遍性和历史性、民族性和阶级性。

教育目的是全部教育活动的主题和灵魂。英国教育学家约翰·怀特（John White）曾经指出："除非教育工作者对这些教育目的一清二楚，否则他们培养出来的人才质量肯定会受损失。"所以教育目的对于具体教育活动意义重大。作为教育目的的一个主要组成部分，德育目的的意义当然也同样是十分重大的。这一是因为德育目的从某种意义上说就是教育目的，是教育目的的组成部分和具体化；二是因为下面我们要专门研究的德育目的对德育过程所具有的重要的具体功能。

二、德育目的的功能

德育目的有何功能？主要是对教育过程的作用和对德育对象的品德成长的作用两个方面。可以分别称之为德育目的的教育功能和道德功能。

首先，德育目的有教育功能。具体说来，德育目的对教育过程的作用主要表现为以下四点：

　　第一，导向功能。德育目的规定了道德教育活动所应培养的人的道德品质，实际上就是规定了道德教育活动的最大方向，对具体德育活动具有引导和激励的功能。学校道德教育活动是一种系统工程。一方面，它表现为有关教育制度的建立、教育规划的确定以及教育活动内容、形式及教育方法的选择等；另一方面，它又必须是各个年龄段教育的合成，是学校、家庭和社会教育的结合。无论在空间或时间维度，都必须朝向道德教育目的所指明的方向。道德教育制度的建立、教育内容的确定以及教育活动形式及教育方法的选择等都必须以道德教育目的为最高准则；同时，学前、小学、中学以及大学、大学后的道德教育以及学校、家庭和社会教育等也都应互相配合，以整体道德教育目的的达成为最高目标。作为这一整体活动方向的德育目的因此是全部德育活动的灵魂。

　　第二，调控功能。从宏观上说，德育目的对教育规划与教育结构的确立与调整等具有指导、协调的作用；从微观上说，德育目的对具体道德教育内容的安排、教育活动形式及教育手段、方法和技术的选择等有支配、协调和控制、调节的作用。在正确理解和掌握德育目的的条件下，德育主体（教师等）在制定教育规划与政策以及设计和实施德育活动的大小方案时，都会自觉地按照道德教育目的的要求行事，以克服具体德育活动的盲目性；当教育政策或德育活动偏离德育目的所规定的方向时，教育工作者也会自觉地反思和予以纠正。

　　第三，评价功能。德育活动既然以德育目的为出发点和归宿，那么，检验德育活动成功与否的最根本标准，也应是德育目的（具体说就是德育目标）。评价教育规划与政策及道德教育过程是否有效、教师德育工作成绩的高低以及在道德教育活动中学生品德成长的状况如何，虽然可以也必须有非常细致的具体评价标准，但是所有细化的评价标准的最高价值预设都来源于德育目的。德育目的是整合所有具体的道德教育评价标准的精神内核，也是德育评价的最高准则。当具体评价标准有违德育目的时，就需要对具体评价标准做出修正。其次，德育目的还有道德功能。由于德育目的是道德教育所要生成的道德人格的规格，所以它不仅对教师的道德教育而且对学生的道德学习有一定的作用。

　　第四，规范功能。所谓规范性功能指的是德育目的可以对德育对象的道德行为起规范的作用。这一作用主要表现为两个方面。首先是预防，其次是禁止。德育目的有对个体品德的正面规定，当然也就提示受教育者拒绝道德错误的方向，有防患于未然的功用。道德机制的作用，一是惩恶，二是扬善。道德教育的目的实际上也含有禁止个体从事恶行的意味。认识德育目的对德育对象的规范性功能作用是非常重要的。这是因为：其一，防止错误与恶行本身属于德育目的的内容，也是个体终生道德修养的目标；其二，对于特定阶段的学校德育来说，意义更大。例如在幼儿阶段，儿童对许多善恶的判断并不成熟，在其不明事理亦不能明事理的情况下，落实德育目的的规范性功能，告知一些对与错的概念，禁止他们做一些事情是良好行为习惯培养的重要任务。在青少年阶段，规范性功能让学生远离道德污染的环境，对其道德成长也是十分有益的。

在讲德育目的的道德功能时，有一点需要特别说明的是，德育目的的上述功能主要是隐含性、观念性的，直接发挥的作用是非常有限的，更多的功能实现需要德育目的的落实，也就是具体的德育过程去完成，否则就会夸大德育目的的作用，陷于纸上谈兵的可笑境地。

德育目的的功能可以说是德育目的的意义构成部分之一。不过，德育目的的重要还因为德育目的的具体确认并不容易。原因是：第一，德育目的可以从不同角度理解，有不同的类型与层次，全面正确地理解需要一定的智慧；第二，教育目的的确定涉及的因素很多，正确或科学的德育目的来之不易。

第二节　德育目的的类型与结构

一、德育目的的类型

由于德育目的是德育理念的根本，意义重大，所以几乎所有的德育家或教育家都会有自己的理解。同时，德育目的的设定具有很大的价值色彩。不同的价值取向、不同的理解会形成不同的德育目的观念。如果我们认真考察，会发现德育目的实际上有不同的类型。综合起来，我们可以将形形色色的德育目的从以下三个不同角度进行分类。

（一）社会本位的德育目的和个人本位的德育目的

社会本位的德育目的的主要特征是从社会利益出发界定德育目的。古代社会由于人身依附关系的维持的需要，一般说来社会本位的德育目的观念占主导地位。在中国，修身的目的主要被导引到"齐家治国平天下"的宏大目标上去，在西方则多采取神学目的论的立场。虽然不同教育思想家的侧重点会有区别，但是从总体上看，神学目的论实际上是社会本位目的论的一种表现形式。

近现代教育史上持社会本位的德育理论很多，代表人物有法国教育社会学家涂尔干和德国教育家凯兴斯泰纳等人。涂尔干就说："道德的目的即是社会的目的。合乎道德的行动就是为着集体的利益去行动……道德的出发点正是社会的出发点。""没有社会，道德就没有目的。"涂尔干认为，道德既不是为自己也不是为他人的行为，道德生活的目的只能是社会利益。从这一观点出发，他认为学校是"国家的教会"，而教师相当于"社会的牧师"。道德教育的唯一目的就是使个体实现社会化。凯兴斯泰纳是以国民教育理论著称于世的。他认为："文明与法治国家从道德集体的含义来说，是最高的外在财富。为了我们个人的道德最切身的利益，即最高的内在财富，我们必须为之奋斗。""国家公立学校的目的——也就是一切教育的目的——是教育有用的国家公民。"社会本位的德育目的理论的合理性是确认了道德教育的重要使命之一是个体的道德社会化。但是很显然，社会本位目的论的缺陷是十分明显的。首先，社会本位论者对社会的看法过于浪漫、天真；其次，社会本位的德育目的论容易导致道德教育过程中对个体的强制。

个人本位的德育目的论与社会本位的出发点是相反的。个人本位目的论认为，德育应当从受教育者的道德本性和需要出发，强调个人价值的重要，认为道德教育的目的在于提升个体的生存价值和生命质量，使之成为自主、自由的道德主体。卢梭、裴斯泰洛齐、第斯多惠、杜威以及许多现当代教育家都持个人本位的立场。卢梭认为："德育的目的在于使人成为自主自治的人。我的目的是：只要他处在社会生活的旋流中，不至于被种种欲念或人的偏见拖进旋涡里去就行了；只要他能够用他自己的眼睛去看，用他自己的心去想，而且，除了他自己的理智以外，不为其他的权威所控制就行了。"第斯多惠认为："教育的最高目标就是激发主动性，培养独立性。"杜威认为："进步教育强调学习者参加确立目的，用来指导他在学习中的活动，没有比这种观点更恰当的了。同样，传统教育不能使学生在确立其学习目的时具有积极的合作，也没有比这种缺点是更大的了。"存在主义教育理论认为德育目的应该"为每一个具体的个人服务"，教育者"不应当违反学生的意愿而勉强他去参加任何俱乐部、小队或团体活动，因为自我实现远比社会适应要真实得多"。个人本位的德育目的论具有反对道德教育上的强制灌输的积极意义，但是在德育目的上对个人强调过多会引起德育中的相对主义，有降低甚至取消德育影响的可能。道德教育的目的应当反映个人价值的重要，但脱离社会谈个人无法谈道德教育。

（二）外在的德育目的与内在的德育目的

内在的德育目的思想强调的是德性修养本身，外在的德育目的论往往强调道德教育的外在功利的结果。

《大学》中说："自天子以至庶人，一是以修身为本。"蔡元培说："圣人之道德，自其德之方面言之，曰'仁'，自其行之方面言之曰'孝'，自其方法之方面言之曰'忠恕'。"道德教育的目的在于培育"仁人"，这是从内在目的论立场出发的结论。但是道德教育的目的不能仅仅局限于内在的目的。因为修身的最终目的在于正确处理人际关系，有其贡献社会与他人的一面。中国古代教育在强调修身的同时，始终强调"治国平天下"的目标。一些教育家还特别注意到德育的生活目的。例如清代教育思想家王筠就说："功名、学问、德行，本三事也。今人以功名为学问，几几并以为德行。教子者当别出手眼。应对进退事事教之，孝悌忠信，时时教之……设命中无功名，则所学无可以自娱，无可以教子，不能使乡里称善人，友士称博学。当此时而回想数十年之功，何学不就，何德不成？今虽悔恨而无及矣！"所谓"乡里称善人"实际上是着眼于外在的评价。道德教育之外在目的论思想实际上一直延续至今。许多国家的德育目的往往都是从国家对公民的道德要求出发确定的。从国家、社会的立场出发似乎无可厚非，但是如果道德教育只有外在的目的，这一目的往往很难实现，而且有导致道德功利主义的危险。这一危险在中国的表现是许多人可以讲许多政治上的大道理，但是基本为人却为人所不齿，这显然是道德教育的病态。

（三）理想的德育目的和现实的德育目的

如前所述，所有的德育目的论都有超越的性质，但是在超越的程度上却是有区别的，这样在德育目的的界定上就出现了理想的德育目的论和现实的德育目的论的相对分野。

日本教育学家小原国芳曾经指出："所谓善，就是要无保留地服从全人格的命令。造就服从统一命令的人必须成为道德教学的目的。"而他所谓的服从统一命令的全人格的人"道德的纯洁性如雪一样白而又白"。毫无疑问，正像他在整体上认为道德教育的终极是宗教一样，德育目的的最终指向也就是趋近于神的理想人格。中国古代的道德教育一直以圣贤人格的养成为最终的目的。朱熹说："人须当以尧舜为法，如射之于的。箭箭皆欲其中，其不中者，其技艺未精也。"这也是一种理想的目的逻辑。理想的德育目的论往往具有人格上提升的重要作用，但是理想的德育目的如果不与具体、现实的德育目的结合，往往容易导致因要求过高而无法在道德教育的实际中落实。

现实的目的论倾向于较为接近生活现实的德育目的。法国思想家爱尔维修认为"优秀的爱国者始终是很少的，始终正直的公民是很少的"，所以"道德科学的根本原则"应当"归结到肉体的感受性这个简单的事实"。他主张德育目的就是要"给予青年人一些明确的、健全的道德观念"。德国教育家裴斯泰洛齐也认为道德教育的目的在于养成独立、自主、善行、牺牲、慈爱等基本德性。当代德国教育学家鲍勒诺夫有感于二战后德国社会的精神危机，将道德划分为"高尚道德"和"朴素道德"，主张从现实社会出发设定道德教育的目标，并在此基础上追求高尚的道德。现实目的论有利于纠正道德教育过高的要求所导致的弊端，一些教育家如鲍勒诺夫实际上也注意到理想目的与现实目的的辩证关系，但是如果我们过分强调德育目的的现实性，也会导致道德教育庸俗化的结果。

以上三类德育目的论的划分实际上是从价值取向上进行的逻辑分析。也有人从德育发展史的角度将德育目的分为神学目的论、社会本位目的论、个人本位目的论及实践目的论等。不过，从价值取向上的划分具有更大的教育目的认识上的反思意义。我们研究不同的德育目的论的目标在于正确确定以及理解现实的学校德育目的，而具体德育目的确定的前提之一是不同价值取向之间的平衡与张力的取得。

二、德育目的的结构

德育目的的结构就是德育目的的组成部分及其关系，实际上有两类含义，首先是德育目的的组成，其次是德育目的的层次。

我们知道，道德教育的目的简单地说就是对教育所要培养的人的品德的规定。但是，何谓"品德"？不同的教育理论往往有不同的解释。中国国内有两种影响较大的理论。一是班华教授关于品德的"三维结构说"。班华认为，品德是由品德心理形式维（道德认知、情感、意志等）、品德心理内容维（含道德立场、观点等）、品德心理能力维（道德能力、策略等）组成的。二是林崇德教授的"三子系统说"。林崇德认为，人的品德结构主要包括三个子系统：一是品德的深层结构与表层结构系统，即道德动机和道德行为方式系统；二是品德的心理过程与行为活动的关系系统，即知情意行品德心理特征系统；三是品德的心理活动和外部活动的关系及其组织形式系统，即品德的定向、操作和反馈系统。

应该说以上对品德或德育目的的理解都有一定的合理性，但是从逻辑上看，它们有交叉的地方。我们认为，道德教育的目的组成不妨借鉴最古老的解释，即理解为道德的知、情、信、意、行五个方面。所谓"知"，即对道德价值与知识的认知；所谓"情"，即道德情感；所谓"信"，是指道德信念；所谓"意"，指道德追求的执着、道德行为的意志力；所谓"行"，就是道德行为的策略、能力等。有了真正的道德的认知与情感，就有可能形成道德的信念；有了道德信念，就容易形成道德的意志；有了道德认知、情感、信念与意志，加上道德行为的策略与能力的培养，就可能形成一个完整的道德人格。因此，我们认为，道德教育的目的实际上就是要形成由知、情、信、意、行五个方面所构成的个体的品德或"德性"。当然，在知、情、信、意、行这五个要素之中，最基本的还是中外教育学家们强调最多的三个基本要素：知、情、行。

上述几种解释都要面对一个共同的课题，那就是要解决普遍的道德原则和具体的道德实践的关系问题。道德教育应当努力使学生掌握那些时间、空间上适应性强的道德原理与道德原则，这是所谓的"普遍的道德教育的目的"。但是道德的普遍原则往往会与道德情境发生矛盾，于是产生所谓"律法主义""反律法主义"和"境遇伦理学"的观点。美国伦理学家约瑟夫·弗莱彻（Joseph Fletcher）认为，除了上帝之爱以外，"其他一切律法、准则、原则、典范和规范，毫无例外都是有条件的，只有当它们在某一境遇下恰好符合爱时，它们才是正当的"。虽然境遇伦理学有道德相对主义之嫌，但是它将境遇条件加在一般道德原则之上的思想对于道德教育是十分重要的。就德育目的的思考来说，我们所应考虑的是，应当依据具体的德育情境将道德教育的目的具体化、层次化，在一般的德育目的的指引之下形成具体的德育目标以及细化的德育目标的体系——这是"具体的德育目的"。从一般的德育目的到具体、细化的德育目标的存在形成了德育目的的层次结构。

德育目的是各级各类教育培养人的品德的总的质量标准和规格要求，而德育目标则是不同性质、不同层次和不同专业学校教育所要完成的具体德育任务，甚至可以是每一个具体德育活动的具体目标。德育目的必须集中反映时代和社会的要求，是德育最高理想的体现，具有一定的终极性；德育目标则是教育活动的具体努力方向，因学校与专业性质的不同而不同，因教育阶段、对象的不同而不同，也因课程的不同而不同。也就是说，具体德育目标的制定既要考虑教育目的、德育目的的总要求，又要考虑具体学校教育的任务和特点，考虑具体的德育内容，考虑特定教育对象的身心特点和知识水平。任何终极性的德育目的都必须转化为一系列具体的德育目标才能避免流于空泛；而每一个具体的德育目标若不与其他平行的德育目标以及其上位德育目标联系起来，并且最终与德育目的、教育目的相联系，则一个个具体的德育目标也会因失去整体性而流于琐碎，失去其意义和存在的价值。英国教育哲学家皮特思认为，教育理论上许多有关教育目的的论争其实不是目的本身的论争，而是程序原理之争。皮特思认为，细究起来，思想家们那些抽象的终极目的往往大同小异，不同之处实际上只在于实现这些目的的程序和方法。因此，教育家们真正应当关切的是如何达成教育目的的程序原理。在这里，我们不妨认为：注意德育目的在德育目标上的落实是重要的"程序原理"之一。当然，这决不意味着德育目标可以取代德育目的。

第三节　德育目的的表现形式

一、德育目的的决定

（一）德育目的的决定因素

德育目的具有强烈的主观性，其确定首先要反映一定的价值取向和教育理想。同时，德育目的的主观性又以客观性为存在的前提，恰当的德育目的的制定又必须考虑到社会发展的现实和要求，依据受教育者身心发展的规律。因此，确定德育目的的基本依据可以概括为主观和客观两个方面。

1.确定德育目的的主观依据

人们在考虑德育目的时往往会非常直接地受到其形而上的理念、人性假设和理想人格等观念和价值取向的影响。德育目的就其实质而言，首先是一种教育活动中人的价值选择。

人是一种天生的形而上的动物。一方面，人都有追问世界的根本的兴趣；另一方面，自觉或不自觉的形而上的理念会对人的一切活动产生影响，其中最重大的莫过于对教育目的、德育目的的设定的影响。比如柏拉图认为，一切感官所得都属于现象，宇宙的根本是绝对理念。因此，个体如欲追求真理，就不能诉诸感官的体验而应当依赖理性，而理性能力与生俱来，不假外求。教育的目的不在灌输知识，而在启发理性，认识绝对理念。故理性之培养就不能不成为柏拉图教育和德育目的论的核心。相反，经验主义者洛克、爱尔维修等认为，先有外物的存在，后才有感觉经验，所以一切知识均来源于后天，都要通过感觉经验。所以教育的目的应当是培养人对外在环境的兴趣，包括接受人与人之间的影响。因此，他们特别强调，道德科学的根本原则，应当"归结到肉体的感受性这个简单的事实"。中国古代教育思想家们的教育目的论也往往建立在他们对宇宙之根本，如"天""道""理""性"等问题看法的基础上，认为德育的根本目的就在于教学生领悟宇宙和人生的根本，从而从根本上修身养性。因此，德育目的的确定肯定会受到不同世界观或形而上理念的影响。

教育目的的确定还要受到思想家们或制定教育目的者的人性假设的影响。中国古代的性善论者孟子认为，人皆有恻隐之心、羞恶之心、辞让之心和是非之心，这四心乃是仁、义、礼、智四种美德的发端，所以"学问之道无他，求其放心而已"。德育目的无非是要让人将失掉的善心找回来，恢复人的本性并且发扬光大。主张性恶论的荀子认为，"目好色，耳好声，口好味，心好利，骨体肤理好愉逸"，故人性皆恶，其善者"伪"，所以道德教育应当使人去性而就伪，"积礼义而为君子"。董仲舒和韩愈都将人性分为上、中、下三类，上智与下愚不移。德育所能和所要做的是使"中民之性"或"中品"之性得到可能的改造，与圣贤趋齐。与此相似，古代基督教教育思想家们曾经由原罪说引申出必须对儿童采取严厉的态度，以祛除他们身上的"撒旦"的结论。相反，卢梭却认为"出自造物主之手的东西都是好的，而一到人的手里，就全变坏了"，教育、德育的根本目的在于求得儿童顺其自然的发展。由此可知，德育目的的设定一定会受到教育主体对于人性的基本假定的影响。一般说来，性善论者往往相信人性的善良，更多地倾向于内在的德育目的；性恶论者由于其对人性的悲观，往往以防范为德育之本，更倾向于外在的德育目的。

人总是用理想提升自己，道德教育的要义之一是要用理想的道德人格塑造自身。德育目的既然是对培养对象品德规格的设计，就不能不与人格理想相联系，故德育目的的设定会受到教育主体有关理想人格之观念的影响，且这一影响具有最为直接的性质。在中国古代思想史上，几乎所有的学派都有其对于理想人格的共同追求。从大的文化系统看，佛教倡导与世无争的佛陀人格，道教塑造了"长生久视"的神仙世界，儒家则大力倡导"成仁取义"的圣贤人格。

以作为主流文化的儒家言之，一方面，儒家设计了一种非常完美的人格形象，认为"圣人之于民，出乎其类，拔乎其萃"，"圣人为人之精"。另一方面，儒家又认为"圣人与众人一般，只是尽得众人的道理"，"涂之百姓，积善而全尽，谓之圣人"。所以，对于中国古代的学者而言，其修身或治学的总目标就只能是成圣、成贤。孟子说"乃所愿，则学孔子也"。荀子说学者应"始乎为士，终乎为圣人"。所以儒家以"圣贤人格"的培养为其道德教育的根本目的。在西方，卢梭所主张的自然发展的人、洛克的"绅士"、杜威所谓的民主社会的公民等，也都寄托了他们对于理想人格的向往，这些理想人格也就自然成为他们所理解的教育与德育目的的重要组成部分。当然，也有人认为"优秀的爱国者始终是很少的，始终正直的公民是很少的"，所以理想人格实际上应当具有足够的现实性，从这样的立场出发，德育目的就会具有更大的现实色彩。

2. 确定德育目的的客观依据

确定德育目的的客观依据首先是指德育目的的制定必须考虑到一定的社会历史条件。与价值取向相比，社会历史条件对德育目的的制约更具有基础和决定的性质。德育目的的确定受一定社会历史条件的制约，主要是指受生产力与科技发展以及社会经济政治制度的制约，受历史发展进程和文化传统的制约。此外，教育对象的身心发展实际及规律也是德育目的制定的重要制约因素。

首先，德育目的的确定受社会生产力和科学技术发展水平的制约。生产力和科技发展的状况是确定一定历史时期德育目的的物质基础。生产力和科学技术的发展水平不同，社会对受教育者的品德质量标准和规格要求也不同。在古代社会，由于生产力和科技水平的低下，不允许全体社会成员都接受学校教育，教育与受教育的权利都控制在极少数统治阶级的手中。同时，由于社会生产的科技含量较低，劳动者也无须经过学校教育的专门培训。所以，古代学校德育目的只有一条，那就是培养有一定品德素养的统治者——神职人员和政治、军事与法律等方面的"治才"。机器大工业时代的到来使社会生产对普通劳动者的科技文化素养提出了更高的要求。在现代社会，无论是在资本主义制度下还是社会主义社会里，如果劳动者不具备一定的科技、文化和品德素养，就无法适应现代化的社会生产。因此机器大工业出现之后，资本主义国家普遍实施了强制性的国民义务教育，学校德育开始具有全民性、民主性。由于信息时代和知识经济时代对全体社会成员的文化与科技素养提出更高的要求，而且随着信息资源的剧增，社会价值多元化已成为现实，道德教育目的中必须加大培养道德价值的批判与选择能力的成分。

其次，德育目的的确定受一定社会经济和政治制度的制约。生产力对教育目的的影响还表现在对由生产力所决定的教育资源控制与分配方式对教育目的的制约上，这就必然与一定社会经济政治制度相联系。马克思和恩格斯曾经指出："一个阶级是社会上占统治地位的物质力量，同时也是社会上占统治地位的精神力量。支配着物质生产资料的阶级，同时也支配着精神生产的资料。因此，那些没有精神生产资料的人的思想，一般是受统治阶级支配的。占统治地位的思想不过是统治地位的物质关系在观念上的表现，不过以思想的形式表现出来的占统治地位的物质关系。"在阶级社会，统治阶级一方面会利用其经济和政治上的统治权制定出符合本阶级需要的德育目的，为巩固这一统治服务；另一方面还会利用自己在经济、政治上的权力维护本阶级在教育资源占有上的特权，并保证这一德育目的的实现。所以，德育目的的制定会体现一定社会经济、政治的要求，在阶级社会中具有鲜明的阶级性。经济政治制度对德育目的的影响不仅表现为阶级性的影响，而且还表现在对经济、政治制度的其他维度的影响上。例如由于和平宪法等因素的制约，日本的学校德育就特别强调要培养"生存于国际社会的民主和平国家及社会的形成者所应有的公民资质"。

再次，德育目的的确定必须考虑历史发展的进程。在德育目的理解上，一个重要的分歧表现在社会发展和个性发展的关系上。如前所述，社会本位的教育家往往强调教育的使命在于为社会培养合格的成员，德育目的的核心是使教育对象社会化，形成一定的社会人格。个人本位的思想家往往强调个人价值，认为德育目的应当从人的本性出发，求得个性的自由发展与个人价值的充分实现。实际上，社会人格的培养和个性发展之间，也可以说是社会发展与个人发展之间，是一种历史的辩证的关系。首先，社会发展与个人发展之间在社会历史发展总的进程上是统一的。一方面，社会进步是个人发展的先决条件，由于生产力、科技发展的制约，也由于一定社会经济政治制度的制约，一定历史阶段社会发展的程度决定了社会对个性发展需要或允许的幅度。因此，不能脱离历史的发展抽象地谈论人的个性发展，也不能脱离对其社会性的培养片面地谈对个性的培育；另一方面，个人又是社会生活的主体，发展个性，实现个人价值对整个社会的进步具有重要意义；教育要促进社会的进步不仅是社会发展的需要，也是作为社会生活主体的人对其自身发展的一种主观愿望。所以，判断德育目的是否合理的重要依据是看在一定的社会经济条件等许可的范围内，是否提供了个性自由和全面发展的最大空间。现代社会与古代社会的重要区别之一是现代社会所要求的社会人格必须具有更多的个性特征；而现代教育与古代教育的重大区别也就在于，现代教育能够而且应该为个体的自由和全面发展提供前所未有的条件。其次，社会发展和个人发展、社会人格和个性发展之间又有矛盾的一面。社会发展对个人发展有规范和制约的一面，社会总是要求人的个性朝合乎社会发展需要的方向发展。在相当长的历史时期，不同个体在个性发展上机会并不均等，在阶级社会中，人的个性发展甚至会以阶级对抗的形式，即用牺牲一部分人发展的方式来求得另外一部分人的发展。就中国而言，人的个性发展应当受到前所未有的关注，教育活动应当注意教育对象的个性发展，充分发挥人的主体性。但是，个性发展与人格的社会性培养之间，实质上个人发展与社会发展之间的矛盾依然存在。学校教育和德育应当引导教育对象个性的自由发展朝社会发展需要的方向发展，努力实现个性发展与社会人格培养的统一，在全面提高学生的文化素养的同时又使之具有一定的专业和实践技能，为国家的现代化建设事业服务，这是我国制定德育目的必须考虑的一个至关重要的方面。所以，人的个性发展应当在与社会进步的统一中正确地理解。单纯的社会本位和个人本位的德育目的论都是对这一历史的辩证关系的曲解。

第四，德育目的的制定还会受到文化传统的影响。例如德国人认为"虔敬上帝，尊重人的尊严，唤起肩负社会使命的准备"是教育或德育的主要目的。而美国人往往强调要培养学生有民主精神，敢于开拓，以做美国人而自豪等品质。这种德育目的的区别很大程度上缘于两种文化传统的区别：德意志是一个传统与文化积累较为厚重的民族，其德育目的精神含量较高；而美国是一个移民的国家，且较年轻，所以其德育目的具有更多的实用主义色彩。

最后，德育目的的确定一定要依据受教育者身心发展的规律。德育活动是一种对象性的活动。德育目的既然是教育主体对培养对象品德质量和规格的设计，就不能不依据受教育者身心发展的规律。教育对象的身心特点及发展规律虽不对德育目的的社会性质和方向起决定作用，但它仍然对德育目的的内容和程度有十分重要的制约作用。从我们前面谈到的转化理论到建构理论的转变，也要求我们必须树立从德育对象的实际出发确定德育目的的基本观念。苏联心理学家鲁宾斯坦说："教育的主要方面恰恰在于，使人同生活发生千丝万缕的联系，从各个方面向他提出对他有重大意义的、富有吸引力的任务，因而被他看作自己的、必须亲自解决的任务。"德育目的须以各级各类教育的品德培养目标为基础，同时还要通过具体的德育目标去落实，因而德育目的需要反映不同学段教育对象的共同与特殊的道德发展的规律。完全不考虑受教育者身心实际及发展规律的德育目的不仅是错误的，而且注定是无效的。

（二）德育目的的具体化

德育目的的具体化实际上就是以德育目的落实为德育目标，并实现德育目标的层次化、序列化，即实现目标分类的过程。

德育目的具体化的首要任务是要实现由德育目的向德育目标的转化，这是一个将德育目的层次化的过程。具体说就是由反映教育的一般本质和社会对教育的总需求的德育（总）目的向各级各类学校教育的品德培养目标过渡。以日本的社会科为例，其教育的目的为培养"民主和平国家及社会的形成者所应有的公民资质"，但是各个学段的德育目标是有区别的。其社会科小学德育的目标是"谋求对社会生活的理解，教育学生理解和热爱我国的国土和历史，以养成作为生存于国际社会的民主和平国家和社会的形成者所应有的公民资质"。初中社会科的培养目标是"确立广阔的视野，加深对我国国土和历史的理解，培养公民的基础教养，以育成作为生存于国际社会的民主和平国家和社会的形成者所应有的公民资质的基础"。高中相关课程的德育目标则为："加深对我国及世界历史的形成过程，以及生活、文化的地域特色的理解和认识，培养公民的基础教养，以育成作为生存且能主动适应于国际社会的民主和平国家和社会的一分子所应有的公民资质的基础。"（地理历史科）"确立广阔的视野，既要加深对现代社会的理解，又要培养追求人类理想生活方式的自觉，以育成作为生存于国际社会的民主和平国家和社会的有为的形成者所应有的公民资质的基础。"（公民科）实际上，中国的德育目的也有一个根据学段不同而具体化为不同德育目标的过程。这一点我们会在下面专门谈到。除了学段的考虑之外，德育目标还应具体层次化到某一年级、学期、单元的德育目标。此外，上述例证主要是纵向的（针对学段和年级）的，实际上教育的不同层次还应有横向（教育性质上）的考虑，例如是普通教育还是职业教育，是基础教育还是成人教育等。在德育目的转化中，必须注意这一性质的不同，比如职业教育中的德育目标必然会有职业道德培养上的要求。

德育目标实际上有两个层次。一是上面谈到的作为某一类教育体系中的德育目标，另一类是依据这一目标进一步分解所形成的操作化的具体德育目标——布卢姆等人所言的"教育目标分类"。目标分类的过程实际上是德育目标的序列化过程。

布卢姆等人在《教育目标分类学》中曾经讨论过教育目标分类的意义。他们认为，学校的时间和资源有限，"如果不想在不甚重要的事情上浪费时间和精力，如果要使学校工作受到某种计划的指导，那么明确地认定学校或教学单元的主要目标是至关重要的"。所以目标分类对课程安排和测评都有重要意义。此外，使用分类学"有助于人们对特定的教育计划所强调的某些行为有正确的看法。因此，当教师在对一个教学单元的目的进行分类时，也许会发现这些目的都局限在知识记忆或回忆这一分类学的类别之内。如果注意到分类学的类别，也许会对这位教师有所启示。譬如说，它可能包括一些有关知识运用的目的，同时也包括一些有关对知识运用的情境进行分析的目的"。布卢姆等人还认为："教育目标如果要指导学习过程，并确定在评估学习经验的效果时所用的证据的性质，那就必须使用清晰而又有意义的术语。"

德育目标的分类可以有不同的方式。有从德育内容的角度进行分类，如美国全国教育协会教育政策委员会关于"自我实现"目标的分类，即是"人际关系"和"公民责任"分解为社会正义、社会活动、社会了解、审慎的判断、容忍、维护公共资源、科学的社会应用、世界公民、遵守法律、经济知识、政治责任、笃信民主等 12 项具体目标。有的分类是从德育途径角度划分，如将德育目标划分为教学中的德育目标、社会活动中的德育目标、劳动中的德育目标、课外活动中的德育目标等。也有从品德心理的角度进行的分类，如将德育目标划分为道德认知目标、道德情感目标、道德意志目标和道德行为目标等。

以上几种分类方式各有优势和问题。我们的任务应当是寻找切合中国德育实际的分类方式，在这一点上我们还处在起步阶段。

二、我国中小学的德育目的

（一）我国（中国大陆地区）现行的德育目的

1988 年 12 月 25 日《中共中央关于改革和加强中小学德育工作的通知》指出："现在的中小学生是 21 世纪社会主义建设的主力军。他们的思想道德和科学文化素质状况，不仅是当前社会文明程度的重要体现之一，而且对我国未来的社会风貌、民族精神有着决定性的影响。从现在起，就必须努力把他们培养成为有理想、有道德、有文化、有纪律的一代新人。"1999 年《中共中央国务院关于深化教育改革全面推进素质教育的决定》也指出：推进素质教育的根本目的是要"造就'有理想、有道德、有文化、有纪律'的，德、智、体、美等全面发展的社会主义建设者和接班人"。"有理想、有道德、有文化、有纪律的一代新人"等表述总体上反映了我国的德育目的，其中"有道德"的主要内涵包括中华民族的传统美德、社会公德、职业道德和社会主义、共产主义道德等内容，"有理想、有文化、有纪律"也兼有道德或价值性质。上述德育目的又是具体体现在中小学德育目标上的。以下以 20 世纪 90 年代颁布的我国中小学德育目标为例。

我国《小学德育大纲》（1993）规定小学德育的培养目标是："培养学生初步具有爱国家、爱劳动、爱科学、爱社会主义的思想情感和良好品德；遵守社会公德的意识和文明行为习惯；良好的意志、品格和活泼开朗的性格；自己管理自己、帮助别人、为集体服务和辨别是非的能力，为使他们成为德、智、体全面发展的社会主义建设者和接班人，打下初步的良好的思想品德基础。"

《中学德育大纲》（1995）规定中学德育的总目标是："把全体学生培养成为

热爱社会主义祖国的具有社会公德、文明行为习惯的遵纪守法的公民。在这个基础上，引导他们逐步树立科学的人生观、世界观，并不断提高社会主义思想觉悟，使他们中的优秀分子将来能够成为共产主义者。"其中初中阶段的德育目标为："热爱祖国，具有民族自尊心、自信心、自豪感，立志为祖国的社会主义现代化努力学习；初步树立公民的国家观念、道德观念、法制观念；具有良好的道德品质、劳动习惯和文明行为习惯；遵纪守法，懂得用法律保护自己；讲科学，不迷信；具有自尊自爱、诚实正直、积极进取、不怕苦难等心理品质和一定的分辨是非、抵制不良影响的能力。"高中阶段的德育目标是："热爱祖国，具有报效祖国的精神，拥护党在社会主义初级阶段的基本路线；初步树立为建设有中国特色的社会主义现代化事业奋斗的理想志向和正确的人生观，具有公民的责任感；自觉遵守社会公德和宪法、法律；养成良好的劳动习惯、健康文明的生活方式和科学的思想方法，具有自尊自爱、自立自强、开拓进取、坚毅勇敢等心理品质和一定的道德评价能力、自我教育能力。"

各学段的德育目标还需要进一步分解到具体课程、年级的具体教育目标之中。从我国小学《品德与生活》《品德与社会》课程标准（2002）的目标中，不难看出具体的目标分解过程。

（二）对我国德育目的的正确理解

理解我国现行德育目的和德育目标是做好现阶段学校德育工作的重要前提之一，我们应当进行正反两个方面的思考。

首先，我国现行德育目的和德育目标是新中国成立以后德育目的和德育目标的延续。纵向比较，其进展主要表现为：1. 它较为充分地反映了我国社会主义国家体制以及改革开放的进程，对基础道德和文明习惯方面的教育有了比以前更多的强调。2. 注意到了德育的层次性，有了基本要求和较高要求两个层次，注意到了德育目标分类的必要。3. 注意到了社会要求与个人发展的统一，对个体道德观念、责任感和道德批判能力等的培养问题有了初步的强调。4. 注意到了德育目的和德育目标的相对稳定性，在继承以往德育目的、目标的基础上反映了改革开放的现实和未来社会发展对学校德育的新要求。

其次，与对德育目的和德育目标的科学化目标相比较，我们还必须思考和解决的问题是：1. 德育目的是由谁决定的，与普通教师、学生有关吗？我国的德育目的、德育目标目前基本上是以国家决定和颁布的方式确定的。虽然国家作为教育主体有决定和颁布德育目的、德育目标的权力和必要，但是如果国家的德育目的的制定没有具体德育工作者和学生积极的、实际的参与，我们可以想象的是它的效果肯定会大打折扣。实际上正常的情形应当是，每一个德育工作者都应当拥有自己的德育目的——尽管与国家和其他类别的德育目的的存在一定的关联。2. 目前的德育目的较多体现了国家主导的意识形态。但是过多地强调意识形态，会导致德育的政治化，其强调基础道德建设的目的的实现会受到一定的负面影响。3. 总体上看，我国德育目的、德育目标对个人生活幸福与德育的关系强调不够，仍然是以社会本位为主的德育目的和目标体系。如果在道德教育的目标体系中完全没有个人存在，这一目标就很难讲是"现代"的。4. 对独立的价值思考和批判能力的强调仍然不够。没有道德批判能力的个体就只能是无反省的道德主体，同样不符合现代社会的基本要求。我们的任务是要在自由选择中求得真实的价值真理。目前的问题是我们已经习惯于沿着固定的标准培养类似于工业产品"标准件"那样的机械划一的道德人格。对于一个日益开放、全球化，因而价值多元化色彩日益明显的世界来说，这一德育目的和德育目标的不适应性将日益明显。

对待德育目的和目标的正确态度除了理性思考，逐步参与改进我国的德育目的和德育目标体系的构建之外，在日常的德育工作中，教育工作者可以考虑的重要选择应当主要是树立正确的德育目的观，尽量将对现行的德育目的和德育目标的理解加入符合教育规律和时代潮流的内涵，注意在德育工作中减少由德育目的、目标界定或片面理解可能导致的失误。

第六章　德育内容与德育课程

第一节　学校德育内容及其决定因素

一、学校德育的内容

德育内容是指德育活动所要传授的具体道德价值与道德规范及其体系。由于历史与文化条件的不同，不同历史时期和不同国家、不同文化的德育内容是各不相同的。从历史的角度看，原始社会、古代社会和现代社会的德育内容是有不同的特点的。在原始社会，道德教育内容的特点是：第一，由于人类生存的需要，以血缘关系为基础的（氏族、部落中的）原始的集体主义是道德教育内容的核心。维护氏族、部落存在所需要的忠诚、勇敢、勤劳、复仇等道德法则成为德育内容的重点。第二，原始的集体主义、平等、民主等道德原则局限于一定的氏族、部落之内，有其狭隘的性质。第三，在学校德育产生之前，原始社会的德育内容与整个德育系统一样是与生活、劳动融为一体的，德育属于生活教育、民俗教育的范畴，这就决定了原始社会的德育内容在呈现形式上具有非专门、不自觉的特点。

现代社会（资本主义，尤其是机器大工业产生以来）给学校德育内容带来的显著变化有：第一，自由、平等、博爱等反映资产阶级反对等级制度要求的道德观念进入学校德育内容。尽管资本主义社会并未实现真正的平等，但是以平等、公正、个性自由为特色的道德教育内容成为近现代学校德育的特点仍然是事实。第二，由于商品经济、市场经济的需要，道德教育中出现了对自强、诚信、效率、开放与宽容等价值观念的强调。第三，随着学校德育由对强制灌输模式的批判走向对自主道德、理性能力等的强调，德育内容的选择以及呈现形式方面开始出现许多尊重道德学习者主体性的努力。当然，现代德育实际上包含着资本主义和社会主义两种性质对立的学校德育形态，这两种形态在德育内容上也有巨大的差别。比如对集体主义的看法、对共产主义道德体系以及公民道德教育内容的看法等。不过，如果我们将它们与古代社会的学校德育相比，其共同性还是很多的。在中国，我们曾经从极"左"的思想出发夸大它们的差异，无视它们的共同特征，其结果是远离了教育的现代性，强化了古代社会或封建社会的特征。这一教训值得我们认真汲取。

除了历史因素外，各国文化的不同也影响到学校德育内容的不同。这一不同主要表现在以下几个方面：第一，价值取向的差别。这一差别首先表现为体系上的不同。例如受儒家影响较大的东方民族对家庭、集体、国家一般采取的是集体主义的立场，而欧美诸国个人主义传统决定着他们更强调个人的权利与自由。价值取向上的差别还表现在具体价值范畴的理解上，比如对谦虚、节俭等美德的理解上，传统的中国人与西方人的理解差异很大。道德价值体系和具体理解上的不同当然会直接影响学校德育内容。第二，存在方式的差别。许多宗教传统较为浓厚的国家，例如许多伊斯兰教国家，亚洲的泰国、印度，欧洲的德国、英国等，德育课往往就是宗教课，或者两者之间有较密切的联系，其道德教育的内容与宗教教育的内容联系在一起；而中国、法国、日本等国家的学校德育虽然不能说与宗教无关，但至少在学校教育范围内没有直接的联系。第三，呈现形式的差别。我们注意到，东方国家采取直接道德教育模式的较多，德育内容是直接呈现的；而西方国家采取间接德育模式的较多，强调德育内容呈现的隐蔽性。其主要原因在于受儒学影响较大的东方民族在观念上认为学校教育的主要责任之一是道德教育，向学生传授正面的价值观念是完全必要的；而西方人认为道德教育的主要责任不在学校，而是在教堂和家庭，道德教育不能够采取灌输的方式。

在当代社会，尽管由于历史与文化的不同导致了世界各国德育内容的千差万别，但是德育内容在发展的趋势上仍然有一些趋同，表现如下：

第一，对"全球伦理"的确认。所谓"全球伦理"，"指的是对一些有约束性的价值观、一些不可取消的标准和人格态度的一种基本共识。没有这样一种在伦理上的基本共识，社会或迟或早都会受到混乱或独裁的威胁，而个人或迟或早也会感到绝望"。这一点是 21 世纪初以来对学校教育内外广泛存在的价值相对主义的一种批判、反思的结果，同时也是世界各国面临的许多道德问题（如生态伦理问题，人口、发展、人权、消灭贫困、战争与和平问题等）越来越具有全球性的联系的结果。目前学校德育中如何看待生命、如何保护环境以及如何使学生掌握人类生活所需要的普遍和基本的价值规范等内容已经成为各国学校德育的时髦追求。

应当说明的是，"在传统上，道德教育是根据生活在同一国家的民族和共同体的准则进行组织的。向当代世界需求的开放是新近的现象"。同时，与道德教育内容的全球化趋势并行的是道德教育民族性的强调。世界各民族的学校德育没有不珍视本民族的优秀道德传统并视为财富，在学校德育中加以强调的。关于世界各国面临的许多道德问题的处理，现在已经有"全球公民教育""发展教育"等概念提出，并开始在世界范围内产生影响。

在 1975 年，联合国界定"发展教育"为"关注发展国家及发展中国家的人权、尊严、自主及社会公义等问题的工作"。事实上，其中最重要的含义是"鼓励思想交流及汇集，并继而行动起来推动社会改变"，以塑造一个较合理和公正的社会和经济秩序。撇开不断推陈出新的科技发展不谈，现今社会变得愈来愈不平等。世界经济把一些弱势国家（如非洲撒哈拉地区）摒诸门外，使贫国与富国之间的鸿沟愈拉愈阔。

其实，儿童及青少年也会体会到和关注到世界不平等的情况，"发展教育"能促进他们讨论这一重要课题并做出回应。"发展教育"为教师提供一个框架，协助教师们建立相关的知识、价值观及技巧，以帮助学生寻找答案。总而言之，"发展教育"鼓励个人以批判的眼光认识世界，促进人们反思自己的能力和限制，并发掘自己可缔造改变的潜能。

第二，对综合道德能力培养的共识。现当代学校德育较为重视道德判断能力的提高，这有两个原因：一是全球化导致的道德价值多元化需要个体的鉴别和选择能力；一是个体道德自由与对社会和集体的道德责任之间的平衡也需要个体的辩证决断的能力。但是仅仅靠判断力的培养是难以解决道德教育的所有问题的，现当代德育内容中对实践及其他综合的道德能力的强调亦已成为趋势。以雅克·德洛尔为主席的国际 21 世纪教育委员会向联合国教科文组织提交的报告（1996）中谈到公民教育时指出：公民教育"所追求的目的并不是以刻板的规约形式去教授一些戒律，而是使学校成为民主实践的典范，以便使孩子们结合具体问题了解自己有哪些权利和义务，以及自己的自由怎样受到他人行使权利和自由的限制。一整套经过实验的做法可以加强学校内的民主学习，如制定学校社区宪章、设立学生议会、开展民主制度运作的模拟游戏、办校刊和开展以非暴力方式解决冲突的练习活动"。应当说，当代学校道德教育在内容安排上也具有与公民教育相同的特点。

第三，道德教育内容结构上的共同理解。从内容构成角度看，道德教育应当包括哪些内容，一直是现当代德育理论和实践探索的问题。1980 年，16 个国家国际道德教育会议的报告中曾经归纳出各国道德教育计划应当共同强调的内容，共有四类：1. 社会价值标准，如合作、正直、社会责任、人类尊严等；2. 有关个人的价值标准，如忠厚、诚实、宽容、守纪律等；3. 有关国家和世界的价值标准，如爱国主义、民族意识、国际理解、人类友爱等；4. 认识过程的价值标准，如追求真理。英国莱斯特大学社会道德教育研究中心的莱特教授认为，学校德育应当通过六个关系的处理来安排道德教育的内容。这六个关系是：与最亲近的人的关系，与社会的关系，与人类的关系，与我们自己（同辈人及自己）的关系，与非人类（自然环境）的关系，与上帝的关系。日本文部省颁布的《小学学习指导要领》《初中学习指导要领》（1998）中，强调要加强的德育内容包括"有关自己的内容""有关与他人关系的内容""有关与自然及崇高事物关系的内容""有关自己与集体以及社会关系的内容"四个主要的方面。

从构成角度看，现代德育内容的基本层次可以归纳为文明习惯、基本道德（美德）、公民道德、信仰道德四个层次。

二、学校德育内容的决定因素

学校德育内容的最终决定因素应当归因到社会发展等宏观因素上去。生产力、生产关系、上层建筑等及其历史进程，科技发展、生活富裕、人口流动、城市化等对德育内容都产生了巨大的影响，不过，我们这里只探索几个直接影响道德教育内容的教育性因素。我们认为，上述宏观的社会因素对德育内容的影响实际上也是通过这些教育自身的因素的中介作用而决定或影响学校德育的内容，且主要有以下几个方面。

（一）对道德可教性的理解

这与德育内容的性质、难度和容量的确定有密切的联系，哪些道德内容可以通过"教授"或认知学习的方式进行传授？哪些道德价值主要应当通过情感体验和道德实践去解决？这些都是德育内容安排必须考虑的问题。过去我们常常将道德教育等同于道德知识的教育，所以在道德教育内容中，逻辑推演与论证成为重点。考虑到道德情感、道德实践的关键作用，今后的德育内容可能应当安排更多的道德情感体验和道德策略学习的内容，现当代德育对综合的道德能力培养的重视决定了对道德教育内容设计的综合化。

（二）德育目的、目标及其序列化

德育内容就是德育活动所要传授的道德价值与道德规范，而这些价值与规范的选择及安排直接服务于德育目的、目标的达成。德育目标有一个层次化、序列化的过程，德育内容的安排也有相应的层次化、序列化过程。之所以要依据德育目标及其序列化实现德育内容的序列化，主要是因为学生道德发展的阶段性规律和德育内容本身所具有的层次性。此外，德育内容的层次化、序列化也有利于德育内容的全面布局，防止偏于一隅的内容安排。中国德育实践中很早就注意到了道德教育内容的层次化和序列化问题。例如朱熹就说过："小学者，学其事；大学者，学其所学之事之所以（即他说的'发明此事之理'）。""君子教人有序，先传以小者近者，而后教以远者大者。"以朱熹之见，小学阶段（大约 15 岁以前）的德育内容主要应当是对具体规范的学习，例如学习有关洒扫、应对、进退、衣服冠履、言语步趋等细杂事宜，而后在大学阶段

再去"穷理",建立自觉的纲常伦理。在当代社会,世界各国德育内容的安排大都遵循了层次化、序列化的要求。上海市实验学校曾经在其整体性德育实验中进行过"'爱'的系列教育",具体内容和时间安排是:一年级"爱父母"教育;二年级"爱老师"教育;三年级"爱同学、爱集体"教育;四年级"爱学习"教育。每一个爱的主题都细化为若干具体内容项目,取得了很好的效果。

(三)德育过程观

德育过程观对德育内容的影响主要表现在德育内容的处理方式(或呈现形式)上,这将是德育课程领域要着重研讨的问题。当我们将德育过程理解为向学生进行价值灌输时,道德教育的内容可能表现为一种教条和教条的呈现形式;相反,当我们将道德教育过程理解为学生在教师的价值引导之下的道德自主建构的过程时,道德教育的内容就不过是一种价值环境的组成部分,是一种待操作和待开发的价值学习的材料。德育内容实际上就是价值引导的内容,价值引导不能离开德育对象主体建构的可能性。所以德育内容的选择及其组织都不能不从德育对象的品德实际、心理特点等前提出发。

(四)偶发因素

除了一些常规的德育内容之外,在学校德育中还可能有一些偶发因素制约着具体道德教育内容的安排。例如社会巨变的突然发生,家庭破裂、父母离异、亲人死亡及本人的意外事件等等。学校德育应当根据具体情况进行个别教育。由于偶发事件本身具有不可控的性质,这一德育内容总体上只能因时、因地、因人制宜地进行。在西方,随着社会变化的速度加快和规模增大,一些学校已经将偶发事件问题的处理作为学校教育的内容,形成了"精神关照和个人与社会教育"等教育范畴。这些内容有的属于心理咨询,但也有属于道德教育的成分。中国的德育内容中除了因时、因地、因人制宜地进行相关教育之外,也可以考虑将上述内容列入正式的课程,使学生有备无患地面对突发事件的影响。在学校德育生活中,偶发因素的教育价值正在被越来越多的教育工作者所认可。

第二节　我国学校德育的主要内容

一、我国政府对学校德育内容的规定

我国政府对中小学（大陆地区）的德育内容有统一的规定。这一规定目前主要体现在分别于 1993 年和 1995 年由原国家教育委员会正式颁布的《小学德育纲要》和《中学德育大纲》以及小学品德与生活、品德与社会，中学的思想品德、思想政治等课程的课程标准等规章上。

《小学德育纲要》规定德育内容主要有以下十条：1. 热爱祖国的教育；2. 热爱中国共产党的教育；3. 热爱人民的教育；4. 热爱集体的教育；5. 热爱劳动、艰苦奋斗的教育；6. 努力学习、热爱科学的教育；7. 文明礼貌、遵守纪律的教育；8. 民主与法制观念的启蒙教育；9. 良好的意志、品格教育；10. 辩证唯物主义观点的启蒙教育。

《小学德育纲要》规定的十条内容中，最后一条属于思想教育的内容，第二、八两条属于政治教育的内容，其余七条基本上属于道德教育。这样的内容安排基本体现了道德教育的基础教育作用，但是一些较为抽象的教育内容如何在教育过程中找到适合小学生具体和形象思维为主的心理实际的教育方式尚需进一步探究。

《中学德育大纲》对中学德育内容的规定是分学段进行的，但初、高中的内容要点大致相同。主要内容如下：1. 爱国主义教育；2. 集体主义教育；3. 社会主义教育（高中是"马克思主义常识和社会主义教育"）；4. 理想教育；5. 道德教育；6. 劳动教育（高中是"劳动和社会实践教育"）；7. 社会主义民主和遵纪守法教育；8. 良好的个性心理品质教育。

《中学德育大纲》对中学德育内容的规定遵循了循序渐进的教育原则，注意

到了初中和高中学段学生的不同特点及与各科学习内容的实际配合。这不仅体现在一些提法的差异上，而且也反映在具体内容的说明上。

同其他先进国家相比，目前在我国对中学德育内容的规定中也有不足之处。主要表现在：1. 道德教育的内容仍然强调不够；2. 对教育对象的批判和省思能力的培养没有引起足够的重视；3. 对学生品德发展的规律性把握和尊重不够。其中第二点最令人忧虑。我国的教育内容基本上是以绝对真理的形式呈现出来的，这无疑会对学生的价值批判能力和创造性人格的培养起相当大的抑制作用。这一点需要引起教育部门和教育工作者们的关注，在教育实践中尽可能予以补救。

令人欣慰的是，近年颁布的小学品德与生活（2002）、品德与社会（2002），中学的思想品德（2003）、思想政治（2004）等课程的课程标准在强化基本道德教育以及在德育内容的生活化、对于学生品德发展的规律性把握和尊重等方面都有了长足的进步。

二、对我国学校德育内容的简述与评价

依据现当代德育内容结构的一般趋势，从最基本的道德教育开始，学校德育内容应当包括四个主要层次：1. 基本文明习惯和行为规范的教育；2. 基本道德品质的教育；3. 公民道德或政治道德品质的教育；4. 较高层次的道德理想教育，即"信仰道德"（信德）的教育。依据这四个层次，我们认为，从道德教育的角度出发，我国学校德育工作的重点应当包括或强调以下几个方面。

（一）基本文明习惯和行为规范的教育

对学生进行文明行为和行为规范的教育，培养学生的文明行为习惯，是中小学教育经常且重要的内容之一。学生无论在学校、家庭还是公共场所，都应遵守文明行为规范。"文明行为习惯"的内容广泛，涉及人们生活的各个方面，看起来似乎全是日常小事，但却是一个有教养的人的文化修养和精神内涵的标志或表现。习惯和规范培养的意义既是"从小到大"，建设更高道德品质的基础；同时，基本文明习惯的养成还可"下学上达"、由"事"到"理"或"以小见大"，在规范掌握的基础上为对道德价值的进一步体认创造必要的条件。

文明行为教育的具体内容是很多的。诸如：在社会公共生活中，礼貌待人，保护儿童，尊重妇女，尊敬老人，关心帮助残疾人士，维护公共秩序，爱护公共财物，保护环境和资源，讲卫生，爱清洁（如不随地吐痰，不乱扔纸屑果皮）等。在学校，则应尊敬师长，爱护同学；遵守纪律，维护秩序等。在家庭中，则表现为乐于承担家庭责任，赡养、孝敬老人，爱护和平等对待家庭成员等。

中小学的"学生守则"和"日常行为规范"是中小学校的学生必须遵守的基本行为准则。扎实地实施学生守则和日常行为规范，对中小学生养成良好道德风尚具有重要意义。中小学应当教育学生坚持不懈地遵照执行。当然，学校也可以根据实际情况制定各学校和班级自己的学生守则、行为规范。

文明行为不只是一个人的行为的外部表现，重要的是这些外部行为反映出一个人的心灵或性格的特征。否则，一些人即使做到了衣着考究、"彬彬有礼"，给人一种很有"教养"的印象，但实际上他仍可能是虚伪、狭隘、自私而粗鲁的人。所以，文明行为教育应当同对个体的精神培育结合起来。此外，还需要特别注意的是，所有行为规范均是人为的准则，都有一定的相对性，应当让学生积极主动地参与到有关规范的制定中。教育部曾经于 1981 年、1991 年、1994年发布《小学生守则》《中学生守则》，就是让学生参与到修改和执行当中，让学生做规范的主人而不是奴隶。

（二）基本道德品质的教育

基本道德是个体生活的基础性道德要求，其往往是历史上传承下来为人类社会广泛接受的道德规范。美国教育学者阿迪斯·瓦特曼说，不管时代如何变化，我们总将有着和我们祖先同样的需要，那就是，愉快、勇敢地度过我们的一生，和周围的人友好相处，保持那些指导我们更好成长的品质。这些品质是欢乐、爱、诚实、勇敢、信心等。美国当代教育家厄内斯特·波伊尔也建议"基础学校"的道德教育应当教会学生诚实、尊重、负责、同情、自律、坚忍、奉献七项美德。在亚洲，1987 年曾经成立以联合国教科文组织和日本国立教育研究所为后援的"亚洲国家道德教育研究会"，其宗旨也是寻找"普遍的道德价值"，用于改进参与国的道德教育。

德育的基础正是要教会学生做人的基本价值，所以诸如公平、正直、诚实、勤劳、勇敢、仁爱等品质应当成为中小学德育的奠基性内容。在基本道德教育方面，中国大陆曾经有过极"左"的思想，用道德的时代性、阶级性、民族性等完全否定道德的历史继承性和全人类的共性，其结果是基本道德情感的消失和起码的道德规范的丧失。极端的例子是"文革"时期，打、砸、抢反而成为合乎道德的"正义"行动。这一历史教训在今天的道德教育中决不可以轻易忘记。

关于基础道德教育的内容，一般认为是世界上大多数人认可的基本道德法则。但是英国德育学家威尔逊（J. B. Wilson）曾经指出，除非我们能够搞清包括洞穴人在内的所有人的道德价值，否则"大多数人"永远都是"某些人"。此外，即使我们能够确认大多数人的选择，但是大多数人的选择也未必正确——历史上"大多数人"曾经赞同过奴隶制、对妇女的歧视和宗教、种族的迫害等。所以，即使是进行最基本的道德品质培育，我们仍然不能忘记道德批判和道德批判能力的培养。

（三）家庭美德教育

家庭道德关系处理始终是个体人生的第一议题。家庭伦理方面的道德教育既关系个人的幸福，也关系到社会的稳定与风尚。从教育学意义上说，家庭美德教育实际上是学生实现完全的道德社会化的起点和前提。苏霍姆林斯基就曾明确指出："爱国主义的神圣情感来自母亲。"所以家庭美德教育应当得到较大的强调。

目前，我国政府颁布的中小学生的日常行为规范中，对学生承担家务、勤劳节俭、尊重和体贴父母，关心照顾长辈等均做出了较详细的规定。但是我国学校德育实际的教育内容中对家庭美德教育的重视程度仍然不够，这可以从德育课程的教科书中家庭道德教育所占比例看出。

中国是一个十分注重家庭伦理的国度。从传统意义上说，中国文化是一种伦理文化，而中国传统伦理体系的核心是家庭伦理。中国人始终相信"齐家"是"治国平天下"的基础。家庭美德教育曾经也应当继续成为中国德育理论和实践奉献给世界的特殊文化财富，应当从这一高度去看待和加强家庭美德的教育。同时，随着改革开放的深入，我国传统的家庭价值观念正在受到越来越大的挑战，离婚率上升也已成为学校德育最大的不利因素之一。从这一意义上说，我们也应当未雨绸缪，在学校德育中加强家庭伦理教育。

（四）集体主义教育

集体主义教育，是社会主义道德教育最重要的内容之一。在社会主义社会里，集体主义是人们相互关系的基本原则，也是人们对集体、对国家的基本行为准则。以集体主义精神教育青年一代就是培养他们具有为人民服务的思想感情，善于在集体中生活和工作的习惯，在集体中努力实现个人的价值是学校德育的重要使命。

集体主义教育是社会主义道德教育对世界德育的一大贡献。但是片面的集体主义教育也曾经导致了妨碍个性自由、窒息个人创造性的弊端。在市场经济和改革开放的形势下，集体主义教育应当加以严格的界定，使之建立在理性的基础之上。集体主义教育需要有历史和现实的反思。

从历史的角度言之，人类的"集体"大体会经历三种历史形态。第一种形态是古代形态，它包括原始社会中人对氏族、部落的归属，也包括奴隶社会、封建社会中存在的"人的依附关系"基础上建立的人的群体关系。在这种形态的集体中，个人完全隶属于群体，毫无独立性可言，产生了中国古代社会所说的愚忠、愚孝的道德关系。现代社会的集体也容易走向泯灭个性的极端从而形成古代的集体主义，这是一种虚假的集体和集体主义。第二种形态是指未来社会，比如共产主义社会中，个人利益与集体利益完全统一，人与人的关系在个性自由和个人创造性得到完全发挥的情况下形成的"自由人的联合体"。这一形态是一种理想化的集体形态。我们今天所言的集体主义之"集体"实际上是介于二者之间的一种形态。一方面由于历史的发展，我们已经扬弃了泯灭个性的虚假集体的存在；另一方面，由于社会条件的制约，我们的集体利益并不能做到个人与集体的完全统一。在这一情况下，集体主义意味着常常会出现要求个体牺牲局部利益，求得与个人长远利益和集体、国家、社会整体利益相一致的决断。这就是所谓的集体主义的现实形态。所以我们今天的集体主义道德教育应当建立在现实的集体主义原则基础之上。

从现实的角度言之，集体主义教育意味着这样两个基本要求：第一，适当的个人权益的承认。这一要求主要是因为真实的集体需要有活力的个人参与，同时也是市场经济对个人权利承认的一种落实。过去我们常常用集体主义"消灭"个人的合理权益、合理需求，导致集体活力的丧失，更有甚者，甚至导致个别人假借集体名义满足自己的一己之私。对个人权益的承认是今天的集体主义有别于古代社会"人的依附关系"基础上建立的人的群体关系的集中表现。第二，在上述基础上个人利益对集体利益的服从。在个人权益得到适当肯定的条件下，集体利益具有至上性。这一要求的理由是在现实条件之下，社会完全满足个人的利益需求仍然有很大的困难，在许多情况下，只有牺牲个人利益，才能求得集体利益的最优化发展；同时，集体利益也在某种程度上与个人利益具有趋同的关系。实际上，正是因为集体与个人既有可能实现整体上的一致，又有某种矛盾时，集体主义道德原则才是必需的。

学校道德教育中，集体主义教育的开展必须建立在上述理性思考的基础之上。为此，学校德育应当注意的是，第一，教会学生采取一种积极的集体主义立场。所谓积极的立场，指的是个人要怀着积极关心、参与建设的立场，为创造一个真实的集体、实现真正的集体利益而积极奉献个人的积极性、创造性。在集体主义教育中，要特别注意的一个问题是防止用片面理解的集体主义去扼杀个性、侵害个人的合法权利。集体主义教育应当与对个性、个人的尊重辩证有机地结合起来。第二，应当注意在个人利益与集体利益矛盾时采取集体至上的原则。在学校环境之中，要注意养成学生善于在集体中生活的习惯，使学生能够关心集体，关心同学，愿为集体和同学服务；学生对集体要有责任感与荣誉感；发展同学间的友谊，促进同学间的团结。此外，进行集体主义教育与批判个人利己主义是一致的。应当反对一切损人利己、损公肥私的思想和行为，要教育学生唾弃只关心自己而不顾别人的利己主义选择，并能与损害集体利益的极端个人主义行为进行斗争。

（五）爱国主义教育

爱国主义是千百年巩固起来的人们对祖国一种最深厚的情感，也是对祖国在历史和现实中所起的进步作用的正确理解，力图使祖国更富强、更强大，为世界和平与人类进步做出更大贡献的一种坚定的志向与行动。但是，爱国主义以及爱国主义教育也都应该建立在理性思考的基础之上。具体说来，我们应当注意处理以下几种关系。

第一，爱"祖国"与爱"国家"。爱国之爱首先是祖国之爱。人们对自己的祖国之爱的确是"千百年来巩固起来的人们对祖国一种最深厚的情感"，这是一种朴素的、无条件（或"绝对"）的道德义务。原因在于祖国是人们生存的时间和空间的根本，"祖国"是一个文化和历史的概念，而"国家"则是一个政治概念，具体讲它可以指某一政权形式。国家可以与祖国发展以及人民的福祉相一致，也有可能不一致。所以"爱国家"并不是一个绝对的、无条件的法则。爱国家与爱祖国相统一，只能建立在对国家民主、法制建设的反思、参与改革、建设的基础之上。

所以，爱国主义教育既有一般的对于祖国的向往、爱恋之情，也有对于具体的祖国的热爱与奉献的冲动。在我国现阶段，爱国主义教育应当同爱社会主义、积极准备为国家建设贡献力量结合起来，爱国主义应当与爱社会主义制度一致。同时，爱国也应当同积极投身反对腐败、反对落后的体制，使国家朝健康方向发展结合起来。"既要强调民族的自豪感、荣誉感，也要强调责任感、危机感。"

第二，"爱国"与"爱人类"。爱国主义不是一个狭隘的民族主义的概念。哲学家罗素曾经指出："把爱国主义作为一种宗教是不能令人满意的，因为它缺乏普遍性。它所注重的利益不过是本民族的利益。"日本历史学家池田大作也说："在国家主义的影响下，不知有多少青年的纯真的爱国心被歪曲、被利用、被蹂躏——因此，本来对自己生存社会的纯真的爱，却变成了对其他国家国民的深恶痛绝。"这一点只要看一看两次世界大战中军国主义给全人类和加害国人民本身带来的深重灾难就可以得到佐证。所以爱国主义应当同爱护世界和平、维护全人类的福祉相结合。在改革开放的今天，我们已经越来越清楚地看到，整个世界已经变成了一个地球村，中国的发展进步是世界发展进步的一部分。当今世界的许多问题也只有从全球的大局出发才有可能解决，加强各民族之间的理解与合作是世界进步和国家发展的重要条件，所以今天的爱国主义教育应当与"爱人类"情感培育紧密结合起来。

在社会主义道德体系中，这一结合就是爱国主义与国际主义的统一。马克思主义认为：国际主义是全世界无产阶级和劳动人民，不分民族和国家，在为共产主义理想而斗争时所表现出来的团结一致、互相支持的精神。因此，各国无产者在处理彼此之间的关系时，形成了彼此都应该遵守的行为准则，其中包括在帝国主义发动战争时，每个国家的无产阶级都要使民族利益服从阶级利益，反对民族利己主义和大国沙文主义；在国家之间，要一律平等，反对大欺小、强凌弱的霸权主义行为；在共产主义的兄弟党派之间，也要相互支持、相互尊重、反对干涉别党的内部事务；在整个国际事务中，加强无产阶级的团结，为全人类的解放和社会的进步而共同奋斗。在国际共产主义运动的历史中，错误理解爱国主义与国际主义的关系曾经多次给这一运动带来了非常负面的影响，这一教训值得社会主义社会永远记取。

目前随着国力的逐步增强，中国国内产生了一些非理性的民族主义情绪，值得广大教育工作者密切关注。

第三，爱国与改革开放。爱国不等于爱国家传统和现实中的糟粕。对当代中国来说，爱国主义还必须同改革开放的选择结合起来。爱国主义与虚心学习外国先进文化是一致的。近代世界各国和中国历史表明，拒绝接受外国先进的科学文化，任何国家任何民族要发展进步都是不可能的。闭关自守只能停滞落后。我们应当教育学生具有民族自尊与自信，摒弃资本主义的一切丑恶腐朽的东西，但是我们也必须下决心用大力气，把当代世界各国包括资本主义发达国家的先进的科学技术，具有普遍适用性的经济的、政治的管理经验和其他有益文化学到手，并在实践中加以检验和发展。不这样做就是愚昧，就不能实现现代化。对外开放作为一项基本国策，不仅适用于经济建设，而且也适用于精神文明、政治文明建设。

第四，爱国情感与爱国行动。爱国主义首先表现为一种爱国的情感。有学者指出："忘记了培养民族主义（爱国主义）感情去教授'公民'科，其教育只能是枯燥乏味的。"但是，爱国又不能止于情感的培育，应当引导学生将爱国之情变为爱国的行动。这就要求爱国主义教育要从小事、身边的事情做起。有人曾经将爱国主义教育内容划分为对三种实体的热爱，值得我们注意。对三种实体的热爱的内容分别是：1. 自然实体维度，从爱自己的出生地、居住地，到爱祖国的自然环境、国土资源等祖国的自然实体。2. 人文实体维度，从爱父母、爱老师、爱同学开始，到爱祖国的传统文化，最后达到对祖国现代文明的理性思考。3. 政治、经济实体维度，从爱国家的标志（国旗、国歌、国徽等），到对祖国政治制度的热爱，以及对国家制度的理性思考和积极建设。爱国主义教育应当是依据上述三个维度的一项经常性的德育任务，有一定的形式，但又应反对形式主义的爱国"运动"。爱国主义教育的关键是要让学生以参与的精神、以合适形式加入国家建设的行动，"在做中学"。

所谓"在做中学"，主要的含义包括两个方面：第一，建立适当的服务国家的制度，例如一些国家实行的兵役制；第二，通过社区服务等日常活动形式培养学生对国家主动关心和参与建设的态度。

爱国主义教育，在新中国建立初期曾经十分重视并进行得卓有成效。在这个时期，爱国主义教育家喻户晓，深入人心。后来，由于我们的德育内容片面强调政治教育，特别是在"阶级斗争为纲"的思想指导下，爱国主义教育被忽视和歪曲，甚至使爱国主义教育带上了现代迷信的色彩。改革开放以来，情况发生了根本的变化。"爱我中华""振兴中华"的精神深入人心，但由于中国与发达国家在发展上存在的客观差距，随着国际交往的频繁，出现了崇洋媚外、丧失民族自信心的不良倾向，一些人甚至不顾国格而走入歧途，爱国主义教育已经成为十分迫切的任务。当前向学生进行爱国主义教育，特别要注意增强民族自信心、自尊心和民族自豪感，批判崇洋媚外的不健康倾向，教育学生以对祖国的热爱为动力奋发学习，掌握建设祖国的本领。

（六）民主与法制教育

爱国主义在政治生活中的重要表现是积极参与国家的民主与法制建设，自觉维护国家的民主与法制。中国近年正在加快社会主义政治文明建设的步伐，学校教育如何与这一时代的要求相适应，是学校道德教育面临的一个特别重要的课题。

从道德教育的立场出发，积极参与国家的民主与法制建设是公民道德的重要要求之一，原因主要有以下两点：第一，民主与法制往往是最基本的道德关系的反映，没有民主和法制，意味着社会道德最后防线的溃散，所以建设民主和法制从这一意义上讲也是道德生活建设的一部分。第二，在现代社会，公民参与国家政治生活的道德方式只能是民主与法制的方式，否则公民善良的爱国主义极易走向其反面——导致国家政治和社会生活的混乱。

民主制度、关于民主的教育是现代社会及现代教育的突出特征之一。人民当家做主、享有现实和充分的民主权利的制度是社会主义现代化建设的伟大目标之一，也是社会主义精神文明建设的重要内容。没有人民民主，就没有社会主义现代化。由于中国是一个封建专制社会历史特别长的国家，封建专制的影响至今仍然十分强大，如何培养学生成为具有当家做主、参与国家政治生活的民主意识与能力的合格公民是我国学校教育的重要任务。与此同时，民主必须制度化、法律化，这样才能巩固和发展社会主义制度。向学生进行民主教育的重要任务之一是努力促进学生划清民主与极端民主化的界限，反对极端民主化和无政府主义。在中国，必须大力加强"公民道德"教育。公民道德教育的重要内涵之一就是民主与法制教育。

加强民主与法制教育，对于学校德育来说，主要应当做好两方面的工作。首先是民主与法制教育本身。学校德育应当努力培养和增强学生作为未来公民的公民意识、公民的权利和义务意识，懂得民主的真正内涵和参与国家政治生活的程序。在中国公民的民主意识不强的现实条件之下，强调公民的主人意识，培养公民的权利和捍卫公民权利的意识是当前一项十分重要和紧迫的任务。与此同时，学校德育应当努力使学生认识到，依法治国已经成为我国的基本国策，不要社会主义民主的法制，绝不是社会主义的法制；不要社会主义法制的民主，也不是社会主义的民主。应教育学生认识法制对保护人民利益、维护安定团结、保障社会主义现代化建设的重大意义，要在学生中深入地普及法律常识，教育学生严格遵守国家的法律和政策，养成遵纪守法、敢于同各种违法乱纪的现象做斗争的良好品德。

其次是与民主与法制教育相关的学校纪律和制度教育。培养学生自觉遵守纪律、维护制度的品质，也是对学生进行道德教育的一项重要内容。在学校环境中，纪律和制度教育实际上是未来民主和法制生活延续的必要基础，同时，纪律、制度教育不仅对培养学生的纪律品质有重要作用，而且也是学校顺利进行教学和教育的必要条件。学生不履行自己的学习义务，不遵守《学生守则》和学校的各项规定，学校就不可能进行正常的教育与教学。纪律和制度既是教育的目的，也是教育的手段。对学生进行自觉的纪律和制度教育，就是要他们懂得、理解遵守纪律和制度的必要性，培养他们遵守纪律和制度的行为习惯。同时，我们所需要的纪律和制度，不仅表现在服从上，表现在表面上的遵守规矩上，而且还应当表现在遵守纪律和制度的主动性和创造性上。纪律和制度教育应当同个体的自主性、能动性发挥有机地结合起来。为此，学校纪律和制度教育应当以建设民主和纪律并存的学校生活环境为最重要的手段，让纪律和制度建设成为学生主动建构自己成长环境的一个主动行为。

（七）信仰道德教育

"信仰道德"是一个来源于宗教道德理论的概念。在宗教理论中，"信德"的意思有两重。一是它表示人对神的信仰关系；二是表示因信神而按照神的意志去践行道德。比如在基督教中，信德首先是对上帝的绝对忠诚，其次是"因信称义"，求得世俗生活中道德上的完善。我们认为，如果剔去宗教唯心主义的成分，将信仰视为对终极价值体系的笃信，以及在这一基础上建立道德生活的最终依据而去践行道德的活动，这一道德形态就可以称之为"信仰道德"。所谓"信仰道德教育"，是指以终极价值体系建立为目标的教育活动，在中国文化和体制之中，其主要内涵是：第一，要进行世界观、人生观教育；第二，要进行理想教育。儿童、少年处在世界观、人生观和理想的形成、发展的关键时期，世界观、人生观和理想教育应当成为学校德育的中心内容和根本任务。

世界观是人对世界总体的看法，包括人对自身在世界整体中的地位和作用的看法。它是人的自然观、社会历史观、伦理观、审美观、科学观等的总和。哲学是它的理论形式。人们认识世界、改造世界所持的态度和采用的方法最终是由世界观决定的，对一定世界观的信念是确定人们实践活动方向的重要精神力量。世界观教育对学生的学习、未来的生活都有十分重要意义。人生观也称人生价值观。人生观是世界观在人生方面的表现，是关于人生目的、人生态度、人生理想等方面的基本观点，主要回答怎么对待人生、度过人生和在实践中实现人生的价值问题，通俗地说就是人为什么活着，怎样做人，怎样活着才有意义等问题。人生观的内容具体表现为苦乐观、荣辱观、幸福观、生死观等方面。由于人们在社会生活中所处的地位不同，所从事的社会实践不同，生活环境不同，受教育水平不同，文化素养不同，人们对人生的目的和意义的看法和态度也就不同，这就出现了不同的人生观。人生观具有历史性、社会性、阶级性。但是人人都有人生的追求和目的，人人都在按照自己的价值观度过自己的人生，对待自己的生活。世界观和人生观教育实际上所要完成的是个体终极价值体系的建立。只有建立了这一体系，道德生活才可能有最后的依托。道德认知、道德情感到道德行为的一个关键环节是道德信念的建立，而道德信念建立的重要前提是个体终极价值体系的建立。这样看，世界观、人生观问题实际是道德教育和道德生活的核心问题，是人们行为的出发点，也是道德教育必备的理性基础。

理想问题是人生价值的一个重要侧面。理想是人奋斗的目标，是人们对未来的憧憬向往与追求。人的理想包括生活理想、事业（职业）理想、社会理想等。一个人应对自己的人生价值有充分的认识。陶行知先生说："人生天地间，各有所禀赋，为一大事来，为一大事去。天降我材必有用。"一个人应有抱负，不应虚度一生。理想是人们奋发向上的源泉。青少年是充满着理想的时期，向青少年进行理想教育，始终是德育的重要内容之一。同时，理想也是人的精神内核之一。道德理想的培育是德育的最高目标，同时也是德育工作的基础。只有确立了正确的人生理想，学生才可能有健康、自觉的价值生活，才可能有真正合乎道德的行为，形成真正的文明行为习惯。

在学校德育中，理想教育主要包括生活理想、事业（职业）理想、社会理想三个方面的教育。生活理想是对理想生活和理想人格的一种设定和追求，后者也称人格理想。我们认为，个体的道德生活和道德人格需要有一种提升机制存在才能不断提高，道德教育才具有可能性。学校德育应当努力促进学生摒弃"猪栏理想"，追求成为"一个高尚的人，一个纯粹的人，一个有道德的人，一个脱离了低级趣味的人，一个有益于人民的人"。事业理想是个体对理想职业的憧憬和追求，有了职业理想，职业才可能转化为对于个体生命有神圣意义的

"事业"，人才可能真正具有敬业精神、职业道德。由于职业理想往往切近学生的真实需要，因此，职业理想教育往往能够成为理想教育中的重要切入点。由于个人生活和事业发展离不开社会发展，社会理想教育就成为理想教育的另外一个重要组成部分。社会理想教育应当分为两个层次进行，一是对未来社会最美好或终极状态的追求，二是对近期社会目标的追求。在中国社会，前者指共产主义理想，后者指"有中国特色的社会主义"。在现阶段，中国人民的共同理想是建设富强、民主、文明的社会主义强国。理想教育应当特别强调这一共同理想的教育。

进行理想教育的一个重要原理是要注意求得三大理想及其教育的统一，原因主要有两条：第一，生活理想、职业理想、社会理想本来就是不可分离的。生活理想是理想结构中的基础，职业理想建立在生活理想的基础之上。而职业理想是生活理想和社会理想实现的中介，社会理想则是生活与职业理想的方向指导，离开统一的关系我们无法讨论理想教育。第二，由于三者的统一关系，我们在进行理想教育时如果孤立地进行某项理想教育，就肯定会导致教育上的偏颇。例如我们脱离社会理想去进行生活理想、职业理想的教育，就容易导致极端个人主义的道德抉择，相反，我们脱离职业理想去进行社会理想或人生理想教育，就会出现"坐而论道"的空谈状态。

第三节 课程与德育课程

一、课程概念

课程（curriculum）一词，源于拉丁文，原意是"跑道"，教育学研究将之引申为"学科学习的进程"之意。《中国大百科全书》教育卷（1985）称：课程即"课业及其进程"。

从课程理论的发展角度看，对课程以及课程理论的认识也是一个相当复杂的过程。近代教育史上主要的课程论思想的代表人物主要有三个。一是捷克教育家夸美纽斯，他从"泛智论"的观点出发，提出了"百科全书式"的课程观。在《大教学论》中，他为"最初的学校"（母育学校）所列的课程就有：玄学、物理学、光学、天文学、地理、年代学、历史、算术、几何、静力学、机械学、辩证法、文法、修辞、文学、音乐、经济学、政治学、道德学、宗教共20门。二是英国教育家斯宾塞，他从"生活准备说"和"知识价值说"的立场出发，论述了个人功利主义的课程观。他批判"装饰性"的知识，提倡实用的科学知识，主张："为我们的完满生活做准备是教育应尽的职责，而评判一门教学科目的唯一合理的办法就是看它对这个职责尽到什么程度。"三是美国民主主义教育家杜威，他从经验主义、实用主义的立场出发，对"活动课程"的设置做出了具有划时代意义的论证。杜威认为："学校科目相互联系的真正中心，不是科学，不是文学，不是历史，不是地理，而是儿童的社会活动。"

关于课程的定义，我们认为，课程是指教育内容或教育影响的形式方面，或者说，课程是学校教育内容与学习经验的组织形式。之所以这样定义，是因为：第一，课程是教育内容的安排，但不是教育内容本身，所以我们称之为教育内容、教育影响或学习经验的"形式方面"。第二，称之为课程的东西虽然是教育影响的总和，但是这一影响基本上是在学校环境中有意识安排的，或者是这一安排的非预期结果（指隐性课程），所以我们称之为教育内容或学习经验的"组织"。课程可以分为正规或显性课程、非正规或隐性课程两类。正规或显性课程又可以划分为学科课程与综合课程、理论课程与活动课程等。其次，关于课程的主要构成要素，我们认为，"课程"大体上由三个主要内容构成，一是教育目标和对教育目标的反映；二是教育内容和教育内容的计划与安排；三是教育活动，尤其是学习活动的方式。

二、德育课程的问题与特点

从以上课程定义出发，我们可以认为：德育课程是道德教育内容或教育影响的形式方面，是学校道德教育内容与学习经验的组织形式。一般说来，德育课程包括直接、间接和隐性德育课程三个方面。

道德教育课程从历史的角度来看是源远流长的。古代学校的课程基本上是一种以道德教育内容为主的课程形式，近代意义上的德育课程设置应当以1882年法国以道德教育取代宗教教育课程为起点，世界范围内对道德教育课程集中和广泛的探讨是在20世纪六七十年代，20世纪80年代以来又形成了一个空前活跃的阶段。中国全国教育科学规划从"六五"规划起，也曾经将直接德育的课程问题作为重点课题加以研究。但是到目前为止，关于道德教育学科的性质、内容、师资，以及存在的合理性等仍然在研讨之中，所以德育课程问题仍然是一个需要大力研究的领域。

德育课程建设面临的主要问题如下：

第一，道德教育可否作为一门专门学科（课程）去开设？传统的德育课程理论实际上存在这样的假定，即学生的心灵是一块白板，道德价值及规范体系可以通过教师的宣讲传达给学生，使之形成所谓的品德。但是道德教育作为一门学科存在的合理性在近代以来不断受到怀疑。20世纪20年代，美国心理学家哈桑（H. Hartshorne）和梅（M. A. May）等人通过5年时间对11 000多名8~16岁的青少年进行的研究证明：传统的道德学科教育所进行的道德规范教授与儿童的实际行为几乎无关。有的教育学家甚至认为"正是道德教学把孩子教坏了"，"当我去掉一个坏孩子业已接受的道德教学时，他自动地变成了一个好孩子"。此后，道德教育经历了一个否定直接的学科教学和强调道德反思能力培养的阶段。经历一个反思和反复阶段之后，人们开始冷静地考虑道德教育的课程问题，最终的一种结论是："在我们这个多元的社会里，尽管这种直接的灌输方法是无效的，然而，任何道德上放任的企图也没有取得更好的结果。""道德教育所面临的问题和挑战是要寻找一条中间路线。它既不强迫年轻人接受一套道德规则，也不给他们这样一种印象，即做出决定完全是一件个人的主张或想入非非的事情。""我们必须反对价值教育中纯粹的'过程'或'技能'的方法。为了成功地对价值进行反省，学生必须通过与他人的反省对话获得在一定意义上是合理的价值观点。""学校必须既教技能又教内容。"有专家曾经调查比较过 90 个国家三个时期的德育课程的开设情况，结果也与德育课程理论上的上述变化基本一致。

第二，如果可以作为一门专门学科（课程）去开设，它的主要内容与方式是什么？德育课程作为一种教育内容的安排同样经历了一个反复的过程。如前所述，人们曾经认为作为一种价值性的教育，为了避免思想专制和道德灌输，不可以有固定的内容。但是随着道德教育中相对主义导致的价值混乱，20 世纪后半叶以来，德育理论界开始了价值教育的复归，即开始认可人类普遍的道德价值进入课程的必要性，形成了从道德规范、基础道德到公民道德、信仰道德教育的基本内容结构。关于道德教育的方式、方法，人们也有一个思索、探究的过程。人们曾经认为，道德教育不可以采用直接讲授的形式，道德讨论、价值澄清、道德实践曾经被视为最理想的道德教育方式。但是人们很快认识到：会不会形成强制灌输的关键不在于使用什么样的方法，而在于如何使用这些方法，在什么情况下使用这些方法。因此，现在的德育学科教学中，人们也倾向于采取"折中主义"的方法选择。

第三，德育课程与其他学科的课程相比，其特点何在？在理论上说，没有谁会否定德育课程应当具有自己的特点。但是从将德育作为一种纯粹的"学科"（或文化课）去讲授的实践来看，实际上又似乎存在这样一种假设：德育课程与其他学科没有什么区别。而实际上我们认为，从课程的基本构成与影响要素的角度来讨论，德育课程仍然有不同于其他学科的特点。这些特点是：

1. 在教育目标和对教育目标的反映方面。道德教育课程的目的不是简单地要传授某一方面的知识或知识体系，而在于价值观念的确立、态度的改变以及正确的道德信念和行为方式的形成。由于德育目的、目标的较高要求，也由于情感、态度、信念等目标因素本身的复杂性，德育课程的设计就自然成为整个课程设计中难度最大、挑战性最强的一个领域。

2. 在对学习主体的尊重方面。正如杜威在他的《民主主义与教育》中所说，你可以将一匹马牵到河边，但你决不可以按着马头让它饮水。学校德育的价值和主观色彩使学习主体的积极性对教育过程的重要性被提高到了无与伦比的高度。在一般的知识或技能的学习方面，一定的强制或压力也许会有一定的效果，但是在德育课程的组织与实施方面，如果没有对学习主体的了解与尊重，就不可能取得应有的效果。应该说，这是德育课程最根本的特色之一。

3. 在教育内容和教育内容的计划与安排方面。道德教育虽然也可以有一套类似于其他学科的道德知识体系，形成直接的道德教育的教材，但是德育课程既要诉诸认知的因素，更要通过情感、行动的经验去实现。所以，综合课程、活动课程、隐性课程，学校课程与社会、家庭生活的连接等在道德教育课程体系及其研究中占有十分重要的地位。此外，由于道德教育过程本身所具有的复杂性、反复性，德育课程能否、如何进行所谓的"螺旋式"设计；道德教育教材是采取教科书的形式，还是采用一般读物的方式设计等等，也都是道德教育课程面临的问题。

4. 在教育活动，尤其是学习活动的方式方面。道德教育决非仅靠直接的讲授就能奏效，道德教育课程应当认同更多的道德学习的方式和途径。在中国的道德教育实践中，最大的问题在于，在道德学科的直接讲授中，没有对学生道德批判能力的培育引起足够的重视，缺乏应有的讨论；即使有所谓的讨论，其目的也不是通过讨论求得道德认知、反省能力的提高，而是着眼于得出既定的道德结论。在道德实践能力的培养上，也有类似的缺陷。一是缺乏实践的机会，二是即使有所谓的"实践"活动，也都是以既定任务的完成为目标，学生没有选择的余地，其结果是道德实践活动实质上的形式主义，完全没有预期的效果。所以，如何增进学生的参与程度是中国道德教育按照德育课程特点办事的关键问题。

三、当代德育课程案例介绍

为了方便对德育课程概念及其具体理论问题的分析、理解，下面介绍四个较有代表性的当代德育课程模式。

（一）威尔逊的"符号"课程模式

威尔逊（John Wilson，1928~？）是英国牛津大学教育学系的教授、"法明顿道德教育研究所"的主任。他与他的同事威廉姆斯（N. Williams）和舒格曼（B. Sugarman）等人以"道德符号理论"为依据设计了一套别具风格的德育课程。他们编写了德育教材丛书《道德第一步》和《道德第二步》。

威尔逊是一个道德哲学家，他的课程理论是建立在自己对道德概念和道德教育的哲学理解之上的。威尔逊认为，道德观点与道德过程是可以分离的。所谓"道德"不是具体的观点，而是处理问题的一般方式或方法论。道德过程中的方法论可以适用于广泛的情境，远比具体的道德内容重要。所以，他认为"我们主要的不是力图传授任何特定的内容，而是教他们一种熟练的方法"。学校德育应当向学生提供道德生活的方法论而不是特定的道德价值内容。为了提供上述方法论训练，他们将道德问题分解为一系列的"道德构件"，再用古希腊文字中一些单词的特定缩写作为"符号"去解释道德问题，进行道德教育。

威尔逊等人除了对道德理性能力培养高度重视之外，还有一些特别的主张。第一，他主张直接的道德教育和专门的道德教育课程设置。他认为："将道德教育作为一种附加的或边缘性课程来对待只会导致灾难。"为此，他还对直接的道德教学做出了充分的论证。第二，他坚决地赞同教师在道德教育中的主导作用。虽然他反对道德灌输，主张学习道德生活的方法论，但是他不反对在训练学生学习这一方法论时发挥教师的积极性，甚至他也不反对教师保持自己的价值立场，以供学生参照。第三，他主张形成建立在学校组织结构基础上的"传统家庭模式"。在学校管理上，应当让学生民主参与。总的说来，他主张要形成有利于道德教育的家庭气氛，从而使学生既具有安全感，又具有义务感和责任感。

威尔逊的符号课程模式重视道德教育的形式方面，用符号和公式对道德概念和道德教育做出了很好的说明，对培养学生理性的道德能力具有重要意义。他自己也倾向于将道德教育课称为"道德思维"课。但是这一课程与教育模式过于"学究化"，同时道德观念与过程分离的命题及其推演出的教育结论都是有缺陷的，因而受到了人们的批评。

（二）麦克费尔的"体谅"课程模式

麦克费尔是英国教育家。他和英国"学校道德教育课程设计委员会"的同事们设计了一整套道德教育的课程。由于麦克费尔等人是从学生的需要出发，以"体谅"为核心目标范畴设计德育课程的，所以，他的德育课程模式也称"体谅"模式。1966～1968 年，麦克费尔等人分三次对 1 500 余名 13～18 岁的被试中学生进行了一系列的调查，试图查明学生的道德生活实际与需求。结果表明，学生所期望的成人行为是：允许自由、帮助解决困难、理解、倾听意见、有幽默感。最好的成人与同伴行为是：体谅别人、关心他人。相反，限制过多、不合理的要求、不公正的处罚，以及不体谅别人的行为是他们所不期望的。在这一研究的基础上，麦克费尔等人认为，儿童大多能够分清什么是自由与放任、坚定与固执、真理与教条，道德教育的任务主要不应在学习道德判断，而应当在让学生学会体谅和关心别人，因别人的幸福而感到幸福。为了帮助学生形成体谅和关心他人的生活方式，他们起先编制了道德教育的教材《起跑线》，此后，又在此书的基础上编写了《生命线》丛书作为道德教育的基本教材。

《生命线》由三个部分构成。第一部分是"设身处地"。所包含的是家庭或邻居发生的事情，涉及两三个人，目的是提供生活中常常遇到的现实问题，引发关心他人的情感体验。这一部分又由《感受性》《后果》和《观点》三组图片组成。每一组含有几十张彩色图片，图片上描绘一定的生活情境，图片的下面设计了一些发人深省的问题，供课堂讨论。第二部分是"检验规则"。提供的是未来特别是小团体会遇到的问题，并考虑如何相互关心的情境。这一部分由《个人和原则》《你期望什么》《你认为我是哪类人》《为了谁的利益》《为什么要这样做》等五个单元小册子组成。每一个小册子都由图文并茂的故事以及供学生讨论的思考题和练习题组成。第三部分是"你应该做些什么",包括诸如种族冲突、种族歧视、吸毒等主题,以便使学生在更广阔的背景之下考虑道德问题。这一部分包括的小册子有:《生日——1904 年的南非》《单独的监禁——1917 年的英国林肯郡》《追捕——1944 年的阿姆斯特丹》《街景——1965 年的洛杉矶》《悲剧故事——1966 年的南越》《盖尔住院——1969 年的伦敦》。这些小册子仍然是插图故事形式,目的在于引导学习者做出正确的选择。麦克费尔建议这一教材应当融合到各科教学中使用,不一定设置单独的道德教育课。同时他还强调,教材的顺序及安排是为了适应学生的需要和理解水平,应当随着儿童经验的增加,提供更广泛的经验背景和教育内容。各部分材料可以单独使用,也可以交叉使用。

在道德教育的方法上,麦克费尔认为,讨论、角色扮演、对话、讲故事等是最有效的方法。道德教育应当摒弃说教和权威主义,让学生有选择的自由,但是教师应当同时提供自己的立场,供学生参照。此外,麦克费尔等还特别强调班级、教师团体、俱乐部、兴趣小组等方式的作用,认为学校必须建立一种鼓励学生现实道德和民主的机制和氛围。

麦克费尔课程模式是建立在对学生道德发展状况与需要的了解基础之上的,其优点是切合学生的发展实际,有道德教育的针对性,但是,这一课程模式的不足之处也正是这一点。因为道德教育课程与教学毕竟有其价值引导、提升道德水平的使命,仅仅依据儿童的需要或以大多数学生的回答作为道德教育的标准与原则,有一种将道德教育与道德发展相等同的教育上的"成熟论"和伦理上的"自然主义"的倾向。

(三)纽曼的"社会行动"课程模式

"社会行动"模式是美国教育学家、威斯康星大学(麦迪逊校区)教授纽曼于 20 世纪 70 年代中期发展起来的一个道德教育课程模式。其课程理论主要反映在纽曼的代表作《公民行动教育》(1975)、《公民行动技巧》(1977)中,纽曼等人编写的《公民行动技巧:中学英语学习计划》(1977)曾经产生了一定的影响。

纽曼认为以往的道德教育对道德知识、社会体制、社会问题、思维过程等因素较为强调，但是对道德行动及其能力培养关心不够，造成了公民道德的被动性。同时由于学生没有较多机会感到自己拥有影响或作用于环境的能力，对道德问题也会失去兴趣。从正面去理解，一个民主的社会，"被管理者的同意"亦即每一个公民参与政策制定的权利十分重要，需要每一个体具有行动的能力。此外，纽曼认为在道德冲突中，往往需要个体成为一个"道德主体"自主行动，而作为一个"道德主体"，也就必须有影响环境的能力。所以他特别强调培养学生的"环境能力"，包括实质性的能力，如画画、建房等影响具体事物的能力；人际关系能力，即影响他人的能力；公民行动能力，即影响公众事务的能力。在影响环境的能力中，纽曼特别强调影响公众事务的"公民行动"能力。纽曼认为这一能力依据一个能够达成实际政策结果的"公民行动"的过程可以分为三个方面：制定政策目标、集结支持目标的资源、解决心理哲学上的问题。

为了培养学生的社会行动能力，纽曼在威斯康星州的麦迪逊市实验了一套课程方案，叫作"社区问题计划"。整个课程学习时间1年，可以获得英语和社会学习各2学分，可以结合其他课程进行。这套课程包括第一学期的政治法律课、交际课、社会服务实习课和第二学期的公民行动、文学研习、公共交流总共6门课，主要培养学生的交际能力、收集资料的能力、陈述能力、做出决定的能力、合作能力、探究问题的能力、施加影响的能力共7项能力。为了这一课程的开设，纽曼还强调学校应当建设较好条件的公民实验室、处理好责任问题、成立公民行动咨询委员会、让学生参与课程决策等辅助条件的重要性。

"社会行动"模式的最大特点和优势在于他们关注了一般道德教育课程中注意不够的"行动"问题，课程内容具有较为显著的实用、实践色彩。但是这套课程所要求的条件是较高的，涉及不同学科，涉及学校、社区。除了大量的经费投入之外，所需的时间也非常多。比如第一学期，政治法律课是每周3个上午，共上14周；交际课每周4个下午，共16周；社会服务实习课每周2个上午，共14周。学生几乎要花整天时间去学习这门课程。除了投入太多之外，还可能带来学校秩序上的"混乱"。此外，纽曼的"被管理者的同意"等理论与条件假设也需更深入的论证。

(四)美国品德教育课程模式

这是美国品德教育学院研究和编制的一套道德教育课程。这一课程于 20 世纪 70 年代中期开始设计，并曾经在美国的 5 个大城市做过历时 10 年的实验。1986 年基本定稿，正式使用。至 1990 年，美国许多公立学校都开设了此类课程。

按照他们的思想，美国品德教育的目的是：1. 提高学生的自尊心；2. 加强学生的自律和自我修养；3. 提高学生进行决策、解决道德问题的能力；4. 向学生传授积极态度和价值观。依据这一目的，教育家们编写了从幼儿园到小学、中学的品德教育课程的教材。整套教材在内容上一致强调了经过反复测试得出的一些基本的价值观念——诚实、勇敢、信念、公正、宽容、人格、善良、助人、言论自由、选择自由、经济保障、公民的权利和义务、个人尊严、时间分配、个人才能的发挥等。幼儿园到小学、中学的品德教育课程设置的具体情况如下：

1. 幼儿园的品德教育。幼儿园每天都安排一小段时间进行品德教育，教材是《幸福生活》和《你与我》两套。《幸福生活》是 6 本动物故事集，《你与我》则是儿童熟悉的周围人物，如父母、兄弟姐妹、老师家长、警察、医生、朋友、邻居的故事。每木书都是通过动物或人际故事反映是非、善恶，以及正直、公正、善良等价值观念。教师往往采用插图、幻灯片、编讲故事、做游戏等方式进行教学，道德教育形象生动。

2. 小学的品德教育。小学品德教育一般每周一、二节，教材是《公民的品德》。《公民的品德》分 10 个单元，每一单元都提出几种行为目的，每种行为目的再通过几节课来实施。教学时间安排因学习材料的多少灵活安排（15 ~ 30 分钟不等）。教学形式也根据不同年级的实际决定，例如，低年级以活动性内容为主。教学中特别强调利他意识、个人权利、责任意识与自律意识的培养。

3. 中学的品德教育。中学品德课的容量加大、加深，每周 3 ~ 4 节，教材叫《自我决定》。《自我决定》共有 100 多篇课文，强调的价值观与小学相同，但水平上有较大差别，主要是针对中学生的心理特点，希望帮助他们提高分析问题、负责地做出道德抉择的能力。教材具体内容分为"社会学习""健康生活""职业教育"三个单元，涉及烟酒、吸毒的危害、责任及其意义、强有力领导人的品质、影响个人声誉的因素等。教学采取讲授、实习等多种形式。

品德教育课程模式是道德教育在课程与教学上向传统复归的产物。它具有将道德知识讲授和品德能力培养相结合，道德教育系统化、科学化等特点，为道德教育的课堂教学形式提供了当代经验。但是，这一模式很容易使一些旧的课程与教学思想"复辟"，一些教师往往驾轻就熟、积习难改，回到将道德知识和道德训诫作为德育工作的重点的老路上去了。

第四节　德育与学科课程

一、学科课程

学科课程（discipline curriculum）是以学科为中心来编制的课程。对道德教育来说，学科课程问题有两类。第一是专门的德育学科课程，即直接的德育课程；第二是以学科课程方式存在的其他学科课程中包含的道德内容及其构成对道德教育的影响，即间接的德育课程。所谓专门的道德教育学科课程，就是指以专门介绍道德价值、规则的原理与知识体系，提高学生道德认知与判断能力等为主要内容的课程。如前所述，道德教育是否可以作为一个专门的学科课程存在是德育课程理论反复争论的一大课题。从中国的现实来说，我们采取的是正面肯定学科课程的立场。从世界现当代德育发展的趋势来说，肯定回答的声音也越来越强烈。

综合起来看，反对将道德教育作为专门课程去开设的理由一般有以下几条：1. 道德教育作为专门的学科课程容易导致道德灌输，容易忽视道德理性、道德情感、行为能力的培养等。开设专门的德育学科进行德育，效果不如利用其他学科中进行的间接的德育。2. 德育课程如作为专门学科课程去开设，就会出现一些与一般课程概念相抵触的东西。比如道德教育不像一般课程那样以知识教学或思维训练为目标，而是以态度和行为的改变为主要目的。又比如，列入学科课程的科目一般都应当，也可以进行课业成绩评定，但道德教育课的成绩却很难评定。3. 特定学科课程一旦设置，就应当有专门的教师。真正合格的道德教育的教师很难找到。同时，即使这一问题能够得以解决，也会有淡化其他学科教师道德教育义务的危险。赞成将道德教育作为专门的学科课程予以设置的理由是：

1. 道德教育有自身特定的教育目的、教育内容、教育程序，所以应当作为一门专门的学科看待。这并不必然会导致道德灌输以及对道德理性、道德情感、行为能力培养的忽视。相反，教授必要的道德知识，让学生掌握必要的道德观念，倒是培养道德理性、道德情感、道德行为的必要前提。直接和专门的道德教学是"专业"和"诚实"的做法。

2. 道德教育的特殊性不能作为其不能独立存在的理由，而只能被看作是道德教育课程设置应当考虑更多的问题。

3. 如果不作为专门学科开设，道德教育可能成为一种"边缘性学科"。由于各科教学都有自己特定的任务，没有专门的德育课程就意味着学校放弃或部分放弃了道德教育的责任。

我们的意见是：道德教育可以也应当作为一个专门的学科课程去设置，但同时道德教育专门课程设置应当与各科教学结合起来进行；道德课程教与学的方式必须符合道德教育的特殊实际，必须充分注意研究和处理好与间接道德教育和隐性课程建设的关系。我国另有学者从总结道德教育学科课程建设的世界经验角度出发，认为中国德育学科课程建设应当特别注意三个方面的问题：第一，注意课程的心理学基础；第二，注意提高价值判断力；第三，强化情感因素。这些意见也是十分中肯的。

二、各科教学与德育

所有的学科课程都必须处理好本课程与其他课程的关系，道德教育对这一关系的处理更为重要。道德学科与其他学科关系的实质就是一个"直接的德育和间接的德育"的关系问题。

杜威对间接德育重要性的强调——"如果我们将品德发展作为一种终极的教育目标，同时又将知识的获得和理解力的发展——这些在学校教育生活中占用大部分时间的工作视为与德育无关的话，学校德育实际上就会是毫无希望的事情。"

许多国家往往有许多德育计划、大纲、方案，但并无专门的德育学科存在，道德教育一般采取间接的方式，即通过人文学科等非专门的道德教育学科进行。在中国和许多东方国家，道德教育都以专门的学科进行直接的道德教学。在后一种方式中，专门德育学科与其他学科的关系问题就显得十分重要。

各科教学对道德教育的直接作用主要表现在两个方面。第一，系统的文化知识的学习是提高学生理性能力的重要途径，这可为道德教育提供必要的工具性的前提。列宁说，没有文化的人成不了真正的共产主义者；苏霍姆林斯基说，学生在学校学习的自然、社会、思维方面的知识是世界观和正确道德行为的基础，都是这个道理。第二，各科教学本身包含着许多重要的价值或道德教育的因素，美国当代德育学家托马斯·里克纳认为，各科教学对道德教育来说是一个"沉睡的巨人"，潜力极大。所以，不利用各科教学进行价值与道德教育就是一个重大损失。里克纳还列举了各科教学中可以利用的一些价值因素。例如，数学和科学课中科学家的生平业绩、生活和治学态度，语文课中文学上榜样人物的道德作用，历史课中历史伟人的德行与自律精神，在体育与健康课中展示适度的自我控制对个人健康和品行的重要，等等。如果我们考虑后面要讨论的隐性课程的话，各科教学课程中形成的教师与学生的人际关系、教师对学生的人格示范作用等隐性课程，也是各科课程对专门德育课程的重要影响因素。

各科课程教学与专门德育课程的配合问题是学校德育课程建设的一个重要议题。在各科课程教学与专门德育课程的配合上，主要应当处理的是各科知识教学与道德教育之间的张力。首先，道德教育应当成为各科教学最重要的教学目标之一，教师不能忘记这一条重要的教育法则。换言之，虽然不是直接或专门的德育课程的承担者，但人人都是德育工作者，都有德育的义务。所以，应当充分挖掘各科教学中的道德教育资源。其次，各科课程实施中又要避免片面的"德化"倾向，避免将各科教学都变成直接的道德教学，从而失去间接德育的优势，面临忘记各科教学"本职"任务的危险。除了一些必须进行直接道德评价的内容之外，最好的做法应当是在直接传授各科知识体系的同时采取"不经意"、自然延伸的方式影响学生。

三、中国专门德育学科课程的问题与对策

目前中国专门道德教育学科课程的主要问题表现在以下几个方面。

1. 课程内容的安排与教学处理问题

关于德育课程的内容问题上一章已经涉及，这里我们谈两个方面：一是德育内容的科学性问题；二是课程内容的安排或教育呈现形式问题。我国德育课程的内容一直注意联系国家政治生活现实，这可能是一种优点。但是伴随这一优点的是课程内容很多属于一时一地的政策性问题，缺乏科学性的筛选。这在相当程度上影响课程质量。另一方面，我国德育课程从编制到教学，很少有教育对象的参与，对教育对象的品德实际和需要以及发展的逻辑考虑不够，其结果是，教育内容教条化，学习方式"静听"式。

对上述问题的解决只能采取两个方法。第一，承认德育学科的科学性，从而对目前的德育内容进行一定的清理，形成具有科学性、时代性的课程内容体系。第二，对课程安排和教学形式进行改造，形成新的德育课程形式。关于后一点，浙江大学魏贤超教授曾经有过一个很好的设想。魏贤超认为可以将现行的思想品德课、思想政治课等改造成为一种"认知性课程"。"这种认知性课程指的是，在教育、教学的整体性原则的指导下，以发展性原则为基础，在具有特定性质的体制与气氛中，在活动性课程的配合下，每一个学生都作为德育活动与过程的主体，在教师的启发、引导下，直接地、民主地参与遵循前述原则编制而成的德育内容的'讨论'（包括通常运用的辩论、谈话、阅读、说理以及讲授等形式），从而学会、理解或掌握真正的道德知识或道德观念，进而形成道德认知、道德信念直至道德理想、道德情感、道德意志与道德行为习惯。"不管我们如何评价这一设想，德育课程设计与教学中充分考虑学生的主体参与，适当吸收现当代德育理论与实践的优秀成果都是完全正确的。

2. 教材内容的稳定性问题

由于许多复杂的原因，我国直接德育课程教材的变动频率是最高的。以中学"思想政治课"为例，北京市中学政治课设置的变动情况是，1949～1990年间，变动次数总计32次。过多的变动是思想品德、思想政治等课程效果较差的重要原因之一。针对目前我国德育课教材的现状，笔者曾经提出过所谓"思想政治课教材双轨制"的设想。具体为：对目前德育课程教材内容进行清理，将教材中相对稳定的内容依据学生道德发展的实际编写成为一套"硬教材"，若干年相对不变；为了照顾到联系实际的需要，将目前教材中稳定性较差的时事、政策性内容按年级编写成常变常新的"软教材"（可采取活页形式）。这样既可以保证教材的科学性和稳定性，也可以保证学校德育理论联系实际目标的实现。

3. 课程结构与设计的问题

这里主要指两个方面的问题，第一是螺旋式课程问题，第二是综合课程问题。

"螺旋式"是课程设计的一种方法。采用这一方式可以使学科内容在整个学习过程中循序渐进，学生可以逐步深入地接触学科内容的不同方面。采取学习经验连贯性的螺旋式课程设计可以在小学起即向学生传授特定学科内容的某些方面，并为他们在今后若干年的相同领域的复杂内容的学习做好准备。螺旋式课程安排有两种基本方式，一是基本相同的内容在不同学段反复安排，只不过后期内容程度上有所加深；二是采用螺旋式方法安排不同的课题内容只是"课程在其发展中应该回顾那些以它们为基础的基本概念，直到学生全面掌握了课程的参考资料为止"。

我国德育课程基本上采用的是螺旋式结构。这一结构的采用的确有利于学生对一些抽象的伦理、哲学概念的掌握，但是也带来了一个十分突出的消极后果，即德育课程的教育内容重复严重，既浪费时间，也削弱学习的积极性。近年我国德育课程设计已经注意了这一弊端，但是这一问题远未得到解决，今后仍然需要在课程编制上做更多的科学化努力。

综合课程与单一的分科课程相对，是学科课程的一种，是将有关学科合并起来编订的课程形式。综合课程的出现，其主要目的是防止学科课程将学科分科过细的弊端，有利于课程"生活化"目标的实现。但是综合课程设计也有缺点，那就是由于它的综合特点，不利于一些学科内容系统和深入的教学，所以综合课程主要应当在较低学段应用。

目前许多国家的中小学德育课程都采用了综合课程形式，其优点主要有两条。其一是有益于学生在复杂的生活背景之下理解真实的道德理论与实践中的问题；其二是整合起若干学科之后有利于节约教学时间，节省学生的学习精力。但是由于这一课程形式本身的缺陷，一般认为，学校德育只宜在小学或初中采用综合课程形式，中学高年级还是应当采取分科课程为主的课程形式。实际上，我国已经开始在小学和初中阶段设计和设置了具有综合课程性质的德育课程（如品德与生活、品德与社会、思想品德），这一努力是值得肯定的。

第五节　德育与活动课程

一、活动课程的概念

活动课程又称经验课程、儿童中心课程等，是指以儿童从事某种活动的动机与经验为中心组织的课程。活动课程的思想发源很早，现代意义上的活动课程之首倡者当是美国教育家杜威。杜威说过："细心考察一下学校教育中永远成功的教学方法，无论是算术、阅读、地理或外国语的教学，将会表明这种教学方法之所以有效，全靠它们返回到校外日常生活中引起思维的情境。它给学生一些事情去做，不是给他们一些东西去学；而做事又是属于这样的性质，要求进行思维或者有意识地注意事物的联系，结果是他们学到了东西。"活动课程是作为对学科课程的否定者面貌出现的。杜威反对以学科为中心，将学科分得过细，忽视儿童兴趣与经验，也同实际生活严重脱节的传统课程，主张使课程满足儿童当前的兴趣和需要，以儿童为中心组织课程。杜威提倡和实验过的活动课程模式产生过世界性的影响。杜威的活动课程理论主张以儿童的社会动机、建设动机、探索动机和表演动机为基础组织教学，其目的在于帮助学习者解决他们当前认为重要的问题，扩大、加深他们的已有兴趣和生活经验。教师只是学生学习活动的顾问，教材只不过是为学生解决疑难问题、满足当前兴趣而提供的参考材料。

活动课程由于不能使学生很好地掌握系统的科学文化知识、使儿童按部就班地学习，曾经受到过广泛的批评，其发展势头在 20 世纪 50 年代以后曾经一度受到抑制。但是 70 年代以来，由于社会发展的新的需要（对人的创造性的需要），也由于哲学、心理学的发展提供了更扎实的价值与科学的基础，活动课程的理论和实践又重新活跃起来。

活动课程与传统学科课程的对立实质上就是直接经验和间接经验在课程上的不同强调的产物。由于人类的学习离不开直接经验也离不开间接经验，所以活动课程如果不是与学科课程对立，而是互补关系，则会得到很好的界定。有学者认为，在现代社会，"无论课程结构怎样调整，期望单一的课程类型满足社会对于教育的需求或受教育者的发展需求都是不可能的"，所以，活动课程作为课程类型的一种，与其他课程在相互配合的关系中存在的合理性是毋庸置疑的。实际上，当代的活动课程也的确已经完成了"中性化"（即不与学科课程对立而是互补、相互渗透的关系）的过程，即今天的活动课程已经成为一种与学科课程相并列的课程类型。我国教育部（原国家教育委员会）于 1992 年颁布的《九年义务教育全日制小学、初级中学课程计划（试行）》中就已经将课程明确划分为"学科"和"活动"两个方面，并指出："活动在实施全面发展教育中同学科相辅相成。"德育课程在"学科"课程上有思想品德课、思想政治课、劳动、社会等，"活动"课程有晨（夕）会、班团队活动、社会实践活动、学校传统活动等。最新的德育课程标准（2002、2003）则对活动课程的比重提出了更高的要求。在德育改革过程中，许多人在学科教学中也已经开始采用活动课程的组织形式。我们这里所研究的德育活动课程就是指作为与学科课程相并列、互补、相互渗透的一种以"活动"为重要内容的课程形式。

活动课程对道德教育十分重要。从某种意义上说，与其他学科相比较，活动课程实际上是道德教育最关键、最重要的课程形式。活动课程对德育的意义可以从以下两个方面加以说明。

第一，德性的本质是德行。亚里士多德说过："我们做公正的事情才能成为公正的人；进行节制，才能成为节制的人；有勇敢的表现，才能成为勇敢的人。"一句话，只有在德行或道德实践中才能修养德性。正是因为这一点，伦理学才被称为"实践哲学"（practical philosophy）。虽然伦理学从历史形态上已经经历过规范伦理学、实证伦理学和元伦理学几个阶段，但是至今为止的伦理学仍然是一个以规范伦理学为主流的实践学科，原因就是"它研究实践或行为"。所以，离开道德实践活动，无法在真实意义上讨论或学习道德问题。

道德教育从以上前提出发，也只能将道德活动作为实现教育目标的最重要的手段，因为道德教育的最终目的是使学生实践道德。杜威十分正确地指出："从别人那里听来的知识也许能使人产生某种行动……这种知识不能培养个人的主动性和使他忠于他人的信念"，而"在一个有目的，而且需要和别人合作的作业中所学到和应用的知识，乃是道德知识，不管有意把它视为道德知识，还是无意把它视为道德知识"。我们可以这样认为：如果说活动课程在其他学科教学中有一定局限的话，那么在道德教育这样一个特别需要实践活动的学科中则具有较大的优势——尤其是在我们不把它绝对化的条件下。有人认为，"在整个学校的大德育课程中，其主要部分与主要性质或主要的德育课程是实践性的"，所以应当"是活动性课程或实践性课程"。

第二，活动的德育意义。其主要有三个方面：

1. 道德活动可以使道德知识"活化"。道德教育有认知性的教育成分，所以德育学科课程的存在是合理的。但是德育学科课程所传授的道德知识本身是一种实践智慧，来自于道德生活，道德教育的效果只能在将个体道德生活的直接经验与这一社会文化中的道德智慧相结合的形式中才能取得。道德教育的另外一个重要维度是道德实践的策略传授。就实践策略而言，离开道德活动是不可思议的事情，就像离开游泳实践不可能学会游泳一样，道德实践能力提高的唯一途径也就只能是道德实践活动，即只能使学生回到活生生的道德生活，在交往中学会交往，在责任承担中建立真正的责任意识。

2. 道德活动可以使道德学习的动机得以增强。动机固然是行为的起点，但倒过来，行为也可以增强活动的动机。道德学习的动机可以说有两个方面。一是作为整体的人类的动机，一是个体道德行为的具体动机。从发生学意义上说，道德规则之所以必要在于其对人类社会发展的必要。个体只有在道德活动中才能发现这一必要，从而寻找到道德生活的现实与历史的根据，建立真正的道德信念。同时，道德生活对个体道德情感的调动，对个体不同行为的奖惩都会影响动机的强度。所以，每一个具体的道德动机也只能通过具体的道德生活才能发现、增强。生活体验是道德动机增强的有效策略，所以活动课程是道德价值与规范教育避免"教育异化"的出路之一。

3. 道德活动可以增进道德的自我教育。最高形态的道德教育应当是一种"无教之教"，而形成"无教之教"的唯一途径是形成学生的自我教育机制。如果道德教育只限于课堂讲授，则学生学习道德知识可能限于一般的思辨。而道德自我教育的重要要求之一是要学生能够将自己作为一个"对象"去时时反省、改进和提高。在道德教育中安排适当的活动，可以使学生在道德实践中获得自我反思、评价和学习的机会。因此，活动对于自我教育的意义也是十分重大的。

二、活动课程的实施

活动课程的意义在道德教育的历史上实际上已经得到过不同程度的强调，所以道德教育对活动课程探讨的具体努力主要应当在于道德教育活动课程的实施。北京师范大学教育学院丛立新教授提出，活动课程的主要原则是：自主性原则、实践性原则、综合性原则、过程性原则、开放性原则、互动性原则。结合中国德育的实际，我们认为，德育活动课程实施中最为关键的一些问题应当包括以下几个方面。

第一，活动课程应当贯彻主体性原则

德育活动课程的提出，在相当程度上说，就是一个在课程方面如何反映德育对象道德学习主体性发挥的问题。这里主要探讨正反两个方面的问题。

从正面角度看，所谓主体性原则主要是说在活动课程实施中要充分考虑学生道德学习的兴趣和需要。杜威说过："兴趣就是自我和某一对象的主动认同。"皮亚杰也说："如果儿童对他做的事情是有兴趣的，他就能够努力做到他的耐心的极限。"此外，课程理论之所以强调活动课程的重要，其重要的原因就在于以学科逻辑和成人经验为重心的学科课程不能引发儿童的兴趣，所以活动能否吸引学生是其成败的关键。当然，并不是所有兴趣都是德育活动课程应当照顾的东西，道德教育应当考虑兴趣，也应当考虑教育本身所应有的价值引导的特点。道德教育应当从肯定学生积极的社会需要和道德动机存在，并鼓励这一动机水平的巩固和提升的角度去考虑道德学习的需要与兴趣，应当通过一些合乎学生道德发展实际的活动使那些学生不感兴趣的教育内容能够慢慢成为学生感兴趣的内容。

从反面的角度看，主体性原则要求的是杜绝那种缺乏学生主动参与的形式主义的活动。在我国的日常德育活动中，许多活动都是"有组织"的，而有组织意味着是教师安排、策划和指挥的，因此，即使表面上十分热闹的活动也是"招之即来，来之即做，做之即散"的，形式主义和强制的成分很多，因而是与活动课程的精神实质背道而驰的。真正的活动课程应当是"一种发自主体内部的、自内向外的主动积极地参与活动，是一种真正的自我教育活动"。活动课程的确应当贯彻自主性、实践性、过程性、开放性和互动性等原则。

第二，活动课程应当与其他课程相配合

活动课程本身是有局限性的，这一点应当引起德育工作者的高度重视。注意德育活动的局限，扬长避短，就是要努力使活动课程与学科课程形成相互支持的互补关系。一方面应当在活动中鼓励将学科德育课程中所学习的判断、分析能力和解决问题的策略运用于道德实践活动；另一方面应当注意引导学生体悟活动中蕴藏着的德育意义，否则纯粹自发的活动的德育意义将大打折扣。苏霍姆林斯基曾经说过，一队小学生在做"好事"（帮一个老奶奶浇白菜）的路上将一桶水泼在路上，然后看一位盲人老大爷走进水洼里而哈哈大笑的故事。这一事例证明，学生往往不能将"好事"活动与"好事"的真正价值内涵统一起来，因此德育的活动课程必须与认知性、情感性的培养结合起来。而要做到这一点，就需要与其他课程配合，所以必须有专门进行道德学习、讨论、反思等训练的学科课程存在。

　　德育的活动课程与学科课程的统一还包括与其他学科课程相结合。这是由活动课程本身所具有的综合性质决定的。没有一种只涉及道德不关系到其他领域的活动。此外，活动如果要有吸引力，也必须杜绝过于直接的道德教育意味。

　　第三，活动课程应当与社会生活相统一

　　活动课程的优点之一是使道德生活成为教育手段，因此应当注意德育的活动课程与社会生活的统一。

　　一般说来，为了保证德育过程的引导性和德育内容的正面性，学校德育环境应当是一种相对"净化"了的环境。杜威说过："成人有意识地控制未成熟者所受教育的唯一方法是控制他们的环境。"而"任何环境，除非它已被按照它的教育效果深思熟虑地进行了调节，否则就它的教育影响而论，仍是一个偶然的环境。一个明智的家庭和一个不明智的家庭的区别，主要在于家庭中盛行的生活和交往习惯是不是根据它们对儿童发展的关系的思想进行选择的，或者至少带有这种自相的色彩。但是学校当然总是明确根据影响其成员的智力和道德倾向而塑造的环境典型"。杜威认为，有效的学校环境必须具备三重特征：第一，学校环境是一个简化的环境。人类文明的复杂决定学校必须选择其中最基本的并能为青少年接受的部分，引导其分层次、循序渐进地吸收。第二，学校环境必须是一种净化的环境。学校必须剔除旧时代遗留下来的邪恶和阻碍进步的影响因素，选择文明中最优秀的成果并强化其影响力，使之得以传递、保存、发扬光大。第三，学校环境必须是一个整合的环境。学生从属于不同的社会共同体，学校教育必须平衡社会环境各成分的影响，避免学生受制于某个特定团体的狭隘思想的禁锢，和更广阔的环境建立联系，从而走向平衡、理性的道德与价值的选择。上述三个方面乃是防止学校成为"偶然的环境"、实现相对"净化"的必要条件。

　　但是"净化"只能是一个相对的概念。如果我们试图将学校变成道德上的世外桃源，对学生的道德成长反而是有害的，因为我们教会学生的是一些在现实中并不具有现实性的道德观念；即使这一观念有某种合理性，由于无法获得应有的社会支持，教育效果上也会大打折扣。杜威的解决方式是既强调学校环境的相对净化，又强调将学校建设成为一种小型社会。杜威指出："教育既然是一种社会过程，学校便是社会生活的一种形式。""道德教育集中在把学校作为一种社会生活的方式这个概念上，最好的和最深刻的道德训练，恰恰是人们在工作和思想的统一中跟别人发生适当关系而得来的"，"在现在的情况下，由于忽视了把学校作为社会生活的一种方式这个概念，来自教师的刺激和控制是太多了"。

这样就"使得达到任何真正的、正常的道德训练变得困难或者不可能"。实际上，杜威正是从这些思考中得出结论，认为学校应该办成一个雏形社会，"学校即社会""教育即生活"。所以在考虑德育活动课程与社会生活的关系时，借鉴杜威的观点，我们应当考虑的是如何做到保持相对净化与社会生活实际之间的必要的张力。而两者的统一，则需通过较理想的社会生活模式在学校中实现而形成。

德育的活动课程与社会生活的统一除了上述内涵之外，一个重要的方面是活动课程开展本身需要社会有形或制度上的支持。因此，学校与社区、政府等关系问题是许多"活动"开展的前提性问题。换言之，学校必须尽量拆除有形和无形的"围墙"。

第六节　德育与隐性课程

一、隐性课程的概念

隐性课程"是指这样一些教育实践及成果，它们在学校政策、课程计划上并没有明确规定，然而又是学校经验中常规的、有效的一部分"，它"也许被看作是泛泛而随意的，隐含的或根本不被承认的"。"这一术语描述那些构成学生进行非学术性的、无法评定的学习活动的各种影响"。与隐性课程概念相近或相等的概念还有非正规课程、未期待课程、隐藏或潜在课程、辅助或附带课程、未研究课程或自然课程等。

关于隐性课程的概念界定，不同的研究者有不同的看法。

结构功能论者认为，隐性课程是学生在学校及班级环境里，有意或无意中经由团体活动和社会关系习得的"显性课程"所未包含，或者是不同，甚至相反的认识、规范、价值和态度；现象诠释学者认为，隐性课程是学生在学校或班级的"生活世界"中不断与教师或同侪团体产生存在经验的对话，而使其对教育环境主动产生价值或意义上的解析，并进而扩展其存在经验的非限定和创造性的无意学习；社会批判论者认为，隐性课程是将影响或决定"正式课程"内涵和特性所含的价值、规范、态度内化于教学过程（无论有意或无意）而使学生习得这些经验，借以完成其社会化，或将这些经验转化为自我意识的反省、批判，进而产生对现状改进的实践活动的经验。

虽然关于隐性课程的概念界定还有许多不同的意见，但是关于隐性课程的描述还是有相对共性的东西。这主要有以下几点：1. 从影响结果上看，隐性课程是指学业成绩之外的非学术的影响，更多地体现在对学生的价值、情感和意志等方面的影响上。2. 从影响环境上说，它是一种潜存于班级、学校和社会中的隐含性、自然性的影响。3. 从影响的计划性角度看，隐性课程是非计划、无意识和不明确的影响。4. 从影响的效果上看，由于隐性课程是一种潜移默化的影响，所以它的影响虽不是立竿见影的，却具有"累积性""迟效性""稳定性或持久性"。总的说来，隐性课程是学生在学校学习生活中完整经验的一个有机组成部分，但是这一部分与显性课程的影响有着显著的区别。我国有学者将隐性课程概括地界定为"学校情境中以间接的、内隐的方式呈现的课程"。

隐性课程的思想可以追溯到杜威等早期的现代教育学家，但一般认为这一概念是菲利普·W·杰克逊在 1968 年出版的《课堂生活》中明确提出的。隐性课程概念和理论的提出实际上是当代教育理论对 20 世纪六七十年代教育研究实证化、科学化，追求教育活动的可控性和价值中立倾向的一种反动。实际上，"一个时期应该既产生努力实现教育变化定量化的学者，同时也会产生一些渴望承认学校中以某种独特方式而发生的教育现象的学者"。隐性课程理论实际上已经证明，教育活动是一种复杂性很强的实践类型，完全的"工学模式"肯定是错误的；教育活动也是一种价值性的实践，企图做到完全的"价值中立"是不可能的，所以隐性课程理论实际上已经为教育理论与实践开辟了一个十分广阔的研究领域和实践探索的空间。

隐性课程概念本身有着与道德教育的天然联系，这是因为隐性课程从本质上讲是一种价值性的影响。关于隐性课程的影响或内涵的分析，不同学者的观点并不完全一致。但是综合起来看，隐性课程还是有其相对统一的含义。这里我们进行两个例证。1. 菲利普·W·杰克逊认为，构成学校班级生活的重要隐性课程因素有三个。第一是"群体"，其中充满了各种规则、规定、常规，学生必须在满足的延迟、欲望的打消、工作的中断中才能理解和适应它；第二是"表扬"，即班级中教师的评价、学生之间的评价等使得学生尽力与教师和班级所要求的价值保持一致；第三是"权力"，班级中的权力结构和差距是班级社会结构的重要组成部分，学生对社会的适应首先从适应班级的社会结构开始。从杰克逊的分析中可以看出，学校是社会规范同化最有力的场所，社会化、价值学习等是隐性课程的核心内容。杰克逊是社会功能学派的代表，他们的特点是将班级、学校中的社会化作了正面或积极的说明。与社会功能论者相对立的是社会批判论者。他们认为，"教育组织的主要方面，就在于再生产经济领域中统治与服从的关系"，因此隐性课程具有较明显的阶级性。但是他们的观点只不过从另外一面证明了隐性课程所具有的价值本质。2. 我国台湾学者陈伯璋教授则认为，隐性课程包括常数和变数两个部分。其中"常数"部分是指散播于学校教育各个层面的"社会意识形态"和教师的期待、教学内容中包含的未预期的意义、教室内移动方式、谈话流程等"教育工作者分析合理知识以及界定其运作概念的方式"。"变数"则是指组织教学、能力分组、升留级制度等"组织变数"，学校气氛、领导作风、师生之间等人际关系的"社会系统变数"，信念系统、价值观念、认知结构、意义等社会向度或"文化变数"。但无论是"常数"还是"变数"，我们都可以看出，隐性课程中的德育影响成分是最大的。

二、德育的隐性课程与道德教育实践

如前所述，隐性课程与道德教育有着天然的联系。这一联系的意义有二：

第一，要正确理解隐性课程，就必须理解其中德育影响的核心地位；第二，"道德教育如不关心隐性课程，期望得到满意效果是不可能的"。所以必须讨论隐性课程、德育的隐性课程与德育实践的关系。

对道德教育来说，隐性德育课程的作用非常之大，这主要是由隐性课程和德育过程两个方面的特点所决定的。从隐性课程角度看，其最大的优势在于它的作用方式是间接和潜在的，可以避免直接、显著的德育课程可能导致的逆反心理。隐性课程对德育的重要性决定着道德教育必须以主动或积极的态度去处理德育的隐性课程的改造或优化问题。德育应当注意并处理、改造好隐性课程，而不能说"开设"德育的隐性课程。

"学校课程"方面的道德教育隐性课程有三种。第一种是作为专门学科存在的德育课程与教学中存在的非预期的德育影响；第二种是各科课程及教学存在的不自觉和非预期的德育影响；第三种是德育的活动课程中隐含的与显在目标不一致的德育影响。在显性的德育课程中，无论是学科课程、各科教学和活动课程，都有一个对德育目标的设定。在上述三个方面存在的隐性课程可能与这一目标一致、协同，也可能产生相反的影响。比如我们用一种由教师决定的方式去让学生体会"民主"，就会导致显性课程与隐性课程的对立。德育工作者所要努力做到的是，尽量求得两类影响在德育目标上的一致。为了这种统一，可以调整显性课程，也可以调整隐性课程。

"学校制度"方面的隐性课程是指班级、学校教育中领导体制、规章制度、领导风格、管理模式、教学组织形式等存在的非预期的德育影响。

"校园文化"方面的隐性课程主要是指学校的物质与精神环境等方面潜在的道德影响。作为校园文化的学校物质环境，主要包括两个维度。一是学校物质条件的建设。一个设施齐备、环境优越的学校易于鼓舞学生的士气，培养学生积极向上的态度；相反，则容易使学生有失败感，自暴自弃。二是空间关系。一个办公楼占据耀眼的位置，教学空间相对被冷落的学校实际上无时无刻不在进行权力至上的价值观念教育。班级教学中的师生距离、讲台与课桌的空间关系也都无时无刻不在进行民主或专制的教育。校园文化的精神层面主要是指渗透在学校的精神氛围，包括校风、班风、人际关系、心理气氛等。一个学校的精神文化环境既是有形的，也是无形的。在一个精神氛围较好的班级或学校中，学生容易耳濡目染一些健康的价值观念，自觉遵守必要的规范；相反，诸如不良的同辈群体等反面的示范作用则易于导致学生精神上的水平下降。所以，校园文化建设尤其是精神文化建设是学校德育隐性课程建设的一个重要方面。

第七章　德育方法述要

第一节　方法论意义上的德育方法

我们这里所言"方法论意义上"的德育方法实际上就是理念性的德育方法，它仅仅提供一种方法上应当追求的原则，而并不意味着一套十分具体的做法。台湾德育理论家欧阳教先生将"方法论意义上"的德育方法称为"德育方法的隐喻"。以下尝试讨论几个方法论意义上的德育方法。

一、启发法

《论语·述而》中记载："子曰'不愤不启，不悱不发'。"朱熹注解说："启，谓开其意；发，谓达其辞。"教育学意义上的启发实际上是指通过调动对方的积极思维而有所领悟的教育方法。启发的方法在古代当以苏格拉底的产婆术的谈话法最为典型。在现当代教育中，启发意味着许许多多的教育方法，因此"启发"二字只能称之为一种教育理念。

作为一种教育理念的"启发"在道德教育上意味着什么呢？我们认为它至少有这样两个方面的意味。第一，它承认人性的善良或道德教育在人性上是可能的。比如教师不能给学生以道德良心，而只能将其固有的道德良心唤醒。第二，它认为道德教育只有在具备一定的主体接受条件的情况下才能进行。道德教育必须考虑学生的道德发展水平与个性实际，必须有一种"机缘"的意识，这也就是上面提及的"不愤不启，不悱不发"。

启发的方法具有一定的"现代性"。我们常常说要发挥学生的主体性，在教法上实际要做的就是贯彻"启发式"道德教育思想。但是启发法如果运用不当，也有可能出现过于强调内省而导致随意性过大的危险。

二、塑造法

何谓塑造法？台湾有学者解释说："在教育过程中，教师就跟塑造家（陶艺家）一样地按照其旨意去塑造一块泥土，使其成为有用的器皿。只是教师是学生心灵的塑造者，而不是陶土的造型者。这种理念，经验主义者或行为主义者经常地持有。"

塑造法与启发法相比较，更强调教育的作用，换言之，这一教育理念对教育对人的作用有比较乐观的估价。在德育意义上说，它更强调道德教育对个体道德成长的积极作用。塑造法对德育功能有乐观的估价，因而利于教师建立道德教育的信心。但是过去我们常常忽视教育对象接受道德教育的可能性的一面，其结果是造成了塑造等于强制灌输的局面，所以，塑造法作为一种道德教育的理念，必须将教师或教育的作用与对德育对象的发展与个性实际的观照结合起来。

三、雕琢法

如果说树人法意味着整体培育的话，雕琢法则强调道德教育上的"小步子"。雕琢法的基本理念是：第一，就像雕塑家塑造作品必须依据作品胚胎的纹理和其他特征进行工作一样，道德教育也要注意对象的实际，扬长避短地进行教育；第二，就像雕塑家的工作必须一点一滴逐步进行一样，道德教育也要由小处着眼，次第进行。

雕琢法在中国的德育思想传统中有较为充分的表述。比如朱熹，一方面强调立志、主敬、存养的功夫；另一方面又特别注重对人欲之私意进行反省与检察的"省察"功夫。"念虑之萌，固不可不谨，言行之著，亦安得而不察。"王阳明说："吾辈用功，只求日减，不求日增。减得一分人欲，便是复得一分天理。何等轻快洒脱！何等简易！"朱熹与王阳明虽然在理学与心学上有所不同，但是他们都强调人性与天理沟通的可能，同时也强调一点一滴的修养与教育的功效，可以说是不同角度对雕琢法的认可。

四、树人法

树人法则强调对人的整体培育。俗语说"十年树木，百年树人"。道德教育者像一个园丁照看、培养自己的花木一样去进行道德教育的理念，就是所谓的"树人法"。树人法的内涵主要是两条。第一，道德教育应当是一种精神人格的整体培育活动。第二，道德教育是一个需要日积月累、精心照看的工作。所谓"精神人格的整体培育"，就是要对学生的道德发展作一种整体的设计，不断用新的人生境界去鼓动学生迈向更有价值的生命。皮亚杰说，儿童是道德哲学家。也就是说，即使是很小的儿童，仍然有其对人生问题的整体看法，他们与成人的区别只是对世界的把握方式上有所不同。因此，道德教育的任务是找到切合儿童心理实际的方式，去引导他们逐步建立自己的人生模式。所以用境界的整体提升的方式不失为道德教育的方法论之一。此外，道德教育是一个终身教育的命题，除了人生境界需要不断提升的原因之外，即使某一个道德发展的实现也需要有一个不断反复、巩固的过程。所以对个体来说，修养是一个长期的过程；对教育过程来说，"树人"意味着教育过程的长期性与复杂性。

当然，树人的方法也有其局限的一面，一是整体境界的提升需要寻找合适的具体方法；二是树人法在方法论上有较浓的成熟论的色彩，需要警惕。

五、系统或综合法

这一理念实际上是强调对各种德育方法理念的综合协同。即使是抽象程度较高的方法论意义上的方法，各方法之间仍然是各有优点与局限的。比如前述启发法强调内在动机的发动和主体的学习准备，塑造法强调外在约束的教育作用；又比如，树人法强调宏观或整体的教育，而雕琢法则强调点滴功夫的重要。应当说，单个方法都有其优势，也有其缺陷，但综合运用则可能互相支撑，完成道德教育的使命。所以必须用系统论的思想对所有方法理念做一综合的理解，形成方法论的体系。

方法论意义上的方法远不止上述五种。现代教育或德育理论中常常谈到的"发现法""建构法"等也都是一种方法的理念而非具体的方法，都可以称之为方法论意义上的方法。

第二节 具体的德育方法

一、思维训练法

思维训练法指的是以道德知识的学习和道德思维能力的提高为主要目标的德育方法。这一类德育方法主要包括一般教学中常见的讲授法、谈话法以及讨论法（含两难讨论、价值澄清法）等。但是我们应当说明的是，某一种教育方法称之为思维训练的方法只意味着以道德知识学习和道德思维能力提高为主要目标或侧重点，绝不是说这一方法就只是完成认知的任务，只具有思维训练的功能。实际上，任何一种教育方法都可能具有情感、信念培育等方面的作用，只是在许多情况下，上述方法更多地用于道德思维的训练而已。

1. 讲授法

讲授是以教师的语言作为主要媒介系统、连贯地向学生传授知识、表达情感和价值观念的教育方法。道德教育中的讲授法主要应用于道德科目的教学形式中。讲授法是一种较为古老的教育方法，其起源可能是原始社会老年人给儿童和青少年讲述英雄事迹和神话故事、生活经验等。古罗马教育家昆体良曾以讲演法为中心建立其教育学体系，中国古代的太学和书院也都出现过数百名学子聆听一位学者"讲学"的盛况，所谓"传道授业解惑"在古代教育史上的主要形式之一是讲授法的应用。在近代，由于自然科学知识的引入和人文科学的巨大进步，大量信息的传播使讲授法仍然作为学校教育的基本教育方法之一被普遍采用。一般采用直接道德教育模式的国家，讲授法仍然是一种经常被使用的德育方法。

讲授法的主要形式有三种，即讲述、讲解和讲演。"讲述"主要是客观描述事实，呈现知识、材料和观点，主要解决"是什么"的问题。"讲解"是进一步分析、论证和说明问题，主要解决"为什么"的问题。"讲演"则是综合运用讲述、讲解等方法，采取演说或报告的形式，完整、深入地论证或说明某一问题。讲演所涉及问题往往较深较广，所需时间也较长。

2. 谈话法

谈话法是以师生交谈的方式进行知识教学和价值辅导的教育方法。谈话法的基本类型有两种，一是提问，二是对话。

提问法的要义在于通过有启发性的问题，引导学生由自己的思考和逻辑推演得出结论，或者通过提问使学生由逻辑推理发现自己原来在概念和结论上的不周延或不合理处，从而修正自己的看法（后者又称为"反诘法"）。谈话法也是一种古老的教育方法。中国古代教育家孔子倡导"扣其两端"的方法，让学生注意事物的正反两面，从事物的矛盾中求得正确的答案。古希腊的苏格拉底提倡一种从学生所熟知的事物或现象出发，通过师生问答从而让学生求得正确答案的"产婆法"，也是典型的谈话法。

提问法的基本要求是：（1）所提问题应当指称明确、难易得当，有针对性和启发性；（2）提问的问题和针对的对象具有普遍性和典型性，因为提问法在课堂教学中的应用往往要求通过个别学生的提问达到教育全体的功效；（3）谈话要有一定的计划和步骤，同时要掌握好讨论进行的时间；（4）结束提问时应引导学生做出适当的总结。

对话法是直接来源于人文主义心理学、教育学思想的一种较为现代的教育方法。在对话法中，师生双方应当建立一种相互尊重和信任的人际关系，即马丁·布伯所言"我与汝"的关系。谈话法在现代教育中的广泛应用还得益于马斯洛、罗杰斯等人"以个人为中心"的心理咨询法。这一方法的核心是将真诚、信赖、尊重等观念引入辅导者和被辅导者的关系中，是一种新型师生伦理关系的表现。对话法要求教师作为学生的伙伴、朋友平等讨论，而不是居高临下地进行价值说教。对话法在道德教育、心理教育等领域是最为有效的教育方法之一。

道德教育过程中除了在课堂教学中使用谈话法之外，还在对学生的个别教育中广泛采用。谈话法的优点是能够充分调动学生的思维，激活学习动机和潜能，具有较高的启发性。但它也有耗费时间较多，对教师的谈话技巧要求较高的局限性。

3. 讨论法

讨论法是在教师指导下，学生用讨论与辩论等方式就某一道德问题各抒己见、澄清思想、寻求结论的教育方法。

讨论法的有效性建立在以下几个前提之下：第一，讨论的主题要切合学生道德发展和生活实际，具有智力上的挑战性。第二，除了指导学生做好思维和材料上的准备之外，需要启发和鼓励学生解放思想、畅所欲言。教师应当做到循循善诱、"导而弗迁"。第三，讨论法作为一种训练道德思维的方法，其目标主要在于通过论辩或思考的过程求得问题的澄清与解决，教师的注意力应当放在过程而不是结论上。

讨论法本身应当成为学生民主的道德与社会生活实践的一部分。科尔伯格和拉思斯等人分别提出的"两难讨论"和"价值澄清"是值得我们借鉴的两种方法。两难讨论的方法是设计一些道德上的两难故事并提出一个道德问题，让学生进行讨论，思考、检验自己的立场，反思不同意见。在讨论中由于存在不同道德水平的解释与结论，可以引导学生朝更高一级的道德水平发展。价值澄清的方法则强调每个人都有权利和机会通过讨论澄清自己的价值观念，珍视和实践自己的道德判断。与中国德育实践中的道德讨论相比，其突出优点是讨论中学习主体的自由以及教师角色的隐蔽。如何减轻讨论法中过多的人工痕迹（计划性、目的性、结论性等），是讨论法能否真正实现培养道德思维能力的关键。

二、情感陶冶法

情感陶冶法是指通过设置一定的情境，让学生自然而然地得到道德情感与心灵的熏陶、教育的一种教育方法。如果说讲授、谈话、讨论等是一种明示的德育方法的话，陶冶法则是一种暗示的德育方法。陶冶法的基本理论基础是环境与人的发展的相互作用。一般说来，陶冶法有"陶情"和"冶性"两方面的作用机制。陶情是一种与认知活动相互联系的情感和情趣的化育过程，冶性则指与情感联系的认知上的进步乃至人格上的提升。陶冶的过程是陶情与冶性两个过程的统一，所以，在道德教育过程中，陶冶的方法主要侧重于情感的陶冶，但其作用当然也不止于情感的培育。

陶冶的方法自古有之。孔子、老子等人都曾倡导和践行过所谓的"无言之教"。南朝教育家颜之推指出："人在少年，精神未定，所与款押，熏渍陶染，言笑举动，无心于学，潜易暗化，自然似之。"《宋史·程颐传》则明确记载："今夫人民善教其子者，亦必延名德之士，使与之处，以熏陶成性。"在现代教学理论中，保加利亚心理学家格·洛札洛夫创立的"暗示教学法"以及最近我国学者在语文教学中探讨的"情境教学法"也都基本上属于陶冶的教育方法。

情感陶冶法的具体实施途径一般是三个方面：教师的师爱、环境陶冶、艺术陶冶。陶冶法的关键是要设置具有隐性教育意义的教育情境。其基本要求有：1. 教师的最主要功能体现在教育情境的设计上，这一情境必须能够引人入胜，具有感染力。教育作用渗透其中而非显性的存在，在教育情境设置之后，教师的作用应当尽量淡化，除非教师在情境中作为情境的构成要素之一存在。2. 教师作为教育情境构成要素的条件是对学生的挚爱、真诚以及自身道德人格的魅力。同时，教师应当成为道德人格上的榜样——陶冶的一个重要因素。3. 应当促进学习主体与教育情境的互动，强调学生的主动参与以及对环境的净化、美化和改进。主体的主动参与是增强道德陶冶作用的一个重要条件，因为"参与"可以使环境变成一种具有亲和力或亲切感的道德影响源。

在若干种陶冶法尝试中，英国教育家威尔逊的家庭化模式是一个可以借鉴的典型。威尔逊是一个强调道德思维的教育家，但是就像科尔伯格为了弥补纯粹注重道德推理的教育方法的缺陷而提出公正团体理论一样，威尔逊则提出了道德教育家庭化的设想。其具体做法是：由 30～80 名不同年龄和性别的学生组成一个"家庭"，有自己的家长、男女舍监和自己的房子，成员共同参与一些仪式和日常生活。其中，家长既是保证规则实施的监督者和主持者，更是一位与儿童平等的角色，他的主要任务是使学生意识到自己的情感，并正确处理好自己与他人的情感问题。男女舍监分别代表男女主人，管理家庭生活。由于家庭既可以提供归属、安全、交流与合作的机会，又能促使儿童独立思考和承担责任，达到了情感生活与道德生活统一，应该说家庭化模式是一个较好的德育方式。

除了威尔逊之外，另外一个对道德情感予以充分关注的是美国斯坦福大学教育学院教授诺丁斯。20 世纪 80 年代，她提出了道德教育的关怀模式。诺丁斯强调，如果我们"按照数学方式处理道德教育的话，我们就大错特错了"。所以，关心者与被关心者的关系应当成为道德教育的基本人际关系；教师应当淡化职业角色，不仅是帮助者，更要成为关心者；教师和家长应当与学生进行真诚、平等的对话；教师应当跟着学生原来班级直到毕业，以利于长时间了解和关心学生；给儿童创造"关心"的机会，在关心的行动中学会关心，等等。

情感陶冶法广泛应用于德育过程之中。陶冶法的长处是教育意向和教育内容寓于生动形象、趣味盎然的环境与活动之中，教育过程具有情感与认知高度统一的特点，易于发动和培养学生的学习动机、想象和理解能力等。陶冶法的短处是它不能在短时间内传授明确和大量的知识信息，所以，陶冶法有时须与其他教育方法结合起来才能发挥最大的教育功效。

三、理想激励法

理想激励法是指通过适当方式促进学生形成道德理想、道德信念的方式进行道德教育的方法。就像思维训练和情感陶冶法是由一系列具体的方法组成一样，理想、信念的形成和发挥作用也需要有一系列具体的德育方法。换言之，我们只能说某些方法可能更直接地对道德理想形成有较大的作用，而不能说任何一个德育方法与道德理想形成无关，因为事实上任何一个德育方法都有益于道德理想和信念的形成。

道德理想从内容上可以分为价值理想和人格理想两个方面，理想激励的方法也就可以分为价值理想激励和人格理想激励两个方面。

现代社会往往是不太有理想激情的一个社会，而没有真正的道德理想，就没有真正的道德生活，因此，理想激励法是道德教育的根本方法之一。在社会主义道德教育实际中，苏联教育家在理想激励方面有许多值得我们思考和吸收的思想。

四、行为训练法

行为训练法是通过道德实践和对道德行为价值的领悟、策略训练、奖励与惩罚等方式进行道德教育，以巩固道德信念、磨炼道德意志、形成良好的行为习惯的德育方法。行为训练法包括以下几个大的方面。

1. 道德实践

这里的"实践"并不专指人们熟悉的"社会实践"，它实际上是指教育过程中学习主体积极改造主观世界的一切学习性的实践活动。所谓"学习性实践活动"，是指学生的道德实践与日常生活中的道德实践有一定的区别，道德实践是通过实际锻炼的方式，以巩固道德观念、培养良好行为习惯、发展学生实际道德能力等为最终目的。道德实践法的基本形式有：模拟活动、社会实践和日常规范训练等。

模拟活动是指在学校道德教育情境中，通过模拟的道德生活去体验道德价值和道德实践的教育活动。美国教育家谢夫特认为对角色的体验和人际关系在学习和生活中都起着十分重要的作用，所以他提出了"角色扮演"的教育阶段理论。在他看来，教育过程包括九个阶段：使小组活跃起来，挑选参与者，布置舞台，培训观察者，表演，讨论与评价，再次表演，讨论和评价，共享经验与概括。我国道德教育实践中近年也出现过模拟法庭、模拟市场等方面的道德训练的方式，也属于道德实践法的一种。

社会实践法是以学生为主导的一种教育方法，其主要特点是要求学生完成具体的道德任务，在完成任务中培养学生的道德情感、巩固道德认知、练习道德策略。它既包括个体完成集体交给的特定任务，也包括组织学生参加特定的集体道德实践活动，例如团队活动、社区公益活动等。道德实践活动的安排要求教师有较高的教育艺术。其中对教师角色的具体要求有三重：①教师是活动的组织者或领导者。这一角色实际上是要求教师要帮助学生明确学习性实践活动的目标，激发动机和端正态度。同时要求教师安排的实践活动时机合适，难度、时间和作业量适度。实践活动具有教育性及接受教育的系统性、整体性等。②教师是活动的指导者和帮助者。一些活动要求教师能够对实践过程进行示范，在学生独立完成实践任务时，也往往需要做适时、适度的巡查和策略上的指导。③教师是活动的鼓励者和评价者。这一角色应当成为实践活动中教师的主要角色。它要求教师的主要有两条：一是教师应当充分尊重、鼓励学生通过实践主动学习、探索和应用所学的主动性、独立性；二是适当引导学生在实践活动中和实践过程结束时及时总结经验，提高自我检查、评价和纠正错误、增强自身优势的主体能力。

为了避免道德规范只是在某些场合偶然存在的局面，除了开展模拟和实际的社会实践活动之外，非常重要的一点是要进行日常道德规范的训练。要避免道德教育上的形式主义，很重要的一点应当是像杜威所说的那样，使学校生活成为学生道德经验形成的手段。日常道德规范训练因此成为一个十分重要的德育方法。这一方法的具体要求是：一方面，规范的制定应当有一个民主的程序，即让学生认识到规范并不是异己的力量，相反它是学校和社会正常、健康生活的必需。另一方面，规范训练既然是"日常"的，就必须建立公平和有效的监督机制，以便通过长期的制度性生活培养学生良好的行为习惯。

道德实践法的最大长处是教育过程寓于学生的主体学习或探索之中。实践法不仅有利于巩固道德知识教学的成果，更有利于道德技能训练和价值观念的培养。但是实践法也有几大忌讳：一是将教育性或学习性质的学习实践等同于一般的改造世界的实践活动，从而取消了学校教育存在的意义。二是实践法应用的频率和难易程度的失当。前者在我国曾有"开门办学"将学校办到田间地头的教训，后者则表现为苏联、美国、中国等国曾因过度强调"活动""经验"等从而招致学生学业成绩普遍降低的恶果。三是道德实践主体的自由的否定。中国大陆的德育实践中常常有教师干预太多，从而使本来属于学生为主的道德实践活动变成学生在教师操纵下一种没有自主判断、没有行为决策自由的活动。显然，这样的活动等于取消了道德实践法存在的意义。

2. 奖励与惩罚

奖惩法也是广泛存在于道德教育过程中的教育方法。这里的"奖惩"是一种广义的"奖惩"，所谓"奖"包括一般的赞许、表扬，也包括专门形式（狭义的）的奖励；"惩"既包括一般的批评，也包括较严重的处分。奖惩法是通过奖励与惩罚这两种积极和消极的强化方式去影响学生道德行为的教育方法，它可分解为奖励的方法和惩罚的方法。评比和操行评定是实施奖惩法的重要形式。

奖励作为一种积极强化的教育方法，在教育活动中被广泛接受和采用。奖励意味着对学生正确认识与行为的肯定或较高的评价。适当的奖励可使学生得到精神上的满足和愉悦，增强其学习的动机，改善教育活动的氛围。在学校教育中，我们常常可以看到，一些成绩一般甚或有某些缺点的学生，因为得到表扬等积极强化从而增强自信，因"皮格马利翁效应"而真正成为优等生的成功范例。

但是奖励并不绝对是一个积极的教育方法，它也可能导致负面的德育效果。因此，奖励如果要成为一种有效的教育方法而非中性的教育手段，就应是一门需要认真对待的教育艺术。这门艺术的基本要求可以归纳为这样几点：（1）奖励的指向不仅是成功的结果，而且是获得成就的过程，即过程中表现的动机、态度、学习方式、意志力等。（2）奖励的频率和程度恰当。频率指当奖则奖，不能无原则地滥用奖励，使之成为一种效应逐渐降低的手段。程度是指奖励的级别应与成就的高低相当。过高和过低的奖励都会降低奖励的功效。（3）注意奖励的灵活运用。在奖励对象上，一些胆小和没有信心的学生特别需要鼓励，而一些自尊稳定、有骄躁表现的学生，过多的奖励反而对他们有害。所以，奖励既要有统一和公平的性质，又要有一定的灵活性。此外，奖励的形式应当是多种多样的，从点头赞许到口头表扬，到用特定形式（奖状、奖品、奖金等）进行的奖励都应当恰当和灵活运用。（4）无论何种形式的奖励，本质上都应是精神上的鼓励。作为鼓励的外在象征可以是奖品或奖金，但在学校教育中，除了要慎用物质奖励的方式外，还要努力引导学生将奖励的象征意义而不是象征形式看成第一位的。（5）奖励应当尽可能面向全体学生，以形成集体道德舆论，获得学生群体的支持，也收到教育全体学生的功效。

惩罚作为一种传统的教育方法,已经在教育活动中使人们产生了一种十分矛盾的心态。一方面体罚等惩罚方式被广泛否定和禁用,因为它不符合现代教育尊重学生的基本民主精神。另一方面,许多教育理论和实践工作者也都认识到了惩罚所具有的教育性。所以,正如奖励并不必然构成教育性的方法一样,惩罚也并不必然与教育性无缘,问题的关键在于我们如何使用惩罚手段。正确运用惩罚手段应当注意的基本问题有:(1)注意惩罚的目的是教育,不能为惩罚而惩罚。必须让学生认识到问题所在,认识惩罚手段所实际寄寓的教师的爱心、善意与尊重。在学生已经认识错误所在并决心不再重犯时应免于或者减轻处罚。(2)惩罚应当合情合理、公平、准确。要避免那种主观、武断和随意的惩罚。(3)惩罚的灵活性。不能刻板地使用惩罚手段。这一是指惩罚的形式应当多样化,二是指应该因对象而异地使用惩罚。比如对于感受性较强、自信心不足的学生,应少用或减轻惩罚的强度,相反,则应当加大惩罚的力度。(4)惩罚与对学生的尊重相结合。一方面,惩罚强度必须足以警醒学生;另一方面,惩罚又必须避免伤害学生的自尊,造成精神或身体上真正的伤害。此外,惩罚的实施还应有时机的意识,注意场合与火候。(5)适合公开的惩罚应当充分发扬民主,获得学生群体的道德支持,也扩大惩罚的教育面。总而言之,奖励和惩罚如果应用得当,都可以成为很好的教育方法。

五、修养指导法

修养指导法是教师指导学生进行道德上的自我修养,从而提升道德水平的教育方法。由于这是一种以学生自我修养为核心的教育方法,所以也有人称之为"自我教育法"。不过,"修养指导"与"自我教育"还是有一定的区别——自我修养过程中有无教师的"指导"的存在。

修养指导法存在的合理性建立在两大基础之上。第一,任何道德教育过程的实质都是主体道德自我建构的实现。不通过主体自身的价值体悟与接纳,任何道德真理都无法让学生真正接受。按照辩证唯物主义的观点解释就是:内因是变化的根据,外因通过内因起作用。正是因为这一点,一些学者主张将修养指导的方法与道德教育的方法并列,成为德育方法两个地位相当的组成部分。

第二，学生，尤其是青少年时期的学生有一种自我意识凸现的时期，他们会自觉不自觉地对自己的内心与行为做出反思、反省，有希望自己成为一个道德上高尚的人的愿望，并且会自觉不自觉地约束自己的行为。道德修养存在是修养指导法存在的最现实的依据。

修养指导法要做的主要工作是：（1）培养学生道德修养的自觉性。道德修养的前提是道德主体的道德发展需求。启发和激发学生道德修养的动机是修养指导法的首要环节。具体方式可以是鼓动、读书、报告等。（2）帮助学生制定修养的标准与计划。有了道德修养的动机，就必须有道德修养的行动。为了进行有效的修养，制定恰当的修养目标和计划是避免修养盲目性的一个重要方式。教师应当鼓励和帮助学生制定程度适当、具体可行的修养目标与计划。（3）指导学生监控和评价自己的道德表现。道德修养过程实际上是一个意志锻炼的过程。应当鼓励学生在道德实践中不断反思自己，自我监控、自我评价、自我激励，形成道德修养的连续动力，形成修养习惯。而自我评价过程的一个重要方面是帮助学生在道德实践中实现和欣赏自己在情感体验、意志磨炼及行为策略上的提升。

在修养指导法中，读书辅导法是一个十分重要的方法。我国教育家朱熹曾经对读书的修养意义予以充分肯定。他说："学固不在乎读书，然不读书则义理无由明。……若不读这一本书，便缺了一件道理。"他还以"观书有感"为题写过这样一首绝句："半亩方塘一鉴开，天光云影共徘徊。问渠那得清如许，为有源头活水来。"朱熹不仅重视读书，而且重视对读书的辅导，为此他曾经提出过著名的"朱子读书法"，指出读书应当注意六条原则：循序渐进、熟读精思、虚心涵泳、切己体察、着紧用力、居敬持志。应当说朱熹的思想具有十分重要的德育价值。

读书，尤其是读好书，无疑具有道德修养的价值。教师在指导时主要应做的工作是鼓励、推荐、辅导和支持。所谓鼓励，就是应当将读书，尤其是课外的读书活动作为一个积极的修养行为予以提倡和褒扬。所谓推荐，就是应当依据不同学生的实际适时推荐有利于学生成长的读物。所谓辅导，就是要引导学生学会读书，包括介绍一些读书的方法，帮助学生制订读书计划等。所谓支持，除了以上诸点之外，还应当注意营造读书的氛围。比如开展读书比赛、读书心得报告会、开展书评等活动使读书与修养、读书与教育有机结合起来，并相互支持。

无论是具体德育方法的选择，还是德育方法组合模式的选择，都有一个创造性发挥的问题。德育活动是一个具有一定艺术性的实践活动，教师在具体的德育活动中总是要面对具体的学生、具体的德育内容、教育情境等，教师必须具有一定的判断能力，不仅能够创造性地运用已有的德育方法，而且还应当具有对德育方法的反思、批判和创造能力。既有的德育方法都是前人教育经验的结晶，教育工作者对方法创造的自觉也必然会对德育方法的完善与创新提供新的动力与源泉。德育方法需要灵活运用，但是灵活运用又不是无章可寻。由于教育方法本身会直接成为德育的隐性课程，所以我们必须十分慎重地选择德育方法及其组合。

关联拓展阅读之一

道德及其教育的省思

王建华

一、道德的存在及其结构

道德并非仅是人的观念，而是有其社会结构的对应物，且必须要付诸行动。没有符合德性的行动，无所谓道德。道德的本质就在于道德行动的适宜性而非道德观念的超越性。原本道德的行动（为）如果过度或不及都将会成为另一种的不道德。道德的根本就在于道德行动的适宜性或中庸状态，而适宜性或中庸状态则源于道德习惯的养成。"道德德性通过习惯培养而成，因此它的名字'道德的'也是从'习惯'这个词演变而来。"[1]道德德性绝非仅凭空洞的说教就可以实现而必须去实实在在地践行。健全的社会里，人的道德德性不能止于习惯而必须上升到理智，习惯的德性只是人从自然德性向圆满德性的一个过渡。一些反道德的自由主义者和功利主义者曾认为："如果生命是善，那么束缚和约束生命，为生命强加一种它不可逾越的限制，又怎能是善呢？如果生活不是善，那么这个世界中还会有什么值得存在下去呢？存在就是行动，就是生活，生命的削减就是存在的衰减。""在边沁看来，道德就像法律一样，都是一种病态。绝大多数古典经济学家也持有同样的看法。"[2]在中国古代儒家的荀子也同样主张，"人之性恶，其善者伪也"。换言之，荀子基于人性恶的假设，也"视道德为'伪'，并因此把道德看作非自然的"。[3]但人类社会的基本经验告诉我们，道德规范或约束本身是人性所需要的，我们无法消除人的社会本性，也无法消除人的道德感，否则社会本身就会瓦解。人是社会的一部分，社会由人组成，人的道德本身就意味着一种社会制度。没有制度的约束和纪律的规范，人性将无法超越兽性，更无法组成社会。即便依靠强力暂时地组成了社会，如果没有道德的润滑和黏合，社会也无法健康地运行。在对于人类社会道德问题的认识上，与其把道德看成是社会问题，不如把社会看成道德问题。作为一种社会存在，无论对于社会还是对于个人而言，道德都绝不是一种病态或虚伪。按亚里士多德的说法，"我们所有的道德德性都不是由自然在我们身上造成的。因为，由自然造就的东西不可能由习惯改变……德性在我们身上的养成既不是出于自然，也不是反乎自然的。首先自然赋予我们接受德性的能力，而这种能力通过习惯而完善。"[4]而现代自然科学的研究则表明，尽管还没有查明是否存在道德基因，但道德感（moral sense）却很可能是人的本性中天赋的一部分，即第六感。"人类的道德感不是某种形而上学的、哲学的发明，而是种种遗传的生物倾向性（biological propensities）集聚的结果，这在所有其他动物中都是没有的。"[5]归根结底，社会需要道德，人的天性之中也有道德的因素（道德感），这就是道德得以存在的最充分条件。

无论任何时代也无论任何社会，道德都是无法否认和消除的社会事实。无论精神生活、社会生活，还是物质生活都离不开道德。按照汪丁丁的说法，在涉及人的幸福的三个维度中，"精神生活的核心要素是'自由'，社会生活的核心要素是'正义'，物质生活的核心要素是'效率'"。[6]社会实践中，无论自由、正义还是效率的实现都必须以道德为基础。不存在没道德的自由，也不存在没有道德的正义，即使是物质生活中的效率如果缺失了道德的合法性支撑最后也将会导致反效率，从而危及人的幸福。"为了追求效率，人的思想和行为都不得不划分为一个片断一个片断。感官的价值一旦居于最高位，永恒的价值一旦被弃置一旁，效率这种东西就非常残酷。"[7]道德作为一种善，我们乐意要它，"既因为它本身，又因为它的后果。"[8]社会无论多么动乱和残酷，哪怕是在血腥的战争中，只要有人存在，道德将始终存在。所有人对所有人的战争只不过是学者在认识论层面上的一种虚构或假设，无论在任何民族也无论在任何国家从没有真正地发生过。

阿格尼斯·赫勒在《一种现代性理论》中指出，每一个人都具有"双重历史性"（dual historicity），存在"社会先验"与"遗传先验"的双重结构。"人类也是（至少）有两种同一性的生物。他与他们自己同一，他们也至少与一个群体同一，即所谓的'社会先验'。他的'遗传先验'被抛入人的'社会先验'之中，并要在成长为某一类型个人的过程中与之密切配合。"[9]受到人的"双重历史性"影响，道德也存在一种双层结构。人的道德既是生物的又是社会的存在。道德既不是纯粹的精神活动或本能，又不完全是社会活动或政治活动的产物。表层的道德服从于社会的和政治的需要，受法律或纪律的约束，深层的道德则服从于人性的和本能的需要，受人的精神活动或生理活动的左右。表层的道德受时空或情境的限制，是一种特殊的道德，深层的道德则植根于人性，可以超越时空，具有普遍性或普适性。现实中那些可见的道德往往是表层与深层道德相互冲突与妥协后的产物。"德性是取决于我们的，并且恶也同样。取决于我们的行为也取决于我们而能不行为，反之亦然。故而，如果去做高尚的事情是由我们掌控的，那么去做卑下的事情也是由我们掌控的。可是，如果做不做高尚与卑下的事都是由我们掌控的，而做不做高尚与卑下的事正是什么是好或什么是恶，那么成为有德的人还是成为恶人，取决于我们。"[10]由于社会需求和政治力量的强大，日常生活中的道德行为往往更多地体现为一种表层的道德结构，即作为规则的道德。但在一些大是大非问题上，被动消极的道德行为要转化为积极主动的道德行动就必须要直面人性，必须要诉诸深层的道德结构。"做事必须符合规范，做人必须符合人的概念。"[11]因此，要理解道德本身而非道德的观念就必须要清楚，道德的存在和人的本性密切相关。人性是关于人的道德解释的绝对界限。任何关于道德的理论或道德要求都绝不能超越人性的界限。"道德是一种明显具有人性的东西，因为在促使人们超越自身时，道德不过是激励人们去实现他自己作为一个人的本性而已。"[12]实践活动中任何一种道德问题都绝不只是行为的失当，而是涉及完整的人性或作为整体的人的生活。对于人而言，道德是一个整体之事而不只是琐碎的行为规范。对于某个行为是否道德的判断必须基于对于人的整个生活或一生的考察之上，必须以是否会导致一种好的生活或幸福的人生为参照而不能仅仅是行为主义取向的。人毕竟不是为活着而活着。活着仅仅是生存，人需要的是生活，尤其是好的生活，持续一生的好的生活。而好的生活要有意义，而生活的意义单靠个人是无法产生的。因此，每一个人的活着都有着非个人的目的，必须要与他人的生活形成交集，并分享某些最重要的东西。生命对于人而言，只有成为超越生命本身的手段，人生才能够获得生活的意义而不只是活着。

在追求人生意义的过程中，道德的价值举足轻重。除了那些被某种兽性所控制的"非人"之外，没有完全不道德的人，也不存在完全去道德化的人生旅程。汪丁丁曾将怀特海《思维方式》前三章的内容概括为三个命题：（1）在任何理解之前，先有表达；（2）在任何表达之前，先有关于重要性的感受；（3）当生命个体感受到真正的重要性时，便有了表达的冲动。[13]人类生活的常识表明，由于人性本身的矛盾性和容易走极端，若非道德的存在，社会将很难维持。对于人类而言，在道德问题上，由于人们感受到了道德价值的极端重要性（道德感），并给予了这种重要性以理性的表达（道德本身），道德本身才作为一种社会事实嵌入人类社会（道德实在），成为人之所以为人，社会之所以为社会的最重要的一环（道德教育）。

二、道德教育的理论视界

对于事实和关于事实的理论哪个更重要有两种不同的看法。一种基于解释学的看法认为，事实本身并不重要，重要的是我们对于事实的解释，即关于事实的理论比事实本身更重要。改变这个世界的不是某个事实本身，而是我们对于事实的解释。事实本身是不可知的，只有借助某种理论我们才能认识事实。另一种基于自然科学实证主义的看法则认为，事实要比关于事实的理论更重要。事实是完整的，理论是破碎的。我们需要的是真相或真理（truth）而不是解释。可以提供某种解释的理论有很多种，但事实只有一个。另外，理论不能改变事实。事实可以推翻理论。理论可以修改，可以选择，而事实不能选择，更不能修改。实际上，事实和理论哪个更重要存在明显的学科差异。不同性质的学科，处理原则可能完全不同。哈贝马斯曾提出："未来有希望形成这样一门社会科学，它将在自然科学的实证主义与人文学科的语义解释学（semantic hermeneutics）之间起调和作用，并把它们综合起来。"[14] 虽然交往理性可以作为所有科学相互借鉴的基础，但由于学科性质间的天然差异，试图在不同种类的事物之间抽象出某种共同的理论似乎也是不可能的。因此，哈贝马斯的上述建议理论上也许有可能，但实际上近乎不可能。现代大学里每个学科事实上都深陷该学科理论和知识的"监狱"之中，难以真正地超越。道德教育的研究和实践既不能基于自然科学的实证主义，也不能基于人文学科的语义解释学原则，在道德真理被发现之前，道德的教育既不能忽视道德理论的影响，也不能忽视道德自身的实在性。"有效的道德教育应当利用各学科可能的成果，而不是从属于这些学科。"[15] 在真实的社会生活中，由于人的有限理性，完全了解道德事实本身，某种意义上是不可能的，因此对于任何道德事实的认识必然要借助于某种道德理论的帮助。理论至少可以为我们理解道德实在提供一个参照系。但事实上，任何道德理论体系又都必然会有自身的盲点，对于某种道德理论的盲从同样会导致道德实践中的悖论或不道德。理论的解释很容易演变成过度解释。道德教育既需要道德理论的指导，又需要经常反躬自省直面道德问题本身。

　　由于不同时期的人的道德品质本身的不可比较或难以比较，对于人类社会的道德变迁，往往有不同的理论解释。道德社会学的解释经常假设人的道德经常发生改变，人的道德行为作为社会的遗传，会随着社会结构的变化而不断地变化。任何一种美德只适合于某个国家或某个时代。相反，道德哲学的解释则假设人的道德植根于人性自身，是一种相当稳定的偏好，和生物的遗传相类似，一般不会随着约束条件的变化而轻易改变。道德心理学的解释具有两面性，偏向于生理的道德心理学研究（在脑科学和基因的层面）会强调人的行为，包括道德行为的稳定性，而偏向社会的道德心理学研究则会支持人的偏好，包括道德行为的易变性。根据常识理性，作为社会事实道德行为在短期内是稳定的，即习惯成自然，但长期来看则又是可变的。人的德性的养成是生物遗传和社会遗传共生演化的产物。道德的跨文化比较显示，道德本身既有共性又有特殊性。一方面，社会遗传规定了人的道德行为的可能范围；另一方面，人所特有的创造本能又在创造着新的道德习惯或传统。不过，无论如何，对于人类道德行为的解释都是情境依赖的而非普遍主义的。但这并不意味着要否认或撤销普遍主义的人性假设。"人的本性是多么相似。在学院、大学里，情形尤其如此。"[16] 对于道德问题必须既要跨文化地探究普遍主义的人性假设，又要研究特殊的社会结构和文化模式对于人的道德行为的可能影响。人的本性为道德的发生提供了可能的范围，现实的道德行为则要依赖于每一个具体情境中人与人之间关系的细节。此外，20世纪70年代以来，威廉姆斯和内格尔关于"道德运气"（moral luck）的研究还对于康德式伦理学提出了严峻的挑战。"它使人们意识到，生活中有太多事情会出乎人的意料，是人们的理性所无法掌控的，因此在生活中对一个人的道德评价不能完全局限于人的理性、意志或动机的决定。"[17]由此可见，人类的道德行为既是普遍的又是特殊的，有时甚至还无法避免运气的存在。

在道德教育实践中，道德哲学与道德社会学的分歧主要在于对于人的道德基础的判定。二者的区别有点类似法律的产权和经济学的产权之间的区别。"法律的产权，在经济学文献里称为'de jury'权利（名义权利），经济学的产权概念称为'de facto'权利（实际权利）。"[18]道德教育实践中，哲学所反思的是作为一种观念的道德，即名义道德，社会学研究的是作为一种社会事实的道德，即实际道德。道德哲学认为道德主要源于人的自然，而道德社会学则认为道德主要源于人的社会构成。道德哲学以人的本性为基础，认为道德教育应强调人的自律或内在超越，指向道德的应然；道德社会学以人的社会性为基础，认为道德教育应强调纪律或他律，关注道德的实然。以自律和应然作为基础，道德哲学主要强调道德的行动价值，以他律和实然作为基础，道德社会学主要强调道德的行为规范（应该）。一般而言，所谓道德行动是积极的主动的，道德行为则是消极的被动的，为规则所约束。需要注意的是，在道德哲学与道德社会学关于道德行动和道德行为的分歧之外，"应然"和"应该"的价值取向也是不同的。"应然"关注未来，"应该"指向历史。与"应该"相比，"应然"在价值立场上更加激进。对于道德应然状态的关注源于人对于自身卓越性的不懈追求，其基础是德性伦理学。而对"应该"的强调则体现了社会需要的强势，其基础是规范伦理学。"应然"提供的是一种广阔的思想空间，"应该"提供的则是一种狭隘的行为规则或道德规范。"思想空间的可能性永远大于规范的可能性。"[19]"应然"是开放的状态，展示了道德行动的可能性，"应该"则是封闭的，限制了道德行为的可能性。"一旦一个人追随某种理想、某种模式，一旦一个人有'将来应该如何'的公式，他的生活不是非常肤浅而且机械化了吗？"[20]"应然"的通常就意味着"好"的或绝对"好"的，而"应该"则不必然蕴涵着"好"。"应然"作为一种价值判断，虽然极端但蕴涵着价值真理的可能，"应该"则只是对人的道德行为的一种技术性解释，最多只能导向一种有秩序的生活而未必是好的生活。"什么是'好的'不同于什么是'应该的'。由于'好'是更加基本的，所以，如果不以关于'好'的意识为前提，所谓的'应该'便是空话。"[21] 即便是那些"应然"的道德价值在现实中一时甚至永远难以实现，我们仍需要坚守一种"激进"的立场，因为唯独好的东西而不是应该的东西才能够指引人类前进的方向。

道德作为一种社会事实，既要满足社会秩序的某些功能，又要满足人性的某些需要。任何理论对于道德实在的解释都要注意其可能适用的范围，否则真理就可能会成为谬误。哈耶克在《致命的自负》里指出："人类社会秩序永远要应付来自两方面的威胁：其一是本能对秩序的反抗，其二是理性对秩序的反抗。我们的本能在遵守程序正义时总是缺乏耐心，我们的理性在遵守程序正义时总是有机会主义的冲动。"[22] 道德实在作为一种规范性的人类秩序也面临人的欲望和机会主义的双重威胁。人性的深处善与恶一直处于紧张状态。"一个人是自己的主人也就当然是自己的奴隶。""人的灵魂里面有一个较好的部分和一个较坏的部分，而所谓'自己的主人'就是说较坏的部分受天性较好的部分控制。当一个人由于坏的教养或者和坏人交往而使其较好的同时也是较小的那部分受到较坏的同时也是较大的那个部分统治时，他便要受到谴责而被称为自己的奴隶和没有节制的人了。"[23] 所谓的道德就是要持续地保持一种善的状态，所谓的不道德就是善恶之间的平衡被打破，恶不可避免地呈现出来。虽然理论上人的德性具有整体性，最高的德性要求道德上的完人。但是对于普通人而言，道德作为一种善，绝对不是有或无的问题，而是一个多胜于少的问题。无论对于社会还是个人，也无论是作为一种社会实在还是个人品质，道德都永远是稀缺的。"美德是一种，邪恶却无数。"[24] 做一个真正的好人，真的很难。在人际间绝没有能在道德上可以让所有人满意的人。能够让所有人满意的理念意义上的好人或信仰系统中的圣人只能是一种人类道德理想的极限而非事实。生活的常识告诉我们，没有人是完全道德的，也没有人是完全不道德的。现实中的人总是在某些方面表现比较"卓越"，而在另一些方面表现较为"平庸"，甚至偶尔还是邪恶的。实践中，"人类似乎有一种内在的倾向，要将工具性的兴趣凸显为绝对，并且表现出对绝对的渴望，哪怕是最不相容的，如果不是不可能如此的。他们对任何约束感到不满，对行动的任何条件，物理的和人性的，那些他们个人自身的和那些他们在他人身上见到的以及社会的，他们都感到不满。他们对和谐和冲突同时有兴趣，为实现他们自己的内在目的，他们愿意牺牲他人之为手段，到令人震惊的程度。"[25]人类似乎内在地就同时既是道德规范的确立者又是破坏者。客观来看，甚至可以说行善的本能和作恶的本能对于人的道德的形成和发展的作用大致相同。"犯罪与全部社会生活的基本条件密切相关，并且事实上还是有用的（善的？道德的？），因为犯罪作为其中一部分的这些条件，本身就是道德和法律的正常化不可或缺的条件。"[26]尼采也认为，"从保存本质的角度看，最有害的人也许是最有益的人，因为他不仅保存了自身的本能，而且由于他的行为效应还保存了他人的本能。没有本能的欲望，人类大概早已衰落了。"[27]由此可见，人性深处善恶同源，而且可以在社会情境中相互转化。道德教育实践中完全消灭恶并不会自动地增加善，有时甚至会适得其反。

总之，在对于人的道德问题的探究方面，道德哲学关心对道德观念的探究，道德社会学则侧重于对道德事实的界定。哲学家对于道德现实所做的理论假设，目的是要表达人的自然的同一性，社会学家对于道德事实所做的客观界定，目的则是要阐明道德现实的差异性和多样性。道德哲学以科学的秩序为参照，致力于确立普遍的道德法则，为人的自然立法。不过，道德哲学提供的是关于道德的思想。思想不是行动，也不能行动。道德社会学则以生活的秩序为原点，致力于探究具体情境中的具体道德原则，为社会的构成立法。道德社会学提供的是关于道德的社会秩序。秩序本身即意味着行动，也必须付诸行动。道德哲学和道德社会学是道德教育的两个最为重要的合法性基础。道德哲学关于人的道德的同一性和普遍性的探讨可以为人类社会的生活提供一种值得期望的可能世界和完满感，而道德社会学对于特定道德事实的分析则为道德教育提供了第一手的生活资源，避免了言辞空洞的说教，使得道德教育成为可能。由于心理学本身的双重性，道德心理学可以同时为道德哲学和道德社会学提供证据，因此，在道德教育中往往是消极的且缺乏独立性。道德教育离不开道德观念的传播，但更不能忽视具体的道德实在。道德观念可以穿越时空，道德事实则直接关注当下。道德教育中社会学家关注现实具体道德目标的实现，强调人的政治的社会化，而道德哲学家则更在乎可能的更好的生活目标及其实现，强调对于人性中至善的追求。那些道德哲学家们关于人类道德的理想可能永远也不可能实现，但这样一种视野绝对不可缺少。人类必须要不断地停下来思考并反思人生的旅程，而不是一直沿着既有的社会秩序所锁定的路径埋头前进。按苏格拉底的说法，"不经考查的生活是不值得过的"[28]。健全的社会需要健全的理智。健全的理智就是要鼓励至少要宽容一切人在一切可能的方向上寻找可能的生活以及对待生活的终极态度。只有充分尊重那些道德哲学家基于人类主义对于既有道德规范的不断反思和怀疑，才有可能抑制人类的道德在社会的欲望中可能的沉沦。"社会演化的动力始终维系于少数人的精神及他们的努力。因为多数人保持对传统生活的满意，从而不怀疑传统。"[29] 在现代社会里，只有那些哈耶克所谓的"匿名的少数"一直保持对于现状的不满，并以实践的智慧坚守道德的理想和人性的卓越，社会的"纵向流动性"才不会消失，人类社会精神文明的进步和人的德性的圆满才有可能。

三、道德及其教育的取向

道德教育是人类传承道德的一种重要机制。就像生物进化的过程中有遗传和变异一样，人类的道德在演化的过程中虽然受遗传先验和社会先验的双重制约，但也会持续地发生改变。人类诸多道德规范中那些可以发生改变的必然会逐渐演变，那些经久不变的道德规范则逐渐恒定下来，成为具有普遍意义的典范或道德律令。对于任何一个时代的人而言，道德规范都是先在的，无论作为个体还是群体，甚至是整个社会都首先要理解并尊重人性和既有的社会规范。由于道德规范外在于人的主观意志，加之路径依赖的客观性，道德理想与社会现实的冲突不可避免，道德教育的内部必然充满张力。"根本上，我们时代的道德从我们出生之日起就已经固定下来了；道德在每个人的生命旅程中所经历的变化，即我们能够分享的那些变化，也是极为有限的。""我们的姿态与其说是积极的，还不如说是消极的。我们受到影响的程度，大于我们发挥影响的程度。"[30] 和知识教育强调前沿性相比，任何时代的道德教育总是保守的，甚至是短视的。知识教育通常强调人的创造性，道德教育则强调继承性。知识教育要不断地超越，不断地创新。道德教育则需要从历史和现实中汲取资源，一般无法超越当下。在道德规范方面上，"社会尊崇'工具本性'，尊崇对自己的忠诚，尊崇观点和努力的执着，甚至对不道德的东西，只要它们一成不变，也是敬重有加"[31]。现代社会学校道德教育的备受诟病就与道德教育的保守性和短视性密切相关。学校里所传授的科学知识可以超越时空限制，科学研究所追求的可以是逻辑的可能性而不是现实性。道德教育则必须坚守现实的可能性，道德可以想象的空间非常有限。今天的学校不可能仅基于逻辑的可能性为下一个尚未出现的社会提供道德方面的知识储备或行为训练，更不可能鼓励所有人都努力去创造一种新的道德秩序。道德是历史的产物而非个人的创造。即便是如孔子、耶稣、释迦牟尼和穆罕默德那样真的创造了某种道德秩序的伟人或圣人，也是在他们死后很久，历史才给出答案。他们在生前根本无法预知自己的"道德创造"是否能够被接纳为一种合法的秩序。因此，"若想象道德是一种个人的人为现象，从而认为我们一开始就完全控制着道德，道德只是我们希望是其所是的东西，那么这便是一种危险的幻觉"[32]。当然，这也并不意味着道德不需要想象力或我们不需要道德想象力。人类的道德绝不是僵化的伦理教条而必须是鲜活的实践，真正的道德必须要葆有超越当下的可能，必须致力于一种"反思的生活"，否则必然变得狭隘，进而成为不道德。

道德教育"一般无法超越当下"又要"葆有超越当下的可能"深刻反映了实践中人的自然和社会构成的复杂性。道德教育实践中，人的自然与人的社会构成密不可分。"社会超越了个人""社会又能够重返个人。在社会与个人之间，不存在任何不可逾越的鸿沟"[33]。在特定社会实践中，在学校道德教育过程中，由于制度的规训，人性与社会性相互复制，共生演化。"朝向解决我们目前决定性的社会问题之进展，要求我们认清人性不变假设的谬误和制度不变假设的谬误。"[34]人类的历史表明，人性与制度在动态演进中相互复制。有什么样的人民就有什么样的国家，有什么样的国家也就有什么样的人民。不同的社会有不同的道德规范，不同的民族也有不同的道德习惯。一个人被投入特定的社会，就会成为特定的社会人。特定的人群基于特殊的诉求也会组成一个独特的小社会。"一个社会里占主导的人群是什么样的，这个社会就会有什么样的制度。"[35]问题的关键在于，不同的人类秩序和特定的人性之间究竟是何种关系？在特定的制度框架下哪些人性的特质会被普遍视之为好的？人的道德规范方面同样如此。学校道德教育不但要清楚某一种制度设计或规范将会导致何种人性的生成或演化，而且还要明确何种人性的特质是需要张扬的善。因此，道德教育既不能忽视特定社会的独特的道德规范的养成，也不能放弃对于普遍人性和普世价值的探究。学校既不能以抽象的人性培养来替代具体道德规范的训练，也不能以社会的或政治的需要为借口强行为人的道德德性或社会构成立法。"道德的绝对性仅仅在人性本身的价值中，而不在规范中。做事的正当性是相对的，但是做人的正当性才是绝对的。"[36]道德绝不只是为了社会的需要而被制定出来的，道德具有"自成目的性"。作为一种德性，道德本身就是目的，是人性在社会中的一种升华。如果按照功利主义或义务论的伦理学，将道德狭隘地界定为他向型的或集体主义的，那么"社会"将成为一种"主义"，人性的美好将被遮蔽，生活的意义将被阉割，从而可能导致阿伦特所谓的"不思"或"平庸的恶"。社会虽不必然是恶的，但也绝非是善的集大成者，将道德良知说成是社会的产物，并反映着社会过于牵强且主观。莱茵霍尔德·尼布尔在《道德的人与不道德的社会》中就对社会本身的道德性提出了强烈的批评。道德教育中的"社会学主义"夸大了社会的道德性，而忽视了其在道德问题上的瑕疵。"纪律的危险之一，是制度变得比制度下的人来得更重要。"[37]基于道德的社会学主义通过纪律也许能够培养出符合特定社会要求的"政治上正确"的公民或好公民，但培养不出德性意义上的符合"人性正确"的人或好人。"政府需要的是有效率的专家，而非'人'，因为'人'对政府是个威胁。"[38]社会需要人做的或人根据社会的规范而应该做的未必是好的。"任一规范都只是人类生活的权宜之计，尽管在事实上规范是必需的，但在价值上却不值得尊重。重要的是人性，而不是规范。"[39]当然，没有规范的约束，人完全根据个人的欲望或本能所选择做的也同样未必是好的。道德之所以为道德既要受社会规范的调节，也要受人性的制约，更要以德性本身为标准来衡量。

最后要指出的是，对于人而言，道德不是绝对的，更不是终极的，道德本身也存在悖论，不同的道德价值有时也会相互矛盾。道德的存在仅仅是因为人类社会的健康运行需要道德，而不是道德本身具有什么特殊的魔力。人的道德感不是由基因先天决定，而是后天经验与人脑相互作用的结果。人的道德既是社会需要的果，也是社会何以可能的因。人性的演化与社会结构的变化密切相关。任何关于道德的理论论证从来都是不充分的。即便是苏格拉底对于作为善的正义的论证，最后仍然不得不求助于"高尚的谎言"（noble lie）和"神"的存在。尼采更是认为"道德至今根本不算是一个问题，毋宁说是人们经历猜疑、不和、矛盾之后而达到一致的东西，是思想家在其中歇息、松弛继而重新振奋的处所"[40]。因此，如果不诉诸非理性的力量或信仰，人的理性本身很难自动认为道德本身就是好的。尼采所谓"善与恶皆为上帝的成见"[41]绝非仅仅是出言不逊，而是可能包含着大智慧。"美德包含一种个性，即受人褒扬的、甘当工具的个性。""倘若你具备了某种真正完美的道德（而不是向往道德的小愿意），那么，你必然成为这道德的牺牲品。"[42]因此，古往今来绝对的道德往往也会导致绝对的愚昧。在古希腊，亚里士多德就认为，道德之上还有对于真理的沉思。"体现理论理性（努斯）的生活对于人是最好、最愉悦的，因为理论理性是最属于人之为人（的属性）。所以说，这种生活也是最幸福的。另一方面，体现其他德性的生活只是第二好的。"[43]在古代的中国，孔子也认为，

"道"在"德"之上。所谓"志于道，据于德"，道德之上必须有更大的智慧的调节，道德仍然要服从于真理。道德教育绝不能止于道德习惯的养成，而是要通过思辨活动和反思生活来激发人的道德智慧。另外，为了能够拥有健全的社会和美好的生活，人类社会的进步需要关于善的理想的激励和道德教育，但这还远远不够。"显而易见，世界上最好的教育制度并不能让所有公民都能以苏格拉底的方式变得理性。人类生活的非理性根源形式多样而且影响深远。"[44]健全的社会还必须有自由、民主和法治，而不仅仅只是道德以及道德教育。

参考文献：

[1][3][4][美]余纪元.德性之镜：孔子与亚里士多德的伦理学[M].林航译.北京：中国人民大学出版社，2009：159，39，186-187.

[2][12][14][26][30][32][法]爱弥尔·涂尔干.道德教育[M].陈光金等译.上海：上海人民出版社，2001：37，122，32，475，106，117-118.

[5][美]杰罗姆·凯根.三种文化：21世纪的自然科学、社会科学和人文科学[M].王加丰，宋严萍译.上海：格致出版社，2011：60.

[6][7][9][13][18][22][25][29][33][35]汪丁丁.新政治经济学讲义——在中国思索正义、效率与公共选择[M].上海：上海人民出版社，2013：81，510，303，232，25，191，250，249，273，150.

[8][23][24][古希腊]柏拉图.理想国[M].郭斌和，张竹明译.北京：商务印书馆，2012：45，152-153，178.

[10][17][43]余纪元.亚里士多德伦理学[M].北京：中国人民大学出版社，2011：154，64，200.

[11][19][21][36][39]赵汀阳.论可能生活[M].北京：中国人民大学出版社，2010：40，19，21，35，38.

[15][法]路易·勒格朗.今日道德教育[M].王晓辉译.北京：教育科学出版社，2009：132.

[16][20][37][38][印]克里希那穆提.一生的学习[M].张男星译.北京：群言出版社，2004：3，21，31，23.

[27][31][40][41][42][德]尼采.快乐的科学[M].黄明嘉译.上海：华东

师范大学出版社,2007:72,30,39,40,41.

［28］［古希腊］柏拉图.柏拉图对话集［C］.王太庆译.北京:商务印书馆,2010:50.

［44］［美］玛莎·纳斯鲍姆.培养人性:从古典学角度为通识教育改革辩护［M］.李艳译.上海:上海三联书店,2013:13.

选自《教育研究与实验》2014 年第 4 期

关联拓展阅读之二

竞争性道德教育及其超越

尹　伟

摘要:竞争性道德教育是我国长期以来形成的传统德育文化和教育智慧的产物,亦是工具理性在道德教育领域的反映,其产生的根本原因在于对道德本身理解的异化和窄化,并由此导致了一系列的道德困境。主要表现为外部排他性竞争的张扬和内部个人主义的膨胀,不利于学生合作精神的养育和道德发展。因此,教育者应坚守学生立场,彰显道德教育应有的人文关怀,培养和激发学生的道德需要,倡导道德教育的合格性评价,在道德中培养道德,在合作中培养合作,此乃为增强学校道德教育有效性的一个基本方向。

教育学生"学会合作"是 21 世纪教育的四大支柱之一,亦为现代学校道德教育的主导价值取向和重要内容之一。然而,在具体的学校道德教育实践中,这一目标的达成却遭遇了诸多的道德困境,学生的合作意识和合作能力总体上并不尽如人意。其中的原因固然有很多，但笔者认为，其中一个重要原因是旨在"教人做人"的学校道德教育对竞争机制的盲从和引入，并由此产生了一些隐性的道德后果。因此，我们必须重新审视这一机制与困境之间的关联，以期能为更好地达成学校道德教育目的探寻变革之路。

一、竞争与道德教育之联姻

人是社会人，决定了人与人之间合作的必要性和可能性。合作在使我们获得强大的物质力量的同时，其本身也内含着丰富而深远的道德意蕴。事实上，道德的最初形态蕴涵于人们的相互合作之中，道德的根本功能乃是教人向善、从善和乐善，离开了善，则无道德可言；而"善是协作的产物"[1]，离开了合作，也就无所谓道德，因为纯粹的经济人最终只会选择背信弃义抑或根本就不合作。概言之，合作是个体美德生成的沃土，亦是个体道德发展的源泉。

竞争乃是与合作相对应的范畴，没有竞争，也就无所谓合作。作为一种唤醒和激发人类自身的巨大潜能和创造精神的重要手段，竞争历来备受关注和重视。在我国，尽管竞争的种类形式各异，但早期的竞争或比赛一般侧重于道德，以技能方法为辅，即使是纯粹的技术比赛，通常也是以礼仪为约束，以道德为旨归，亦即所谓重"道"轻"术"。到了尊儒尚贤的汉代，为了维护自身利益，统治阶级开始实施"以孝治天下"的基本国策，以《孝经》为准则，以"举孝廉"为激励手段，积极推行以孝廉为核心并逐步扩展至贤良、方正、独行、高节、清白、敦厚等诸多科目的道德竞赛活动，道德竞赛遂与政治教化融为一体，并以制度化形式融入道德教育中，道德教育因此成为统治阶级推行文教政策的绿色通行证。由于道德竞赛给统治阶级和获胜者均可带来巨大的利益或好处，为此，一种竞争性的道德教育应运而生并逐步传开：道德教育是竞争的领域，竞争是道德教育的基本准则，赢得竞争是学生进行道德教育的主要目的，而竞争结果则是区分学生道德状况的核心标准之一。

在长期的道德教育实践中，以道德竞赛为代表的竞争性道德教育逐步形成了一套相对完善并富有特色的运行机制。在价值取向上，重视道德教育的社会本位，强调道德教育的控制规训取向，而个人只不过是道德教育的原料；在师生关系上，重视教师的道德权威，强调教师是社会的当然代表，是道德竞赛规则和标准的制定者、执行者和评判者，而学生很少甚或没有发言权；在评价功能上，重视评价的甄别和鉴定功能，关注更多的是学生道德发展的结果而不是过程；在道德学习方式上，重视个人竞争而忽视合作，鼓励个人将彼此作为竞争对手,追求个人利益是道德竞赛的最大动力;在强化机制上,依靠道德奖惩来维持道德规范和学校纪律,热衷于制造道德榜样、鼓励模仿和言行训练,通过道德排名、划分道德等级等方式来刺激学生之间的竞争。基于此,学生之间各种各样的或显或隐的道德竞赛不可谓不激烈,而学生之间的合作往往被局限于以班级为基础的较小范围内,且呈肤浅化和庸俗化之势。

事实上,这一机制的形成和发展与人们对道德的错误认识不无关系。一方面,有关道德的理解被异化。作为一种社会规范,道德对个体的行为和利益具有一定的引导和调节作用,通过不断彰显个体自身的利他性以使个体的"得"(德)能建立在"道"的基础上,并逐步达至道德自律。"自制不仅本身是一种重要的美德,而且所有其他美德的主要光辉似乎也源于自制。"[2]从竞争性道德教育的具体实践来看,其内隐的一个假设就是,人是自私的,利益是人行动的基本动机,故预设了诸多的外在刺激并与个体利益加以捆绑以激励学生展开道德竞赛。然而,人身上同时存在着利己和利他两种自然的冲动,很难将两者完全截然分开。"利他主义的冲动与其他冲动没有什么不一样的地方。因此,在快乐或满足的程度上,没有什么可使我们把利他主义的冲动与其他冲动区分开来。"[3]由此观之,对人本身固有的利他倾向的遮蔽,导致学生在对自己利益的算计中使潜在的利己之心得以释放甚至放大,而要想获得利益,学生则要在竞争中按照教师预期的道德要求去行动以战胜他人。可见,将道德仅仅理解为一种对个体行为的规范,从而使道德异化为控制规训学生的工具。另一方面,有关道德的理解被窄化。竞争性道德教育本质上可谓是一种道德激励机制,目的在于鼓励和引导学生去做好事、多做好事,通过量变引发质变,进而达到积善成德的效果。然而,这里的"善"不仅包括可觉察的外在善,还包括不可觉察的且更为重要的内在善。"从道德价值上说,并不是着眼于看得见的行为,而是着眼于那些行为的人们所看不见的原则。"[4]康德将这些看不见的原则谓之为善良意志,认为善良意志乃至高的善,是一切道德价值不可或缺的必要条件。孟子也十分强调人的善行应建立在"恻隐之心""羞恶之心""辞让之心"和"是非之心"等善端的基础上,故把"心"作为判断行为善恶的基本依据。换言之,"善"是建立在善良意志或善端基础上的内在善与外在善的有机统一,二者缺一不可。因此,将道德简单理解为外在善而忽视内在善的认识显然是窄化了道德的基本内涵。

二、竞争性道德教育之困境

竞争性道德教育意在通过一定的机制和规范使学生的道德冲动得以释放，但这并不意味着它必然能充分发挥其应有的功效。尤其是对于价值观和道德观尚未成熟的中小学生来说，其道德学习不仅来自直接的道德教育，而且更重要的是来自间接的道德教育，因为"教育教学方式的道德意涵，往往会比教育内容自身的道德价值更有可能影响到学生"[5]。在直接和间接的道德教育的交互作用下，竞争性道德教育必将给学生之间的合作带来一些潜在的道德后果。

一方面，外部主要表现为排他性竞争的张扬。适度的竞争有利于激发学生的学习活力和进取热情。然而，由于竞争获胜机会的稀缺性和竞争成功的诱惑性，这种倡导追求各自成功的竞争性道德教育不可避免地导致学生之间展开排他性竞争，将他人视为自己成功的潜在障碍，把自己的优越感建立在战胜他人的成功之上，使得人与人之间相互嫉妒、相互怨恨，在根本上割除了爱的精神[6]，消解了合作的道德根基，降低了与他人的合作意向和共同生活的凝聚力，进而无法真正做到主动参与、积极贡献、相互合作和互惠共享，因而不能带来真正卓越的合作关系。同时，这种竞争也使学生之间的人际关系处于一种内在的紧张和恶化状态，深刻影响着学生德性的发展。"学生长期生活在团结友爱的课堂氛围中，耳濡目染，将习得关心他人、体谅他人、乐于合作、乐意分享等亲善性品质；相反，学生长期生活在人际关系紧张、相互戒备、充满敌意和排他性竞争的课堂气氛中，形成的将是自私、偏狭、互不信任、互不合作、相互攻击等破坏性品质。"[7]这些破坏性品质导致学生人格的扭曲而不是健全地发展，同情和仁爱等道德律令自然被排斥在竞争的逻辑之外。更为严重的是，排他性竞争还会导致学生整体道德水平的不断下降，影响学生合作精神的养育。为了获得竞争的比较优势，学生热衷于不断制造花样众多的"道德事件"，各种各样的"被道德"现象屡见不鲜，而个人的道德修炼似乎"被遗忘"了。弱者的自尊在屡次失败中被一次次伤害，而强者无意对那些被自己抛在后面的同学施以伦理关怀，道德冷漠因此生成，各种不道德的竞争得以滋生，重"术"轻"道"由此产生，学校遂成了一个拥有良好的道德氛围却免于道德判断的道德教育环境。

竞争必然会产生成败与先后，一个人的成功同时也就意味着他人的失败，但获胜者终究只是少数，大多数人只是被制度预设为失败者的角色，是制度预设的"配角"。从社会心理学的视域来看，这种角色的预设其实是一种社会文化在不断地形成和强化该角色的社会成员心理，即自尊不断受到伤害的失败者心理。这实乃有悖于"为了一切学生"的教育承诺！显然，道德教育中的排他性竞争造成了对理性精神和道德原则的僭越，使合作和生活失去了终极道德价值的关怀和导引，也使苏格拉底式的生活检视不再可能和必要，道德教育因丧失了根本的价值目标而变得支离破碎，而人则因失去了精神家园而变得流离失所。

由此可见，这种过早在学生之间展开的排他性竞争导致学生相互成为竞争对手而不是合作伙伴，使得学生陷入激烈的排他性竞争和对友情的渴求，以及在二者不可兼得时所产生的"输不起"的压力和苦恼之中，在不断加深学生之间矛盾的同时也消解了合作的道德根基，进而使学生日益远离共同生活。在杜威看来，排他性竞争只是一个贫乏的、狭隘的学校活动的领域，不可能有助于生气勃勃的社会精神的发展，或有助于用同情和合作的方法。[8] 概言之，道德教育领域中的排他性竞争鼓励和诱惑学生不断地去竞争和占有，而不是合作和分享，导致学生成为单子式的存在，不利于学生利他精神的养育和合作意识的生成。

另一方面，内部主要表现为个人主义的膨胀。排他性竞争是建立在个人主义逻辑基础之上的。为了鼓励学生之间开展竞争以便对"好学生"进行甄别，学校向学生传递的信息就是：你就是你自己，你独立达成目的或陷入困境都是因为你自己。你必须为自身利益担责，对他人友好是职责之外的，是一种令人愉悦的额外给予。不要指望你的同伴会退让以便让你通过，也不要指望你的同辈会停下来，以便在你跌倒时把你扶起。[9]

基于此，"有用"或"有利"成为竞争性道德教育的基本追求，这种道德教育也就逐渐丧失了其导人向善的底色，日益演变成"教"人如何成为获得最大利益的"精致的利己主义者"，道德与人的关系因而沦为工具性与功利性的关系，以利己为特征的个人主义膨胀自然不可避免。

个人主义膨胀的直接表现则是对"我们"的解构。在这种竞争机制下，学生只是一种单子式的存在，能否在竞争中取胜是学生自己的事情，与他人无关；如果学生失败了，那只能怪自己，学生之间的关系遂变成了一种"我—他"关系或"我们—他们"关系。然而，个体对"我"与"他"、"我们"与"他们"一体性、同体性的认识与体验，乃是道德意愿和道德行为的前提与基础。[10] 这就使得培育学生基于关爱、同情和互助等"我们"的价值观变得越来越艰难，与之相应的人与人之间的相互依存感也变得越来越微弱，人与人之间的合作意愿与合作根基遂不断遭受蚕食。"如果善意的情感和相互依存的态度没有得到培养，那么任何群体在其生活中要实现团结与和谐是不可能的。"[11]事实上，道德的一个重要功能恰恰就在于对个体利益及其行为的约束和调节，使个体在合作中过上德性的生活，逐步从个人主义状态中解放出来，而不是为一己之利而肆意妄为或随意拓宽自己的利益边界，否则，"当个体都扩大自己利益而漠视别人利益时，必然会发生利益矛盾"[12]，这种矛盾又将进一步消解学生之间的合作意愿与合作根基，使学生之间的合作不断呈现弱化和窄化之势，对学生的解放其实也就成了一种抽象而遥远的可能性。

为何会出现这些问题呢？笔者认为，这可能与所谓的"现代性"发展及其世界性危机有关。现代性推崇人的理性，认为个人利益至高无上，"利用一切可能的办法来保卫我们自己"[13]乃一切社会生活的基本原则，因而对自我的理解也就走上了现代性之路，即不是把社会或共同体而是将自我看成是第一位的，社会或共同体只是一种相互独立的个体为达到各自的某种目的而自愿结合在一起的聚合体，而这个聚合体对于个体而言只是为了某种目的而无归属感的临时栖居所，聚合体内的个体彼此只是"熟悉的陌生人"，个人主义的产生自然也就不难理解了。"个人主义的黑暗面是以自我为中心，这使我们的生活既平庸又狭窄，使我们的生活更缺少意义，更缺少对他人及社会的关心。"[14]

于是，基于个体利益的"自我保存"造成了私欲的无节制膨胀和人固有的利他倾向的渐次隐退，以自我为中心的个人主义日益膨胀，以诚实、仁爱、正直等德性品质为基础的合作也就相应地丧失了生机与活力。

三、竞争性道德教育之超越

"竞争导致人际回拒，而合作会导致人际吸引。"[15]人际回拒意味着道德意识的扭曲、伦理关怀的丧失，以及合作的道德根基的消解，显然与现代学校道德教育的目的格格不入。因此，走向基于人际吸引的合作的道德教育应主要从以下几个方面入手。

首先，彰显道德教育应有的人文关怀。彰显道德教育人文关怀的积极意义就在于充分肯定人，特别是作为个体的人，使个体的人在"成为什么样的人"这一领域中享有充分的自决权，充分体现人的心灵自由和精神解放的人文主义思想。[16]离开了人文关怀的道德教育是一种目中无人而失去了本真的道德教育。因此，一方面，外部要超越道德教育的功利取向。竞争性道德教育是社会和教育的总的功利取向在道德教育领域的反映，其突出表现是强调道德教育的"眼前实惠"和"立竿见影"，工具理性则是用以实现这一目的的基本手段。然而，工具理性使学生的行为指向了道德以外的目的，而不是道德本身，颠倒了道德教育的目的和手段之间的关系，导致学生无法获得道德上的自足自怡，同时导致各种伪善的产生。"不难预料，假如在某一特定社会中对外在利益的追求变得压倒一切，那么美德观念可能先受些磨损，然后也许就几近被全然抹杀，虽然其仿制品可能还很丰饶。"[17]可见，作为指向人自身的道德教育应以构建更为完美充实的意义世界为旨归，使学生在人对人理解的基础上通过体验合作、润泽合作而滋养德性，而不是将道德教育的内在目的简约为谋取眼前实惠的外在目的。另一方面，内部要摒弃道德是控制和管理学生的误解。亚里士多德把德性看作一种"选择的品质"[18]，认为德性只有在基于意志自由的选择中才能得以生成和发展，也只有经过主体自由选择的行为才具有道德价值并据此承担道德责任。然而，作为一种控制手段，竞争性道德教育通过外在功利的诱惑破坏了而不是培养了学生的道德选择能力，使学生无法专注于独立理性的判断和自觉自愿的选择，导致了人的"自我"缺场和教育的爱落空，同时也使这种蛮横干涉学生自由的行为本身在道德上让学生难以接受，学生因而无法受惠于自己"被选择"的行动。因此，学校道德教育应消解各种控制因素，慎用他律手段，关注和重视学生的道德自由，鼓励学生的独立判断、理性选择和自愿践行，使学生在合作中不断增强道德的思维能力、自主能力和践行能力，促进学生道德自我的在场。

其次，培养和激发学生的道德需要。从运行机制和具体实践来看，竞争性道德教育更多的是从社会发展所需人才的道德素质出发。基于这种社会本位所"需要的学生"，作为教育机构的学校往往决定着竞争性道德教育的目的、内容和形式等，而学生更多的是处于被动执行的地位，作为主体的"学生的需要"也就相应地被遮蔽了。然而，这种不顾个人的需要，倡导"牺牲的道德"、为了道德而牺牲的道德割裂了义务与权利的关系。这不仅违背公正原则，而且也不符合人的本性，而任何违背人性的教育都不可能取得成功。[19]事实上，在个体的心理结构中，需要是行为的心理源泉，亦是道德产生和发展的根本动力。因此，合道德的道德教育不应止于劝善，更应激发学生的向善、为善之念，即应在引导学生在知"道"的基础上体验、领略和感悟"道"之所存、"道"之所在，进而在享用道德中产生"乐道""好道"的积极心理需要，使道德需要成为增强学生道德选择、道德修养自主性和自觉性的重要内因，成为现代学校道德教育的逻辑起点。如此看来，作为重要他人的教育者就应在承认学生精神需要多层次和多样化的基础上，以他者立场和他者思维来把握和理解不同年龄段学生基本精神需要的存在状态和释放方式，而不应戴着成人的有色眼镜对学生某些合理的精神需要简单地予以反对或禁止。在此前提下，通过合理满足学生正当的功利性需要来引导学生探寻浸润于合作中的伦理精神和德性之维，在逐步建构学生道德需要的基础上超越功利，进而使他们心甘情愿地追随道德。值得注意的是，要警惕任何异化的需要侵入道德领域，比如将个人的主观偏好或外在强加的需要等视为个体的需要。从这个意义上讲，道德教育的过程应是一个不断激发和培养学生的道德需要，并最终使学生不断自我建构道德需要的过程。

最后，倡导道德教育的合格性评价。竞争性道德教育本质上是以崇高伦理为目标，并通过不断激发和促进学生"更道德"而无限趋于该目标。这一前提性假设意味着在道德与不道德之间有一条灰色地带，而消除该灰色地带正是道德教育之目的和任务之所在。这可能与我国传统的德育文化以及"取乎其上，得乎其中"的教育智慧不无关系。然而，美国学者安·兰德明确提出了"道德是黑白分明的规范"、不存在所谓"灰色"的道德准则的观点。[20]所谓最高尚的道德都是否定性的，它教导我们永远不要对任何人做任何一种坏事[21]，而这些否定性道德其实内在地蕴涵着"不可"的道德教育方法，意味着竞争性道德教育可能出现了方向性偏差，即道德教育不应强调无休止的"更道德"，而应突出"不是不道德"。这正是合格性评价的核心所在。具体地说，合格性评价并不热衷于通过对学生的道德动机和道德行为之间是否吻合及其吻合度的分析，来测量和反映学生的道德发展状况，也拒绝给学生划定道德等级或贴上道德标签，而只是在道德合格与否之间划出一条明确的界限，并为那些尚未达标的学生提供一个诊断性方案。不难看出，合格性评价彰显了道德教育的普遍性，即它的要求是面向所有的学生，并非只是简单地对学生道德发展状况的甄别和选拔，避免道德教育在"一般"学生与"优秀"学生之间产生双重标准，因为我们无法提供一个划分品级的客观标准。同时，合格性评价亦突出了道德教育的基础性，其要求并不是基于对崇高伦理的盲目追求，而只是要求学生遵循基本的社会规范和道德规则。显然，这既可防止因道德标签对学生的心灵伤害，彰显道德教育应有的人文关怀，使暂时处于不合格阶段的学生能向合格的方向发展；亦可使道德评价更具有操作性和可行性，避免因对"更道德"的无休止追求而丧失在最广泛的社会各阶层中培养优秀人才的可能性，而这种丧失不利于教育的公正和民主，也不利于优秀人才及其合作精神的培养。

诚然，竞争性道德教育确有其可爱之处，如对校风的改善可能产生某些立竿见影的效果，但校风是竞争性道德教育的理由，却非竞争性道德教育的目的。这种将目的当起点、将道德当手段的竞争性道德教育范式值得我们进一步深思。但无论如何，促进学生道德发展是学校道德教育的根本旨归。因此，教育者应坚守学生立场，在道德中培养道德，在合作中培养合作，乃是增强道德教育有效性的一个基本方向。

参考文献：

［1］J.皮亚杰.儿童的道德判断［M］.傅统先等译.济南：山东教育出版社，1984.

［2］亚当.斯密.道德情操论［M］.蒋自强等译.北京：商务印书馆，1997.

［3］爱弥尔.涂尔干.道德教育［M］.陈光金等译.上海：上海人民出版社，2006.

［4］康德.道德形而上学原理［M］.苗力田译.上海：上海世纪出版集团，2005.

［5］王晓莉."立德树人"何以可能［J］.全球教育展望，2014（2）.

［6］金生鈜.规训与教化［M］.北京：教育科学出版社，2004.

［7］黄向阳.德育原理［M］.上海：华东师范大学出版社，2000.

［8］约翰.杜威.学校与社会.明日之学校［M］.赵祥麟等译.北京：人民教育出版社，2005.

［9］ROBERT J. Starratt：Building an Ethical School：a Practical Response to the Moral Crisis in Schools. london，Washington，D. C.：Falmer Press，1994.

［10］石中英."狼来了"道德故事原型的价值逻辑及其重构［J］.教育研究，2009（9）.

［11］R.尼布尔.道德的人和不道德的社会［M］.蒋庆等译.贵阳：贵州人民出版社，2009.

［12］茅于轼.中国人的道德前景［M］.广州：暨南大学出版社，2003.

［13］托马斯.霍布斯.利维坦［M］.黎思复等译.北京：商务印书馆，1985.

［14］查尔斯.泰勒.现代性之隐忧［M］.程炼译.北京：中央编译出版社，2001.

［15］王坦.合作学习论［M］.北京：教育科学出版社，1994.

［16］王东莉.德育人文关怀论［M］.北京：中国社会科学出版社，2005.

［17］A·麦金太尔.追寻美德［M］.宋继杰译.南京：译林出版社，2008.

［18］亚里士多德.尼各马可伦理学［M］.廖申白译.北京：商务印书馆，2003.

［19］陆有铨."道德"是道德教育有效性的依据［J］.中国德育，2008（10）.

［20］安·兰德.自私的德性［M］.焦晓菊译.北京：华夏出版社，2007.

［21］弗里德利希·冯·哈耶克.法律、立法与自由（第二、三卷）［M］.邓正来等译.北京：中国大百科全书出版社，2000.

选自《高等教育研究》2015 年第 6 期

关联拓展阅读之三

重新审视基础教育的培养目标

叶　澜

当今时代，终身教育已经成为一种全球性的教育思潮。它强调一个国家的国民教育体系应当融通家庭、学校和社会，纵贯一个人的幼儿期、青少年期、成年期和老年期，连接正规教育与非正规教育，从而形成一种具有统合性和相互协调性的立体交叉式的教育体系。由于终身教育契合了当今时代社会发展的总体趋势，且几乎与每个国家实现其全球性生存密切相关，因此，它已经成为许多国家制定教育方针政策、构建国民教育体系和确立教育发展战略规划的重要依据，同时也成为许多国家探索基础教育改革、更新教育观念并对基础教育学校功能进行重新定位的，带有全局性、宏观性特征的指导性理念。由于历史原因，我国对终身教育理念的接受和推行相对于许多发达国家略显滞后，但由于党和政府的重视，终身教育在我国的发展速度很快。这突出地体现在近年来各种类型的成人教育、在职培训以及一些大中城市尝试开展起来的社区教育中。更值得关注的是，新中国成立以来我国的第一部教育大法——《中华人民共和国教育法》，在总则的

第十一条中明确提出：国家适应社会主义市场经济发展和社会进步的需要，推进教育改革，促进各级教育协调发展，建立和完善终身教育体系。这至少部分地表明，"建立和完善终身教育体系"在我国已经成为一种国家责任，并且获得了法律的确认。由于基础教育是终身教育体系的重要构成，而且在未来的学习化社会中将成为每个个体"走向生活的通行证"，因而当终身教育日渐成为基础教育改革的指导性理念时，我们有必要在一个新的参照系之下，重新思考基础教育的培养目标。

一、培育基础性学力

在一个知识呈加速度更新、知识总量呈爆炸式增长的社会中，个人唯有通过终身不断地学习，才能在未来的学习化社会中维系有质量的生存。如果说，以往在人们的观念中，"学习"主要是一个学校教育领域中的概念，其功能主要定位于传承文化知识，为个体升学、就业奠定基础，那么，当"学习化社会"真正到来时，"学习"并且经由持续不断的学习以汲取力量、集聚能量、实现终身发展，将逐渐成为人们的一种习惯性生存方式和基本的生存保证。与此相适应，基础教育的目标定位，就不应再局限于人类已有文化知识的传递与继承，而是要着力于从根本上提升学生的基础性学力，并借此提高学生在未来社会中的生存智慧和生存能力，简言之，是使人"有能力掌握自身的发展"。

首先，应更多地着力于唤醒学生的学习需求，培育积极的学习态度，促使学生从被动的受教育者向主动学习、自主选择的学习主体转换。学习化社会的到来，并不仅仅意味着学习时间的延长、学习机会的增多及学习条件的改善，其更内在、更核心的追求是学习功能的转型和价值的提升，即学习将日益成为人们的一种内在需求，成为实现对人性的更丰富、更深刻理解的凭借，成为追求人生价值之培养和实现的基础性保证。成长中的青少年学生，如果缺乏内源性的学习需求，仅仅依靠外部压力或利益诱导，则其发展动力难以长久维持，且精神境界也将受到很大限制。因此，形成内源性学习需求，对于个体的终身发展意义重大。而内源性的学习需求，一方面需要在自己的生命实践中，借助于经验的积累、智慧的提高，借助于自身对社会发展动态的理解，对自身发展方向的选择等来获得；另一方面则需要教育者在基础教育过程中，通过有意识的教学设计，通过对青少年学生的人生引导来唤醒。为此，一要培养学生的学习兴趣和好奇心；二要教会学生清醒地认识周围的世界，提高对社会发展动向的敏感度；三要教会学生合理评价自身特点与社会发展方向之间的契合度并以此培养学生的自主选择能力。如此，才能更有力地改变学生被动学习的习惯，逐渐培植起内源性的学习需求。只有建立在强烈的、内源性的学习需求之上，学习者才有可能形成积极而健康的学习态度。在一个学习化社会中，学习态度不仅将伴随一个人的一生，而且也将作为一种重要的力量影响一个人的一生。基础教育是形成一个人学习态度的最关键阶段。在此阶段，"人的创造性思想火花可能光芒四射，也可能渐渐熄灭；接触知识可能成为现实，也可能无法实现。正是在这一时期，每个人都在获取有助于提高推理能力和想象力、判断能力和责任感的手段，也都在学习如何对周围世界产生浓厚的兴趣"。基于这一认识，基础教育应致力于提升学习者的人格境界，培养学生在自我与他人、个体与社会、历史、现实和未来等问题上形成正确、积极的认识，并以此浸润和养成自己健康、积极且稳定的学习态度。

其次，应致力于提高学生的多维、多向学习能力。具体而言，要培养学生善于在个人生命实践的常态中学习的能力，其中包括在工作、生活、与大自然的接触中的学习，与他人合作中的学习，以及通过反思来实现的自我学习；要培养学生善于在困境中反思、寻求出路的应对性学习能力。在很多情况下，与困境的遭遇，暴露出的往往是自身某个或某些方面的暂时性欠缺，而欠缺往往预示着新的发展空间或发展的可能性。因此，要教学生学会理性地评估困境与危机，并提高在困境中学习的能力。为此，基础教育一方面要更新知识观，拓展知识的来源、改变知识的组织和学习的路径与方法，致力于打开学生的学习视野，形成广泛的学习兴趣和清晰的学习意识，积累不同方面的学习经验和学习技能，积极地构筑并丰富自己的精神世界和精神生活；另一方面则需培养学生敢于直面陌生的、富有挑战性的情境，且创造性地运用自己的知识和能力，战胜挑战，并在这样的过程中实现成长。

最后，应着力培养学生选择、重组、创造性转换信息的能力。信息时代的到来，对学习者的直接影响是学习资源的丰富化、学习方式的多样化和个体化以及学习时空的非局限性等。这在一定程度上增加了个体学习的可能性和自由度。但是，倘若学习者缺乏选择、重组、创造性转换信息的能力，轻则容易在扑面而来的信息中舍本逐末、无所适从；重则容易将自己湮没在信息中，错失发展机遇，迷失发展方向。从这个意义上说，使学生理解信息时代的实质，及其与学生学习方式，乃至生存方式变化之间的内在关系，并由此培养学生选择、重组和创造性转换信息的能力，这是新的时代背景下基础教育为提升学生的基础性学力必须承担的一项重要使命。

二、唤醒生命自觉

改革时代，是一个创造机遇，同时也蕴藏风险，并且机遇和风险之间存在互相转化可能的时代；是一个新思想、新观念不断涌现，且相互启迪促发的时代；是一个多种、多重矛盾和价值集聚碰撞、缠结交杂，可能相互抵消，也可能相互激发促生的时代；是一个孕育着转化生成、发展提升，也潜藏着回流逆转可能性的时代……在这样一个异常复杂多变的时代环境中，个体必须具有清晰的自我意识，具有在多样、变幻的改革旋涡中把握自己命运的生命自觉，才有可能清醒地选择发展方向，合理地设计发展道路，成为改革的参与者、促进者甚至引领者。与此相适应，基础教育必须在培养目标上做出重要的调整，应该致力于使每个人"能够形成一种独立自主的、富有批判精神的思想意识，以及培养自己的判断能力，以便由他自己确定在人生的各种不同的情况下他认为应该做的事情"。

1.培养学生的主动性意识与能力

生命自觉作为人的精神世界能量可能达到的一种高级水平，其最直接的表现形态是个体的主动性意识和能力。它具体表现在个体与周围世界的关系和实践性活动中，并表现为个体与自我的关系、反思和重建性活动中所具有的主动性。这种主动性并非先天禀赋，而是需要有意识地加以培育和开发。基础教育作为人生发展最关键的奠基性阶段，具有关键性启蒙的意义。而学生主动性意识与能力的开发，恰属基础教育阶段的关键性启蒙。具有主动性意识与能力，是个人把握自身命运、实现生命价值、获取幸福人生的内在保证。基础教育要具有终身价值，就需要在这样的关键性方面实现启蒙。为此，基础教育应致力于培养学生积极进取的意识和"事在人为"的信念，改变传统的视"听话""服从""被动接受""屈从长辈意志"为"好孩子"标准的教育观念。在哲学家梁漱溟看来，人的主动性，也就是一种不断争取的意识。正是由于这种主观努力的参与，事情才可能不断地有"新因素"加入，而"新因素"是原本看似注定的事情产生变化的催化剂，因此才有"事在人为"之说。"事在人为者，人的主动性为之也。"

2.培养学生自主选择、自主策划的意识和能力

改革孕育着丰富的可能性。这是事实。可能性有时也的确意味着机遇、希望、乐观的前景、发展的空间，但这并非全部。在很多情况下，可能性也意味着风险、危机、挑战和陷阱。在今天这样一个充满不确定性、不断孕育新的可能性的时代，个体的自主选

择、自主决策意识和能力, 对于其生存和发展而言可谓举足轻重。一个具有生命自觉的个体, 能够在诱惑面前保持警惕, 在困难面前不丧失信心, 在危机中瞻望到生机, 在机遇中预见到风险。只有时刻保持清醒的自觉, 才能确保自己不钻牛角尖, 不一叶障目; 才能保证自己在变化多端的环境中以冷静自持来获得更多的思考空间, 做出明智的选择, 以争取更大的发展空间。一个具有生命自觉的个体, 善于对自己的人生道路进行有意识的策划、设计和调整, 能够根据情境的变化不断调整个人的目标和抱负水平, 能够通过个人积极的努力, 影响外部环境, 集聚更多的发展资源, 从而拓展和延伸自己的发展道路。与此相适应, 今天的教育, 似乎比任何时候都更在于保证人人享有他们为充分发挥自己的才能和尽可能牢牢掌握自己的命运而需要的思想、判断、感情和想象方面的自由。

3. 引导学生建立起清醒的自我意识

自我意识是一个人尝试将自我对象化, 借以认识自己心理活动和精神状态的意识。它是个体自我概念、自我理解、自我评价、自我反思以及元认知能力的综合性体现。自我意识的性质、状态和水平, 是影响人身心发展的重要因素。当人的发展水平达到具有较清晰的自我意识和达到自我控制的水平时, 人能有目的地、自觉地影响自己的发展。这也意味着, 人不仅能把握自己与外部世界的关系, 而且具有把自身的发展当作自己认识的对象和自觉实践的对象, 建构自己的内部世界的能力。只有达到了这一水平, 人才在完全意义上成为自己发展的主体。基于这一认识, 教育者应有意识地将引导学生建立清醒的自我意识作为基础教育阶段的一个重要目标。为此, 一方面, 教育者要尽量多地提供各种机会, 让学生尝试进行自我评价、自我反思, 为学生自我概念的形成提供必要的支持。另一方面, 教育者应当尽量丰富学生的精神世界和生活世界, 让学生学会在各种错综复杂的关系中合理地确立自己的位置, 既不狂妄自大, 也不过度自卑; 在不同性质、不同层次、不同水平的参照系中形成对自我独特性和个人价值稳定而清醒的理解。

三、提升生存智慧

人类社会的发展, 从总体上不断改善着人们的生活质量。但是, 不断增加的复杂性和不确定性, 对每一个人的生存智慧都提出了内在要求。对于大多数现代人来说, 这里的生存, 已不只是"存活", 它更多的是指在一个充满变化、充满风险和可能性的社会中, 人如何才能活得精彩, 活得健康, 活得有质量。简言之, 就是人如何才能"有智慧地生存"。

智慧离不开知识，但正如哲学家杜威所说："智慧与知识不同，智慧是应用已知的去明确地指导人生事务之能力"。智慧必然包含一定的机巧，但智慧绝不止于机巧，它是"人特有的一种复杂机能，是人的灵性的集中体现"。它既包含着人的聪明才智，又指向人高尚的德性、良好的修养和审美的艺术。它是人的理性智慧、价值智慧和实践智慧的统一，是人在纷繁复杂的情境中，保持清醒头脑，做出明智判断，采取正确行为的一种综合素养。个体要学会在社会转型性改革的复杂情境中有质量地生存，离不开生存智慧。教育要使人在未来充满挑战的时代中"学会生存"，不能不深切关注、自觉和积极地培育人的生存智慧。

首先，要培养学生从容大度的襟怀，丰富学生的内心世界。通过竞争刺激学生的学习需求、增强其学习动力，曾一度是学校教育提高成绩的主要手段，在今天也依然没有完全失去其合理性。但是，由于过度强调竞争，走向了竞争的极端化和强对抗性，使得许多学生在心理上变得狭隘、偏执、脆弱、过度敏感、以自我为中心。在过度追求外在可视利益的过程中，忽视了或者根本就无暇"照看"自己的心灵世界，造成价值信仰、德性修养和人格完善等方面的失落。倘若这样的状况得不到较好的关注和有效遏止，人将越来越缺少一种洒脱超然的气度，而变得斤斤计较、蝇营狗苟；心灵也将越来越缺少一种自足和澄明感，在对名利的过度关注中黯淡了德性和理性的光芒，在追逐动物性满足中丧失人之为人的精神超越性追求。中国社会已经逐渐步入压力社会和消费社会，在这样的社会背景下，善于积极争取固然值得倡导，但能够在必要的情况下懂得放弃，敢于放弃，做到取舍有度，"拿得起，放得下"，可能需要更大的勇气和智慧。为此，基础教育"育人"价值的发挥，必须着眼于个体内心世界的丰富，着眼于培养学生从容大度的襟怀；使学生在合理、合法、合度地争取各种利益和个人发展空间的同时，保持从容大度的襟怀和卓然而立的气度。

其次，教育学生学会发现他人，理解人性的丰富性、多样性与共通性。在一定程度上，全球化促进了文化的交流，但也因此增加了文化冲突的可能性。时空的压缩，风险的放大，人类命运相倚性的增加，个体绝对性力量的增强和相对性力量的减弱，凡此种种，均考验着每一个个体和整个人类的生存智慧，也向教育提出了新的价值需求。"帮助将事实上的相互依赖变成有意识的团结互助，是教育的主要任务之一。为此，教育应使每个人都能够通过对世界的进一步认识来了解自己和了解他人。"只有真正认识自己，才能设身处地去理解他人的立场，也才能真正建立起人与人之间的同情、共意和移情体验。这是人与人之间实现人性沟通和理性共享的可能性基础。同样，只有深入地理解他人，学会用他人的眼光来看待世界，用他人的立场来思考问题，站在他人的位置上来逼视自我，才能够走出自我的狭隘，丰富自己的人性和精神世界，也才能走向更健康的人格。如同伽达默尔告谓世人的："他人是一条路，一条通向自我理解的路"，"谁能做到同自己保持距离，能看到自己生活圈子的局限性从而向他人开放，谁就会不断地通过现实纠正自己的生活"。从这个意义上讲，发现他人，欣赏他人，理解人性的丰富性、多样性与共通性，这是当代人在当今这个充满风险和不确定性的社会情境中学会生存的重要凭借。正是在这个意义上，由雅克·德洛尔任主席的联合国教科文组织国际21世纪教育委员会才将"学会共同生活"视为未来教育的四大支柱之一，视为关系每一个体和整个人类命运的重要基础。

最后，要培养学生学会体验幸福，追求幸福，创造幸福。"在一定意义上，教育是直面人的生命、通过人的生命、为了人的生命质量的提高而进行的社会活动，是以人为本的社会中最体现生命关怀的一种事业。"这样一种与人的生命相契且直接参与人的生命成长过程的社会活动，不能不把幸福——这一关乎生命核心意义的永恒主题作为自己重要的价值关怀。基础教育作为个体走向幸福人生的关键性启蒙阶段，一要培养学生形成正确的幸福观。幸福就其实质而言是人的一种主观心理体验。但幸福决非一己之"私事"，必须接受法律、伦理等公共理性的规约，正如古希腊著名哲学家亚里士多德所说，"幸福就是合乎德性的现实活动"。幸福必然蕴涵愉悦，但幸福却并不像愉悦的感受那样易得易失、短暂直观，它远较愉悦更为深沉、厚重，有着更多的伦理意蕴、更强的包容性和更浓烈的价值关怀。因此，要培养学生学会正确处理幸福与痛苦的关系、个人幸福与社会福祉之间的关系、短暂愉悦与长久幸福的关系……没有健康正确的幸福观，就不可能领略到幸福的真谛。二要教育学生意识到幸福人生来之不易，鼓励学生为追求人生幸福积聚能量，并愿意和善于在情况、条件允许的时候付出艰苦的努力以积极争取属于自己的幸福。幸福是艰苦努力创造出来的果实。依靠幻想和别人的施舍，可能获得一时之愉悦，却不可能拥有真正属于自己的幸福体验。真正的幸福要靠个人长期而艰苦的生命实践去追求。而且，在很多情况下，这种追求、获得幸福的过程本身也能够为主体带来一定的幸福体验。因此，人生幸福的获得，需要主体有坚忍的毅力、深沉的智慧和厚重的德性。三要教育学生勇于求新，善于创造，在生命创造中享受深层次、高境界的人生幸福。独立地创造，是人的生命存在的本质方式，是生命之树常青之源泉。人的生命力只有在创造活动中才能更好地焕发；人生的价值，也只有在创造性活动中才能得到最深刻、最有力量的展现；个体要想获得更高的幸福体验，就应当在富有创造性的生命实践中成就自己的幸福人生。

关联拓展阅读之四

中学生心理冲突及其消除对策

史耀芳

所谓心理冲突，是指个体由于内在动机、欲望、需求、目标等不相协调而引起的心理紧张情绪。中学生心理冲突，既是其心理走向成熟的内在动力，也可能是导致其心理行为不健康甚至心理障碍的因素。把握中学生心理冲突的原因、内容、形式及适应特点，正确有效地引导他们积极适应心理冲突，促使他们养成积极向上、健康愉悦的心理风貌，不仅有益于中学生自我意识的成熟，而且有助于他们学习效率的提高。

一、中学生心理冲突的原因和内容分析

1. 成熟因素。从生理学看，处于青春期的中学生性腺功能日趋成熟，性激素逐步分泌，增强了下丘脑的兴奋，使下丘脑神经表现出兴奋亢进的趋势，这就与大脑皮质的调控能力产生了矛盾，使大脑皮质与皮下中枢暂时失去了平衡。这种状况下的中学生情绪容易激动，难以自控，易造成心理冲突。其次，中学生虽多已进入青年初期，其心理已经接近成熟，但毕竟还具有很大的幼稚性，往往采用消极的方式适应心理冲突。他们自身的价值体系，如理解、信念、价值观念等正在形成，极不稳定，还不能通过自我的价

值意识活动完全控制自己的欲望、情绪和行为，并排除内部与外部因素对理性抉择的干扰，使自己的心态和行为符合抉择目标的要求。一旦主观愿望与客观条件不符，便容易产生心理冲突。第三，现代中学生成人感强，他们要求摆脱父母的监控和教师的约束，成为自立的人。但他们缺乏实际生活的锻炼，因而其主张往往不被教师和家长所赞同，其行为得不到长辈们的尊重，从而导致心理失衡，产生心理冲突。

2. 参照因素。中学生在解决问题时总希望以成人为榜样和参照，获得适应冲突的良计善策。然而现实生活中的成人并非都能给中学生树立一个良好的榜样。大量事实表明，有些成人的所作所为对中学生的价值意识的形成确实产生了极其不利的影响。另外，由于外界环境的限制、干扰或阻碍，导致中学生部分目的无法实现，需要无法满足，从而产生了心理冲突。

3. 学校因素。学校是学生学习的专门场所，本应对中学生的精神生活给以强有力的指导，促使他们在道德、人格等方面更快成熟，养成积极适应内外环境的本领。但是，现在有些学校实际上并没有对学生负起全面责任，没有很好地指导中学生的精神生活，学生群体的价值取向没有引起学校的足够重视并给以及时引导，学生在价值意识活动中所遇到的困惑、麻烦和问题，很少有人问津，未能及时给以必要的关心和帮助，导致学生心理冲突。

应该说，心理冲突人人皆有，只不过多少、轻重有别而已。但处于特殊生长发育期和特定环境中的中学生，其心理冲突无论内容还是表现形式都具一定的特殊性。中学生经历到的心理冲突，从其内容上看，主要有以下几方面：

1. 学业问题。一般说来，学生进入中学阶段后，在学习成绩上分化日趋明显，有些学生跟不上教学进程，逐渐成为差生，从而内心产生了冲突：既想积极学习、提高成绩，以不负老师和家长的期望，使自己在班级中处于受尊重的地位，但又苦于学习无门，继而害怕学习，逐渐失去学习的信心和动力，产生顺其自然的念头。因此，他们把大量时间消磨在游山玩水、吃喝打扮等方面，以所谓丰富业余生活内容去缓解心理冲突的压力，补偿学业方面的不足。而那些学习成绩较好的学生也并不是不存在心理冲突，只不过冲突是在"高级"形式上展开，诸如在通向三好学生、学习干部的道路上遇到某些挫折时产生的心理冲突，在升学考、父母期望与自己学习水平之间所引起的心理冲突。

2. 交往问题。人际交往在中学生的生活中占有重要地位。围绕这一问题，许多中学生经常程度不同地经历着心理冲突。中学生们需要不断地扩大交往范围去获得信息，达成相互理解，增进人际关系，满足自身安全感和团体归属感。因而，他们具有强烈的交往意识和交往积极性；然而由于交往能力和经验阅历的制约，不能完全适应其面临的交往情境。比如，他们不知道如何在紧张的学习情境中保持较广的交往对象及较高的交往频率；不善于在自己经济拮据的条件下谢绝同学的邀请等。在某些班风不佳、人际关系紧张的环境中学习和生活的学生，更容易体验到这种心理冲突。

3. 早恋问题。毋庸讳言，目前中学生早恋风气越来越盛，人数日益增多，且越来越向低年级渗透。但是，这并非表明中学生在这个问题上已不存在任何心理冲突了。大量调查研究结果表明，中学生早恋问题仍是诱发他们心理冲突的一个主要方面。社会、家庭、学校对中学生早恋的态度、早恋对学生双方情感发展的影响，都会给他们带来一系列心理上的困扰和麻烦。同时，中学校园里早恋者及其信息增多，对那些尚未早恋的学生也会带来不良影响，这样，势必会影响他人，形成恶性循环，给中学生带来更大的心理冲突。

4. 经济问题。中学生是经济不独立的社会群体，生活和求学尚需依靠家庭的支持。近几年来，部分学生贪图享受、追求高消费的倾向较严重，由此，中学生有限的经济来源与实际消费欲望之间便产生了尖锐的矛盾，成为常困扰他们的一个重要问题。

二、心理冲突的形式

中学生在学校、家庭和社会生活中所经历的心理冲突内容复杂繁多，性质各不相同。但从其形式上看，基本可概括为四种冲突类型：

1. 双趋冲突。所谓双趋冲突，是指人们同时面临两个具有同等吸引价值的行为目标，但是人们只允许选取其中一个行为目标而舍弃另一个，这时人们所具有的取舍不定的心理冲突叫双趋冲突。它是中学生经历的最基本的心理冲突形式。比如，毕业生升学考试填志愿时，遇到两个自己同样向往的专业，会导致中学生在志愿选择方面的双趋冲突；晚上有精彩电视节目，却又临近考试，部分优秀生由此产生是看电视还是认真复习以获取好成绩的双趋冲突。

2. 双避冲突。双避冲突是指人们面临两个同样不利的行为目标，人们想避开却无法避开，而必须取其一的行为事件时所经历的心理冲突。中学生双避冲突虽不及双趋冲突多，但在现实生活中也常会遇到。例如，学生在考试时，从两道较难的附加题中必选一题等，都使中学生产生无从选择的困惑。

3. 趋避冲突。所谓趋避冲突，是指人们面临一个既有利又有弊，既想选取又想舍弃的行为目标时所经历的心理冲突。例如，担任班干部工作，能锻炼自己的工作能力，有利于自己的成长，但却会增加自己的负担，分散时间精力，对学习有影响。因此，有些学生在这一问题上常常是趋避难决，陷入矛盾状态；又如，发现某位同学成绩很好，学得很扎实，与他相处能提高自己成绩，但又觉得他比较冷漠，难以接近，常会使自己处于既想接近他，又想远离他的情境，产生趋避冲突。

4. 双趋避冲突。所谓双趋避冲突，是指人们面临两件都有利有弊，又必须选择其一的行为事件时所经历的难以抉择的心理冲突。它是两个趋避冲突的复合形式，是中学生经历到的较为复杂的心理冲突形式。比如，初中毕业生同时面临选择普通高中和职业高中时所经历的内心冲突。

三、消除心理冲突的教育对策

心理冲突会搅乱中学生的心理平衡，增加心理压力。时间一长，会损害他们的身心健康，导致心理和行为异常。对此，多数中学生自有一套适应心理冲突的方法，以缓解或转移心理冲突。这套方法可分积极与消极两类。前者是指中学生面对自己的心理冲突，不逃避冲突所引起的消极不快情绪体验，通过理性思维过程，从根本上解决心理冲突，以求得心理平衡的一种适应方式。后者则是指中学生为逃避冲突引起的消极情绪体验，求得暂时平衡，减缓心理压力，而以非理性办法对待心理冲突的方式。其基本特征是摈弃思维意识而诉诸非理性的感觉、兴趣和情绪冲动。它能使学习者暂时逃脱心理冲突压力，但不能从根本上解决心理冲突。中学生常用的消极适应方式有如下几种：

1. 文饰作用。中学生面临无法实现目标而产生的心理冲突时，他们或者找出各种理由为自己的心理冲突进行解释和辩护，或者试图把心理冲突从自我意识中抹掉，以此求得心理平衡。

2. 逃避现实。不以主动姿态争取时间去解决心理冲突，而是消极被动地等待；或者在预感冲突将要发生，不敢正视它克服它，而设法躲到一个"安全"的地方去，"车到山前必有路"就是这些学生对待心理冲突的信条。

3. 直觉行事。许多中学生在遇到心理冲突时，喜欢跟着感觉走，在动机抉择过程中仅凭感觉、直觉和狭隘经验而轻率、盲目行事。"直觉告诉我，这种选择是对的""下意识比思维更忠实于自己"是这些学生的写照。

4. 盲目从众。不少中学生把自我抉择行为的权利转让给他人，凡事总以"大家"的抉择为参照，盲目跟着别人跑。面对心理冲突时，失去对他人的依赖就会一筹莫展。

5. 投射作用。有些中学生把能引起内心冲突，自己不愿意承认的某些行为、欲望、态度等，排除于自身之外，推向别人或周围事物上去。他们认为，如果外界环境合适的话，心理冲突不可能发生，或不会达到这种程度。

6. 攻击行为。中学生在遭受心理冲突后，在情绪与行为上会对有关的人和事产生抵触反应，想借助攻击外界的人和事，来消除发自内心冲突的紧张压抑感。它又可分为两种：其一，直接的攻击行为，即对有关人和事直接而公开地产生抵触情绪和行为，它夹杂着强烈的愤懑情绪；其二，间接的攻击行为，即对有关的人和事的抵触情绪与行为，无法对其直接表现时，转移到对使自己产生心理冲突的人和事直接加以攻击时所发生的变相行为上来。

中学生消极地适应心理冲突的这些方法，固然有其一定的积极效果或可取之处，但它毕竟只能在短时期内缓解因冲突而带来的心理紧张情绪，不能从根本上消除心理冲突。因此，作为教育工作者，就一定要从产生心理冲突的根子入手，做好事先教育预防、事后矫治补缺工作，并需要了解和掌握消除心理冲突的某些对策。

1. 从稳定情绪入手，消除内心冲突。正常情况下学生情绪稳定，心理平衡。但当他们处于心理冲突时，则常导致情绪过度激动，难以自主，使本来活泼开朗的学生变得沉默，或使本来沉默的学生却情绪亢奋起来，并且在心理行为上均出现种种反常，办事缺乏理智。对此，光靠大声训斥易产生僵局，于事无补。在这种状况下，我们必须细致、谨慎、耐心，决不能责怪他们，一定要讲究教育技巧和艺术，采用诸如迂回法、冷冻法，将学生的情绪逐渐平稳下来，使其内心冲突缓和下来，再做好疏导工作，切忌急于求成。特别是对有创伤性的心理冲突，更要求我们做大量的工作。

2. 从沟通思想入手，"心病"还须"心药"医。处于心理冲突的中学生，常以紧张的情绪反应代替行为，以消极冷漠的表情代替言语。因此，我们必须抱着关心、帮助、谅解、鼓励的态度，深入到学生的内心深处，了解学生所思所虑，所喜所忧，沟通其思想，了解其苦情，以"心药"治"心病"，使学生内心的怨闷得到诉说，疙瘩得到解开，使他们达到心理平衡，从而缩小师生间的心理距离，拆除藩篱，达到消除心理冲突之目的。

3. 从优化环境入手，增加心理活力。当学生处于心理冲突时，很难摆脱烦恼的情境，却又很容易触景生情，不时流露出愁闷、痛苦的感觉。因而，组织学生开展各种有趣的活动，优化他们的环境，给他们营造良好的心理气氛，增强各自的心理活力，使之与心理健康教育相配合。此外，学生的班集体意识和舆论，能冲淡其苦闷，转移其情绪，对消除某些心理冲突具有重要作用。

4. 从心理健康教育入手，防患于未然。所谓心理健康，从广义上说是指具有良好的心理品质，即健全的人格。一个心理健康的人，总伴有较强的自制能力，容易排除各种干扰，较能承受心理上的冲击。心理健康对于提高中学生的学习效率起着重要的作用。经常处于心理冲突的中学生，自然就是心理不健康的表现。对此，应加强心理健康教育。首先，学校教育教学要适合中学生的心理发展水平，符合他们身心发展规律；其次，尽量给学生提供健康的心理社会情境，创设健康的课堂气氛和家庭环境，积极组织和指导他们开展丰富多彩的文体活动，拓宽其视野；第三，组织心理咨询活动、心理健康讲座，甚至在中学开设心理卫生课程，对中学生进行心理健康教育，使他们正确认识自己身心生长发育特点，初步掌握消除心理冲突的诸多有益方法。

选自《浙江教育科学》1992 年第 2 期

关联拓展阅读之五

多元文化背景下学校德育低效的成因及应对

张兰玲

多元文化是在一定时空下共存的、密切联系、相互作用又具有相对独立特征的文化；也指国家、社会或民族之间多种文化相互交流与融合的现象。[1]多样性和差异性是多元文化的基本特征，这种特征对我国社会各个领域都产生了正反两方面的巨大影响。在多元文化的交织作用下，最具文化特性和价值导向的学校德育体系及教育实践也受到了前所未有的挑战。为改变学校德育低效的状态，我们需要把握多元文化带来的机遇，审视其给学校德育工作带来的新问题，探寻科学之对策，以提升德育工作的实效，促进学生全面发展。

一、多元文化环境导致学校德育的主导作用难以充分发挥

"成人有意识地控制未成年人接受什么教育的唯一方法，就是控制未成年人的环境。他们在什么环境下活动，就在什么环境下思考和感受。"[2]但是，多元文化的社会环境不仅极难控制，而且正是导致德育低效的重要成因。

（一）多元价值观冲击学校德育价值体系

每种文化都有对人类行为的评估范畴与价值标准。而多元价值体系的差异和冲突，必使原有的社会道德和价值共识逐步消减，以绝对价值为内核的意义世界日渐暗淡。在我国，原有的主流道德意识与核心价值观日渐边缘化，社会主义意识形态的一元主导作用受到干扰。不少人陷于道德相对主义的困惑。价值相对主义认为不存在适用于一切社会与文化的普遍、绝对价值。而对道德绝对性一面的否定，必然冲击道德教育安身立命的根基。"对终极价值和绝对真理的虔敬，是一切教育的本质，缺少对'绝对'的热情，人就不能生存，或者人就活得不像一个人，一切就变得没有意义。"[3]多元价值观不仅易

使学校德育处于一种断裂、松散或多元的状态，不利于集中统一和一元主导性实践，而且会导致价值取向崇尚"功利化"和"愉悦化"的青少年学生在多元文化价值的矛盾与冲突中不知所措或选择错误。

（二）社会不良环境影响德育实践成效

市场经济的逐利倾向所带来的权钱交易、贪腐成风、诚信缺失、金钱至上等失德违法现象，严重冲击着社会主义政治、经济、法律和道德秩序，恶化了社会环境，污染和侵害了青少年学生的心灵，使学校德育对青少年"三观"形成的主导作用与效能很难"保鲜"。学生按照道德要求扶危济困，被讹诈为肇事者；为灾区捐零用钱被银行拒收；在街头搞义卖被讥讽冷落；跟家长讲道理被斥责辱骂等等。校外事件的暗示与校内教育的导向相左，社会不良现实对学校道德教引的悖逆，产生着巨大的"反德育效应"。学生对学校主导德育的怀疑和抵触让不少教育工作者慨叹：一吨的学校德育比不上一克的社会教育。学校德育被置于美好理想与严峻现实的"夹缝"中，陷于如何才能既教育学生发展道德良知又不使其因践行道德而受到伤害的两难境地。[4]

（三）低俗文化渗透危害学生心灵

信息传播的超地域性和汹涌不羁，使多源、多样、多质的文化冲击着学校的主流教育。西方权力以多种令人目眩、奇异刺激的传播方式，推进渗透性的文化殖民战略；我国不少大众传媒为图经济利益而轻社会责任，文化底蕴匮乏、品位格调低下的节目呈泛滥之势，许多内容在善恶、是非取向上与社会主义核心价值观要求严重相背。这些不良价值观甚至极端思潮，浸润着向往独立、追求新奇、心智既不成熟又不稳定，分辨能力差但模仿力强的学生们，潜移默化地诱导他们追求刺激、幻想盲从；沉醉于生活享乐，迷失于网络之中；只顾个人权利，不讲责任义务；行为失范，学业荒芜；甚至身心失控、走向犯罪。在这些异向、异质、异步的影响面前，学校德育很难按照以往一元化时代的模式取得预期的实效。"教育对文化的传递常常被文化中的种种分歧和冲突弄得复杂化。"[5]我们痛心地看到，青少年的民族主体意识被淡化、民族精神文化遭轻视、民族自尊与自信在动摇。而课堂教学和学校活动的主导作用显得被动与乏力，学校德育的内在魅力被蚕食和消解。

二、传统学校德育体系难以适应转型期学生需求

学校德育从目标、内容到制度、组织等，都应与其所处的文化背景相适应。当社会

由相对封闭走向全面开放，文化发展由一元趋向多元，社会需求及人的发展必定趋向多元化、呈现多层次变化。只是这种变化之迅猛、影响之巨大，使我们似乎还来不及在德育理论的建构和实践中准确地把脉本土文化与多元文化、核心主导与多向影响的关联，以致现有的德育体系凸显诸多不适。

（一）德育目标的"个人本位"与层次梯度不足

强调社会本位，培养服从国家、集体和社会需要的公民是我国德育目标的传统和主流。学校理应担负起培养社会主义建设者和接班人的政治使命。但若因此忽视或遮蔽了个人道德发展的具体目标，忽视了现代德育还包括促进学生个人健全人格、良好品质的形成，解决学生成长中的思想、道德和心理问题等主要任务，就违背了"社会本位"与"个人本位"的辩证统一。"社会本位"的宏观本质易使德育目标显得空泛而抽象，看似全面且方向性强，却难以明确回答究竟要培养什么样的人，培养"接班人"的政治目标与促进学生全面发展的人本目标就不能统一于德育实践。而缺乏目标的层次性安排，缺乏同一层次目标对学生道德成长的个性关照，忽视基础德性的养成，都会使目标过于模式化和理想化，使大中小学德育目标重复甚至倒挂，也就不能构成纵向衔接、分层递进的科学体系，既违背多元社会倡导个性发展、尊重学生成长需要的时代要求，也会因脱离学生品德发展规律和道德生活要求而失去应有的感召力和吸引力。

（二）德育内容脱离生活，缺少以文化德之意蕴

学校德育主要包括政治教育、思想教育、道德教育、法制教育和心理教育等内容，思政课是教育的主渠道，校园文化和社会实践是主活动。要在有限的学时和教材中面面俱到，就必须采取纲目式教学。而德育教材中的理论抽象和标准化条目较多，往往脱离学生的理解能力和道德生活实际，缺乏时代感和鲜活感，难于引起学生的心灵回应。道德学习过程也缺乏学生间、师生间的心灵沟通，难以唤起学生的内在需求感与责任感，普遍存在学习主体的"伪在场"现象。道德或以理论科目被架空于课堂之上，或以纯粹的行为训练被束约于校园之中，单一的考试体系虚化甚至扭曲了道德评价标准，原本应该鲜活的道德生成过程被支离、简化与片面化。于是，学生对道德知识可能倒背如流，但道德实践缺失，对道德规约可能表面依从，但内心质疑、抵触甚至行动背离。再者，不少人错误地认为，德育是德育课和政教处、团委、少先队的事，与其他学科及任课教师关系不大，以致学校德育与智育的联系被割裂，德育与智育交融、以文化人的优良教

育传统被丢弃。而"当我们把品格的发展作为最高目的，与此同时又把必然占据学校主要时间的获取知识和发展理解力看作与品格没有关系时，学校里的道德教育就没有希望可言"[6]。因为，缺乏学科知识作为基础和依托，德育易变成没有丰富文化内涵的道德宣教，既难于被学生理解和欢迎，又浪费了各科教育中蕴含的德育资源，制约了德育的创新与发展。同时，缺乏德育的渗透，学科教育也会变成"工具人"的培训场，容易失去导向和动力。另外，校园文化和社会实践活动也普遍缺乏文化底蕴和道德引领，常常表面热闹，实则品位不高，大多是宏大的应景之作，往往事倍功半。

（三）德育过程缺乏贯通，难以形成合力

学校德育必须依靠家庭、学校和社会的共同努力，早已是东西方教育者的共识。然而，构建理想中的德育目标趋同、德育理念融通、德育过程协调、德育途径互补、德育资源共享以及德育评价一致的家庭、学校与社会横向贯通的德育体系[7]谈何容易。第一，社会各界很难对学校德育的目标、内容及实施、评价达成共识。从各级政府到单位和社区，人们对德育的地位和规律认识不一，配合欠佳。社会德育资源缺乏挖掘、建设和充分利用；社会不道德因素对学校道德教育的干扰和反作用明显。家、校、社会之间缺乏协同平台，缺乏有效的沟通与联手，对德育问题常常陷入相互指责与推诿的境地。第二，家长对学生的道德影响难以起到根基性作用。一些家长忽视家庭德育的功能和自身的责任，闲置重要的教育权利，荒废鲜活的教育资源，漠视、推诿对学校德育的支持与配合，甚至对学生良好品质的培养起反作用；一些家长虽有配合学校的愿望，却因修养及文化程度所限，难以满足要求；家长们盼望子女成功心切，普遍重智轻德，加上学生家庭背景日渐复杂多元、学生社会化程度提高、亲子关系冲突加剧等现实，家庭教育的"真空"不断蔓延，导致德育根基不稳。第三，学校内部各方对德育重要性的认识和重视程度、手段方法等也存在争议，造成部门或教师之间相互掣肘，缺乏默契，对学生影响不一。第四，德育理念、组织、制度等都对社会变化和学生现实需求存在着不适应的问题，作为德育主体的教师和学生的内在动力明显不足，因此，也难以形成应有的合力。

三、多元价值文化使德育主体间难以形成有效的沟通

教师和学生是德育的主体，他们的思想和行为对于德育工作至关重要。只有教师与学生主体间言行沟通、情感互融、思想共鸣，学校的主导德育才能在学生中内化于心而

外化于行，真正产生心灵的应答与接受；才能促进师生道德的共同成长，产生主导德育应有的作用。然而，学生和教师在多元价值文化影响下，都存在着一些阻碍主体间良好沟通的因素，因而降低了德育的实效。

（一）学生存在对主体地位的错觉与价值选择的困惑

多元异质文化共存的环境使学生的道德成长从小就有了更多的选择空间和自由。然而，繁重的课业压力、功利性的市场导向和学校所受的教育，都与社会场景存在较大差异，从而使他们过早、过多地遭遇到道德困惑和冲突，难以抵御种种不良诱惑。他们处于由他律到自律的成长期，向往自主，追新求异，但由于阅历浅、重感性，喜模仿而少分辨，又极易在价值选择中迷失。因沉湎于虚拟世界所产生的是非模糊、情感淡漠和心理自闭等倾向，致使学校有利于塑造健康人格和正确人生观的教育教学活动很难引起他们的思想共鸣。不少学生片面地理解自身的"主体地位"，目无尊长，心无规则；抵触他律，缺乏自律；漠视他人权利，基础品质薄弱；沟通能力匮乏，脆弱冲动，报复心理严重。害师长、弑同窗等激情犯罪行为屡屡出现。不少教师因随时面临来自学生的威胁和承担事故风险而不敢负责。察言观色、讨巧学生成为一些教师安稳工作的绝招。教师身份变得卑微，德育应有的尊严与神圣趋于淡化，教育者的价值主导力和对学生建构精神世界的影响力逐步弱化，师生间的道德教育能级关系被颠覆，教师对学校教育影响学生品德的艰难和有限深感不安。

（二）教师存在对学生道德引领的缺席或道德行为的失范

教师的德育理论水平和实践能力不足，难以应对多元文化的挑战，是德育呈现虚无和低效状态的重要原因。一是教育观念落后。不少教师把教育仅仅当成知识与技能去传授，而忽视了对学生精神、信仰和品格等的呵护和关爱，致使教育成为师生共同追求功利的手段。因此，即使许多教师不乏德育意识和责任感，其德育观念和方法也不适应多元文化背景下的新要求。主要通过课堂宣讲和统一的德育活动，缺乏对具体教育情境的敏感和运用，难以顾及受教育者个体的理解和认同程度。与学生间的沟通和信任也远远不够，极易引起受教育者的拒斥、漠视乃至思想与行为的分裂。事倍功半、令人失望的教育结果反过来又消磨了教师开展德育工作的信念和积极性。二是师德理想滑坡。无疑，广大教师勤恳工作、积极奉献，为发展教育事业、维护高尚师德做出了不懈努力。但多元社会的诸多负面作用，也使教师队伍中违背师德甚至违法犯罪的言行时有发生，丢弃师德操守、人格缺陷突出、学术造假和贪污腐败等问题屡屡发生，虽为少数，却严重损害了教育队伍的整体形象，对青少年道德认知的形成和道德信念的培养产生了直接而巨大的负面影响。三是能力提升不够。长期以来，尽管我国的专家学者为德育发展殚精竭虑、著书立说，但是经过实践反复检验，符合国情、自成一体、影响广泛而深远的德育理论体系并不多见。主要原因在于专家学者的研究与一线教师的实践存在一定程度的脱节。虽然近年已对国外德育理论引介不少，但对其本土化的研究与创新性实践仍显匮乏。德育理论对实践的指导作用远未充分发挥。以应试教育或就业市场为导向的教育评价观，致使一线骨干教师的工作、生活、学习和升职压力有增无减，加上学习进修的条件和时间有限、自我提升的积极性不高等因素，不少人或无暇钻研，或怠于学习，教育实践大多缺乏理论层面的升华，而停留于经验总结的层次，于是，便造成许多鲜活的好经验难于共享，教师也难以实现由专业型向专家型的转变。

四、提升多元文化背景下学校德育实效的对策

直面主要问题与成因，"积极拥抱多元文化时代而不是被迫生活在这样一个机遇与挑战并存的历史阶段"[8]，主动探求应对之策，是学校德育工作者应该持有的态度。

（一）一元主导，创设环境，让学生在文化交织中把握正确方向

一元主导，要求学校德育"要坚持统一的指导思想与目标，保持德育特定的性质与方向"[9]。也就是说，在指导思想上，德育始终要坚持马克思主义的理论指导地位。在培养目标上，要坚持具有中国特色的社会主义方向，培养德、智、体、美全面发展的社会主义建设者和接班人。在德育内容上，要始终保持社会主义意识形态的主导地位，坚持以具有中国特色的社会主义政治为主导，激发学生的爱国热情和道德责任感；以中华民族的先进文化为主导，增强学生的民族自尊心、自信心和自豪感，培育学生对民族文化的认同感、归属感和创新意识；还要以社会主义人文精神和社会主义价值观为主导，帮助学生树立正确的价值观，提升道德的辨析与选择能力，学会在多元文化中明确主导、在多样文化中探究共识、在多变文化中把握方向，为应对道德选择困扰奠定基础。在德育实践中，教育工作者需要时刻关注学生成长、学习和发展的整个生活世界。一方面，要主动与社会各界沟通合作，推动社会自上而下地加强法制和道德建设，创造一个更加广阔、更加平衡的环境，使社会环境得到净化且逐步观念化，[10]为学生提供深刻而直接的社会正面熏陶。另一方面，加强学校的德育管理和制度建设，为学生创设一个功能特殊的小社会环境。还要着力为学生提供一个关心爱护的环境，这既是教育关系发生的根本条件，又是增强德育吸引力和感召力、充分发挥主导作用的重要基础。

（二）多元兼蓄，创建平台，让学生在广识博纳中学会正确选择

多元兼蓄是要在德育内容、方式、途径等方面既善于继承和发展中国古今德育的优秀思想，向世界贡献中华民族的核心价值观和教育智慧，又客观地评价和借鉴国外德育文化的先进理论和实践经验，尤其应与世界各国教育家和流派纷呈的教育理论积极对话，进行批判性汲取。同时，注重吸纳现实社会环境中的有益因素和相关学科的研究方法和成果，以更加广阔的视野创新德育理论和实践，创建适合现代学生需求的德育工作平台。

面对多元文化的复杂性，一方面，要动员社会相关力量，为学生提供了解、比较古今中外文化的丰富资源，引导学生广学博识，以和而不同的态度，接受多元文化的洗礼，学会对文化的分辨欣赏、理性判断和正确选择。既要积极学习国外的先进文化思想，又要抵制腐朽文化思想的不良影响，在培养文化自觉中提升道德境界。另一方面，要建立校内文化德育的联合机制，实现德育和智育及多育的交融互补，充分利用学科文化中的道德资源，把德育融入学生的综合素质培养之中，育德赋能，激发学生的内在动力，培养学生的主体意识，更好地引领道德形成，浸润道德成长。这既是中国教育的优良传统，也是国际德育实践的普遍发展趋势和经验总结。从现实来看，文化德育有利于弥补传统德育内容的抽象与单一，以深厚的文化底蕴和丰富多彩的形式，实现显性教育与隐性教育的有机结合，展现德育应有的魅力，增强德育的吸引力和说服力；就长远而言，文化德育能真正体现德育对学生社会化发展的价值意义，将持久而全面地影响着学生的道德进步。

（三）多样发展，创新体系，让学生在德育关怀中实现不断成长

多样发展，要求面向全体学生，迷恋他们的不同成长，突出德育的丰富性、层次性与人本情怀。要通过构建梯次渐进、类型多样的德育目标，实现"社会本位"的宏大目标和"个人本位"具体目标的辩证统一。当前，尤其要促进学生道德主体人格的主动建构；注重学生道德敏感性和辨别能力的悉心培养；促使学生逐步提升价值取向的自主判断力、行为意志的调节控制力和行为结果的道德承受力。还要通过德育制度管理，帮助学生逐步构建思想、政治、道德、职业和生活等多种类型和不同层次的目标，引导学生坚守行为规范底线，并积极不断地向较高道德层次梯度迈进。如此，既遵循了学生身心

发展规律、体现了当代学校德育本身的伦理性，又符合循序渐进、共性与个性结合的德育原则，也有助于学生真切感受到德育的人本关怀，激发他们自主成长的内在动力。

在德育内容上，无论是道德教育、法制教育、心理教育还是思想政治教育，都应以广博的视野和多维的视角，选择并引导学生学习那些颇具先进性、影响力和感召力的跨文化内容。要融通相关学科的内容和方法，提升和彰显德育的文化意蕴，体现德育的丰富性和人文魅力。要发扬中华民族优秀传统和时代精神以振奋学生的民族自尊心、自豪感和责任感，借鉴古今中外有益的道德内容以开阔学生的眼界和心胸，吸收现代科学文化的最新成果以适应时代要求，帮助学生选择和吸纳适合自己道德成长的内容与方法，促使学生的道德发展既方向正确又亮丽纷呈。

在方法途径上，要运用多学科理论，结合德育情境，对语言说理、榜样示范、修养指导、实践锻炼、行为训练、规范制约和评价激励[11]等多种方法进行有机融合与灵活运用，努力实现主导教育和主体的自我教育相结合，显性教育和隐性教育相结合，品德教育和心理疏导相结合，规范教育和多样实现相结合等等。还要改革传统方法，创新现代手段，充分运用课堂主渠道，丰富校园文化和社会实践活动，借助现代传媒等有效载体，力求提供大量真实感人的资料，通过学生喜闻乐见的多种形式，让学生体验德育之美、德育之趣、德育之境、德育之情，使德育真正触动学生的情感，达致他们的心灵。以此为基础，通过教育契机的捕捉和运用，机智地引导学生懂得道德之理、体验道德之乐、内化道德之规、树立道德之志、践行道德之事，形成课程主导、学科渗透，日常管理、活动激励、环境濡染、学段衔接，科学评价、家校与社会贯通等多重联动的方法体系。

在队伍建设上，要打造一支专兼结合、衔接贯通的德育师资队伍。学校教师是德育队伍的核心主力。应采取诸如减轻工作负担、提高社会待遇、提供学习平台、提升科研能力、建立科学评价激励机制、加强理论研究和实践经验推广等多种有效方式，促使教师立足现实，以生为本，不断学习德育理论，及时更新德育观念，加强师德修养，创新德育方法，扎实提升德育水平。同时，积极建设政府机关、关工委、企事业单位、英雄模范、家长代表、社区负责人等社会各界相关人士组成的兼职教师队伍，在学校主导、多方支持、相互贯通中实现德育的高效实施。

参考文献:

[1][5]冯建军，傅淳华.多元文化时代道德教育的困境与抉择[J].西北师范大学学报（社会科学版),2008（1）.

[2][6][10]杜威.民主主义与教育[M].陶智琼译.北京：中国轻工业出版社,1991:19,349,23.

[3]雅斯贝尔斯.什么是教育[M].邹进译.北京：生活·读书·新知三联书店,1991.

[4]龙宝新.我国公立中学德育工作面临的新危机[J].中国教育学刊,2011（4）.

[7]詹万生.和谐德育论[M].北京：教育科学出版社,2008:序.

[8]檀传宝.当代德育理论译丛[M].北京：教育科学出版社,2007:总序.

[9]郑永廷，江传月.主导德育论[M].北京：人民出版社,2008.

[11]詹万生.整体构建德育体系总论[M].北京：教育科学出版社,2001.

选自《中国教育学刊》2015年第6期

专题三

未来教育发展趋势
与人才培养

第一章 未来教育发展大趋势

第一节 世界教育发展的五大趋势

教育是知识经济时代最具战略意义的基础产业，在世界范围内，教育得到了普遍的重视。放眼未来，国家之间的竞争靠科技，科技发展靠人才，人才培养靠教育。谁掌握了今天的教育，谁就掌握了未来。对今天教育的准确把握是立足于对未来教育发展趋势的科学预测上的。上海社会科学院信息研究所研究员张赐琪曾经撰文介绍世界教育发展的五大趋势。概括起来综述如下：

一、共同建设 21 世纪课程

"从有历史以来，大部分的学者都表现着一个特征：忽视了现实与未来"，这是美国未来学会理事席科尼希喜欢说的一句话。

一般的学者，本性上都认为搜集、研究、传扬古代的文化能表现学识的渊博和功力的深浅。因此，传统教育，尤其是人文科学，每每把注意力放在过去，学校教育的重点是对几千年文明的阐释和演绎，而忽视了现实的周遭世界和未来的指向。

迅猛惊人的变化震撼着今天的社会，它迫使课堂内的教师无法回避这样的一个事实：古往今来的一切文化知识，出口之间也许就已过时；那些需要一套解读术（注释）的艰涩的古书和出了学校可能一辈子也不会去用的冷僻刁钻的数学难题，在徒然耗损着年轻人的生命和热情。面对未来的压力，学生有权利获得在历史变革中求得生存的手段和观念，还需了解各种未来社会的真实图景，人们需要感到他们力能应变，而起步之处便是学校。因此，具有未来概念的崭新的课程设置及其相关的教学实践便应运而生。它旨在帮助学生面向和适应未来，旨在就变化中的问题因材施教。

1966 年，普里西拉·格里菲思等教师在托夫勒的帮助下，为肯尼迪航天中心技术人员的子女开设了美国中学最早的未来学课程，这一破天荒的尝试，其方法和创见对今天在世界各地进行同类工作的人们有着重要的启示。

根据托夫勒带来的一份课程纲要，未来学课程内含 15 个单元，每个单元均列有推荐书目，这些读物从杂志文章《1984 年的世界》到非小说书籍（阿瑟·克拉克《未来的形象》）到长篇小说（爱德华·贝拉米《回顾》）到当代科学小说（威廉·坦恩《仆佣问题》）等。当这门课程最后定型时，其单元依次如下：1. 未来学入门；2. 预测未来；3. 战争与暴力；4. 种族关系；5. 工作与闲暇；6. 人与机器；7. 智力；8. 交流；9. 思想的控制；10. 明天的政治学；11. 人口；12. 城市化；13. 遗传学；14. 平均寿命；15. 什么是人。

这些单元都按顺序进行教学，并根据托夫勒的建议，结合上述许多相关教学游戏和模拟活动。如别开生面的"模拟"之一，是让每个学生在他或她自己的家庭之外的一些家庭中轮流实际生活一段时间，由一个月开始，依次递减，直到一天。这一设想是为了让学生体验，并学会如何过漂泊无常的生活，那在未来可能是一种相当普遍的现象：频繁变换住址、家庭及友谊关系。参加模拟的学生必须学会如何在家庭生活的亲密环境中对不同类型的人迅速调整感情，并很快适应。对基本读物和内容各异的游戏、模拟等其他练习作了充分讨论之后，这门课程被定名为"21 世纪课程"，以显示其不是一门寻常的、正规的学校课程。

"21 世纪的课程"设置，究竟要教些什么呢？美国学者考夫曼在《教育的未来》一书中，提出了下列六项内容：

1. 接近并使用信息：图书馆和参考书，电脑数据库，商业和政府机构的有关资料等。

2. 培养清晰的思维：分辨语意学、逻辑、数学、电脑编程、预测方法、创造性思维等。

3. 有效的沟通：公开演说，身体语言，文法，语辞，绘画，摄影，制片，图形绘制等。

4. 了解人的生活环境：物理，化学，天文学，地质和地理学，生物和生态学，人种和遗传学，进化论，人口学等。

5. 了解人与社会：人类进化论，生理学，语言学，文化人类学，社会心理学，种族学，法律，变迁的职业形态，人类存续问题等。

6. 个人能力：生理魅力与平衡，求生训练与自卫，安全，营养，卫生和性教育，消费与个人财务，最佳学习方式和策略，记忆术，自我动机和自我认识。

考夫曼的课程表虽然非常广泛，却是一个完整教育的内容。毫无疑问，这些课程的设置更为注重人在社会中的角色地位，以及适应未来的能力。它充分显示了，只有未来导向的远景才能把目前学校杂乱的课程转换成广义的课程，以真正适应 21 世纪社会发展和人类自身发展的双重需求。

美国路易斯安纳大学的多尔教授认为，我们正在由牛顿式的现代主义走向后现代主义。牛顿式的现代"知识观"视知识为现实的客观反映，是封闭、稳定、可以从外部加以研究的意义系统，而后现代主义知识观则视知识为对动态、开放的自我调节系统的解释，研究者并非外在而是内在于这一系统之中。

在新的知识观的影响下，课程观也发生了相应的转变，课程是一种发展的过程，而不只是特定的知识体系的载体。课程的内容不是固定不变的，在探索新知的过程中不断地得以充实和完善，最后才形成一体化的内容。在此，内容与过程统一起来，内容不再以信息为特征，而是蕴含在信息的背景与意义之间的联系之中，过程也不仅仅以"方法"为特征，而要面向内容，不断扩展内容之间的联系。课程是师生共同参与探求知识的过程。教师不再作为知识权威的代言人全面控制课程的组织与开展，而更多地以指导者、协调者的身份出现。学生不再是知识的被动接受者，而成为课程发展的积极参与者，学生的感知、经验都被纳入到形成中的课程体系中。学生个体的探索和体验受到重视。课程发展的过程具有开放性和灵活性。课程目标不再是完全预定、不可更改的，在探究过程中可以根据实际情况不断地予以调整。课程的组织不再囿于学科界限，而向跨学科和综合化的方向发展。从强调积累知识走向发现和创造知识，承认和尊重人们的意见和价值观的多元性，不以权威的观点和观念控制课程，试图在各种观点、观念相互冲撞、融合的过程中寻求一致或理解。

"21 世纪课程"在全美的推开，引发了广大师生的强烈兴趣。纽约州北部的堪尼休斯学院历史教授杜兰引导学生，从探讨各国元首对未来的态度入手，展望未来世界的政治格局和社会走向；弗吉尼亚州阿灵顿的米耶小学开设了"计划未来"的课程，让学生熟悉未来的可能发展以及会遇见的事业选择。宾夕法尼亚州立大学的地理教授亚伯勒独创性地开设"未来的地理"这门课程。其他如"未来社会学""未来科技"等新课程的开设，令人耳目一新。

美国的一群致力于教学改革的社会科学家、教师、作家和心理学家，经过讨论会和其他非正式聚会形式就 21 世纪的课程设计原则广泛征询意见，概括为如下基本原则：1. 有助于学生适应社会的教材；2. 有助于学生理解自身的教材；3. 有助于未成年人理解他们对未来投资的教材；4. 有助于学生了解社会变革性质方向及他们在变革过程中角色定位的教材；5. 有助于学生把课堂学习转化为未来责任的教材。

"21 世纪课程"没有传统教育和研究意义上的那种内容，形式上变化多端，教师和研究者对学生成绩和能力的判断依据是学生参与学习和工作的质量，而不是他的记忆，因为无须记忆；不是依据他的所知，因为没有什么固定东西可知；相反，必须尊重并提高学生的想象力和思想素质：即设计创造学习内容的方法和程序，以及他对创造的内容进行分析评价时所依据的准则。如要求学生为其所要预测的可能未来阶段制备一份时间表：对毕业、就业、婚姻、退休、逝世做出预测，也可预测其亲近者父母、配偶、子女等，并列出依据，以备日后修改和对照使用。又如：要求学生对一些表述作出评价，指出哪些是可能的未来、或然的未来或可取的未来，并列出依据：1. 在行星上存在生命；2. 人类将能永生；3. 人人绝对平等；4. 消除国界；5. 能领会所有人心中的想法。

"21 世纪课程"引导学生探索传统教育很少涉足的一大片领域，如：博弈论、不确定条件下的决策、价值分析、内容分析、控制论等。尽管表现"21 世纪课程"这一主题的形式在各国教改中各不相同，但就本质而言，却有着它的共性。一般来说，未来学者喜欢"实际操作中学习"的方法，如美国印第安纳州大学教授谢内在《未来教育的定义》一书中提出超课程的构想，这是一种仍然在学校管理之下的"工作课程"，将学生由初中阶段从学校引入真实的社会实践，启发工作的热情和意愿，经过一段时间的"上班"，重又回到学校，以扩展学生对未来的适应性。而"教室计划"和"学习游戏"的普遍应用者，则侧重于把许多课外读物引入教材，刺激学生的想象力，再辅之以未来研究的方法，如趋势预测、交互分析等，帮助学生去创新和大胆假设。教师不再作为知识的权威将预先组织的知识体系传递给学生，而是与学生共同开展探究知识的过程。学生不再作为知识的接受者被动地听从教师的指令，而是带着各自的兴趣、需要和观点直接与客观世界进行对话，在教师的指导下共享认识现实的课程发展活动。于是，课程内容不再作为绝对客观的稳定不变的知识体系，课程目标也不再是完全预定的，课程成为师生共同探索新知的发展过程。通过一系列学习活动，共同对比关于现实的各种观点，包括学生自己的、教师提出的、常识的以及学者提出的各种解释，促使学生面对不一致的观点，从而在各种观点的冲撞与融合之中形成对现实的新的解释，而这，通常导向创造性的发现。让学生面对差异和矛盾的目的并不在于以某种"科学"的观点来取代学生自己对世界的解释，也不仅仅在于促使学生曝光于新的思考方式之下从而了解并反思自己的意义体系，更重要的是要引导学生探讨各种思考方式的优点和局限，拓宽视野，加深思想力度，从而形成一种适当的建立于共享基础上的新的理解。

"21世纪课程"的开创，从根本上来说是为了帮助学生建立未来意向和定位未来角色，是推行一种观念："未来将决定现在"，而不是以现在去承袭过去。我们脑海中的未来意向对目前的所作所为具有极大的影响，如果一位年轻人只想成为手工工人，那么他的这一未来意向便决定了今天的学习动因，他的学习范围也将具有强烈的选择性倾向。成功的未来教育，将使学生感到，他们正朝着一个理想的世界迈进，而在这个世界中，他们有着想要而有意义的角色。

基于此，90年代以来，许多国家都在重新审议中小学课程和教材，一个共识在世界范围内形成：面向 21 世纪的课程设置与教材编写应立足于现实，着眼于未来；应有统一的国家标准；应着力于学生创造力的培养；应强调整体性和多样化教学相结合。在各国众多的课程设计方案中，美国的"2061"计划颇具特色：该计划由美国国家科学基金会出资牵头，组织各学科几百名专家、学者，针对 2061 年哈雷彗星再次临近地球时，美国人民应具备哪些素质，从各学科知识的发展趋势出发，研究中小学生应掌握的最基本概念和应具备的综合能力，在此基础上确定课程，编写教科书，并选点进行长期教学研究。这一计划既有长远目标，又有近期行动，为全球教育界和世人所注目。

可以预见，以"21 世纪课程"为主题展开的各国教改，将突破传统教学的一切陈规陋习，使教室无限地扩大；教师也将由传统的传道、授业、解惑而发展成为学生进入未来社会的协助者，最终将奠定学生对未来的角色准备，积极健康地朝向一个伟大的目标建设更为美好、合理的未来而努力。

二、发展基于网络的数字教学技术

基于网络的数字技术是当今最引人注目的技术，它是管理和处理 21 世纪所有类型信息的基础。以往的计算机只能处理单媒体"文"，即文字、数字，至多是图形，给人的感觉单调、呆板、沉闷、枯燥。"基于网络的数字技术"是指网络计算机交互式地综合处理文字、图形、图像、声音等多种信息，使它们建立逻辑连接，集成为一个系统。利用多媒体技术翻动电子"图书"，用手触摸屏幕的任何位置，都可发掘出有趣的情节：触摸天空，云层里会穿出一架飞机；触摸大树，树叶间会飞出一群小鸟。观看电视剧，如果对剧情不满，你可改变剧情，让演员按你的意思演出。学习英语单词的发音，如果读对了，计算机就会给你鼓励，如果发错了音，会有个声音提醒你，并告诉你如何改进。

随着多媒体数字技术的发展，一种崭新的现代化教育形式——多媒体电脑网络教学系统出现了。它是由服务器、教师主机和学生工作站连接而成的计算机网络。教师通过教师主机控制整个网络的每一个终端，同学生进行交互会话，学生在学生机前接受教师的指导进行学习。在多媒体教学中，学生是作为主体来进行学习的，信息反馈都是以学生为中心的。

多媒体电脑网络教学有许多突出的优点。它可以进行图、文、声并茂的多媒体教学，可以取代语言教室进行更生动的语言教学，也可以利用大量现成的教学软件，提供一个良好的教学环境，这些都是以往任何教学手段所不能达到的。多媒体电脑网络教学不但可以在校内进行单班教学，而且很容易同外界大型网络连接，为更大范围的网络交互学习提供基础。它为我们展示了可以无限扩展的前景。

由于多媒体技术提供了人和电脑间一个极为自然的学习、沟通方式，它可形成人机互动、互相交流的操作环境以及身临其境的感觉，使用者（包括儿童）只需用手在电脑屏幕上触摸就可操作，因此它被广泛引入教育领域，并将对整个 21 世纪的教学产生深远影响，使传统的教育方式发生一场革命。

多媒体数字技术将使教材发生巨大的变革。教材不再仅仅是印刷体的书本，还有融文字、声音、图画为一体的电子教科书，如 CD-ROM（只读光盘）、CD-I（交互式光盘）、DVI（交互式数字视频），它将有效地调动学生的学习兴趣，成倍提高学习效率。美国得克萨斯州的 2 500 所小学均采用了光盘数据公司的科学窗口光盘，小学有关自然科学学科的教程全部编制在 11 张交互式激光录像盘上。使用该录像盘教学的班级，按国家标准进行基本技能测试，学习成绩普遍提高 100%～200%。美国在数学课堂教学应用多媒体技术的实验结果表明，学生数学成绩平均升了一级。此外，美国伦斯勒理工学院的大多数应用多媒体数字技术的课程教材，正以多媒体产品出售给国内其他大学分享，这些重新设计的学科包括：计算机、物理、化学、微积分、科学、机电、材料科学、生物、人类学、通讯学，以及一门被称为"设计和创建学习环境"的管理课程。

多媒体数字技术将使教学形式更为活泼，教学手段更为多样化。如运用多媒体数字技术传授物理学重力加速度课程，采用录像带记录下学生投掷球的过程，并把该录像带的视频信号直接数字化输入计算机里，学生们用联机工作来分析这个运动，并绘制出计算机图形来说明该球相对于时间所发生的变化，所有这些教学内容可在两小时内完成，并使学生获得深刻印象。在"表演场设在观众座席中央"式的教室里，教学设备明显与往常不同，长篇讲稿教学被一种"中央剧场"式环境所取代。教授在教室的中心讲课，指导和组织讨论，学生可以仅转动他们的椅子面对或背对着各自的工作站，从中心的有利地势，教授可以看到所有的工作站屏幕以及学生们的操作过程。教师还可根据教学需要和计算机反馈的每个学生学习情况，采取措施随时修改教材内容，变动教案，改进教学，计算机也会有针对性地进行引导，有控制地校正学习中的错误，提出改进意见，真正体现因材施教和个别化教学。

多媒体数字技术支持不同的学习方式，变被动接受信息为主动接受信息，激发学生的创造性。多媒体数字技术可按人脑的联想思维，把相关的信息联系起来，供学生浏览。学生能通过输入各种指令来选择并加工所需要的信息，这样可以促使学生主动地进行探索式、发现式学习，而不像以往仅仅从教师那儿被动地获得知识。

多媒体计算机网络教学系统的出现产生了一种新的教学形式，一门新的教学艺术。它对教师提出了更高的要求，不但要求教师懂得自己本专业的知识，而且要熟悉电脑知识，能够驾驭电脑软件，有时还需要自己编制一些应用软件。这给教师施展自己的教学才能提供了一个新的天地。

多媒体计算机通过联网能远距离传输，能更好地实现远距离教育。边远地区的学生也能听到、看到大城市著名科学家、教师的讲课，而不受电台或电视台规定的课程表的限制；还可通过网络与他人进行讨论、交流并从网络中获得来自世界各地的信息。多媒体技术有可能使教育由学校教育为主转变为家庭教育为主，而继续教育可能完全走向家庭。据估计，信息高速公路建成后，通过双方交流式远距离教育，学生的学习时间将比原来的同等情况减少40%，学到的东西将增加30%，经费也将节约30%。

美国前总统克林顿在宣布一项20世纪末将所有学校联网的计划时说，世界一流的教育由计算机开始。在教育与通信革命的世纪，教育要靠计算机。副总统戈尔也呼吁电讯业降低成本，让所有的学校进入网络。美教育部长估计，全国要耗资100亿美元，使学校普及电脑，亚拉巴马州蒙哥利县设计投资5亿美元，使该县每个学校的每间教室与电脑网络连接，哥伦比亚区公立学校也计划投资100万美元完成相同的工程。1994年，美国人花费80亿美元购买电脑，与购买电视机的比例相同。年收入7.5万美元以上的家庭至少拥有一台电脑，这些家庭中的孩子率先成为在家享受多媒体技术的得益者。

可以预见，随着通信技术和计算机技术的日益完善，不久的将来，多媒体数字技术在教育领域内的使用范围和使用程度亦将日益广泛而不可或缺。

据不完全统计，目前全美用于课堂教学的各类计算机设备已经高达 4 000 多万台。无论是在读、写、算等基本技能的训练方面，还是在物理、化学、生物或者音乐课程的学习方面，它们都给美国广大的中小学生带来了巨大的便利和帮助。

学生们再也不必整日埋头在图书馆内了。美国加州大学取消图书大楼的果敢之举就是一个实例，它代表了当今发展的方向。美国西北大学图书馆已着手一项操作"电子借阅系统"的工程，一名图书服务员向你提供各种图片、讲义、历年的考卷。这位服务员就是一台计算机，它与校计算机网络相连。目前许多学校正努力实现图书馆资源数字化。

由于学生和教师越来越多地使用电子邮件，传统的办公时间观念正在逐步消失。学校的教师用电子邮件给学生布置作业。

现在的学生生活在计算机网络的世界之中。实际上，学生甚至无须踏入大学校门就能学完课堂里的知识。电视教学或者说远距离教学在持续教育和偏远地区教学上的应用已有 10 年以上的时间。随着技术的进步和全球互联网（INTERNET）的发展，计算机网络教学将成为发展的主流。

在 1990 年 7 月悉尼召开的第五届世界计算机教育会议（WCCE/90）上和 1994 年 4 月新奥尔良举行的美国教育研究会学术会议上，人们注意到越来越多的计算机教育研究报告是集中在多媒体技术所提供的学习环境下如何培养学生的能力、学习过程的特点、学习策略的改变等。以计算机为中心的多媒体技术也为个别化教学提供了更多选择的可能性。总之，认知学习理论的发展和教学改革的进程为多媒体教学的新发展注入了活力。反之，由于技术进步，特别是多媒体技术的发展又为高级认知技能的训练和研究提供了物质条件，从而促进了认知学习理论的发展。

利用多媒体数字技术和互联网，现代教育课程发生了质的变化：

1. 课程多样化。方便地交流各国的课程方案供学生选择，文科学生能方便地选修工科课程，反之亦然。

2. 课程综合化。在现有学科之间的边缘地带可能出现许多新的交叉，例如历史海洋学、考古信息学，目前我国教育界出现的"计算机红学"，就是计算机介入红楼梦研究的典型的大跨度综合研究。

3. 课程软件化，包括试题软件，使得课程设计更趋于科学和精确。交互网络上可以集中国际一流专家，他们既是科学权威，又是教育心理和生理专家。他们熟知科学逻辑，又了解当代学科发展趋势，掌握学科生长点，这批专家聚集开展一些专门化或专题性课程，无疑比现在各自为政的小农经济式的封闭型课程设计要强得多，他们开发的软件可以随时供学生选择学习。

4. 课程积木化。交互网络上可能造成一种奇特的知识结构，像搭积木一样，产生许多新奇的功能，当然这种课程还取决于学生本人的知识结构。

5. 课程模块化。模块（chunk）这个词借用于建筑上的配件，组装之后形成一座建筑物。课程模块即课程软件的分类，由学生选择装配。当然，选择搭配并非一件容易的事。多媒体教学技术的发展，使现代课程设置具有鲜明的时代特点和实用价值。

三、大学日趋公司化

面对日新月异的信息社会所产生的种种需求，教育不仅仅是一种雅趣、一种闲暇的文化消费，它也是为社会创造利润和培养各类新兴人才的重要工具。在这种观念的转变中，酝酿并产生了 90 年代欧美教育界的一个令人吃惊的变化是大学逐渐成为公司，这种变化呈现着世纪之交大学教改的某种轨迹。

1969 年，具有 700 多年历史的剑桥大学率先走出"大学公司"的新路。有影响的"莫特报告"提出，要以剑桥大学的声望和实力，把那些立足于科学技术研究的企业吸引到剑桥地区来，得到了英国政府和企业界的支持。于是在 1970 年，剑桥大学三一学院就拿出自己的一块土地筹建剑桥科学园。在此后 10 多年中，剑桥集结了大批高技术公司，行业包括：计算机软硬件、电子科学仪器、生物技术等，配置了可供共同使用的特种设备。由于这批高技术公司具有研制、设计、生产小批量高产值产品的能力，从而使剑桥科学园的利税率猛然上升，并且持续不断，这些高技术公司与剑桥 30 多所在经济上各自独立的学院保持着极其密切、无法分割的关系。

剑桥借此向政府各界表明了大学能对社会发展做出重大贡献；对提供经济建设所需的一流人才做出贡献，能向教育界提供改革教学，学用结合，加深教学的第一手经验；大学、公司联姻能创造出丰厚的高科技产品、第一流人才和丰厚的教学经费。

"大学与企业联姻"使剑桥这株古树又开出奇葩。基于剑桥拥有的众多实力雄厚的基础学科、工程技术人才和第一流的实验设备，企业的介入和联合研究项目的开发，以及企业提供的特种设备的引进，促进了教学质量的提高。

在今天，世界各地都出现了在大学周围兴起科学园、工业区的情况，越来越多的企业介入大学，与其联为一体，大学公司正成为未来高等教育的必然发展趋势，为教育和企业的发展带来新的契机。

用一位权威的大学战略部署人士的话来说就是："直到一两年以前，竞争和市场是高等院校决策中闻所未闻的字眼。"时至今日，大学公司已成为大学教改的必然发展。导致这种发展的原因是多方面的。现代大学的开支与日俱增，而政府的拨款有限，入不敷出，必须另开"财源"；林林总总的公立、私立大学有不断衍生的趋势，而出生率则逐年下降，由于生源有限，导致各学校争相以更为优化的环境和学习条件为竞争生源的手段，以满足学生毕业后的择业选择和进入大企业的种种需求；高科技的发展促使高尖技术人才的大学紧密加强与公司特别是高技术公司结成密切的伙伴关系，使科技的最新发展及时反映到教学中，同时高等院校也可发挥其科研所长，为公司提供技术咨询、技术指导、技术培训等服务。凡此种种因需而立，奠定了大学与公司联姻的基石。

纵观美国近年各大学公司的创建，大致具有如下特点：1. 让有企业工作经验的人出任校长，以市场的方式来吸收学生，招聘知名学者，如特里尼蒂大学以向任何一个全国优等生提供一年 5 000 美元的奖学金方式来吸收优等生，结果其优等生入学比例占五分之一，跻身于哈佛、耶鲁、普林斯顿和斯坦福等一流大学之列。同时，该校也使教师的工资在 5 年内增加了 60% 以上。并且每年耗资 20 万美元，聘请国内最孚众望（当然也是最昂贵）的演讲者，如亨利·基辛格、亚历山大·黑格等来校演讲，一时间名声大噪。2. 大学公司化，既可以使大学教学、科研直接面向生产、经营管理部门，更可以增加财政收入，并借此不断改善办学条件，提高学校地位。如耶鲁大学、布鲁克林学院、里恩塞莱技术学院和其他许多高等院校都创立了"独立企业经营者培养基地"，提供企业式服务等。3. 大学公司化使企业与教育的关系日益密切，大学与企业在科技服务方面可以是互惠互利、利益均等。因而，加强双边合作，是今日大学公司化改革的又一特色。如康奈尔大学，1984 年企业资助的经费在所有研究项目费用中已达到 45%，而且比例还在逐年上升，虽然免不了受企业商业主义的"污染"，但从发展趋势看，是所得大于所失。

美国大学公司化的形式是多种多样的，其一是企业公司与学校签订供需契约，并保障学校毕业生的就业问题。例如 1982 年波士顿地区近 200 家企业公司和波士顿公立学校签订了有名的"波士顿契约"，以解决学生因就业困难而产生的厌学问题。该契约宣称，到 1986 年，凡具有最起码阅读能力和数学水平的高中毕业生，都能保证在这一地区谋到一个合适职业。波士顿契约是一个大胆的尝试，它在全美引起了较大的反响。

大学公司的另一形式是企业收办学校，让学校直接为公司输送合格工人。美国制罐公司根据日益发展的企业与教育的合作计划，"收办"了位于纽约西北区的小马丁·路德·金中学。白宫私人创举办公室确认，已有 1 万家公司同大约两万所学校有联系。所谓"收办"，即公司为学校提供财政援助，并将自己的影响深入学校教育内部，而学校则为公司培训出合乎公司要求的新工人。达拉斯商会收办学校经理认为："公司是教育事业的最终得益者。"美国企业每年要花费 30 亿美元对新增职工进行重新训练与重新教育，如果能把学校收办成自己公司服务的培训场所，公司当然是乐意的。

在美国，越来越多富于魄力和远见的公司直接兴办各类教育，为企业的生产经营服务，成为传统的学校教育强有力的竞争对手。卡耐基促进教育基金会提供了一份题为《公司课堂：学习的企业》的报告指出，美国企业内部开展的训练和教育计划如此庞大广泛，实际上已经提供了全国公立、私立学校、学院和大学的一种替代方案。如企业每年用于教育和训练的经费约 600 亿美元，全国 4 年制学院和大学的教育经费也不过是这个数字。在学生人数方面，大约有 800 万人在企业中学习，与高等院校录取的大学生人数相差无几。在教育的学术地位方面，企业教育也在不断发展，到 1988 年，已有 26 个公司和协会授予学员学位。王安电脑公司、诺思罗普公司、阿瑟·安德森会计公司、赫马纳赢利卫生链式公司向学员授予硕士学位；兰德公司不仅给公司学员而且也向社会公众授予博士学位；施乐公司、国际商用机器公司、普费泽尔公司和控制数据公司共拥有 400 多所学校和教学设施；而非常关注教育的国际商用机器公司每年用于职工教育的经费就达 7 亿美元。

由于上述显而易见的优点，大学公司的兴起正方兴未艾，由美国而欧洲，进而推向全世界，不同形式、类别的大学公司和企业化大学的诞生预示着未来教育发展的一个重要特点。

四、普及全民终身教育

1972 年，由联合国教科文组织召集，法国前总理埃德加·富尔主持的国际委员会提出了题为《学会生存：教育世界的今天和明天》的报告，该报告正式确认了原教科文组织终身教育处处长保罗·朗格朗于 60 年代中期提出的终身教育理论。近 20 多年来，终身教育观念日益深入人心，终身教育原则普遍地为世界各国所接受。在 70 年代进行教育改革的国家中，日本最先提出终身教育为改革前景，日本临时审议会于 1984 年至 1987 年间的四次咨询报告中正式提出：为主动适应社会变化，建立有活力的社会，"必须建立以向终身学习体系过渡为主轴的新教育体系"。1988 年日本文部省发表的《文教白皮书》更加明确指出，日本面向 21 世纪教育改革的基本目标"就是实现终身学习的社会"。

1984 年 4 月，美国"全国高质量教育委员会"在提交白宫发表的题为《国家处于危险之中：教育改革势在必行》的报告中指出，为了寻找教育问题的答案，必须致力于终身教育，开创一个以学习化社会为目标的教改运动。1991 年 4 月 18 日，布什总统发布的《美国 2000 年计划》的教育战略中又进一步强调，学习是终身的事业，要求全体美国人终身学习知识和技能，一辈子当学生，并号召开展一场把美国改造成"学生之国"的运动。

各国推行终身教育的目标所指，殊途同归：今后的教育应当能够在每一个人需要的任何时刻，以最好的方式提供必要的知识和技能。它揭示了未来教育的共同方向，就是将教育贯穿到人的整个一生之中，使学习成为一个不断取得能力的过程。在科技高度发展、社会变革十分激烈的未来社会中，人们需要培养适应变革的能力，需要具有未来的意识，需要具有设想和理解未来的能力，而这些能力的获得取决于教育的连续性和及时性，于是就催化和构成了未来教育的一个基本特征：终身性。

传统社会将人的一生分为三部分：上学、工作和退休。传统教育认为人们在青少年时期学习的一点知识和技能基本上能受用一辈子。随着科学技术的迅猛发展，这种传统教育制度明显地暴露出它的缺陷。据美国对某个学科领域1970年毕业生的调查表明，到1980年，他们的知识陈旧了50%，到1986年，知识已全部老化。我国有关部门也对1965年的某学科毕业生进行了调查，结果是到1970年他们的知识已陈旧了45%，1975年陈旧了75%。尽管计算陈旧速率的方法各不相同，但在知识爆炸、信息量无法细究的今天，一个科技人员的应用知识总量大约只有20%左右是在传统学校中获得的，其余的80%是在工作和生活中应需要而不断习得确是不争的事实。基于这一点，发达国家率先提出加强在职教育，积极推行全民终身教育。经过欧美许多国家实践验证，并将在未来的全球范围内广泛推行的终身教育，不仅包括就业前的传统学校教育、普通教育、职业教育、大学本科的专业教育和研究生阶段的学科教育，而且扩展到学前的婴幼儿早期智力开发教育，并且学前教育与小学教育的衔接将进一步得到加强；还扩展到中学后、大学后、硕士、博士后的在职知识更新，技术技能培训继续教育，转换职业教育以及老年人教育。在国外，甚至还包括死亡前的死亡教育、临终关怀和心理准备。

教育在时间上将扩展到人的一生，在空间上将扩展到全社会。它不仅意味着未来社会中的每一个人都将随时随地接受教育、进行学习，而且意味着未来社会的每一个人通过参与社会活动来进行学习，还意味着未来的整个社会将承担起教育的职能。贯穿实施全民终身教育的将是各种类型和功能的学校。除了目前传统的普通教育外，整个社会将举办各级各类开放学校、短期学校、函授刊授学校、广播电视学校、夜校、社区学校、家庭学校……从中央到地方各级政府机构、企事业单位乃至社会的每个细胞、家庭，以及博物馆、电影院、文化馆、剧场、俱乐部、图书馆等公众服务机构，都将举办内容丰富多彩、形式多种多样的教育，既有低层次的由教师向学生传授基础知识的传习性教育，又有引导学生独立自主学习的较高层次的独立性教育；既有每周每日固定时间的教育，又有弹性时间教育；既有长期学历教育，又有无须国家承认学历，旨在开阔眼界、提高能力的短训班、轮训班；既有专业培训，又有提高国民素质的社会教育，如消费者教育、健康和营养学教育、生态环境和卫生教育等。随着多媒体教学手段的推出和普及，各种社会教育形式、家庭教育形式都可以搬进学校和课堂；同样，学校教育形式、社会教育形式也可以搬到家庭住宅和学生公寓。因此，未来全民终身教育将是学校和家庭、社会和教育的高度融合。

全民终身教育的推行要求立法保证每个人不分种族、肤色、性别、宗教信仰享有均等的入学机会，并逐渐扩展到取得学业成功的机会均等。所谓取得学业成功的机会均等，是指每个人都能受到适当的教育，每个人都能达到令人满意的教育水准。现今，人们把学业取得成功的机会均等作为"教育民主化"的一项重要目标，尽管这一目标不能立即实现，但人们没有丧失信心，在努力同学业失败做斗争。

五、迎来公立学校私营化浪潮

90 年代始，在美国的部分城市兴起了公立学校私营化浪潮，美国教育领域的这一改革动向引起了社会各界人士的极大关注，在全球教育界也激起了强烈反响。许多发达国家群起而仿效之，起着推波助澜的作用。

公立学校私营化浪潮的兴起是有着历史和现实的深刻原因的。公立学校作为一种体现民主、实现种族平等、经济机会均等的教育机构，历来被普通的民众视为一剂"万能药"而予以认同，尤其在 60 年代的繁荣时期更是如此，但始自 70 年代的社会政治和经济危机迫使人们重新审视公立学校的功能。审视的结果是人们发现：公立学校并非万能。它不但没有培养出适应国际、国内社会需求的学生，而且学校内部存在着严重的种族隔离，而这在以民主为国家口号的美国却是为人不齿的。此外，政府也不断做出类似反应，如1985年教育部长威廉·J·本尼特倡导的"回归基础"运动以及1992年克林顿总统的教育计划中都不同程度地指出了公立学校制度的种种缺陷与不足。种种迹象表明，现行的教育制度与2000年的六大教育目标相去甚远。但公立学校在上述批评面前似乎显得无动于衷。它的质量低劣、纪律混乱（"垃圾坑""暴力学校"）的沉疴依然故我。在如此情形下，美国公众感觉到，美国"神话"有破灭的危险。与之相比，处于"夹缝"之中的私立学校却以高水准的教学和良好的纪律和秩序获得了人们的广泛青睐。部分私立学校在一定程度上花费少于公立学校。尽管私立学校的其他特性，诸如扩大种族和宗教矛盾，强化经济分层而被人们非议，但从学校的意义上说，私立学校才是真正的学校，它培养出的学生才是真正的学生。

由于对公立学校的一系列改进措施相继失败，也由于上述原因，美国公众似乎失去了耐心，人们的呼声不再是"让我们来改进公立教育系统吧"，而是"让我们把这一系统统统抛弃"。美国公众似乎已下定决心，只要能够提高教育质量，无论付出多大代价，任何改革措施都有必要进行。这实际上构成公立学校私营管理的直接动因。

公立学校私营化大致可分为如下形式：

公司承包经营，这一模式始于1992年。作为首批试点，巴尔的摩市将9所公立学校交付给私营的"教育选择公司"（EAI）经营，该公司获得每个学生5 900美元的预算经费，同时承诺清洁教室，提高学生成绩，并且同意不寻求控制教师的任命及工资的发放。

继巴尔的摩市试点之后，马萨诸塞州政府聘请"爱迪生工程"公司经管该州15所特许实验公立学校中的3所，爱迪生公司还获得堪萨斯州威奇托市教育委员会的首肯，经管2所公立小学并创办一所新型中学；此外，明尼安那波利斯市教委也决定将该市95所公立学校全部承包给私营的"公共战略集团公司"来管理；华盛顿教委负责人1993年底也宣布打算将该市10至15所管理不善的学校承包给教育选择股份有限公司来经营，而实力雄厚的惠特尔通讯公司、联合报业控股公司、菲利普电子公司也打算大规模承包公立学校，并作了如下的许诺：1. 在不增加教育经费的基础上，将给所有承包学校的每个学生配置一部个人电脑；2. 从小学二年级就开始设外语课；3. 加强道德观的教育和学术熏陶；4. 缩短假期，延长承包学校的课时，扩大知识传授量。

除了由公司承包经营公立大学外，美国近年还出现了特许学校制度，允许个人开办和管理公立学校：它可以是新建的，也可以由现存的公立学校改变而成；作为独立的法人实体获得相关的法律保护；它可以雇佣员工和拥有财产；在有的学校，教师既是各自学校的雇员，也是各自学校的拥有者。尽管如此，特许学校的公立学校地位保持不变，免费、不教授宗教，实行非选择招生制，经费仍来源于政府按学生人数发给的资金。

特许学校由于是在现存学校体系之外授予公立学校特许权，所以在教育方面有创新精神的人们（主要指教师）便能将其新思想、新方法付诸实施（这来源于对教师"学校所有者"地位的确认），而不会受到普通学校那种官僚主义的妨碍。如在明尼苏达州，法律允许公立学校向学区承包学校，为期三年。在此期限内，学校可提供非常规课时和进行课程实验，可以根据所在社区具体情况确定特别的教学方式，设计教学大纲。教师真正地体现了主人翁的自身价值，从而被称为"作为企业家的教师"。在上下数千年的人类教育史上，教师的功能和地位出现了一次革命性转折。

尽管公立学校私营化的模式是多种多样的，但它们有着许多共同点：1. 不论何种模式，都是对现行公立学校制度的挑战；2. 它们的理论基础都来自于私有化理论；3. 它们的目标最终都在于实现少花钱、多出成效、提高教育质量、培养出更富竞争力的学生，以获得公众的认同和支持。

教育作为社会的一个子系统，经济制度必然要对其发生作用。自80年代以来，在全球范围内掀起了私有化浪潮，其主要内容是政府调整经济政策，将一部分国有企业（股权）出售或者承包、租赁给私人或私营企业，从而激发竞争。人们注意到这样一个事实：随着私有化浪潮在医疗、卫生、住房等国有领域的推进并取得相当成功，即私营公司较之国有企业效率更高、效益更好，由此，人们大胆假设，学校也可进行私有化的操作。毋庸讳言，私有化浪潮为公立学校私营化提供了动因。

此外，在崇尚个性解放和自由的美国，60 年代，"非学校论"的代表人物伊凡·伊里奇批评现行的学校教育是"操纵的制度"，对人的自由构成威胁，主张废除学校。虽然他的批评有中肯的一面，但他的提议趋于片面，甚至有点荒唐，以致未能付诸实施。稍后出现了一种较为中立的学校观，认为"公私立学校并存的二元教育体制是有益的"。"如果没有私立学校，公立学校将形成垄断，而这是不可想象的"。"缺乏竞争机制的教育体制是一种不健康的教育体制"。上述观点虽然给予公立学校以认同，却都倾向于私立学校，这使人们形成这样一种信念：私立学校较之公立学校更合理、更有前途。

公立学校私营化之所以成为一种浪潮，实际上与政府的支持也是分不开的，这主要是指国家教育部和克林顿及某些州的领导人（如科罗拉多州州长民主党人罗依·罗默、马萨诸塞州州长共和党人威廉·韦尔德等人）、州教委负责人对这一改革的强有力支持。这就使得反对改革实验的教师联合会的一切动议化为泡影，政府领导人实际上对这一改革起了一个推波助澜的作用。

正是在上述诸因素的交织作用下，公立学校的私营化才成为一种浪潮，引起了越来越多人们的关注。作为一种实验，目前它仍然是局部性的、非主流的，但这场运动随着教改的深入将会演绎为一种趋势还是最终化为乌有，将取决于以下几方面的因素：1. 公立学校私营化的实验是否更符合学生身心发展的需要；2. 是否真正有助于促使各类学校为各自的生存展开竞争，有助于教学质量的提高，实验的成效有待社会各界的公论；3. 这一浪潮虽已赢得了政府和民众的认同，但却遭到了教师们的反对，或许是教师们囿于几十年传统的教学模式本能地排拒公司化的管理方式，他们认为这有可能使学校"非人性化"、异化，在这一浪潮中，若教师们的态度始终暧昧和不合作，实验将很难获得最后成功；4. 一般而言，公司作为经济活动的主体，它直接受制于经济活动规律，它的目标是获取最大利润，而学校则不然，它除受经济规律制约外（在某种程度上它又与经济规律有背离之处），还受教育规律的制约。因而，学校尽管以私营公司管理的方式运作，但承包者绝不能以"商人"的身份去管理它。当然，学校也不可能变成纯粹的"商店"，这是由学校育人的本质所决定的。对此，美国全国教育会会长基恩·盖格有清醒的认识，他说："将学校变成赢利的实体，办成纯粹的经济实体，不可能在教学上获得更好的成就。"这也是公立学校私营化发展过程本应避免的倾向。

第二节　世界教育发展的十大特征

在展望世界教育发展的大趋势时，也有专家将其概括为十大特征。

一、终身化

随着信息技术的飞速发展，人类知识更新的速度也在空前加快。"贯穿终身的学习已经成了丰富人生经验、促进经济增长和维护社会和谐所必不可少的因素。"拒绝终身学习的人，必然沦为新时代的落伍者。

二、多样化

教育的多样化趋势主要体现为教育主体多样化、教育对象多样化、教育方式的多样化等。教育主体的多样化包括：教育投资主体多元化与教育行为主体多元化。政府、企业、社区、家庭共办教育的多元化模式应运而生，传统意义上的全日制学校正规教育所占比重逐步降低。教育对象也从以青少年在校学生为主，演变为各种不同身份、不同年龄、不同职业、不同学习目标的学生并存的多元化新格局。教育方式的多样化表现为：除了传统的课堂教育，还出现了职业教育、在岗教育、特种教育等，国内教育同国际教育相互渗透，从而彻底打破了以往传统型官办学校教育一统天下的局面。

三、分权化

为追求教育产出的最大化，发展中国家积极开展教育分权化改革；政府组织和非政府民间组织共同承担各类教师的培训；在推行教师管理和教育活动分权化的同时，应维持适当的法律与规范的集中控制。

教育分权化使私立和国立大学的办学自主权得到进一步扩大，民办教育的比重将持续增加，政府对教育部门的直接管理和干预将大幅度减少。

四、信息化

随着信息技术的迅速发展和国际互联网的普及，如今在发达国家已经出现了教育远程化和多媒体化趋势。远程化和多媒体化的信息将在未来教育中发挥越来越大的作用。因此，加快相应技术设施的建设，提高教师驾驭现代信息工具的技能，对提高教学效果具有重大意义。

五、个性化

知识经济时代要求实现由工业经济时代的同质教育模式，转化为因材施教和以培养创造力为核心目标的个性化教育模式。在人们可以通过国际互联网进行跨越时空的交互式自由学习的条件下，教育的个性化更容易实现。

六、产业化

在知识经济时代，教育的产业化特征将日益突出。教育产业化趋势集中体现在教育运行方式的变革当中，产业化最终使教育资源走向预算约束的轨道，使教育成本缩减，"投入—产出"结构得到优化，成果和效率得以提高。高等学校与企业合作规模的扩大、教学活动越来越以产业活动的需要为导向、企业与高校联办的科技园区的兴起，都是教育产业化趋势的重要标志。

七、市场化

如今发达国家在扩大对教育财政支出的同时，更多地运用市场化手段来筹措教育经费，加速高等学校科技成果的产业化。各类教育机构也开始通过向"人才市场"和"科技成果市场"提供优质"产品"来获得市场的对等回报。教育机构业绩的评价尺度也越来越依赖于市场。澳大利亚、新西兰等国家因为积极开拓国际教育市场，如今已经开始步入"教育致富"的轨道。

八、大众化

这一趋势主要表现为受教育机会的大众化，尤其是职业教育和高等教育的大众化。教育大众化是以经济高度发达为物质基础的，是各发达国家教育发展的新趋势。发展中国家距离高等教育的大众化仍然有相当差距，但实现职业教育的大众化是大有潜力的。

九、竞争普遍化

教育的远程化、产业化、市场化必然使教育机构和教育从业人员暴露在日益广泛的竞争对手面前，从而必然带来教育竞争的普遍化。竞争的普遍化必然带来教育产业的优胜劣汰和业绩改善，也使教育的不断改革和持续创新成为必要。

十、国际化

教育的国际化是信息全球化的产物，也是经济全球化的必然要求。教育国际化反过来又将促进经济的全球化进程，未来的教育将是日趋国际化的开放系统。无论是发达国家还是发展中国家，主动与国际接轨，加强国际教育交流与合作将是大势所趋。

第三节　对未来学校教育的长远展望

在卡塔尔基金会主席莫扎王妃的倡议下，首届世界教育创新峰会（World Innovation Summit for Education，简称 WISE）于 2009 年正式开幕，并由谢赫

·阿卜杜拉·本·阿里·阿勒萨尼博士任 WISE 主席。WISE 每年都邀请决策人士、有影响力的专家以及教育人员共赴多哈 WISE 峰会，探讨全球教育领域的突破与创新，采取切实步骤以取得重大进步。WISE 是致力于教育创新与创意的重要国际平台，借助于这一平台，顶层决策者能够与基层从业人员分享观点与理念。

题为"2030 年的学校"调研在 2014 年 6 月 3 日至 30 日进行。在包括15 000 多名成员的 WISE 全球专家库中，645 名专家代表参与了调研，其中 25%的受访者来自于阿拉伯国家联盟成员国，20% 来自于亚太地区，19% 来自欧洲，17% 来自北美洲，10% 来自非洲，9% 来自于拉丁美洲与加勒比海地区。其中，38% 的受访者来自于教育行业，32% 来自于非营利机构，17% 在公共领域工作，另外还有 13% 来自于企业。

世界教育创新峰会（WISE）授权人民网独家发布"2030 年的学校"调查报告。该调查报告显示：

一、2030 年的学校"教室"变身"会议室"

教师、讲座或强制课程将被淘汰，今后传统实体学校不再是学生接受理论知识的地方，相反，它成为一种社交环境，学生在这里接受引导，与同学互动，获得各种能力，以更好地适应未来职业生涯。技术创新加上社会与教育创新，使传统"教室"变身为未来"会议室"，学生协作学习，为未来职业生涯做好准备。

1. 政策分析员亚萨尔·杰拉尔教授认为："未来教育体系将是在线内容和全球学习网络与传统实体学校的混合体，绝大部分内容与互动来自于前者，而后者即传统实体学校则真正负责保证学习质量、标准监管、在学习过程中引导学生……人们运用技术，合作建立地方与全球性社会'学习网络'，将学习者、教师与辅导员、知识来源甚至员工联系在一起。"受访专家也普遍认同网络技术将有助于建设未来学校。43% 的受访专家认为未来绝大部分内容将会由在线平台提供。而职业未来学家协会前主席与联合创始人约翰·马哈菲仍坚持提供实体学习空间的重要性，他认为未来学校是一种具有社交互动功能的学习环境、一个完整空间，大家齐聚一堂，共同建设，或一起创造。

2. 苏伽特·米特拉教授则表示：学校教育会变得更像一种网络架构，实体教室成为其中一个个节点。他认为在线学习与小组学习并非水火不容，"我们不能将在线与独处混为一谈。你面对屏幕时，也可以互动与融入集体，这是与只有电脑相伴全然不同的环境"。

3. 诺姆·乔姆斯基表示：在线内容是一种有用的教学方法，更易获得知识，但不足以成为一种教育模式。他认为，如果在课堂上，不仅仅能听课，还可以与同学和老师交流，这些交流很大程度上也是一种学习过程，而在线教育在这方面的收获微乎其微。这意味着在线教育缺乏这方面的体验，在这种形式下，人们根本不能分享经验。尽管对于传统学校未来采取哪种形式意见不一，但是所有的受访专家均同意，课堂上实际的接触与互动是全面型学习不可或缺的一部分。

4. 澳大利亚前总理朱莉娅·吉拉德表示：未来课堂将由单一讲师负责的教室变身为会议室，学生们聚集一堂，在富有经验的学习促进者的引导下，交流观点与想法。正如米特拉教授所说的，学校成为"一个物理空间，儿童在这个空间自主学习"。而老师不再以我们今天熟知的方式执教；相反，可以想象成一个有 30 名学生的班级变身为有 31 名"老师"的会议室。

二、2030 年的教师相当于图书管理员

近日，世界教育创新峰会（WISE）授权人民网独家发布"2030 年的学校"调查报告，来自全球的 645 名专家代表参与了本次调查。调查显示，83% 的受访专家预计教育会更趋于个性化，过去教师是专家、是讲师，是知识的最终来源，随着传统课堂更加多样化，教师的角色也将发生变化。

1. 教师的传统角色将过时

职业未来学家协会前主席与联合创始人马哈菲认为，传统教师的角色终将过时，并被"学习促进者"这一角色所替代。马哈菲解释，图书管理员不必是专家，不需要通读每一本书，但是他知道内容在哪里，是否可用，怎么找到它。马哈菲说，"教师的作用将会是倾听学生的需要、兴趣，并帮助学生实现目

标，成为学生自主学习的引导者。"苏伽特·米特拉教授也持类似观点，称"我们不需要什么都知道的人，是时候放弃它们了"。

调查数据显示，73%的受访专家认为教师的角色将转变为学生自主学习的引导者。19%的受访专家相信教师在教育中的重要性，而教师的主要责任是传授知识。还有8%的受访专家预计教师的作用会愈发局限，主要责任是检查学生在线提交的作业。

2. 全球性教育语言不再是地方语或本国语言

调查表明，65%的专家认为教育所用语言不再是地方语或本国语言，而是地区性（19%）或全球通用（46%）的语言。剩下35%的专家认为地方语或本国语言将继续在教育中占据统治地位。

"英语基本上属于全球通用语言，尤其是二战以来。在这之前并不是这样。这体现了在此期间美国的强大崛起，其他国家无出其右。"语言学家与哲学家诺姆·乔姆斯基对此并不乐见，"目前这一趋势已显疲态，其他竞争者竞相在科学、商业及社交的全球语言中赢取发言权，中国的影响力正日益增强，因此有可能会对全球性语言有一定影响力。未来还有很长的路，就算不会全盘改变，但可能会发生。然而就我们能预见的未来而言，我认为英语依然会占统治地位"。

苏伽特·米特拉对教育语言的统一抱乐观态度，"我认为现在应该对语言、文化与历史加以合并，形成统一的文化，而不是数以百万计的人们互相不能理解"。但是，教育语言全球化也伴随着不可预见的风险。约翰·马哈菲则表示，"如果只采用一种语言，湮灭其他语言，对文化与民族自豪感是一种打击。让儿童学习非母语也不是一件好事，如果使用母语教学，效果会更好"。

第四节　未来教育发展的十大理念

北京教育科学研究院"主要国际组织教育发展重要报告分析"项目组，通过对联合国教科文组织、经合组织、世界银行、欧盟等主要国际组织近年来发布的教育发展重要报告、教育决策咨询报告、教育公报等的深入分析和研究，归纳总结了全球教育发展的十大最新理念和趋势。他们发现，原来家庭因素对于教育成功是如此重要，阅读素养将会成为 21 世纪最为核心的技能。与之相适应，必须树立未来教育的十大理念。

一、欧盟视教育为未来发展核心

2010 年 6 月，欧盟正式通过了未来 10 年的发展蓝图，即《欧洲 2020：智慧、可持续与包容性的增长战略》，这是继《里斯本战略》到期后，欧盟的第二个 10 年经济社会发展规划。

在欧洲身处转型时期、欧洲各国需要摆脱经济危机的背景下，欧洲 2020 战略提出了构建"智慧增长""可持续增长"和"包容性增长"的新的社会经济发展框架，明确了欧盟未来 10 年的发展重点和具体目标。新战略将教育和培训视为欧盟未来发展的核心，视为实现"智慧增长"和"包容性增长"、帮助欧洲各国摆脱危机的关键。

新战略特别强调，"必须做好教育、培训与终生学习方面的工作"。作为实现核心目标增长的支撑，欧盟还设计了七项行动，涉及创新、教育、数字化、就业、产业、能源、反贫困等方面。其中，"创新联盟""青年人流动"和"新技能与就业议程"三项行动与教育紧密相关。

二、从"全民教育"转向"全民学习"

2011 年 4 月，世界银行集团推出了《世界银行 2020 教育战略——全民学习：投资于人们的知识和技能以促进发展》，对未来 10 年世行在教育领域的关注重点和实践动向进行规划，提出了"全民学习"的战略新愿景。

"全民学习"新战略，完成了从"全民教育"到"全民学习"的转变，加快了从教育到学习的转移。世行认为，"全民学习"是一个国家经济长期增长和减贫的关键，面对全球教育面临的挑战，未来教育的目标应从促进"全民教育"转变为促进"全民学习"。

"全民学习"意味着确保所有儿童和青年不仅能上学，还能掌握使他们拥有健康、有成效的生活以及获得有意义的工作所需的各项知识和技能。"全民学习"的新理念和新目标将"学习"概念提到了一个比"教育"更加宽泛的层面，拓展了教育的时间观，也将教育延伸到了新的空间维度。

三、家庭背景正强烈影响教育成功

2011 年经合组织发布的 PISA2009 结果报告，得出的一个重要结论是：学生的家庭社会经济背景正强烈影响其教育成功。

经合组织用"经济、社会和文化地位指数"来测量学生的家庭社会经济背景，该指数根据学生提供的有关其家长的教育、职业及家庭财产信息得出。报告显示：与学生家庭社会经济背景相关的成绩差异在所有国家都非常明显。平均而言，经合组织成员国中，14% 学生的阅读成绩差异可以由其家庭社会经济背景解释；而在匈牙利、保加利亚、秘鲁和厄瓜多尔，超过 20% 的成绩差异可以由其家庭社会经济背景解释。在经合组织成员国，来自家庭社会经济背景更优越（收入最顶端的七分之一）的学生成绩，比普通家庭的学生阅读平均成绩高 38 分；而在新西兰、法国，富裕与贫困学生之间的成绩差距高达 50 分。

当前，消除学生家庭社会经济背景对于学习结果的影响，已经成为发达国家促进教育公平的努力方向。报告也发现，一些国家已成功减少了学生家庭社会经济背景对于学习结果的影响。

四、阅读素养成为成功核心技能

经合组织报告得出的另外一个具有重要政策内涵的结论是：真正影响经济及社会进步的是学习结果的质量，而不是现在各国普遍采用的"教育年限"这一指标。

经合组织用对义务教育末期学生（15 岁学生）"素养"的测评来评估基础教育阶段学习结果的质量。"素养"这一概念是经合组织的独创，"素养"不是知识，也不是技能，而是个人获取或应用知识和技能的能力，以及兴趣、动机、学习策略等。

同时，经合组织用"精熟度水平"来表示不同学科的测试成绩，即学生在某个领域（阅读、数学及科学）达到的素养水平。二级被看作基准精熟度水平，达到该水平，表示学生拥有能够有效并成功参与未来生活所需的技能；五级及以上水平被看作最高精熟度水平，这些学生将处于全球知识经济竞争的最前端，达到该水平的学生比例是一国未来经济竞争力的一个重要指标。此外，经合组织还特别强调阅读素养是所有学生受教育及在今后的工作、生活中能够成功所需的一项核心技能。

五、资源分配方式决定教育结果

经合组织报告显示，整体而言，将世界划分为富裕、受过良好教育的国家与贫穷的国家这种教育极差的国家二分法已经过时了，尽管人均 GDP 与教育成就之间存在相关，但是人均 GDP 只能解释各国学生平均成绩差异的 6%。其余 94% 的差异证明了这样一个事实：当达到一定的教育支出门槛后，相同富裕程度的国家利用不同的政策杠杆、通过不同的资源分配策略能够带来完全不同的教育结果。

在国家层面，提供给学校更多钱不一定能提高学生成绩。真正起作用的不仅仅是资源数量，而是各国如何进行投资，以及是否成功将这些资源指向最能发挥作用的地方。而在学校层面，更多经费也不会自动转化成更高的学生成绩。同样，研究发现，教师质量比教师数量更重要。

六、协同创新是高等教育的新增长点

联合国教科文组织发布的《2009 年世界高等教育大会公报》、世界银行发布的《发挥高等教育的作用：促进东亚技能与科研增长》报告、欧盟发布的《支持经济增长和就业——欧洲高等教育系统现代化议程》报告都不约而同地认为，"协同创新是高等教育发展的新增长点"。

"协同创新"是指创新资源和要素有效汇聚，通过突破创新主体间的壁垒，充分释放彼此间"人才、资本、信息、技术"等创新要素活力而实现深度合作。它有两层含义：一是本国的高等教育融入世界高等教育，走国际化、区域化和全球化发展道路，提升本国高等教育发展水平；二是高等教育机构同企业合作，协同研发，创新技术，既能提升高等教育机构的社会声誉，又能促进教学，有利于高等教育自身的发展。报告认为，在当今"地球村"时代，高等教育发展的必然趋势之一就是国际化、区域化和全球化。

七、高等教育是科研引擎和经济增长推动器

2011 年世界银行发布的《发挥高等教育的作用：促进东亚技能与科研增长》报告认为，在日益开放和一体化的全球环境下，技术工人和科技能力的增长已经成为国家竞争力的检验标准，高等教育在经济增长中所起的作用日益明显，高等教育机构不仅帮助培养劳动力的认知和技术技能以使他们在劳动力市场上富有竞争力，同时高等教育机构也是研究的引擎，能够带动创新、创业和生产力的发展。从此意义上讲，高等教育在自身发展的同时所带来的技能与研究，是保障经济增长的两个推动器。

报告指出，作为为当前和未来劳动力市场提供高质量技能的供应者，一个有效的高等教育系统可以提高人力资源的结构并且通过提供技术、生产力和竞争力，让企业家、管理者及技术工人有最好的表现。这些高等教育系统也可以通过进行研究来提高国家的技术能力、支持技术转化，并给工人们提供创新所需要的技能。而技能和研究可以在长期的调整和累积之后带来生产力和竞争力，同时也可以丰富国家的经济结构。

八、技能是 21 世纪的"全球货币"

2012 年 5 月，经合组织发布的《更好的技能、更好的工作、更好的生活：技能政策的战略方针》中提出："技能已成为 21 世纪经济的全球货币"，人们可以使用他们的资格和能力作为"共同的货币"，在国家之间和不同工作之间自由流动。

技能战略指出，如果没有对技能足够的投资，人们就会游走于社会的边缘，技术进步不能转化为经济增长，国家再也不能在一个日益以知识为基础的全球社会进行竞争；技能差的人面临更大的经济不利的风险、更高的失业率和对社会福利的依赖；技能影响人们生活和国家福祉的方式远远超出了通过劳动力市场盈利和经济增长计量的范畴；技能对于消除不平等和促进社会流动也很关键。

九、为不同人群订制不同职业教育规划

欧盟于 2010 年 12 月发布的《布鲁日公报》提出，职业教育与培训的两个核心目标之一是应对更广泛的社会挑战，致力于实现社会和谐。公报提出要对弱势人群给予特别关注，使那些处于危险或排斥边缘的个人和群体，特别是低技能和无技能的人、有特殊需要的人以及老年人获得平等的培训机会。

2010 年欧洲职业培训发展中心发布的《通向未来的桥梁：欧洲 2002～2010 职业教育与培训政策》报告，提出发展全面和包容、为最好和最聪明的学生以及被社会排斥、处境危险的不同群体量身定制的职业教育与培训系统，通过使教育、培训和相关服务更容易获得和灵活以适应不同的学习需要和风格来促进社会包容。

十、学校行政领导将成为"学习领袖"

2009 年，经合组织发布了调查结果的分析报告——《营造有效的教与学环境——TALIS 首次调查结果》，就学校领导力培养的目标提出了一个鲜明的观点：让学校领导逐渐从过去的"官僚化行政人员"转变为"学习领袖"。

作为学习领袖的学校领导，需要满足更高的期望、肩负更大的责任和应对

更复杂的环境，学校管理必须超越微观管理层面，迈向更高层次的引领发展。学习领袖的角色已经远远超越了一名行政管理者的角色，作为学习领袖的学校领导必须站在教育系统的最前沿，引领教育潮流和学校发展，成为一所学校也是一个学习型组织的旗帜。

作为学习领袖，学校领导扩大的职能主要聚焦于对学校教师及其教学的管理。作为学习领袖，学校领导应该在与其他学校、社区、组织的合作中发挥重要作用，具备超越学校范围的领导力。还必须加强与外界的合作、构建合作网络、分享资源或者共同开展工作。

第五节　深刻把握中国教育发展的阶段性特征

中国教育学会副会长、山东省教育厅副厅长张志勇于 2014 年底撰文对中国现阶段教育的本质特征作了如下概括：经过 36 年的改革、开放与发展，习近平总书记强调指出：我国经济发展进入了从高速增长转向中高速增长、以优化结构为核心、从要素驱动向创新驱动转型的新阶段、新常态。我国经济社会发展转型期的到来，必然对我国教育事业的改革与发展提出一系列新要求和新挑战。坚持教育优先发展，各级党委政府必须充分认识我国教育改革和发展面临的新的阶段性特征。那么，我国教育事业的改革与发展究竟进入了什么样的新阶段，具有什么样的新特征？

一、我国教育正从生存型教育向发展型教育转型

生存型教育追求的是"有学上"。经过 36 年的改革和发展，我国教育取得的最伟大的成就，就是各级各类教育的普及，就是人民群众受教育机会的扩大，由此，初步解决了我国教育长期存在的机会不足的问题。

发展型教育追求的是"上好学"。不过，对于什么是"上好学"，大有讨论的必要。从世俗的观点看，"上好学"似乎就是上优质学校，上重点学校。如果我们认同这个观点，那么，中国教育发展的未来永远无解，永远没有出路。从本质上讲，发展型教育是为每个孩子的发展提供适合的教育，促进每个孩子的健康成长。这才是发展型教育的本质要义，这才是中国教育改革和发展面临的永恒主题。从提供适合的教育，满足每个孩子个性发展的需要的角度而言，发展型教育标志着我国教育价值观的深刻转型，同时意味着我国教育在硬件和软件方面都存在着巨大的资源供给缺口。

二、我国教育正从农村教育为主向城镇教育为主转型

由于我国城镇化进程长期滞后于工业化进程，我国农村教育吸纳的学龄人口长期占大头，农村教育成为我国教育资源空间布局存在的主要形态。到2012年，以我国城镇人口超过农村人口为标志，我国农村教育占大头的这一局面正在逐步被改写，从吸纳的学龄人口而言，一些地方的城镇教育已超过农村教育。当前，伴随着城镇化进程的逐步加快，我国教育资源配置的空间布局正处于持续的重大调整过程之中，即农村教育资源所占的份额逐步减少，而城镇教育资源所占的比重越来越大。

我国教育资源空间布局从农村教育为主向城镇教育为主转型的历史进程，不仅表现为我国教育资源配置空间格局的重大转换，更标志着我国教育文明形态面临着从传统农业文明的教育向现代工业文明的教育和后工业文明的教育转型的巨大挑战。应对这一挑战，既需要我国教育尽快完成从知识本位的传统教育向能力本位的现代教育转型的历史任务，又需要我国教育适应后工业社会的挑战，加快教育从能力本位教育向个性本位教育的转型。

三、我国教育正从同质化教育向个性化教育转型

从现代化进程来讲，我国属于后发现代化国家。从总体上讲，伴随着城镇化、工业化展开的我国现代化进程，既有先发现代化国家的特点，又具有先发国家后工业化面临的特征。或者说，我国现代化具有第一次现代化与第二次现

代化叠加的特征。这种特征，对我国的改革和发展提出了越来越严峻的挑战，就是先发国家教育为工业提供具有统一知识水准的知识技能型人才的教育，越来越不适应我国经济社会发展对多样化、个性化人才的需求。在这种挑战下，我国教育改革和发展面临的一个重大挑战就是必须从培养目标定位的同质化、资源配置的统一化，向培养目标定位的个性化、资源配置的个别化转型。

如果说，我国教育面临的挑战，过去追求的同质化教育通过标准化、单一化、集约化的教育资源配置方式就能解决问题，那么个性化教育则需要更多更好地配置差异化、个别化的教育资源来解决，因此我国教育资源配置的方式将面临教育转型的重大挑战。

四、我国教育正从手工教育向现代智能教育转型

尽管几十年来，我国一直强调电话教育，强调计算机辅助教学，强调多媒体教学，但占据我国教育主要地位的教育形式仍然是教师的一张嘴、一支粉笔和一块黑板。这种传统的手工作坊式的教育技术模式至今仍然是主流。但是，随着在线教育、翻转课堂、微课程等以信息技术应用为支撑的新的教育模式在中小学教育中的大量运用，以及大数据、云计算、互联网技术在教育评价与管理中的运用，传统的手工作坊式的教育，正如现代信息技术在工业制造业领域的应用带来的智能工厂的出现，一种新的教育形态——智能教育正在向我们走来。

说到底，智能教育就是要用现代信息技术和人工智能技术武装教育，最大限度地提高整个教育的智能化水平。可以说，我们已经看到了云技术、大数据、互联网技术和人工智能技术在学生学习、教师教学以及教育教学评价、管理等方面全面应用的光明前景，看到了用技术改变教育的现实可能。

必须清醒地看到，我国教育发展呈现出的上述四个新的阶段性特征，要求各级党委政府必须进一步坚持教育优先发展的战略地位，进一步加大教育投入。在这里，相对于我国教育改革和发展的巨大需求，我国的教育投入不是多了，而是远远不能满足基本需求。千方百计地加大投入，千方百计地提高教育投资效益，仍然是我国教育改革和发展面临的最大瓶颈之一。

他认为，教育改革和发展面临的四个新的阶段性特征，决定了中国教育资源的配置将长期处于四个短缺状态。

1. 我国教育投入将长期处于短缺状态

必须承认，我国在教育投入方面面临着两个方面的巨大挑战，一是教育发展阶段转型的挑战，即发展型教育、个性化教育对教育资源配置的要求，其数量与质量品质更高；二是教育资源配置空间格局的大调整，导致城镇教育资源建设成本远远高于农村学校建设，新建学校和教育设施配套对教育投入的需求将长期居高不下，何况现在我国刚刚达到国民生产总值 4% 的财政性教育投入，还远远低于美国等发达国家的教育投资强度。

2. 我国教育人力资源将长期处于短缺状态

从我国教育发展的新阶段特征，即发展型教育和个性化教育对教师资源配置的需求看，我国在人力资源配置方面将长期面临教师数量严重不足的挑战。当前我国中小学学生班额远远高于发达国家的水平，世界教育发达国家的中小学平均班额有的已降到 24 人以下。如果按照这个标准简单推算，从总体数量上讲，我国教师队伍要比现在缺一倍以上。这是多么巨大的教育人力资源需求！同时，这又会创造多么巨大的知识服务业就业岗位！

3. 我国教育家将长期处于短缺状态

这是一个呼唤成千上万教育家的时代，这又是一个因为功利主义教育盛行而导致教育家极其匮乏的时代！在一个较长的历史阶段，优秀教育局长、优秀中小学校长会成为我国教育人才市场上极其短缺的资源。同时，优秀教师队伍的数量远远不能满足发展型教育和个性化教育的需求，优秀教师也将长期处于短缺状态。

4. 我国教育技术创新将长期处于短缺状态

我国教育的智能化水平不仅决定着国家教育的现代化水平，更决定着我国教育的质量和水平，影响着我国教育在世界范围内人才培养质量的竞争力。加快现代信息技术、物联网技术、人工智能技术在教育领域的研发与应用，不仅将成为我国新技术革命的重要领域，教育智能服务产业也将成为我国具有重要战略意义的高技术产业。

第二章　培养未来社会所需要的人才

第一节　人的全面发展与可持续发展

　　人的发展是社会发展的巨大推动力，正是有了个体的人的发展，才汇成人类社会发展的滚滚洪流，并把物质文明和精神文明推向更高更新的阶段。

　　人在来到陆地开始直立行走的那一刻起，就在寻找自己的归宿。人在改造自然的过程中，也在改变和完善着自身。"天行健，君子以自强不息"。人的发展构成了人类社会活动的全部内容。

　　人的发展目标就是要成为一个知识社会需要、掌握自身命运、完善完美的人。我们现在存身的这个时代，既有过去的经验，也有必需的生成的或潜在的资源，这就可帮助一个人以一切可能的形式去实现他自己，使他成为发展与变化的主体，成为民主主义的促进者，成为实现他自己潜能的主人。同样，这也可以帮助他通过现实去寻求走向完人理想的道路。

　　一个人发展的终极目标就是成为他自己，获得最后的自由与解放，成为自己命运的主人。人类发展的目的在于使人日臻完善；使他的人格丰富多彩；使他作为一个人，一个家庭和社会的主要成员，作为一个公民和生产者、技术发明者和有创造性的理想家来承担各种不同的责任。这样的人，要拥有健康的体魄、健全的人格和心理。

　　这是一个我们每个人都时刻受到震撼的时代。这一时代从根本上改变了传统的知识观、人才观和教育观，从而从根本上改变着我们的教育。

在人类历史的长河中，知识一直是文明进化的阶梯、经济增长的要素。回顾人类文明史，许多重大的科技发明及运用，都成为社会经济发展的重要催化剂和里程碑。人类每次技术制度和文化的创新，都把人类推进到一个新的高度，而知识的观念也在社会经济的发展中，不断被赋予新的意义。

传统的观念认为，一个"受过教育"的人就可以被看作是"有知识的"。在中国，从传统来说，知识是知道是什么，怎样去说以及出人头地获得世俗成功的途径，道家和禅宗则变为知识是自我认识和通向澄明与智慧的道路。在西方，苏格拉底坚持知识的唯一动能是自我认识，即人的智力、道德和精神生活的成长，而毕达哥拉斯则认为知识的目的是通过有知识的人知道他想说什么和怎样说，从而使其行为更有效。

在 20 世纪 80 年代初，著名未来学家施赖贝就在《世界面临挑战》一书中预言，随着信息时代的到来，人类将不再感到大自然的局限性。而今天，他所预言的时代正向我们挺进。今天，知识被视为关键的个人资源和关键的经济资源，甚至可以说是今天唯一意义深远的资源，"知识、科学技术将成为未来经济发展的决定性因素，财富越来越向拥有知识优势的国家、地区、企业和个人聚集"。

其实，当今传统的生产要素并没有消失，拥有知识就很容易获得这些生产要素。在这个意义上，知识是作为获得社会和经济成果的工具的。

在今天，知识的研究和传递正发生着更深刻与更本质的变化，知识已经成为人认识自身力量、本质，从中获取自由的力量、发展自身的手段。从为知识获取知识到为了人的发展而创造知识，是现代知识观与传统知识观最为本质的区别。因而，它也成了可持续发展的教育最基本的理念。

第二节　未来社会所需要的人才标准特征

　　不同的时代需要不同的人才，人才的标准和人才观念总是随着时代的变化而相应变化。21 世纪是一个前所未有的经济全球化社会，也是一个前所未有的知识信息社会。"人类历史上第一次出现技术更新速度超过人类代代相替速度的情况"。据国际社会的一项调查，"平均 50% 的职业在一代人成长的时间里发生变化，每 3～5 年就有约 50% 的职业技能需要更新"。在知识经济化的过程中，作为物质文明和精神文明的创造者的人居于核心地位。人不仅是知识经济化的接受者，也是知识经济化的创造者；人不仅是知识经济化的中介，更是知识经济化发展的无穷动力。人在知识经济中，不仅迅猛地创造着物质文明和精神文明，而且迅速地创造着人的自身价值。人类的未来和国家的繁荣比以往任何时候都要求更加有创造性。世界各国、各组织、各地区谋求发展的观念，更突出地表现为注重智力的竞争、人才的竞争。

　　当今世界随着产业结构、技术结构、经济结构和社会结构的变化，特别是组织结构的分化和职业的变动，人才的类型更加多样化。知识经济和市场经济对教育提出了严峻的挑战，我们的教育必须要影响人、促进人的全面发展，我们培养的人才必须具有宽厚的知识基础和较强的应变能力。挖掘人的潜能成为我们在知识经济时代最值得关注的命题。

一、联合国教科文组织提出的标准

　　在国际 21 世纪教育委员会给联合国教科文组织的报告《教育——财富蕴藏其中》强调指出："扩大了的教育新概念应该使每一个人都能发现、发挥和加强自己的创造潜力，也就有助于挖掘出隐藏在每一个人身上的智慧财富。"联合国教科文组织召开的教育会议，倡导由柯林·博尔提出的"三张通行证"的主张："未来的人都掌握这三张通行证：第一张是学术性的；第二张是职业的；第三张则是证明一个人的事业心和开拓能力的；其内涵包括思维规划、合作、交流、组织、解决问题、跟踪和评估的能力。"在这三张"通行证"中，前两张是基础，而第三张通行证的获得绝非一日之功，也不能用知识量与文凭来衡量，它实际上是一种人格特质。这意味着，一个人在社会中能否生存与发展，不取决于他获得了什么样的文凭和从事什么样的职业，而取决于他的人格特质，进一步说是取决于他的心理健康程度。因此，作为青少年，解除现阶段的烦恼，拥有健康的心灵非常重要。一种具有新的社会含义和素质要求的新型人才成为知识经济时代的第一要求。首先，他必须拥有既广博又专业化的知识体系，并且具备把这些知识创造性地应用于社会实践的能力。在这个实践过程中，他能不断地创新和应用知识以适应新的变化；在这个过程中，他能不断地激发自己的创造潜能，促进自身与社会的协调发展。

二、创业大师李开复提出的标准

著名信息产业经理人、创业者和电脑科学的研究者李开复在给大学生的信中也提出了未来人才的七个鲜明的特点：

1. 融会贯通：仅仅勤奋好学，在今天已经远远不够了。因为最好的企业需要的人才都是那些既掌握了丰富的知识，又具备独立思考和解决问题的能力，善于自学和自修，并可以将学到的知识灵活运用于生活和工作实践，懂得做事与做人的道理的人才。

2. 创新与实践相结合：从根本上说，价值源于创新，但创新只有与实践相结合才能发挥最大的效力。为了创新而创新的倾向是最不可取的。反之，在实践过程里，我们也不能只局限于重复性的工作，而应当时时不忘创新，以创新推动实践，以创新引导实践。只有这样，我们才能不断研发出卓越的产品。

3. 跨领域的综合性人才：21世纪是各学科各产业相互融合、相互促进的世纪。现代社会和现代企业不但要求我们在某个特定专业拥有深厚的造诣，还要求我们了解甚至通晓相关专业、相关领域的知识，并善于将来自两个、三个甚至更多领域的技能结合起来，综合应用于具体的问题。

4. 三商兼高（IQ + EQ + SQ）：21 世纪的企业强调全面与均衡。一个人能否取得成功，不仅要看他的学习成绩或智商（IQ）的高低，还要看他在智商（IQ）、情商（EQ）、灵商（SQ）这三个方面的均衡发展。高智商（IQ，Intelligence Quotient）：高智商不但代表着聪明才智，也代表着有创意，善于独立思考和解决问题。高情商（EQ，Emotional Quotient）：情商是认识自我、控制情绪、激励自己以及处理人际关系、参与团队合作等相关的个人能力的总称。在高级管理者中，情商的重要性是智商重要性的 9 倍。高灵商（SQ，Spiritual Quotient）：高灵商代表有正确的价值观，能分辨是非，甄别真伪。那些没有正确价值观指引、无法分辨是非黑白的人，其他方面的能力越强，对他人的危害也就越大。

5. 沟通与合作：沟通与合作能力是新世纪对人才的基本要求。在 21 世纪，我们需要的是高情商的合作者，而不再是孤僻、自傲的天才。因为随着全球化、信息化进程的不断发展，几乎没有哪家企业可以在脱离合作伙伴、脱离市场或是脱离产业环境的情况下独自发展。要想在 21 世纪取得成功，就必须与分布在世界各地的相关企业、社团乃至政府机构开展密切的合作，这种全球化合作当然离不开出色的交流和沟通能力。

6. 从事热爱的工作：在全球化的竞争之下，每一个人都要发挥出自己的特长。而发挥特长的最好方法就是根据自己的兴趣、爱好来选择工作——因为只有做自己热爱的工作，才能真心投入，才能在工作的每一天都充满激情和欢笑。这样的人才是最幸福和最快乐的人，他们最容易在事业上取得最大的成功。

7. 积极乐观：在机遇稍纵即逝的 21 世纪里，如果不能主动把握机会甚至创造机会，机会也许就再也不会降临到你的身边，如果不能主动让别人了解你的能力与才干，你也许就会永远与你心仪的工作无缘。同样的，畏惧失败的人会在失败面前跌倒，并彻底丧失继续尝试的勇气。而乐观向上的人却总能把失败看作自己前进的动力。显然，积极乐观的人更容易适应 21 世纪的竞争环境，更容易在不断提高自己的过程中走向成功。对于那些致力于培养优秀、实用人才的教育来说，能否用 21 世纪的立体视角更全面、更透彻地理解新世纪的人才标准，是我们能否更好地适应 21 世纪的国际竞争环境，能否更好地发挥人才优势的必要前提。

三、哈佛大学教授托尼·瓦格纳提出的七种能力

托尼·瓦格纳，生于 1946 年，哈佛大学教育学博士，哈佛大学教育改革领导小组计划负责人，《教育周刊》撰稿人。曾任高校教师和校长、比尔与梅琳达·盖茨基金会高级顾问、全美教育人员社会责任组织创办人。已出版《改变领导力》《通向成功之路》《学校应如何改变》等著作。美国哈佛大学著名教育学者托尼·瓦格纳在其著作《教育大未来》中提出了更好地适应未来的七种关键能力。他通过采访现代职场的领导人，分析现代职场对人才关键能力的需求。同时，他深入到各所学校去观察学校教育，发现"全球教育鸿沟"：学校并没有很好地按照社会的需求培养学生的关键能力，而是越来越多地把精力放在备战标准化的考试上面，从而造成学校培养出来的人才不能很好地适应社会职场的新要求，也不能适应全球化的竞争。

第一个关键能力：批判性思考与解决问题的能力

为了在新的全球经济中获得竞争优势，公司需要他们的员工思考如何持续不断地改进他们的产品、服务和运作流程。在公司高层管理者看来，批判性思维和问题解决能力的核心是提对问题。正如戴尔公司的一位高层管理者说过，"昨天的答案不能解决今天的问题"。

如今的公司领导都面临着前所未有的压力，对他们来说，最大的挑战是，你如何做你此前从来没有做过的事情，你不得不为之作全新的思考。渐进的提高已经不管用了，市场变化得太快了。

第二个关键能力：跨界合作与以身作则的领导力

团队合作已经不再是跟一幢楼里的人携手了。西门子的 CEO 克里斯提尔·佩德拉说过："技术已经使虚拟团队成为可能。我们有很多团队在负责全美各地的重大基础设施项目，还有一些项目，我们是在与世界各地的人合作。每周他们都要参加各种各样的会议，都是在网络上进行。"

戴尔公司的全球人才管理部副主任麦克·萨默斯说，他最担心的是年轻人

缺乏领导技能。"走出校门的孩子在一般性领导技能与合作技能方面的缺失是令人吃惊的。""他们缺乏影响他人的能力。"

第三个关键能力：灵活性与适应力

爱德华兹公司的克莱伊·帕克说，在其公司工作的所有人"都必须思考，都必须具有灵活性，使用各种各样的工具解决新的问题。我们总是在改变我们做的事情。今天雇人做的工作，将来很可能发生变化甚至不复存在，这就是为什么应变力和学习技能比技术性能力更重要的原因"。

第四个关键能力：主动进取与开创精神

思科公司的副总裁马克·钱德勒是极力提倡首创精神的人之一，他说："我告诉我的雇员，如果你尝试5件事，5件都成功了，你可能不合格。如果你尝试10件事，成功了8件，你就是一个英雄。你永远都不会因为没有达到一个较难的目标而受指责，但你会因为没有尝试而受指责。大公司的一个毛病就是习惯于风险规避。我们面临的一个挑战就是如何在一个大企业里营造一个鼓励创新的文化。"

第五个关键能力：有效的口头与书面沟通能力

戴尔公司的麦克·萨默斯说："我们经常惊讶于一些年轻人的沟通困难，无论是口语技能、书面表达技能还是展示技能。他们难以做到清晰、简洁，他们在陈述自己的观点时难以做到重点突出、形象生动、有感染力。如果你要跟一位总裁谈话，在头60秒未能把你要陈述的内容表达清楚，你就会被问：'你想让我从这个谈话中知道什么？'他们不知道如何回答这个问题。"

萨默斯和其他各行各业的公司高管并不是在抱怨年轻人糟糕的语法、发音和拼写，这些都是我们在学校花了太多时间学习和考查的。虽然正确书写与说话的重要性是显而易见的，但抱怨更多源自年轻人混乱的思维，以及他们无法写出自己内心真实的声音。

第六个关键能力：评估与分析信息的能力

21世纪的雇员每天都需要处理海量的信息。正如麦克·萨默斯告诉我们的："可获得的信息实在太多太多，如果人们不能有效地处理信息，那就会举步维艰。"

挑战不仅仅来自信息的海量，还来自信息的飞速变化。在 20 世纪 90 年代早期，哈佛大学的校长尼尔·鲁登斯坦在一次演讲中说，人类一半的知识寿命只有 10 年，数学和科学知识的寿命只有两三年。不知道他今天会怎么说。

第七个关键能力：好奇心与想象力

麦克·萨默斯说："那些学会提好问题和学会探究的人，是在我们的环境中前进得最快的人，因为他们用最有革新意义的方式解决了最大的问题。"

丹尼尔·品克——《一个全新的世界》的作者认为，随着物质越来越丰富，人们需要的是具有独特性的产品和服务。"对于企业来说，生产出价格合理、功能不错的产品已经不够了，还必须美观、独特、意味深长。"品克注意到，为了保持美国未来的国际竞争力，培养年轻人的想象力、创新能力和同理心，越来越重要了。

我们的孩子是未来的主人，他们的生存状况关乎着他们人生的幸福指数，我们必须要思考。作为教育工作者，我们要积极主动地去适应未来社会的需要，制定人才培养的新目标，分解人才目标的新素养，建立支撑目标的新课程，探索课程实施的新课堂。这就是所谓人才培养的新模式。

面向知识经济时代，我们的人才观要实现学生多元的全面发展，充分开发学生的各种潜能，创造多样化的发展机会，真正做到因材施教，人人得到积极的、最大限度的发展。要让学生在发展为本之下，达到较强的自学、自理、自强、自治、自律、自护的能力，具备良好的学习方法，基础知识扎实，兴趣广泛，求知欲旺盛，身体健康，有一定的判断能力。从根本上说，必须改变以往那种把学习成绩作为唯一衡量学生素质高低的呆板、划一的标准，真正培养出能对新思想和新机遇做出反应，并且具有应变能力，能很快融入不断发生变化的未来社会的人才。

知识经济时代是培育创新型人才的沃土，同时又对创新型人才寄予着巨大的渴求。只有当人的积极性、创造性被充分调动起来之后，知识经济才拥有了辉煌的前景。

四、面向 21 世纪的必备技能

美国学者伯尼·特里林和查尔斯·菲德尔在合作写作的《21 世纪技能》一书中提出，近几十年来，我们所生活的世界一直在发生巨变——先进的技术与交流手段、迅猛的经济发展与激烈的竞争、翻天覆地的变化、日益加剧的全球性挑战（从金融危机到全球变暖等）。如果我们的学校教育仍然保持不变，那我们该如何应对未来的世纪挑战？

这本书为全球读者提供了 21 世纪学习的框架，提出生活于这一复杂而相互关联密切的 21 世纪必备的技能。21 世纪的教育，不仅应包括传统教育科目，如阅读、写作、算术等，更应注重适应现代社会的主题，如全球化意识、金融 / 经济、健康与环境保护素养等。一句话，21 世纪的学校，应该教会学生运用 21 世纪技能，去理解和解决真实世界的各种挑战！这些技能应该包括三个方面七项技能：

1. 学习与创新技能——①批判性思考和解决问题能力，②沟通与协作能力，③创造与革新能力；

2. 培养数字素养技能——④信息素养、媒体素养、信息与通信技术素养；

3. 职业和生活技能——⑤灵活性与适应能力，⑥主动性与自我导向、社交与跨文化交流能力，⑦高效的生产力、责任感、领导力等。

五、中国社会科学院研究生院邹东涛教授的观点

邹东涛 1996 年设计了一份调查问卷，其结论是 21 世纪的人才应具备以下几方面的能力：

1. 创造能力——具有立足于自己工作基础上的创造性思维与创造力。

2. 学习能力——具有学习并能及时、高质量吸取掌握别人研究成果的能力。

3. 合作能力——个人的能力将在与其他相关人员能力的组合中获得实现。

4. 竞争能力——新的竞争力体现在合作中，而不再是直接完全面对面的竞争。

5. 抗挫折能力——在激烈竞争中，必须具备良好的心理素质。

6. 消费能力——消费能力可以体现个人的主体价值。

中国社会科学院研究生院副院长邹东涛最近提出"十"字型人才的新概念。他把人才分为四种：第一种是"一"字型人才，这种人才的知识面虽然比较宽，但缺乏深入的研究和创新；第二种是"1"字型人才，这种人才在掌握某一项专业知识方面比较深，但知识面又太窄；第三种是"T"字型人才，这种人才知识面比较宽，但此类人才的弱点是不能冒尖，缺乏创新；第四种是"十"字型人才，这种人才既有较宽的知识面，又在某一领域有比较深入的研究，更重要的是敢于出头、冒尖、有创新意识。

邹东涛认为，"十"字型人才就是创新型人才，这种创新是建立在各种学科融合和渗透的基础上的。高层次的自然科学人才，应具有较高的人文社会科学素养。高层次的人文社会科学人才，也应具有较高的自然科学素养。这绝不是过去简单的"文理结合"，而是要通过掌握自然科学的前沿支持，对自己的创造性思维进行"潜革新、潜促进"。他的"'十'字型人才"在社会上得到广泛的传播和认同。

六、上海中学唐盛昌校长提出拔尖创新人才早期培育的八个核心要素

我国在由人力资源大国走向人力资源强国、由教育大国走向教育强国的过程中，需要认真思考拔尖创新人才的早期培育问题。当前基础教育如何开展拔尖创新人才早期培育的实验，探求具有我国特点的拔尖创新人才早期培育基本规律，成为一个艰巨而紧迫的课题。上海中学在十余年的资优生教育探索以及于 2008 年在上海市中学中率先开展"创新素养培育实验项目"的基础上，形成了一些高中阶段推进拔尖创新人才早期培育的基本规律的认识与思考，并提炼出了我国高中在新时期推进拔尖创新人才早期培育时需关注的四个方面八个核心要素。

1. 在激活内动力方面

拔尖创新人才的早期培育，需要关注有潜质学生发展内动力的激活、养成。这方面主要包括以下两个核心要素。

要素一　责任与思想境界

一个学生如果没有责任感，只考虑到个人的前途，不能把眼光放在国家和人类的高度，没有宏大的目标，是难以获得可持续发展的，所以我们非常强调促进学生基于责任与志趣的价值追求，从而极大地激活学生发展的内在动力。在智力水平与学业水平相仿的情况下，学生的志向、思想境界直接影响学生可持续发展的高度。这一点，在许多人的成长中可印证。

要素二　兴趣和潜能的匹配

学生的兴趣和优势潜能匹配，是学生可持续发展的内在动力源与未来发展达到一定高度的重要支持。但是学生的兴趣领域不一定是他的潜能领域。每一个学生的潜能发掘是一个摸索的过程，实际上，学生的潜能在哪里，家长和教师可能都不知道，包括学生自己也不一定了解。这就需要学校去探究，给予学生课程学习的一定选择性，在选择学习的过程中逐渐认识自己的潜能，找到潜能与兴趣的匹配点，上海中学的课程图谱建设就是基于这样的思考进行探索的。

2. 在创新思维养成方面

现在社会各界对创新思维的研究都非常重视，研究成果也层出不穷，但是在实验的过程中，我们认为有发展潜质的学生的创新思维，主要体现在以下两个方面。

要素三　思维的批判性与深刻性

思维的批判性关注发现问题。"学源于思，思源于疑"，是否敢于质疑、敢于发现并提出新的思路，是评价拔尖创新人才的一个重要指标。通过实验探索发现，有发展潜质的学生在面对问题时，大多表现出批判性思维。思维的深刻性是建立在感兴趣领域深而广的个性化知识积淀之上的。他们通常在质疑的基础上，按照积淀的个性化知识，然后根据自己的思路去收集证据，直至运用证据证明猜想。这也是科学家发现、发明的一般思路。

要素四　思维的跳跃性与缜密性

对于有发展潜质的学生来说，发现问题与提出新的思路、观点都需要思维的跳跃性，但只有跳跃性还不够，还需要通过思维的缜密性来佐证。

3.在创新人格养成方面

要真正取得成功，天赋、兴趣固然重要，但更重要的是意志、毅力、钻研等品质，也就是我们所说的创新人格。实验表明，有发展潜质的学生在创新人格养成上，在以下两方面值得关注。

要素五　钻研与痴迷

对于一些有发展潜质的学生，他们对感兴趣领域的钻研与痴迷，表现得尤为突出。在钻研与痴迷上，我们寻找到了两个显现点：一个是潜心于研究某一领域的探索精神，一个是对感兴趣的学习领域废寝忘食的专注精神。

要素六　坚忍性

在对目标的追求过程中，意志品质起到了强大的支撑作用，这些意志品质包括抗挫折力、自制力、持久力等。我国著名数学家华罗庚曾经说过："根据我自己的体会，所谓天才就是坚持不懈地努力。"我们的学生在学习、成长与进行课题探究的基础上，同样需要坚忍性来促使他们发展。这种坚忍性还体现在学生在高兴趣领域的发展与提升不断突破"高原期""迷茫期"，持续走向"飞跃期"。上海中学多年的实践表明，大多数资优生存在明显的"飞跃期"，并在"飞跃期"之前可能产生"高原期"，之后可能产生"迷茫期"，教师要对这些具有发展潜质的学生加强针对性指导、引领。

4.在基于兴趣聚焦的发展指向性领域方面

未来的拔尖创新人才，必然是有属于自己的领域的。对于高中有发展潜质的学生而言，在提升全面素养的同时，要努力促进他们基于兴趣聚焦的发展指向性领域学习。这方面有两个核心指标值得重视。

要素七　个性化的知识构成

有发展潜质的学生可能存在单核、双核和多核等知识结构。单核知识结构的学生虽然整体成绩不错，但有一个核心学科，围绕这个学科涉猎其他各科。双核知识结构的学生集中在两个领域特别突出，如数学和计算机、数学和物理、数学和英语等，多核知识结构的学生在三个或三个以上学科领域非常突出。这种个性化的知识结构是学生未来创新素质的基础，对学生未来的专业趋向与人生发展将产生重要影响。不同的知识结构没有好坏之分，要根据学生的意愿加强引领。

要素八　基于一定领域发展的可持续性

一个人一生中最辉煌的时期不应该是高中时期，而应该是中学以后的学习和生活。对于有潜质的学生来说更是如此，正所谓"一时之好难保将来之好"。那么，现代高中在拔尖创新人才早期培育过程中如何才能确保现在好，将来更好？这就需要为学生未来学习和可持续发展植下坚实的学力之根。在具体的实施过程中需要把握以下四个要点：第一，促进学生广而厚实的全面知识基础。基础知识是学生学习和再学习能力的基础和平台，没有广而厚的知识基础，只靠某一方面的优势潜能很难达到可持续发展，各方面的制约会接踵而来。第二，要关注学生基于一定领域的学科领悟力与智慧生成。第三，要能够识别学生的优势领域与潜能，预测其可达高度。第四，关注数字技术与专门知识领域的整合与创新。

在这里想特别强调一下关于数字技术与专门知识领域的整合与创新。高中生在数字技术的学习与运用上，比上一代具有明显的优势，他们基于数字技术与专门知识领域的整合，更容易迸发创新的火花。在当今数字化时代，具备良好的数字技术运用能力，并将之与自身感兴趣领域的专业学习紧密结合，也将是他们提升未来核心竞争力与创新能力的一个重要素养。

需要指出的是，以上四个方面八个核心要素并不能涵盖拔尖创新人才早期识别与培育的全部内涵，还有许多需要关注的环节。但这八个要素是上海中学在实验中总结出来的，对于拔尖创新人才早期培育（尤其是科技类拔尖创新人才早期培育）而言值得充分关注的方面。若学生能够在这八个要素上显现出良好的发展，就有可能在未来的道路上走得更远，往拔尖创新人才的成长道路上迈进。

第三节　学生必备的"核心素养"

"中国学生发展核心素养"项目领衔专家、北京师范大学林崇德教授在出席北京首届高中学生发展指导高峰论坛时表示，项目组共组织了 48 场访谈，涉及 575 位专家。在专项研究和广泛听取意见的基础上，提出"学生发展核心素养"，是指学生应具备的、能够适应终身发展和社会发展需要的必备品格和关键能力，综合表现为 9 大素养：社会责任、国家认同、国际理解、人文底蕴、科学精神、审美情趣、身心健康、学会学习、实践创新。

人们普遍对"中国学生发展核心素养"寄予厚望，因为它是新课标的"源头"，是中高考评价的"核心"，也是未来教育改革的关键和课程改革的核心。

国际组织以及不少国家对"核心素养"体系的研究不仅远远早于我国，提出的框架体系也各有特色。这一方面体现了国际组织和不同国家对"核心素养"相同的重视，另一方面也体现了国际组织和不同国家对未来全球发展趋势及人才培养目标的不同认知和不同的应对策略。其实，早在 1996 年，联合国教科文组织国际 21 世纪教育委员会公布的《教育——财富蕴藏其中》就提出了类似核心素养的体系：学会认知、学会做事、学会共处、学会做人。

对"核心素养"体系的普遍关注，其深刻的社会背景是工业时代向知识经济时代的转变，由此带来对教育目标的深刻反省，人们意识到，工业时代的产业工人以及专业化的"知识劳动者"将不能适应未来社会的需求。面对变动的未来，必须以必备品格和核心能力为培养指向，才能以不变应万变！正是因此，才出现了国际组织先提出"核心素养"，经济发展模式更早进入转型期的美国、欧盟等发达国家较早提出"核心素养"的现象。

北京师范大学国际与比较教育研究院副院长滕珺表示，21 世纪人才的核心技能是"真实情景下和非常规问题背景下的复杂思维、高阶智商的认知和开发、跨学科学习"。教育部总督学顾问陶西平表示，教师必须思考提升以价值观为核心的综合能力，才能承担起培养学生核心素养、综合能力的任务。

一、中国学生发展核心素养（征求意见稿）

研制中国学生发展核心素养，根本出发点是全面贯彻党的教育方针，践行社会主义核心价值观，落实立德树人根本任务，突出强调社会责任感、创新精神和实践能力，促进学生全面发展，使之成为中国特色社会主义合格建设者和可靠接班人。

学生发展核心素养，是指学生应具备的、能够适应终身发展和社会发展需要的必备品格和关键能力，综合表现为 9 大素养，具体为社会责任、国家认同、国际理解、人文底蕴、科学精神、审美情趣、身心健康、学会学习、实践创新。

（一）社会责任。主要是个体处理与他人（家庭）、集体、社会、自然关系等方面的情感态度和行为表现。

1. 诚信友善。重点是自尊自律，诚实守信；文明礼貌，宽和待人；孝亲敬长，有感恩之心；热心公益和志愿服务等。

2. 合作担当。重点是积极参与社会活动，具有团队合作精神；对自我和他人负责；履行公民义务，行使公民权利，维护社会公正等。

3. 法治信仰。重点是尊崇法治，敬畏法律；明辨是非，具有规则与法治意识；依法律己，依法行事，依法维权；崇尚自由平等，坚持公平正义等。

4. 生态意识。重点是热爱并尊重自然，与自然和谐相处；保护环境，节约资源，具有绿色生活方式；具有可持续发展理念和行动等。

（二）国家认同。主要表现为个体对国家政治制度、核心价值理念、民族文化传统等方面的理解、认同和遵从。

5. 国家意识。重点是了解国情历史，维护民族团结、社会稳定和国家统一；热爱祖国，认同国民身份，对祖国有强烈的归属感；自觉捍卫国家尊严和利益等。

6. 政治认同。重点是热爱中国共产党；理解、接受并自觉践行社会主义核心价值观；具有中国特色社会主义共同理想，有为实现中华民族伟大复兴中国梦而不懈奋斗的信念和行动等。

7. 文化自信。重点是了解中华文明形成的历史进程；承认和尊重中华民族的优秀文明成果；理解、欣赏、弘扬中华优秀传统文化和社会主义先进文化等。

（三）国际理解。主要表现为个体对国际动态、多元文化、人类共同命运等方面的认知和关切。

8. 全球视野。重点是具有开放的心态；了解人类文明进程和世界发展动态；关注人类面临的全球性挑战，理解人类命运共同体的内涵与价值等。

9. 尊重差异。重点是了解世界不同文化；理解、尊重和包容文化的多样性和差异性；积极参与多元文化交流等。

（四）人文底蕴。主要是个体在学习、理解、运用人文领域知识和技能等方面表现的情感态度和价值取向。

10. 人文积淀。重点是积累古今中外人文领域基本知识和成果；掌握人文思想中所蕴含的认识方法和实践方法等。

11. 人文情怀。重点是以人为本，尊重、维护人的尊严和价值；关切人的生存、发展和幸福等。

（五）科学精神。主要是个体在学习、理解、运用科学知识和技能等方面表现的价值标准、思维方式和行为规范。

12. 崇尚真知。重点是学习科学技术知识和成果；掌握基本的科学方法；有真理面前人人平等的意识等。

13. 理性思维。重点是尊重事实和证据，有实证意识和严谨的求知态度；理性务实，逻辑清晰，能运用科学的思维方式认识事物、解决问题、规范行为等。

14. 勇于探究。重点是有百折不挠的探索精神；能够提出问题、形成假设，并通过科学方法检验求证、得出结论等。

（六）审美情趣。主要是个体在艺术领域学习、体验、表达等方面的综合表现。

15. 感悟鉴赏。重点是学习艺术知识、技能与方法；具有发现、感知、欣赏、评价美的意识和基本能力；具有健康的审美价值取向；懂得珍惜美好事物等。

16. 创意表达。重点是具有艺术表达和创意表现的兴趣和意识；具有生成和创造美的能力；能在生活中拓展和升华美，提升生活品质等。

（七）学会学习。主要表现为个体在学习态度、方式、方法、进程等方面的选择、评估与调控。

17. 乐学善学。重点是有积极的学习态度和浓厚的学习兴趣；有良好的学习习惯；能自主学习，注重合作；具有终身学习的意识等。

18. 勤于反思。重点是对自己的学习状态有清楚的了解；能够根据不同情境和自身实际，选择合理有效的学习策略和方法等。

19. 数字学习。重点是具有信息意识；有数字化生存能力；主动适应"互联网+"等社会信息化趋势等。

（八）身心健康。主要是个体在认识自我、发展身心、规划人生等方面的积极表现。

20. 珍爱生命。重点是理解生命意义和人生价值；具有安全意识与自我保护能力；掌握适合自身的运动方法和技能，养成健康的行为习惯和生活方式等。

21. 健全人格。重点是能调节和管理自己的情绪；有积极的心理品质，自信自爱，坚韧乐观；积极交往，有效互动，建立和维持良好的人际关系等。

22. 适性发展。重点是能正确判断与评估自我；依据自身个性和潜质选择适合的发展方向；有计划、高效地分配和使用时间与精力；具有达成目标的持续行动力等。

（九）实践创新。主要是学生在勤于实践、敢于创新方面的具体表现。

23. 热爱劳动。重点是具有积极的劳动态度；广泛参加各种形式的家务劳动、生产劳动、公益活动和社会实践；具有动手操作能力等。

24. 批判质疑。重点是具有好奇心和想象力，敢于质疑；善于提出新观点、新方法、新设想，并进行理性分析，做出独立判断等。

25. 问题解决。重点是善于发现和提出问题；有解决问题的兴趣和热情；能依据特定情境和具体条件，选择制定合理解决方案；具有创客意识，能将创新理念生活化、实践化等。

二、国际上关于学生核心素养的观点

（一）三个国际组织的学生核心素养框架

1. 1997 年 12 月，国际经合组织（OECD）启动了"素养的界定与遴选：理论和概念基础"项目，确定了三个维度九项素养。

（1）能互动地使用工具，包括三项素养：互动地使用语言、符号和文本；互动地使用知识和信息；互动地使用（新）技术。

（2）能在异质群体中进行互动，包括三项素养：了解所处的外部环境，预料自己的行动后果，能在复杂的大环境中确定自己的具体行动；形成并执行个人计划或生活规划；知道自己的权利和义务，能保护及维护权利、利益，也知道自己的局限与不足。

（3）能自律自主地行动，包括三项素养：与他人建立良好的关系；团队合作；管理与解决冲突。该框架对于 PISA 测试具有直接影响，进而对许多国家和地区开发的核心素养框架产生了重要影响。

2. 2006 年 12 月，欧盟（EU）通过了关于核心素养的建议案，核心素养包括母语、外语、数学与科学技术素养、信息素养、学习能力、公民与社会素养、创业精神以及艺术素养共计八个领域，每个领域均由知识、技能和态度三个维度构成。这些核心素养作为统领欧盟教育和培训系统的总体目标体系，其核心理念是使全体欧盟公民具备终身学习能力，从而在全球化浪潮和知识经济的挑战中能够实现个人成功与社会经济发展的理想。

3. 2013 年 2 月，联合国教科文组织（UNESCO）发布报告《走向终身学习——每位儿童应该学什么》。该报告基于人本主义的思想提出核心素养，即从"工具性目标"（把学生培养成提高生产率的工具）转变为"人本性目标"，使人的情感、智力、身体、心理诸方面的潜能和素质都能通过学习得以发展。在基础教育阶段尤其重视身体健康、社会情绪、文化艺术、文字沟通、学习方法与认知、数字与数学、科学与技术等七个维度的核心素养。

（二）美国的学生核心素养框架

2002 年美国制订了《"21 世纪素养"框架》，2007 年发布了该框架的更新版

本，全面、清晰地将各种素养以及它们之间的相互关系呈现出来（见图）。

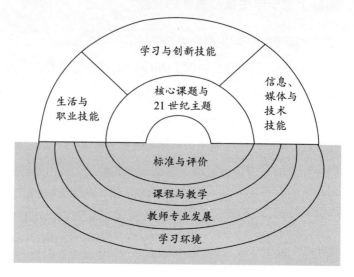

美国"21世纪素养"框架以核心学科为载体，确立了三项技能领域，每项技能领域下包含若干素养要求。（1）学习与创新技能，包括批判性思维和问题解决能力、创造性和创新能力、交流与合作能力。（2）信息、媒体与技术技能，包括信息素养、媒体素养、信息交流和科技素养。（3）生活与职业技能，包括灵活性和适应性、主动性和自我指导、社会和跨文化技能、工作效率和胜任工作的能力、领导能力和责任能力。

（三）新加坡的学生核心素养框架

2010年3月，新加坡教育部颁布了新加坡学生的"21世纪素养"框架（见下图）。

其中，核心价值观包括尊重、负责、正直、关爱、坚毅不屈、和谐。社交与情绪管理技能包括自我意识、自我管理、社会意识、人际关系管理、负责任的决策。公民素养、全球意识和跨文化交流技能，包括活跃的社区生活、国家与文化认同、全球意识、跨文化的敏感性和意识。批判性、创新性思维，包括合理的推理与决策、反思性思维、好奇心与创造力、处理复杂性和模糊性。交流、合作和信息技能，包括开放、信息管理、负责任地使用信息、有效地交流。

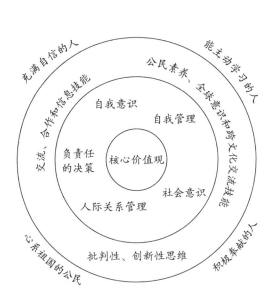

学校所有学科的教学，就是为了培育这些素养，最后培养出充满自信的人、能主动学习的人、积极奉献的人、心系祖国的公民。

第四节　独立思考、创新精神和实践能力是人才培养的核心内容

一、培养学生独立思考和创新精神的重要性

社会环境、教育技术和知识观、人才观的变化，势必影响教育发生革命性变革。知识经济本身是创新经济，知识创新是知识经济发展的原动力，缺少对知识的创新，知识就不可能转化为现实生产力，知识就无法与经济接轨，也就称不上知识经济了。知识和智力资源在知识经济中的投入方式，最重要的就是创新活动。"由于知识和智力是知识经济发展的最重要资源，因此，知识经济的可持续发展必须依附知识的不断更新和智力的不断提高，而知识和智力的来源

就是教育。"在未来智育经济时代，一个国家国民素质的高低、掌握知识的程度、拥有人才的数量，特别是知识创新和技术创新能力，将成为决定一个国家、一个民族在国际竞争和世界格局中地位的关键因素。而国民素质的提高、创造性人才的培养、知识创新和技术创新能力的开发，主要依赖于教育。在知识经济时代，教育将发挥在经济时代从未有过的关键性作用。

二、当前我国教育现状与问题

社会经济的迅猛发展对人才培养的数量和质量都提出了全面的新要求，要求教育从规模、结构、质量和效益的协调中重新审视自身的发展；科技的日新月异、知识量的激增及其存在形式的变化、知识共享的可能性等，使教育从内容到方法都面临严峻的考验；数字化社会的到来，新技术、新媒体的涌现，使人类的思维方式和学习方式发生重大变化，这对教育观念和教育实践产生了深刻的影响。

21 世纪是一个充满竞争的时代，对人的精神素质将会提出更高的要求。它要求人们正确地认识自己的精神世界，科学地预测和控制心理现象的发生和发展，从而更好地把握自己，以积极昂扬的精神状态面对世界，这有赖于教育做出贡献。人类共同面临的全球性的生态、能源、人口以及民族文化传统等一系列危机，也在向教育提出新的时代课题，要求教育做出回答。

在新历史条件下，我国的基础教育在教育观念、教育体制、教育结构、人才培养模式、教育内容和教学方法等方面都出现了种种不适应的情况，影响了学生全面发展，不能适应尽快提高国民素质和国家竞争力的需要。我们必须正视摆在面前的种种困难，尝试改革教育体制，探索解决问题的方法和途径。

我们的教育现状是：学生在经过 9～12 年的漫长教育历程之后，却越来越远离社会的现实，越来越感到涉世的困难。教育能否使学生得到全面和谐的发展？能否使他们的个性特征和创新潜能获得充分的发挥？他们能否适应这个瞬息万变的时代并在其中找到属于自己的位置？他们能否在生命历程中获得愉悦、和睦、关爱和成功的满足？他们能否担当起传承历史和人类文明的责任？一句话，他们作为完整的生命个体，能否获得充分的、自由的、全面的、和谐的发展？这些已经成为我们普遍感到焦虑而又不得不正视的问题。

著名的国际学术团体——罗马俱乐部早在 1979 年发表的一项研究报告《回答未来的挑战》就把学习分为两种类型：维持性学习和创新性学习。现在我们也可把它们分别叫作：接受性学习和研究性学习。以维持性学习、接受性学习为主要特征的教育就是完成性教育，它是相对于以创造性学习、研究性学习为主要学习特征，以人的可持续发展为主要目的的发展性教育而言的。完成性教育是工业经济时代的产物，它强调培养学生对现实社会的适应能力，其价值基础是预先给定的。它重视模仿继承，它的功能在于获得间接的经验与知识，接受人们皆公认的解决问题的准则，并以此为依据解决当前的问题。

完成性教育希望有一个完整的体系，希望学生在自己的青年时代就形成其一生享用的原始知识和技能。完成性教育就是一个把不同个性的孩子放在同一教育模式中铸造形成的完成过程。因此，完成性教育强调学校预订的教育体系的不可更改性和教师、课本的绝对权威性；在教学过程中，以信息的单向灌输代替信息的多向交流和碰撞，课堂教学缺乏民主自由；教师更多考虑的是怎么教而不是学生怎么学，回避知识的多元性和答案的多样性；它以奖惩性评价为主要评价体系，通过记分制、选拔、考试和发放文凭等方式检查学生掌握的知识和技能，把形式主义否决个性和自由的考试制度作为衡量学生优劣的唯一指针，这种考试的实质就是检测学生已经学过并掌握了哪些知识，而不是检测他们能够掌握何种知识、解决多少问题。学校和教师都把传授完专业知识、学生顺利毕业并能进入高一级学校看成是自己教育的终极目标。

以升学为主要目的、以选拔为基本手段、以应试为主要内容的精英教育不仅在教育教学的各个环节上损害了学生的个性和创新发展的潜力，而且引发了学校与学校之间、学校内部各集体之间的不良竞争，造成了教育资源的极大浪费。这种严重的内耗使得学校管理者难以静下心来思考教育问题，实施行之有效的教育改革，使许多教师备受躯体和精神的折磨，成为一群没有个性、没有创新精神和创新能力的教学工人。

三、教育改革的突破点

高中是知识传播和应用的主要基地，是培养创新精神和发展性品质人才的重要摇篮。教育的创新要着眼于发展性教育的整体，包含教育目标创新、教育观念创新、教育体制创新、教育体系结构创新、课程创新、教育教学组织形式与方法创新、教育评价创新、教师素质创新、教育管理创新等方面，使得发展性教育呈现出崭新的形态。中学教育在加强基本理论和基础知识教育的同时，要高度重视培养学生的创新能力，如自学能力、研究能力、分析能力、实验能力、设计能力、表达能力、组织管理能力等等。有学者指出，我们所说的"创新"是指通过对中小学生施以教育和影响，使他们作为一个独立的个体，能够善于发现和认识有意义的新知识、新事物、新方法，掌握其中蕴含的基本规律，并具备相应的能力，为将来成为创新型人才奠定全面的素质基础。创新教育不仅仅是教育方法的改革或教育内容的增减，而且是教育功能的重新定位，是带有全面性、结构性的教育革新和教育发展的价值追求。"教育不再是知识灌输的机器，而应该成为开发和释放人的创造潜能的发动机"。"学校再也不会是一个为学生的一生准备一切的地方"。实行创新教育是知识经济时代的必然选择。

信息化社会和知识经济时代的来临，对人才提出了崭新的要求，从根本上充实了原有的教学和教育理念。一方面，科学技术的进步、知识的调整增长等原因，使得人们需要面对不断转换职业的严峻挑战，从而对发展性的中学教育产生了迫切的要求；另一方面，新的教育理论的出笼进步，又为高中教育发展性教育观的构建提供了坚实的理论基础。

第三章　英才教育与国家发展

第一节　英才教育的意义与价值

一、英才是国家战略性资源，是人力资源中最稀缺的资源

英才教育的使命是培育国家发展所需的各类英才，一个国家所拥有的人力资源的数量和质量是制约国家发展的关键变量。人才是人力资源中具有一定的专业知识或专门技能、进行创造性劳动的群体，而人才又是分层次的，"英才"是赢层次的人才，居于人才金字塔的塔尖。

英才是人才大军中的一支"特种部队"，有卓越的创新能力，承担更为重要的国家使命，是人才资源中最有价值的部分，是衡量一个国家人力资源质量的关键要素。在我国的学术话语和政策文本中，对于英才有多种称谓，如高端人才、拔尖创新人才、杰出人才、高层次人才、高级专门人才、领军人才、卓越人才等。

对于国家发展和社会发展，英才至关重要。日本教育家麻生诚曾指出："英才无论在任何社会中，都是绝对必要的。若缺少这部分人才，就必然导致社会的某种衰落表现。"知识经济时代的来临，使英才对于经济社会发展的价值更为凸显，经济增长主要依赖于知识的生产、扩散和应用，在此背景下，创新成为知识经济时代国家发展的基本路径与核心力量。而英才正是创新精神和创新能力最强、创新成果质量最高的人才群体。因此，英才或者说高端人才成为国际

人才大战的焦点，"加紧开发高级专门人才、鼓励输入高级专门人才、限制输出高级专门人才"是当代国际人才大战的大战略框架。

在各自领域大有作为、大放异彩的各类英才，不会自发成长，需要从小进行有意识的培养。而最有可能、最有潜力被培养成为各类英才的后备人群就是"英才儿童"群体。

英才儿童是指那些与处在同一环境中的同龄人相比，能够表现出高成就或有着取得更高成就的潜能的儿童，他们在潜能、创新能力、艺术能力、领导能力或特定的学术领域具有较高的能力。对于这类儿童，还有天才儿童、资优儿童、超常儿童、高才儿童、优才儿童、早慧儿童、"神童"等各种称谓。

按照心理学对于儿童的定义，英才儿童的年龄上限是 18 周岁。英才教育的对象一般指 18 周岁以下的英才儿童，他们在幼儿园或者中小学就读，也可能已经提前进入大学（如少年班大学生）。广义的或者说非严格意义上的英才教育的对象，也可以把 18 岁以后直至博士生阶段的青年学生包括在内。

从各国英才教育实践看，一般把同龄人的前 10% 左右确定为英才儿童给予区分性教育。根据美国英才儿童学会在 1994 年、2001 年、2004 年、2008 年的调查数据，美国 50 个州年度选拔英才儿童的人数占入学人数的百分比各州不一，但基本在 15% 之内，并集中在 3%～10% 的范围内。英国 1999 年要求大工业城市的 450 所中学甄别出最有能力的前 5%～10% 的优秀学生并向他们提供学校层级的英才教育。2007 年要求国家英才青少年学院为全国前 5% 的 4～19 岁的英才学生提供特殊课程服务。

英才儿童群体可以分为普通水平、中等水平、高级水平三类，对于不同层级英才儿童的未来发展水平和社会贡献的期待并不相同，教育措施也有差异，总体而言，排在同龄人前 1%～3% 左右的英才儿童会受到重点关注和特别培养。

英才儿童是潜在的"未来英才"，是一个国家的战略资源和稀缺资源，能否开发好、利用好，至关重要，涉及一个国家的核心利益、核心竞争力。例如，美国 1988 年《贾维茨英才学生教育法案》把英才儿童与国家安全直接挂钩，认为"英才学生是国家资源，这种资源对于国家的前途至关重要，对于国家的安全与福祉至关重要"。

我们必须承认人的差异，必须承认英才儿童具有更大的发展潜能，具有不同于一般儿童的特殊需要，但他们的发展潜能必须经过系统的教育和开发，他们的特殊需要必须得到满足，才会转变为现实的才能与创造。英国英才儿童学会认为，大多数英才儿童最终成就水平的高低，往往取决于他们是否接受了有针对性的、系统的培养。台湾学者吴武典认为，一个人取得最终成就不是取决于他拥有多少潜能，而是发挥了多少潜能。英才教育的使命就是"挖掘潜能，造就人才"。

根据 2010 年的官方数据，我国有中小学生 2.02 亿，如果按照中小学生总量的 10% 计算英才儿童的规模，我国有英才儿童约 2 000 万。他们是我国重要的战略资源和稀缺资源，他们的特殊教育需要能得到充分满足吗？他们的潜力能得到充分开发吗？他们所接受的教育能让他们"吃饱""吃好"吗？不幸的是，答案基本都是否定的。

二、英才教育具有一般教育所不具备的优越性

发展英才教育是提高国家核心竞争力的战略选择，其原因在于英才教育本身所具有的巨大优越性，主要体现在以下三个方面。

第一，培养对象的独特性。英才教育的对象不是一般儿童，而是英才儿童，他们具有更大的潜能，学得快，学得好。对于这些儿童，"给点阳光就会特别灿烂"，他们更容易早成才、成大才，他们成才后对于社会的贡献，远远高于其他同龄人群体，更远远高于成才前对他们的教育投入，因此，可以说英才教育的收益率很高。

第二，培养目标的卓越性。英才教育的目标不是培养人的应试技巧，不是为了提高考试成绩，而是培养卓越的创新精神和创新能力，以及高度的个人使命感和社会责任感。英才教育在创新精神和创新能力的培养上，与一般教育相比有更高的要求。创新分为：微创新，体现在学习过程中；小创新，体现在日常生活中；职业性创新，体现在日常工作中；大创新，即杰出人才的创新等四个层级。英才教育所要培育的是"大创新"能力，追求卓越是英才教育的内在要求。

第三，培养模式的挑战性。独特的培养模式是英才儿童转变为英才的推进器、催化剂。英才教育的课程设置、教学方式、教学策略与一般教育相比有"质的不同"，能反映英才儿童的特殊需求，在课程与教学的进度（速度）、深度、广度等方面更具有挑战性，在教学组织形式方面也具有区分性。具体而言，国际通行的英才培养模式包括加速教育模式（Acceleration）、充实教育模式（Enrichment）和能力分组教育模式三类。其中，加速教育模式包括早入学、跳级、早毕业、浓缩课程、导师制和大学课程先修等；充实教育模式是指在不改变就读年级的情况下，向英才学生提供常规课程之外的拓展课程，包括垂直充实（增加课程的深度）和水平充实（增加课程的广度）两种；能力分组教育模式主要与教学的组织形式有关系，具体分为以下三种。

（1）普通型分组，英才学生与普通学生同处一个教室内学习，但课内和课后都有针对英才儿童的区别性课程；（2）特殊型分组，为英才儿童专门开设英才班或者英才学校；（3）混合型分组，是上述两种分组方式的混合类型，可以同时具备二者的优点。

因此，英才教育具有一般教育或者说普通教育所不具备的优越性和特殊价值，通过挖掘英才儿童的巨大潜能，发挥"点石成金"之效，能够"多快好省"地培养出国家所需的各类英才，提高国际竞争力。这也是一些国家通过制定公共政策，通过立法手段大力推进英才教育发展，并把英才教育作为国家教育体系重要组成部分的主要动因。本文主要以美国为例予以说明。

美国的英才教育走在世界前列，其发展英才教育的外部动因和内在动力是提高国际竞争力、巩固世界霸权地位。1957 年，苏联卫星上天，美国朝野震惊，认为教育质量不高尤其是"最有能力的学生"（the most able students）没有受到高质量的教育，是美国科技落后的主因。次年，美国颁布《国防教育法》，在美国历史上第一次以法律的形式把教育置于事关国家安全的重要战略地位，要求大力加强数学和科学领域英才的培养，以与苏联抗衡。

进入 20 世纪 70 年代，美国英才教育迅速发展。美国国会相继通过《1974 年教育修正案》《1978 年英才儿童教育法案》，以拨款方式向各州和地方教育机构开展的英才教育项目提供资金支持。美国各州的英才教育立法也迅速推进，

1971 年只有 21 个州制定了英才教育法，而到 1978 年已扩展到 43 个州。1988 年，美国国会通过了《贾维茨英才学生教育法案》，确定要向英才教育提供拨款，并且优先为那些来自经济贫困家庭或者英语水平有限的以及有身体障碍的英才儿童提供资助。2008 年，布什总统签署了《高等教育机会法》，该法对从事英才教育的教师的专业发展提出了要求。2010 年，美国总统奥巴马的《教育改革方案》出台，明确要求加强英才教育。

美国是英才教育的先行者。世界各国英才教育的发展并不平衡，但总体看来，进入 21 世纪前后至今这么多年，是世界英才教育发展的兴盛期，这可能是各国对于新世纪带来的新挑战的回应，尤其是对于全球化时代和知识经济时代的回应。各国越来越认识到英才教育对于国家发展的战略价值，力求最大限度地满足英才儿童的特殊需求，让"学得快，学得好"的英才儿童能够"吃得饱，吃得好"，让他们的潜能得到最大限度的开发，重点培养其创新精神与创新能力，以期将来成大器，为国家发展做出大贡献。"早发现，早培养，精培养，早成才，成大才，贡献大"成为英才教育的基本诉求。

三、英才教育是实现人的充分发展、促进教育公平的重要手段

与美国、英国、澳大利亚、以色列、韩国、新加坡等许多国家相比，我国英才教育落后很多。一个重要原因在于存在认识误区，认为英才教育有违教育公平原则，不敢在政策上予以突破，更谈不上对英才教育进行立法。实质上，英才教育与教育公平政策并不冲突。教育公平是现代社会的价值诉求，更是教育民主化运动打出的鲜明旗帜。有人认为，英才教育体现的是精英主义（elitism），与平等主义（egalitarianism）相抵牾，违反教育机会均等原则，实施英才教育对其他孩子而言是不公平的，英才教育是"用公共资源满足私人需求"，是"把最好的教育提供给最聪明的人"，进一步拉大了教育的差距。

纵览各国英才教育发展中的争议，我们看到一种明显的矛盾现象：一方面高度认同英才及其教育对于国家发展的重要意义和工具价值，一方面又认为英才教育有违教育公平。人们对于英才教育的态度往往是"爱恨交织"，颇为纠结。人们往往不患贫而患不均，然而，让英才儿童、一般儿童、智障儿童都接

受同样的教育就是真正的公平吗？

教育公平（educational equality）不同于教育平等。平等的本质是均等性（一样），公平的本质是合理性。平等并不必然意味着公平，而不平等（不一样）有时反而是公平合理的。英才教育作为因材施教的一种形式，体现了教育的差异性公平。教育的差异性公平是指，根据受教育者个人的具体情况区别对待，受教育者的先天禀赋或缺陷以及他们的需求是进行资源分配时必须考虑的前提，要尊重学生的不同需求，要提供多样化的教育资源来满足学生的需求。提供多样化的教育资源意味着差异和不同，但是意味着公平。

教育通常是面向大多数学生的，英才儿童为数不多，他们的特殊需要往往被忽视，甚至比学习困难学生、比身心残障儿童更受忽视，从而沦为真正的"弱势群体"。人们往往同情弱者，往往把英才儿童视为同龄人中的强者，由于一种微妙的对于英才儿童的"羡慕嫉妒恨"的"仇富"心理在作怪，人们往往认为满足残疾儿童的特殊教育需求是公平合理的，而满足英才儿童的特殊教育需求则是违反公平合理原则的。这种看法在逻辑上是自相矛盾的。

不同主体具有不同需求，是教育实践和政策制定必须正视的一个现实。尊重教育对象的能力和兴趣差异，依天性而教，因材施教，使个人得到充分发展，这是尊重教育规律的基本表现。好的教育是适合学生需要的差异性的教育，这种教育也是公平的、有效率的、追求卓越的教育。美国英才教育专家明确指出，"真正的教育公平不排斥卓越"，"当我们努力追求教育公平时，千万不要忘记'卓越'一词"。

第二节　我国英才教育的演进与现状

改革开放以来，我国英才教育以三种形态存在：一是面向部分学业优异的青少年的重点校、重点班培养形式；二是面向部分超常儿童的大学少年班、中小学超常教育实验班的形式；三是近年来实施的"拔尖创新人才培养"的教育模式。

一、重点学校、重点班的政策与实践

1977 年，邓小平提出："办教育要两条腿走路，既注意普及，又注意提高，要办重点小学、重点中学、重点大学。要经过严格考试，把最优秀的人才集中在重点中学和大学。"此后，教育行政部门相继发布一系列文件，如《关于办好一批重点中小学试行方案》（1978 年）、《关于分期分批办好重点中学的决定》（1980 年）、《关于进一步提高普通中学教育质量的几点意见》（1983 年）、《关于重点建设一批高等学校和重点学科点的若干意见》（1993 年），我国各教育阶段的重点学校制度逐步确立起来。为满足一些更优秀学生的特殊发展需求，出于多种考虑，一些重点校中的重点班应运而生。重点大中小学及其重点班设立的初衷是通过严格选拔一批优秀学生，进而为国家培养一批优秀人才，这与英才教育的要求是一致的。但重点学校政策在实践中出现了严重偏差，这些重点学校、重点班所提供的教育并不都是英才教育。源于高考、中考压力的存在，以及这种压力向小学阶段的前向传导，导致中小学阶段的学生为考而学，教师为考而教，学校为考而管，很多重点班和实验班甚至成为"超级升学班"，学校的首要任务是提高学生的考试技能和考试分数，"以分数为本的教育导致人的异化而非人的解放"，学生的学习方式、教师的教学方式相对落后，与英才教育的本质追求南辕北辙、相去甚远。只有很小一部分重点中学积极进行教学改革，开展教育实验，努力满足学生需求，培养学生的创新精神和实践能力，堪称在实施名副其实的英才教育。

由于没有进一步的高强度升学竞争压力，相对于重点中学而言，重点大学的教育更能体现英才教育的本质，尤其是重点大学的重点班，在培养各类英才尤其是科技英才方面成绩显著，是我国各级各类重点学校中实施英才教育的典范。

二、"英才班"的政策与实践

与重点学校、重点班所开展的英才培养活动相比，"英才班"是比较纯粹的英才教育。英才班有大学少年班和中小学超常教育实验班两种形式。

1978 年，中国科技大学创建了全国第一个大学少年班。1985 年，国家教委下发《同意北京大学等 12 所院校举办少年班》的文件，批准北京大学、清华大学等 12 所重点大学开办少年班。由于种种原因，目前只有中国科技大学和西安交通大学仍在招收少年班。中国科技大学选拔 11～16 周岁的智力超常少年入校学习，前两年进行基础课程学习，夯实数理基础；后两年自由选择专业，在导师指导下进行个性化学习和科研实践。

1984 年，天津实验小学建立了中国第一个超常儿童教育实验班。1985 年，北京八中建立了第一个缩短学制的中学超常少儿实验班。此后，天津耀华中学、东北育才学校、北京育民小学等多所中小学也创办了少儿班及实验班。例如：北京八中招收 10 岁左右的智力超常儿童，学制四年，完成中学六年的学业。北京育民小学自 1995 年起隔年招收一年级新生，学生在四年的时间内完成小学六年的学业。

目前，这些学校已初步建立具有一定特色的超常儿童培养模式，其课程在进度、深度和广度上都超前于同龄学生，课堂教学强调思维训练，强调创新能力和实践能力的培养。

大学少年班和中小学超常班皆是重点学校举办，但与重点学校举办的重点班不同。其一个重要区别在于，后者通过传统的文化课考试甄别选拔，而前者则通过标准化、科学化、多样化的测量工具进行甄别选拔，智力与非智力因素并重，综合运用心理测试与学科测试、笔试与面试、个别与集体、静态结果与动态观察相结合的多种形式来评价学生，能够较好地避免超前学习、专门训练、心理早熟的干扰和客观性差的智力测验题的干扰。相对于重点学校的重点班而言，英才班学生的选拔方式和培养方式是基本能与国际接轨的，是能参与国际对话的。当然，选拔方式和培养方式还需要进一步改进。

"英才班"政策与实践存在的最大问题是英才学生的受益面太小。两类英才班创办以来，大学少年班的规模大幅萎缩，而中小学超常班的规模几十年也没有明显增加，全国的英才班全部加在一起，每年的招生量也不足千人，远远不能满足全国中小学 2 000 万英才儿童接受专业化英才教育的需要。而且不容乐观的是，由于认识和政策原因，地方政府对于此类英才班持怀疑甚至否定态度，不支持创办此类班级，2012 年 7 月安徽省紧急叫停两个英才班的开办就是明证。

三、"拔尖创新人才培养"的政策与实践

进入 21 世纪以来，特别是最近几年，"拔尖创新人才培养"成为我国教育政策与教育实践的一个热点，标示出中国英才教育的新动向和新进展。《国家中长期人才发展规划纲要》提出，"坚持因材施教，建立高等学校拔尖学生重点培养制度，实行特殊人才特殊培养"。《国家中长期教育改革和发展规划纲要》提出："注重因材施教。关注学生不同特点和个体差异，发展每一个学生的优势潜能"，"改进优异学生培养方式，在跳级、转学、转换专业以及选修更高学段课程等方面给予支持和指导"。

在国家层面，启动了拔尖创新人才培养的项目。2009 年，教育部联合中组部、财政部启动"基础学科拔尖学生培养试验计划"（也称"珠峰计划"），是为回应"钱学森之问"而出台的一项人才培养计划，目前已有 19 所重点大学入选该计划。各校采取自主招生、二次选拔的方式，遴选有兴趣、有发展潜力的在校大学生进入学习计划。2011 年，教育部启动高校"教育教学改革特别试验区"即试点学院项目，开展创新人才培养试验，目前首批 17 所试点学院名单已经确定。2011 年，中央多部委联合印发《青年英才开发计划实施方案》，开始实

施三个计划，一是"青年拔尖人才支持计划"，每年遴选 200 名左右 35 岁以下，自然科学、哲学、社会科学和文化艺术等重点学科领域的青年拔尖人才；二是"基础学科拔尖学生培养试验计划"，每年在全国选拔 1 200 名大学生和研究生进入该计划；三是"未来管理英才培养计划"，每年从应届高中、大学毕业生中筛选 200 名优秀人才列入未来管理英才库。

在地方政府层面，2011 年各省、市、自治区相继制定了本区域的教育规划纲要，大多把拔尖创新人才培养作为未来教育发展的重要内容。各地在落实国家和地方的教育规划纲要的过程中，开始以实际行动推进拔尖创新人才的培养。例如，北京市优秀高中生"在科学家身边成长"的"翱翔计划"，实行双导师制，由高校实验室和示范性高中各派一名教师作为指导教师，学生每周要在实验室学习 3 学时；上海市"2012 年上海中学生拔尖人才培养计划——上海市普通高中学生创新素养培育实验项目"，组织由院士领衔的专家团，与学生进行面对面交流，带领他们走进实验室，指导他们研究创新项目。

"拔尖创新人才培养"工程尽管其培养对象是从重点高中和重点大学选拔的，但该工程是在国家层面和区域层面展开的，与在一个学校内部自我推进的英才教育模式不同，更强调跨越学校边界的合作与协作，如高校之间的合作、高中与大学及科研院所的合作等，这也是一些国家使用的比较先进的英才教育方式之一。目前，"拔尖创新人才培养"的政策与实践尚处于起步阶段，相关措施需要进一步细化完善。

"拔尖创新人才培养"政策与实践存在两个最突出的问题：一是覆盖面太小，同龄英才学生受益面太窄；二是只关注高中和大学阶段的英才青少年的开发，未涉及学前和义务教育阶段。

综合考察我国英才教育的三种形态，可以发现，三种形态都依托于重点学校，重点学校过去是、现在是、将来依然是我国英才教育的重镇。

第三节　我国英才教育发展的基本对策

我国过去 30 多年英才教育的发展，为我国人才队伍建设做出了积极的贡献，但依然存在一些问题，突出表现在英才教育的覆盖面小、英才教育不成体系且结构失衡、英才教育专业化水平较低等方面。要解决我国英才教育中存在的突出问题，首先必须突破英才教育的认识误区和政策障碍，并在此基础上，从不同维度提高英才教育实践与研究的专业化水平。

一、走出观念和认识误区，为英才教育正名

要走出英才教育违反教育公平的认识误区，认识到学生的差异性必然要求教育的差异性，因材施教是教育的基本规律，英才教育只是因材施教的一种表现形式，反映了教育的内在要求，是教育体系的有机构成部分，是提高教育质量、促进教育公平的重要手段，是实现人的充分发展、促进国家发展的重要手段。

要充分认识到英才教育是我国教育体系中的"软肋"，与一些国家相比，在各种教育类型中（如学前教育、义务教育、高等教育、职业教育等），我国的英才教育是最为落后的一种教育类型。要充分认识到我国英才教育落后对于国家发展、人的发展造成的严重损害，要警惕教育公平政策实施中存在的民粹主义、平均主义思想对于英才教育的戕害，要走出对于教育公平、教育平等的庸俗化认识，特别是要充分认识我国发展英才教育的迫切性与紧迫性。

二、加强顶层设计，完善英才教育政策和立法

从我国和他国的英才教育发展来看，英才教育政策与立法是影响英才教育

实践的最重要因素。政策与立法是公共权力的产出，有公共权力做后盾，英才教育才能顺遂发展。要改变我国英才教育支离破碎、散兵游勇、自生自灭的状态，政府必须承担起相应责任，在英才教育中发挥主导作用，大展作为。

当前，我国的英才教育政策存在的一个突出问题是，政策体系不完整，缺乏系统设计和整体思维，流于一般具体的项目（如"珠峰计划"）。比较随意，比较零散，甚至比较急功近利，重"拔"尖，轻培养，尤其是轻视义务教育阶段的培养，致使我国英才教育的基础极为薄弱。

尽管我国的各种教育、有关人才工作的政策文本反复言说拔尖创新人才的重要性，对于英才教育貌似支持，但却解决不了我国英才教育的深层次问题、基础性问题。因此，完善我国的英才教育政策，关键是要加强顶层设计，健全政策框架，从政府管理、财政支持、英才甄选程序、英才教育体系结构、课程开发、教师培训、项目评估等各个方面，整体设计、全面规划我国英才教育的政策体系。各国在英才教育政策与立法方面的经验可资借鉴，国际上先进的英才教育研究成果可以吸收，如一位西方学者从 5 个方面系统建构了英才教育的政策体系，可以在本土化改造的基础上为我所用。

在完善英才教育政策的同时，还应该积极推进英才教育的立法进程。立法比政策具有更大的国家强制力做后盾，具有更多的资源作保障，更能促进英才教育的实践进程。

三、采用多样化的方法甄选和识别英才儿童，为因材施教奠定基础

把英才儿童甄别出来是因材施教和实施英才教育的前提。在我国，在英才教育的几种形态中，中小学阶段的超常班和大学的少年班使用相对比较规范、科学的多样化方式甄选英才儿童，而重点校和重点班的招生是基于传统意义上的学科知识测试，甄选方式单一而片面，严格来讲都不能算是对于"英才儿童"的甄选。近年来，高中和大学阶段的拔尖创新人才培养候选人的选拔，也没有严谨的选拔标准和甄选工具，各地区、各学校间差异很大，依然具有一定的随意性，不够客观和严谨。

我们需要运用一些相对科学的手段和工具，通过政府的积极推动，有组织

地把英才儿童甄别出来。建议采用多样化的选拔方法来甄选英才儿童，既运用标准化成就测验、标准化智力测验、标准化性向测验、创新能力测验等客观测验，也重视教师、家长、学生自身以及同伴的主观推选。同时，在甄选中应该坚守公平原则，注意弱势群体中英才儿童的选拔（英才儿童也出自"寻常百姓家"），要运用合宜的方式方法，把来自偏远地区、农村地区、少数民族、贫困家庭的英才儿童选拔出来，使他们的良好潜能获得充分发展的机会。另外，由于个体发展的差异性，英才儿童的英才特征可能会出现在不同的年龄阶段，因此，对英才儿童的选拔，应该贯穿从学前到高等教育的整个教育过程。

四、完善英才教育体系与模式，运用多种组织形式和方式方法培育英才

英才教育是一项贯穿"大、中、小、幼"的系统工程，是一个接力赛跑。然而，我国英才教育不成体系，且结构失衡。已有的英才教育形态缺乏统整，显得凌乱无序，纵向衔接与横向沟通均严重不够，没有建立起"幼儿园—小学—初中—高中—大学"相贯通的英才教育系统。因此，我国需要建立健全英才教育体系，为不同教育阶段的英才儿童提供"全覆盖"的特殊教育服务，具体组织形式主要包括普通班的教育模式、英才班的教育模式和英才学校的教育模式三类。

在学前和义务教育阶段，普通班的教育模式是最基本的英才教育模式（美国亦然），英才儿童与普通儿童同处一个教室内学习，但课内和课后都有针对英才儿童的区别性课程，这种组织形式不仅有利于英才儿童智力因素的发展，也有利于其非智力因素和社会技能的发展。这也是本文所推荐的英才教育的主流模式，英才教育的本质是把英才儿童甄别出来因材施教，而不是把他们与普通儿童隔离开来，把英才儿童孤立开来。

同时，我国在中小学阶段尤其是在高中阶段，需要建立更多专门的英才班和英才学校。在举办英才班方面，我国有比较丰富的实践经验，下一步发展的关键是适度扩大规模。我国在高中阶段还需要建立一些真正意义上的英才学校，这些学校与传统意义上的重点学校在招生方式、培养目标、课程设置、培养模

式、评价方式上都不一样，本文建议可以学习借鉴韩国、日本、美国的模式，建立一些科技高中，重点培养一批科技英才。

关联拓展阅读之一

英国自由学校项目的实践与面临的挑战

刘吉良

2010 年，英国前教育大臣戈夫上台以后大力推行自由学校项目，以赋予家长、企业等更多的办校权。政府基于教育不公平、学生入学空间不足等问题启动该项目，赋予自由学校在师资选拔、课程设置、经营管理等方面极大的自主权，以推动学校教育质量的提升。这项标榜赋予教育自主权的政策每年都会开放申请，在实施过程中已取得了一定的规模和成效，同时也存在诸多问题。但是，该项目仍然代表着英国教育未来的发展方向。

英国自由学校（Free Schools）项目，是英国前教育大臣迈克尔·戈夫（Michael Gove）2010 年上台后推出的一项重要教育政策。所谓自由学校，即赋予家长、教师、教育慈善机构等设立和经营学校的权利，国家补助运营经费，使其脱离地方政府管控，以改善当地教育，为所有孩子提供优质教育。该项目旨在给予学校经费、课程、人事管理等方面更大幅度的自主权力。英国教育部指出，自由学校的构想来自瑞典的自由学校和美国的特许学校（Charter School），营利性或非营利性团体都可以设立学校，经费来自于政府，却不受政府控制，以帮助贫困地区的学生提升学业成就。

一、基本特征

教育质量悬殊、不公平现象普遍、中小学生入学难、公立学校空间不足是英国自由学校创建的基本动因。自由学校项目具有平等性、自治性、对中央政府负责等特点。

第一，平等性。自由学校不基于能力水平和学业成绩高低招收学生，主张对不同民族、种族、阶层以及性别的宽容、认同和理解，使每一个体或者群体在教育领域享有同等的话语权。

第二，自治性。在办学主体方面，符合以下任一条件，各团体即可申请办学：该地区缺乏足够的学校，学校入学名额供不应求；为提升当地教育质量或满足家长对教育的要求，如有家长希望开设提供双语教学、专注于音乐或体育的学校；学生有特殊的教育需求，无法适应主流学校的教育环境；位于贫困的社区。

在经费来源方面，直接由中央政府划拨，自由学校按照他们的办学方式自由分配全部预算，享有完全的自主权。在师资来源方面，自由学校政策赋予学校委员会和校长聘任教职工、决定教职工的薪酬待遇和工作条件的权利。在课程与教学方面，自由学校可不按照英国国家课程进行教学，可以基于学生的兴趣爱好、发展规划等设计不同的课程内容，但要接受教育部的督导，学生也必须参加英国的各种统一考试。在教学管理方面，自由学校可以根据办学需求改变学期的长度、调整学生的在校时间等。

第三，对中央政府负责。学校不受地方教育当局（local Education Authorities）的控制，直接对中央政府负责。首先，中央政府作为教育的宏观管理者，审核各办学团体的申请，对教育发展进行统筹规划。中央政府支持教师、家长等团体办学，任何一个团体可以不用经过地方政府的批准开设新学校，从而打破地方当局包揽办学的局面。其次，中央政府作为支持者，承担自由学校的大部分办学经费。再次，政府作为监督者，对各办学主体提出明确的职责要求，对自由学校依法实行监督。

二、实施现状

（一）开设规模

自2010年自由学校政策发布以后，第一批24所自由学校于2011年9月设立，该批学校由各团体通过竞标的方式向中央政府申请成功后设立。该次共有323个团体申请。政策发布以来，每年开放申请，截至2014年10月，2012年、2013年和2014年分别有55所、95所和78所自由学校设立。在英格兰地区，已开放招生的自由学校共252所。从学校类型看，83%为主流学校（包括小学、中学、招收16～19岁学生的学校和一贯制学校），17%为特殊学校和替代学校（为有特殊需求的学生或不能适应主流学校的边缘学生提供特别教育）；从招收学生年龄分布看，37% 为小学，40% 为中学，17% 为一贯制学校，6% 为 16~19 岁学生学校。

（二）开设区域

2014 年 9 月开设的自由学校中，90% 的小学类学校开设在预计会出现入学空间不足的地区，尤其是伦敦地区，100% 的该类学校因此成立。就已开设或获得批准的自由学校整体而言，72% 的主流学校开设在预计入学名额会供应不足的地区。此外，因自由学校是基于贫富区域教育质量悬殊而设，政府鼓励各团体在落后地区开设新学校。截至 2014 年 10 月，在英格兰地区，开设在贫困地区的自由学校数量是富裕地区的 8 倍（见图）。

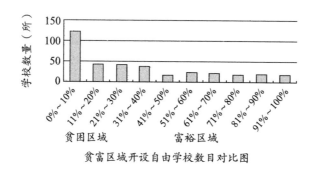

贫富区域开设自由学校数目对比图

（三）接纳程度

最近的一项调查显示，自由学校非常受家长认可，81% 的家长表示欢迎自由学校开设在他们所在的社区，73% 的家长会考虑送自己的孩子去自由学校就读。而将近 1/4 英国家庭更希望他们的孩子能够接受自由学校独特的教学方法。在英国广播公司（BBC）的采访中，一位家长表示，她不认为将自己的女儿送进自由学校是一种冒险，因为新学校都是由对教育怀有十足热情的人所建立。可见，自由学校因其办学特色已取得了大部分家长的信任。在教师群体中，自由学校也倍受欢迎。63% 的自由学校由教师或学校团体建立。自由学校项目自施行以来，争议颇多，但家长和教师的支持是其蓬勃发展的基础和动力。

（四）评估结果

2014 年 10 月，英国教育标准局（OFSTED）基于更严格的新标准框架对 78 所自由学校进行评估，结果显示：约 70% 的自由学校被判定为"杰出"（outstanding）和"良好"（good）的等级，而其中被判定为"杰出"等级的学校数量比例是其他公立学校的两倍多。

由此可见，自由学校的确取得了比其他公立学校更大的进步，这也证明了自由学校存在的价值。英国首相戴维·卡梅伦（David Cameron）在2014年10月份接受采访时也表示："自由学校效果显著。四年半时间里创建的251所新的自由学校中，约3/4的学校被评估为'良好'或'杰出'是非常令人自豪的。"

三、面临的挑战

自由学校项目虽取得了一定的成效，但在实施过程中也颇受争议，下面对实际进展中出现的问题加以分析。

（一）地方教育当局失权问题

中央政府直接对自由学校进行教育经费拨款，其他公立学校的教育经费由当地教育局负责，这是自由学校同其他公立学校的明显差别之一。"财权拥有者即教育权力掌控者"是英国教育的显著特征，自由学校直接接受中央政府的资金，因此中央政府对自由学校的各项工作具有控制权，从而削弱了地方教育当局的权力，虽符合联合政府的利益，但在相当程度上忽视了地方政府，甚至是剥夺了地方政府的权力。地方政府失权，即逐渐丧失直接管辖学校的权限，易致教育系统存在监管不足从而产生更大的混乱。与中央政府相比，地方教育当局对地方学校、家庭和学生的了解更甚。而中央政府仅通过分析所掌握的资料不足以清楚地了解地方学校实况，难以督导遍布于各地区的上千所学校。部分评论者认为，脱离地方教育局的支持，将会使小学与特殊教育学校的运作产生偏离，难以顾及教育追求公平善美的本质目标。影子内阁部长崔斯特瑞姆·亨特（Tristram Hunt）甚至认为，没有地方教育当局的监管，自由学校无法为儿童提供安全的学习环境和高质量的教育。

（二）师资任用标准偏低问题

自由学校项目允许不具备教师或校长资格的人担任校长和教师职务，这易导致学校出现经营、教学等相关问题，最终造成学生利益的损害。以开设于2012年9月的拥有412位学生的穆斯林中学麦迪纳（Al-Madinah）自由学校为例，该校在2013年10月得到了教育标准局的评估，结果在各个方面均获得最低分，其中最严重的问题是该校教师缺乏教学和培训经验。最后，评估该校为"功能失调"学校，并勒令其关闭一周。除此之外，另外两所学校也发生了校长无法胜任职务的情况。伦敦市中心的皮姆利科

（Pimlico）自由学校的校长安娜莉泽·布里格斯（Annaliese Briggs）在任职仅三周后，就于 2013 年 10 月以不能胜任为由辞去校长一职，因她不具有任何教学经验，受聘时也不具备教师资格。同样，位于英国南部的发现（Discovery）自由学校校长林赛·斯诺登（lindsey Snowdon）因被教育标准局评估指出"校长缺乏提高教学的技能与知识"于 2013 年 10 月中旬辞职。

英国一项民意调查也指出，对于学校招聘不具备教师资质的教师或校长，60% 的被调查民众表示担心和忧虑。有才能的管理者是学校运行的根本，高质量的教师是提高学生成绩的关键。政府赋予了自由学校充分的自治权以招聘理想的教师和校长，然而实践证明，过度放权和过低标准所产生的负面影响相当大。尽管该举措可以提高校长和教师治校的热情，但是未建立一定的合格教师标准极易造成人员滥用，从而出现教师教学失误、学校营运不善等问题，影响学生受教育的质量。

（三）并未有效解决教育公平问题

自由学校设立的初衷是解决贫困地区弱势学生的受教育问题，更好地满足不同社会群体的教育需求，然而受益者多为中产阶级家庭的学生。调查数据显示，在新设立的自由学校中已出现家庭社会经济地位较低的学生不易进入自由学校就读的现象。例如，布里斯托尔（The Bristol）自由学校就被指控在招生过程中公然优先考虑较富裕家庭的孩子。在英国东北部的部分自由学校也发生优先录取富人阶层学生而排挤工人阶级学生的情况。担任学校管理委员的瑞彻·古奇（Rachel Gooch）负责的一项针对 2011 年 24 所自由学校的调查显示，该批自由学校仅有 9.4% 的学生来自低收入家庭，低于全国公立学校 18% 的平均值。在弱势学生数量上，与其最临近的 5 所公立学校相比，有 22 所自由学校都招收较少的弱势学生。为贫困学生提供更好的教育是自由学校成立的宗旨，而在运行过程中的自由学校破坏了给予所有儿童优质教育的承诺，削弱了教育机会均等。

另一方面，自由学校可能对当地其他学校产生资源排挤和吸附效应，从而引发新的不公平现象。因为自由学校在课程设置、教师管理、学校运作等方面拥有较大的自主权，其先进的教学理念、灵活的办学方式在吸引学生和教师方面比该地其他学校更具竞争力，这使得许多教师和学生偏爱自由学校，从而造成其他公立学校学生生源与教师资源的流失，学校的运转和教学质量受到影响。

（四）教育市场化问题

自由学校是以市场为导向的，将市场竞争理念运用到教育领域，实则使学校、学生及家长间形成了生产者和消费者的关系。中央政府通过创造一种多元化市场的方式让学生和家长成为教育的顾客来选择学校。消费者的满意度决定了哪些学校能够蓬勃发展、哪些学校需要改变教学方式。学校若想在市场竞争中生存，就必须考虑消费者的要求，尊重他们的愿望。但家长的需求是多样性的，有时甚至是不够理性的，如果学校为求发展而刻意迎合家长的需求，会陷入困境。

私人教育机构和企业进入公共教育机构是另外一项忧虑。英国主张政府适当地从教育领域退出来，允许私人组织管理和经营学校。该行为虽然有利于调动市场活力，推动校际竞争，但逐渐扩大了公共教育中的私有成分，使公益性教育机构开始有沦为营利性机构的可能。英国《卫报》指出，创办自由学校的教育慈善机构或者商业公司使用政府的补助支付高额薪水给高级经理，其年薪甚至可以达到 24 万英镑或更高。在资源有限的情况下，高额薪水可能危及原本应支持基础设施建设和教育质量提升方面的经费。

四、英国基础教育未来走向

自由学校项目被奉为英国联合政府的教育旗舰政策，在政府的全力支持下，其生命力亦是十分旺盛。2014 年上任的教育大臣尼基·摩根（Nicky Morgan）表示她十分欣赏戈夫的自由学校项目，并将保持对此项目的热情，在全国迅速发展扩张。可见，自由学校项目虽然在实践过程中出现了诸多问题，但仍在一定程度上显示了英国教育改革的发展方向。

（一）集权与放权并举

首先，中央政府权力提升，地方教育当局权力不断被削弱。自 1902 年英国开设地方教育当局以后，中央与地方的利益争夺就从未中断。双方利益在博弈中不断调整，但总趋势是中央政府集权趋势日益加强。从 20 世纪 80 年代开始，特别是随着《1988 年教育改革法》的颁布，中央政府的教育权力得到大幅上升，减少了地方政府的自治权。自由学校项目致使教育权力更多上移至中央政府，下滑至学校，削弱了处于中层的地方教育当局的权力，这符合联合政府的利益，也有利于学校自治。其次，英国政府赋予家长等社会力量更多自主权。教育的成功有赖于教育各主体的共同作用，中央政府在分散地方教育当局权力的同时，在教育改革的过程中越来越关注校外因素对教育的影响，重视家长、社会各界力量的参与，并为之提供相应的政策空间。

（二）注重教育公平性

教育的高质量和公平性是20世纪90年代以来世界各国对教育的价值诉求，英国政府也不例外。英国政府始终把提升教育公平和维护弱势群体利益放在优先位置，强调教育机会均等，缩小贫富悬殊，提高所有学生的学业水平，建立均衡的教育体系。为了消弭各教学机构之间的教育差距，政府推行有独特教育理念的自由学校，加大对贫困地区和条件不利地区的扶持力度，鼓励自由学校吸纳处于弱势地位的学生，最大限度减少家庭背景和出身环境对学生入学机会和学业成就的影响。2010年，卡梅隆指出英国新政府的价值观是自由、公平和责任，自由学校正是其实践成果。可见，政府的政策在不断倾向于弱势群体，保证基础教育的均衡全面发展，促进公平性。

（三）强调个人需求

从20世纪80年代英国国家课程的设置到自由学校允许学校委员会依据家长和学生的需求自由设置课程，反映了英国教育发展的渐变式过程，即逐渐开始关注学生个性化的需求。自由学校尽可能地开设适合学生的课程，确保为学龄儿童开设适合的课程，促进个人全面素质的提升；注重家长的需求，只要家长的愿望合乎理性，皆可以根据他们的自身要求设立各种特色的自由学校。从学校课程设置自主权力的增强，到家长等设立新学校的自由，皆反映了英国教育改革越来越注重个性化的需求。

（四）加快市场化步伐

1980年以来，由于新自由主义思想和新公共管理理论的广泛影响，英国政府在全国范围内掀起了对公共教育事业市场化的改革运动。新自由主义者弗雷德里希·哈耶克（Friedrich Hayek）曾指出，政府经费支付教育可以被接受，但绝不意味着由政府赞助的教育就该以政府建立或管理这些教育机构为必要条件。英国政府一直是教育的主办者和责任主体，但是在教育改革的过程中，政府开始重新建构政府责任与市场机制之间的张力，注重公共教育的市场化和私营化，鼓励社会各界力量参与创办自由学校，允许学校委员会自主运营新学校，教师的培养开始注意家长和市场的需求，以自由竞争的理念促进各教学机构服务质量的提升。

选自《世界教育信息》2016年第4期

关联拓展阅读之二

教育改革不能以模仿造就——访剑桥国际考试委员会首席执行官沙利文

王庆环

目前，全球有160个国家和地区的1万余所学校选择剑桥国际课程，因此，对于剑桥国际考试委员会首席执行官沙利文（Michael O' Sullivan）来说，职业关系和特殊际遇使他能以更为全球化的视角看待包括考试改革在内的教育改革。近日，他接受本报记者专访，解读教育改革过程中可能遇到的问题。

一、教育永远需要改革

对于中国不断深化的教育改革，沙利文表示了赞赏，但他同时认为，期望改革在某一天到位或是结束，是不现实的，"我们必须承认教育永远处在一个开发、改善的阶段，永远需要改革"。

沙利文说，他每个月会到不同国家，与不同国家的教育部门、专家进行讨论，到目前为止他还没有找到对自己的教学大纲、考试方法、学校教学情况感到完全满意的一个国家。即使那些受到全世界认可的教育水平高的国家，他们的政府和社会对于教育也不是完全满意的，他们最担心的是小部分在学习中落后的孩子赶不上来。所以，"现实中没有一个国家的教育是全面成功而不需要改革的，也就是说，教育改革、教育改善，没有一个最后的目的地"。

沙利文分析说，出现这样的情况，一个重要原因是不管公立教育有多么好，社会对公立教育总会提出更高的要求。这跟家长的思想有关，对家长来说，不管教育怎么好，孩子都需要更好的教育，"如果他没有接受更好的教育，怎么跟别的人竞争呢？"可以说，这是一个全球家长的普遍心态，而不仅仅是中国家长独有的。

二、并不存在模范的教育制度

既然教育处在永远的改革中，那么在改革当中国家与国家之间的模仿与借鉴是否有意义呢？沙利文认为，"我们并不能在国际上找一个模范性的教育制度或教育大纲，然后按照这个模范对本国的教育进行全面的改革"。

沙利文说，不能这么做的原因有三个：第一，世界上没有特别完善的教育制度。第二，就算一个教育制度在某一个国家进行得很成功，在别的国家、在不同的经济条件下、在不同的文化背景下，完全地模仿不一定能适用。第三，是人们在解读和模仿中经常出现错误，人们常常会对某一个国家教育发达的原因产生错误的理解，而这种误解非常普遍。

对于第三个原因，沙利文以芬兰教育为例进行了分析。"大家都比较佩服芬兰的教育，这个国家的孩子们教育水平相当高。多年来，尤其在西方，很多国家都说我们要学习芬兰，比如芬兰不那么强调考试，芬兰老师特别独立，想教什么由老师自己决定，不用听教育部的，老师地位高，所以教育特别好。这样的理论是蛮有吸引力，尤其对老师来讲更是如此，但是如果对芬兰教育的成功进行科学分析的话，我们会发现芬兰对教师的要求特别严格，芬兰也有考试。我本人觉得芬兰教育获得成功的更重要的因素不是学校的因素，而是社会的因素，以及家长的态度等等。但是，我们经常遇到的情形是，大家往往只看到一些简单的原因，甚至是传说中的做法，然后就盲目地按照这些来模仿，进行本国的教育改革，这是错误的。"

三、教育改革要允许走回头路

最近一段时间以来，英国英格兰地区进行的废除高中模块化学习的改革引起社会的广泛关注。"需要交代的背景是，到目前为止，剑桥国际考试委员会为160个国家和地区的1万余所学校提供的一直是螺旋式上升的线性化学习，几年之前，英格兰地区采取的也是这种线性化学习，即高中生下一年的学习和考试在深度和难度方面与上一年是递增关系。但是，前几年在西方国家，模块化学习变得非常流行。很多专家觉得这样的课程和考评方式可以减少考试给学生的压力，可以给学生更多机会，让学生更轻松一点。"

但是，几年后，模块化学习也遇到了问题。沙利文说："模块化学习在理论上是非常好，但在实际中并不怎么成功。英格兰在模块化学习和考试中遇到的问题是，虽然学生的知识面会越来越宽，但技能不一定越来越深，更糟糕的是学生学完、考完一个模块后就忘记所学，或者考完一个模块后分数不是很高，学生和家长就想再考一次以提高分数，这样就让学生的学习进程变得很混乱，同一学年中有的学生在准备新的考试，有的学生补考，而且考评和考试占的时间也越来越多，用来学习的时间越来越少。据我了解，不仅英格兰，现在一些曾经积极进行模块化教学的国家现在也在另想办法。"

一般来说，人们对改革的态度是"开弓没有回头的箭""好马不吃回头草"，但英格兰的做法却给我们以启发，即教育改革也要允许走回头路。

四、要避免考试本身成为教育的目的

沙利文表示，不只是中国，事实上在全球许多国家，把考试本身当作教育的目的，这种情况几乎无法避免。其实，学科分数高，却办不了事儿的"高分低能"学生不仅让中国困惑，所有的国家都会遇到。"有一个对考试的说法是：考什么就教什么，但根据我的经验，这种说法更加准确的表述是：不考就不教。这种困境的存在，需要我们更明智、更谨慎地设计考试，从而对这个问题有所限制。"

如何设计考试呢？沙利文说："考试的设计要尽量鼓励学生去掌握他们在未来工作和生活中所需要掌握的知识和技能，而不是鼓励学生去背很多将来没有用而且很快会忘掉的知识。"他认为，学校教育是课程内容、教学方法、考试评估构成的三角关系，教育的所有改进和改革必须兼顾这三方面因素，孤立地改变某一个因素都将收效甚微。

沙利文认为，改革要面向21世纪开发全新的课程和考试，从而让学生具备21世纪所需的技能。"但是，在此之前，我们必须仔细评估什么才是'21世纪技能'。剑桥已经对可以找到的有关21世纪技能的所有文献资料进行了分析解读，自己也开展了多项研究。我们发现，很多大家认为属于21世纪的技能可能并不真正属于21世纪，但是，包括解决问题和团队合作在内的许多技能无疑都对学生在大学和毕业之后取得成功具有重要意义。因此这样的技能应当给予鼓励，其中一种鼓励方法就是在考试中进行考核。显然，确保考试是对有用的、必要的学习给予鼓励、认可和奖励，这样就会尽可能避免让考试本身成为一种目的。"

沙利文特别赞赏中国取消文理分科："因为我觉得在21世纪，我们并不能把孩子分为理科或者文科。因为理科、文科这种思想来自教育界，而不来自于工作领域。事实上，未来的工作需要有很多共同的能力，必须很熟悉IT，必须有自信，还必须能面对新问题、分析新情况。在这样的未来，我们怎么能把16岁的学生分成文科、理科呢？"

五、教育改革要关注趋势性问题

对于越来越多的中国学生特别是高中生选择出国留学这一现象，沙利文表示，更多孩子去国外接受教育，不只是中国特有的现象，而是全球的发展方向。每年，在全世界各个角落，许多孩子会把他们教育经历中的一部分尤其是高等教育放在自己祖国以外的国家进行。"出国留学正在成为一个全球性趋势，不止在中国，在世界上任何一个地方，因为全球化，家长得以有机会考虑孩子可能适合的其他的教育制度。作为家长，考虑自己的孩子怎么做才能最好，怎么样给自己的孩子一个机会，那是很自然的，很正常的。"

沙利文说："我不会因为自己是英国人，就简单地宣传去英国留学。如果我是孩子的父亲，我不会从选国家的问题出发，而是帮助孩子明确他需要学习什么专业，之后再考虑哪一个学校比较适合他的这个专业。学校决定之后，这个学校在什么国家就去那个国家留学。"总之，专业比学校重要，学校比国家重要，导师比学校重要，这一全球化趋势中的就学选择，其实也是各国教育改革需要关注的地方。

沙利文认为，还有一个趋势需要得到关注，就是数字技术在教育评估中被越来越普遍地应用。"整体上，这是一个非常积极的趋势，为将来更好、更快、更低成本、更灵敏地实施学生评估带来了巨大潜力。例如，计算机适应性测试和虚拟现实都为教育评估开启了新的可能性。不难想象，未来的教育和评估将100%实现数字化，剑桥已经在进行这方面的测试。但是，如果方式不当，数字化评估也存在某些风险。其中之一是有可能出现高频度、低成本、评分仓促的学生评估，还有另一种风险则是那些不易借助数字化方式评估的重要技能未能得到足够检验。例如，针对长篇幅书面答案的高品质机器评分仍处于早期开发阶段，并且在多数情况下尚无法应用于重大考试。"需要强调的是，数字化评估并非以前简单的标准化考试，它将应用更多的互联网理念，而如何跟得上这一趋势无疑也向各国教育界提出了挑战。

选自《光明日报》2015年6月16日第14版

关联拓展阅读之三

STEM 教育理念与跨学科整合模式

余胜泉　胡翔

　　按：随着创客在中国的火爆，创客教育出现让人担心的大跃进现象。不遵循教育规律，一窝蜂让学生学习开源电路板、3D 打印、机器人等，过分关注技术的炫酷，缺乏科学的教育设计，缺乏基础性学科知识融合注入，使得创客教育变成学校秀场，出现了泡沫化苗头。因此，本文追根溯源，对 STEM 教育进行梳理和研究。

　　李克强总理在 2015 年政府工作报告中指出，要推动大众创业、万众创新，并亲身探访深圳柴火创客空间，国务院办公厅随后印发《关于发展众创空间推进大众创新创业的指导意见》。随着"创客"风靡全国，开展创客教育也成为教育工作者热烈讨论的话题。但很多人对创客教育的理解存在一定误区。创客教育不是一味鼓励学生荒废学业、不切实际地去搞创造发明、创业，而是强调创客的兴趣驱动、动手实践、创意创新的核心品质，推进跨学科知识融合的 STEM 教育，在帮助学生打好扎实的科学、技术、工程和数学知识基础之上，培养其创新精神与实践能力，促进创新型、创业型人才的成长。

一、STEM 教育及其发展

　　STEM 是科学（Science）、技术（Technology）、工程（Engineering）和数学（Mathematics）四门学科的简称，强调多学科的交叉融合。STEM 教育并不是科学、技术、工程和数学教育的简单叠加，而是要将四门学科内容组合形成有机整体，以更好地培养学生的创新精神与实践能力。

　　STEM 教育（STEM Education）源于美国。美国科学教育学者最早于 20 世纪 50 年代提出科学素养概念，并得到了其他国家科学教育学者的普遍认同，认为提高国民的科学素养是提升国家综合实力的关键。这与 20 世纪前半叶科学的迅猛发展是分不开的：那时科学在公众心中是万能的，科学被认为是社会发展进步的不竭动力。随着科学知识体系的相对稳定，以及技术和工程给生活带来的翻天覆地的变化，技术素养等因此进入公众视野。例如，斯坦福大学赫德教授 1975 年指出："技术素养与科学素养应当并列成为科学教学的主要目标（Hurd, 1975）。"

到 20 世纪 90 年代，美国国家科学基金会首次使用 STEM 描述涉及一至多门 STEM 学科的事件、政策、项目或实践（Byhee, 2010）。在此之前，常见的缩写是 SMET，即科学（Science）、数学（Mathematics）、工程（Engineering）和技术（Technology）。例如，1986 年，美国国家科学委员会发布《本科科学、数学和工程教育》报告，首次明确提出"科学、数学、工程和技术教育集成"的纲领性建议，SMET 因而被视为 STEM 集成的开端（朱学彦等, 2008）。

2001 年后，STEM 逐渐取代 SMET，成为四门学科的统称。在小布什两届任期内，STEM 作为新概念不断出现在美国各种改革政策和项目甚至法律中（赵中建, 2012）。例如，2007 年 8 月，美国国会通过《国家竞争力法》，批准 2008 年到 2010 年间为联邦层次的 STEM 研究和教育计划投资 433 亿美元；同年 10 月，美国国家科学委员会发布报告《国家行动计划：应对美国科学、技术、工程和数学教育系统的紧急需要》，警示美国时刻不忘加强对学生开展 STEM 教育。

奥巴马总统执政之后，对 STEM 教育的重视提升到新的层次。上任初，他便颁布了《美国振兴及投资法案》，将增加财政投入支持 STEM 教育写进法案；第一任期内，奥巴马先后宣布实施"竞争卓越计划""为创新而教计划"以及"新科技教育十年计划"等，不断加大对 STEM 教育发展的关注度与投入力度，对确保美国国际竞争力产生了深远影响；2014 年，白宫和美国教育部提出 STEM 国家人才培育策略，针对中小学 STEM 教育提出实现各州 STEM 创新网络合作、培训优秀 STEM 教师、建立 STEM 专家教师团、资助 STEM 重点学校和增加 STEM 科研投入等切实、具体的规划，受到世界的广泛关注（杨光富, 2014）。

值得注意的是，美国 STEM 教育的推广不是在政府指导下单纯依靠学校推动，而是动员了全社会特别是企业界的力量。正如奥巴马总统指出的："国家的成功取决于美国在世界创新中的作用，所有首席执行官都应该知道公司的未来取决于下一代员工的创新能力，而这又取决于今天我们怎么教育学生——尤其是在 STEM 方面。我们的成功不能单靠政府的支撑，还要依赖于教师、家长、企业、非营利机构和更广泛的社区等（Sabochik，2010）。"在美国，盖茨基金会和纽约卡内基公司支持一百多位企业CEO 创建"变革方程"公益机构。他们通过利用资金、独特的资源和影响力试图（钟柏昌等，2014）：（1）促进 STEM 公益教育事业；（2）激励青少年学习 STEM；（3）推动基于 STEM 的教育改革。同样，英国为了促进企业职工参与学校的 STEM 教育，仅2009~2010 学年就花费约 1300 万英镑专项经费（其中，国家级机构投入约 700 万英镑，各地相关机构投入约 200 万英镑，企业投入约 400 万英镑）（Mann，2012）。

从教育目标来说，STEM 教育的基本目标是培养学生的 STEM 素养。美国州长协会（National Governors Association）2007 年颁布的"创新美国：拟定科学、技术、工程与数学议程（Innovation America：Building a Science，Technology，Engineering and Math Agenda）"共同纲领中指出，在知识经济时代，只有具备 STEM 素养的人才能在激烈竞争中取得先机，赢得胜利。他们认为，STEM 素养是个体在科学、技术、工程和数学领域以及相关交叉领域中运用个人关于现实世界运行方式的知识的能力（秦炜炜，2007）。显而易见，STEM 素养包含了科学素养、技术素养、工程素养和数学素养，同时又不是四者的简单组合：它包含运用这四门学科的相关能力，把学习到的零碎知识与机械过程转变成探究真实世界相互联系的不同侧面的综合能力。STEM 作为一个有机整体，有其独特的内涵与特征。

二、STEM 教育的核心特征

STEM 教育中四门学科的教学必须紧密相连，以整合的教学方式培养学生掌握知识和技能，并能进行灵活迁移应用，解决真实世界的问题。融合的 STEM 教育具备新的核心特征：跨学科、趣味性、体验性、情境性、协作性、设计性、艺术性、实证性和技术增强性等。

（一）跨学科

将知识按学科进行划分，对于科学研究、深入探究自然现象的奥秘和将知识划分为易于教授的模块有所助益，但并不反映我们生活世界的真实性和趣味性（Morrison，2009）。因此，分科教学（如物理、化学）在科学、技术和工程高度发达的今天已显出很大弊端。针对这一问题，理工科教育出现了取消分科、进行整合教育的趋势。STEM

教育因此应运而生，跨学科性是它最重要的核心特征。

美国学者艾布特斯（Abts）使用"元学科"（meta-discipline）描述 STEM，即表示它是代表科学、技术、工程和数学等学科统整的知识领域，它们存在于真实世界中，彼此不可或缺、互相联系（Morrison，2006）。跨学科意味着教育工作者在 STEM 教育中，不再将重点放在某个特定学科或者过于关注学科界限，而是将重心放在特定问题上，强调利用科学、技术、工程或数学等学科相互关联的知识解决问题，实现跨越学科界限、从多学科知识综合应用的角度提高学生解决实际问题的能力的教育目标。

（二）趣味性

STEM 教育在实施过程中要把多学科知识融于有趣、具有挑战性、与学生生活相关的问题中，问题和活动的设计要能激发学习者内在的学习动机，问题的解决要能让学生有成就感，因此需有趣味性。STEM 教育强调分享、创造，强调让学生体验和获得分享中的快乐感与创造中的成就感。有的项目还把 STEM 教育内容游戏化（将游戏的元素、方法和框架融于教育场景），因为将基于探索和目标导向的学习嵌入游戏中，有利于发展学习者的团队技能、教授交叉课程概念和负责的科学内容主题，可以得到更多、更理想的教育产出（Johnson et al.，2013）。例如，芬兰大学和美国北伊利诺伊大学合作成立了 Finnish-US，在 K-16 阶段开展基于游戏的 STEM 教育。

（三）体验性

STEM 教育不仅主张通过自学或教师讲授习得抽象知识，更强调学生动手、动脑，参与学习过程。STEM 提供了学生动手做的学习体验，学生应用所学的数学和科学知识应对现实世界问题，创造、设计、建构、发现、合作并解决问题。因此，STEM 教育具有体验性特征，学生在参与、体验获得知识的过程中，不仅获得结果性知识，还习得蕴含在项目问题解决过程中的过程性知识。这种在参与、体验中习得知识的方式对学生今后的工作和生活的长远发展会产生深刻影响。例如，我国台湾学者赖恩莹等利用乐高作为模组教具培养学生有关齿轮、力矩等工程概念（lai，Zhang & Wang，2012）。学生通过搭建乐高组件测试相关原理，不仅可以了解物理概念与知识，还在工程设计体验中感受到这些知识的重要作用，将抽象的知识与实际生活连接起来，很好地体现了 STEM 教育的体验性特征。

（四）情境性

STEM 教育具有情境性特征，它不是教授学生孤立、抽象的学科知识，而是强调把知识还原于丰富的生活，结合生活中有趣、有挑战性的问题，通过学生的问题解决完成教学。STEM 教育强调让学生获得将知识进行情境化应用的能力，同时能够理解和辨识不同情境的知识表现，即能够根据知识所处背景信息联系上下文辨识问题本质并灵活解决问题。STEM 教育强调知识是学习者通过学习环境互动建构的产物，而非来自于外部的灌输。情境是 STEM 教育重要而有意义的组成部分，学习受具体情境的影响，情境不同，学习也不同。只有当学习镶嵌在运用该知识的情境之中，有意义的学习才可能发生。教师在设计 STEM 教育项目时，项目的问题一方面要基于真实的生活情景，另一方面又要蕴含着所要教的结构化知识。这样，学生在解决问题的过程中，不仅能获得知识，还能获得知识的社会性、情境性及迁移运用的能力。情境性问题的解决，可以让学生体验真实的生活，获得社会性成长。

（五）协作性

STEM 教育具有协作性，强调在群体协同中相互帮助、相互启发，进行群体性知识建构。STEM 教育中的问题往往是真实的，真实任务的解决离不开其他同学、教师或专家的合作。在完成任务的过程中，学生需要与他人交流和讨论。建构主义指出，学习环境的四大要素包括"情境""协作""会话"和"意义建构"（何克抗，1997）。STEM 教育的协作性就是要求学习环境的设计要包括"协作"和"会话"两要素：让学生以小组为单位，共同搜集和分析学习资料、提出和验证假设、评价学习成果；同时，学习者通过会话商讨如何完成规定的学习任务。需指出的是，小组学习最后的评价环节以小组成员的共同表现为参考，而不是根据个人的表现进行独立评价。

（六）设计性

STEM 教育要求学习产出环节包含设计作品，通过设计促进知识的融合与迁移运用，通过作品外化学习的结果、外显习得的知识和能力。设计出创意作品是获得成就感的重要方式，也是维持和激发学习动机、保持学习好奇心的重要途径。因此，设计是 STEM 教育取得成功的关键因素。美国学者莫里森认为，设计是认知建构的过程，也是学习产生的条件（Morrison，2005）。学生通过设计可以更好地理解完成了的工作，从而解决开放性问题。在这个过程中，学生学习知识、锻炼能力、提高 STEM 素养，因此设计性是

STEM 教育的又一核心特征。科学在于认识世界，解释自然界的客观规律，技术和工程则是在尊重自然规律的基础上改造世界，实现对自然界的控制和利用，解决社会发展过程中遇到的难题。按照科学和数学的规律开展设计实践是科学、数学、技术与工程整合的重要途径。

（七）艺术性

也有人提出 STEAM 的概念，强调在 STEM 中加入"Art"学科。这个"A"狭义上指美术、音乐等，广义上则包括美术、音乐、社会、语言等人文艺术，实际代表了 STEM 强调的艺术与人文属性。STEM 教育的艺术性强调在自然科学教学中增加学习者对人文科学和社会科学的关注与重视，例如在教学中增加科学、技术或工程等相关发展历史，从而激发学生兴趣、增加学习者对 STEM 与生活联系的理解以及提高学生对 STEM 相关决策的判断力；再如，在对学生设计作品的评价中，加入审美维度的评价，提高学生作品的艺术性和美感。概括来说，STEM 教育的艺术性是以数学元素为基础，从工程和艺术角度解释科学和技术。

（八）实证性

实证性作为科学的本质（Nature of Science）的基本内涵之一，是科学区别于其他学科的重要特征，也是科学教育中学习者需要理解、掌握的重要方面。STEM 教育要促进学生按照科学的原则设计作品，基于证据验证假设、发现并得出解决问题的方案；要促进学生在设计作品时，遵循科学和数学的严谨规律，而非思辨或想象，让严谨的工程设计实践帮助他们认识和理解客观的科学规律。总之，STEM 教育不仅要注重科学的实证性，更强调跨学科情景中通过对问题或项目的探索，培养学生向真实生活迁移的科学精神和科学理性。

（九）技术增强性

STEM 教育强调学生要具备一定技术素养，要了解技术应用、技术发展过程，具备分析新技术如何影响自己乃至周边环境的能力。在教学中，它要求利用技术手段激发和简化学生的创新过程，并通过技术表现多样化成果，让创意得到分享和传播，从而激发学生的创新动力。STEM 教育主张技术作为认知工具，无缝地融入教学各个环节，培养学生善于运用技术解决问题的能力，增强个人驾驭复杂信息、进行复杂建模与计算的能力，从而支持深度学习的发生。

三、STEM 课程的跨学科整合模式

在课程方面，STEM 教育代表了课程组织方式的重大变革。目前中小学最广泛应用的课程模式是分科教学模式，即数学、科学等学科教师负责教授各科目，很少重视学科之间的联系。然而，要让学生为未来的职业发展做准备，他们必须超越学科的界限进行思考。有研究表明，学习者接受 STEM 教育有助于获得对数学和科学等内容更加深入的理解（Frykholm & Glasson, 2005）；同时也有助于培养他们获得在真实世界应用这些知识解决问题的能力，因为这些问题从本质上就是跨学科的（Asghar et al., 2012）。因此，STEM 教育的课程设计应该使用"整合的（integrated）课程设计模式"，即将科学、技术、工程和数学等整合在一起，强调对知识的应用和对学科之间关系的关注（Herschbach, 2011）。

（一）跨学科整合的模式

针对 STEM 教育整合的课程设计，美国马里兰大学赫希巴奇（Herschbach, 2011）提出两种最基本的课程模式：相关课程（the correlated curriculum）模式和广域课程（the broad fields curriculum）模式。相关课程模式将各科目仍保留为独立学科，但各科目教学内容的安排注重彼此间的联系。例如，上物理课可能需要学生预先掌握数学概念，数学和物理教师要通过沟通，将这两次课安排在时间节点相近且数学课教学排在前面。相关课程模式与学校目前的课程模式很相近，但最大的区别在于前者需要不同学科之间的教师对课程安排进行详细、周密的协调和计划。

广域课程模式则取消了学科间的界限，将所有学科内容整合到新的学习领域。STEM教育的广域课程模式不再强调物理、化学甚至科学作为独立的学科存在，而是将科学、技术、工程和数学等内容整合起来，形成结构化的课程结构。赫希巴奇指出，最常用的整合方式是通过活动（activities）形成连贯、有组织的课程结构（Herschbach, 2011）。例如，教师围绕建构和测试太阳能小车组织课程。在这样的课堂里，教师通过设计太阳能小车，将科学、技术和工程等 STEM 学科相关知识均包含在内，让学生通过活动进行学习。

总的来说，上述两种课程整合模式各有优劣势。相关课程模式对教师来说比较熟悉，但需要各学科教师之间密切协商与交流；广域课程模式打破了学科间的界限，通过活动促使学生在真实情景中学习各学科的知识，但如何在打破的学科之间取得平衡、建立新

的课程结构对一线教师和政策制定者提出了新的挑战（Herschbach, 2011）。

（二）跨学科整合的基本取向

STEM 教育要求四门学科在教学过程中必须紧密相连，以整合的教学方式使得学生掌握概念和技能，并运用技能解决真实世界中的问题。如何将四门独立学科知识紧密关联实现整合，有三种取向。

1. 学科知识整合取向

分析各学科最基本的学科知识结构，找到不同学科知识点之间的连接点与整合点，将分散的课程知识按跨学科的问题逻辑结构化。将各学科内容改造成以问题为核心的课程组织，通过序列化的问题有机串接起各学科知识，使课程要素形成有机联系和有机结构。

知识整合取向模式一般采用基于问题的学习模式（problem-based learning），强调把学习设计在复杂、有意义的问题情境中，通过学生合作解决嵌入于真实情境中的问题或与真实世界相关的问题，促进学生对所学知识的理解与建构，从而习得隐含于问题背后的科学知识，形成解决问题的技能和自主学习的能力。它可以使学生通过体验知识获得的过程，促进学生元认知能力的发展，通过应用知识解决问题达成对知识的灵活掌握，并能对知识进行社会性、情境性的迁移运用。解决问题的目的是为了掌握蕴含于问题之中或支持问题解决的知识，问题是多学科知识融合的交叉点与整合点，是触发学生学习与探究的触发器，是创新学习的载体。一般来说，问题解决的过程不会持续很长，具体开展的方式方法也会多样化，比如 Web Quest 网络探究、5E 教学法（engage、exploration、explanation、elaboration、evaluation）、研究性学习等。

2. 生活经验整合取向

注重知识的社会功能，也就是基于学习者的需求，以第三次工业革命为代表的知识经济社会所必需的知识与技能为核心整合多学科知识，然后以项目设计与实施为载体，将学术性的学科知识转化为可解决实际问题的生活性知识。基本做法是从儿童适应社会的角度选择典型项目进行结构化设计，让学习者在体验和完成项目的过程中，习得蕴含于项目之中的多学科知识与技能，或从改造和完善现有社会的角度，选择挑战性项目。

这种课程整合方式强调社会实践活动以及社会问题解决能力的培养，强调多学科知识融合到真实的社会性项目中，在项目活动中寻找各学科知识的整合点。因此，项目的过程分析、活动设计等社会分析是核心。

生活经验与社会取向课程整合模式一般采用基于项目的学习模式（project-based learning），以实践性的项目完成为核心，将跨学科的内容、高级思维能力发展与真实生活环境联系起来。项目学习一般以开发最终作品或"人工制品"为出发点，在教师的指导下，学生按自己的设计思路，采用科学的方法完成作品设计。作品设计是项目学习贯穿的主线和驱动力，学生在完成作品的过程中进行检索、讨论、演算、设计、观察等学习活动，并解决一个或多个问题，从而获得知识和技能。作品制作是这种学习的重点，但更为重要的是学生在制作作品过程中获得跨学科的知识和技能，并获得创造性运用知识的社会性能力。

基于项目的学习并非只强调学科知识的掌握，还侧重对教材内容以外知识的体验与经历，旨在丰富学生对事物的认识，注重生活经验知识的增长。整个学习过程应真实可信，是反映真实情境和现实生活的体验性活动，体现将学术性学科知识转化为生活经验知识价值取向。

3. 学习者中心整合取向

这种模式不强调由教师预设问题或项目，而由学习者个体或小组调查、发现问题。它不仅强调解决问题能力的培养，还强调发现问题的创新能力，是一种依据学习者需求，以学习者生活经验为基础寻找各学科整合点的模式。它强调学习者成就感与自我效能感，强调学生好奇心与兴趣的维护与保护，强调分享、创造的愉快。在理念上，它清晰地体现了教育的人本主义思想。

学习者中心取向整合模式采用学生主导项目的方式，学生以个人或小组为单位提出任务，任务内容需要学习并运用跨学科知识。学生在项目问题解决过程中，教师发挥协调、指导、检查、监督、计时和评价作用。其优点在于能力较强的学生可以摆脱传统的结构化课堂教学对个人学习与设计活动的约束，能更好地发挥个人能力；缺点在于能力弱的学生会对学习过程中的自由度不适应，需要教师更多的指导；同时由于项目任务非结构化，所以很难实现对学生技能最终结果的全面评估。

学习者中心取向整合模式强调创设学习者可以主动介入、研究与发现的丰富教育环境，让学生在蕴含丰富STEM知识的环境中进行交互、探究与发现，创造意义、学习知识，在建构性的环境设计中寻找蕴含STEM知识的整合点。

4.三种整合取向的共性问题及应对

上述三种课程整合取向代表了课程的知识属性、社会属性与人本属性的不同侧面，它们相互联系、相互补充，没有绝对的优劣，各有适合的领域与对象，在课程跨学科整合的实践中应该配合使用多种取向。

不管采用哪种取向的整合模式，将知识情境化与社会化都是其优势，但各学科原有知识体系结构的劣构化是它们面对的共性问题，容易造成学生学习知识结构的不均衡，可能某些知识掌握得较好，有些知识却没有触及（因为所学项目没有覆盖）。这种基础知识的结构性偏差对于中小学生是个很大的问题。创新精神与实践能力培养的可持续性，其根源还在于学习者有良好的知识结构，并能不断自我完善和发展。基础教育领域知识的结构性缺失，会给儿童一辈子的成长带来障碍。因此，STEM 的跨学科整合，一方面要将分学科的知识按问题逻辑或项目逻辑进行跨学科重组，另一方面又要确保设计的问题和项目对所有学科基础性知识结构的全面、均衡的覆盖。设计和实施 STEM 跨学科整合的课程，要在学科知识的系统性与解决实际问题/项目中所获知识的随机性之间保持一定的张力和平衡，基于整体知识结构的系统性设计问题，使各问题之间包含的学习议题（如专业概念、原理等）多次地相互邻接和交叉重叠。

在此过程中，知识地图技术是很好的课程设计工具。知识地图可以对课程的核心知识及其关系予以可视化展示与管理。设计具体学习问题或项目时要对其涵盖知识进行分析，并与知识地图进行关联。当所有学习项目都与知识地图关联时，通过结构化的知识地图，学生可以清晰地了解每个知识点上学习项目覆盖的频次与强度，如果某知识点出现结构性缺失，可以通过定向覆盖的学习问题或项目设计进行平衡调节。

（三）跨学科整合的项目设计

STEM 跨学科整合最核心、最重要的工作是项目或问题的设计，如果没有良好的结构化项目设计，会导致学习困难、效率不高、挫折感强、学习收获不大等一系列问题。

STEM 项目设计强调将知识蕴含于情境化的真实问题中，强调调动学生主动积极地利用各学科的相关知识设计解决方案，跨越学科界限提高学生解决实际问题的能力。

STEM 教育建立在建构主义和认知科学的研究成果之上（Sanders, 2009）。布鲁因（Bruning, 2004）等人指出，STEM 教育与认知科学的主张一致：（1）学习是建构而不是接受的过程；（2）动机和信念在认知过程中至关重要；（3）社会性互动是认知发展的基础；（4）知识、策略和专门技术是情境化的。由此可见，STEM 教育是一种典型的建构主义教学实践：为学习者提供学习情境，让他们积极地建构知识，从而强化对知识的记忆和促进迁移；以小组为单位进行活动，为知识的社会建构提供优越条件（Sanders，2009）。因此，实践 STEM 教学模式首先要符合建构性学习所强调的探究、发现、协助等基本要求。

可以说，STEM 教育是一种典型的建构主义教学实践，本文参照基于建构主义的教学设计模式（余胜泉等，2000）尝试提出一种 STEM 项目设计模式。本模式在"教学分析"的基础上，以"项目或问题"为核心立足点，设计项目完成或问题解决过程中的学习资源与工具、学习活动过程、学习支架、学习评价等关键环节，同时关注项目完成后，学生获得知识的系统化与结构化迁移，并有相应的强化练习与总结提升。

1. 教学分析

在教学设计前期，教师需要对以下三个方面进行细致分析：（1）教学目标；（2）学习者特征；（3）跨学科知识地图（学习内容）。分析教学目标是为了确定学习主题，对课程的三维目标做具体描述。分析学习者特征是为了确保项目设计适合学生的能力与知识水平，对学习者的智力因素和非智力因素进行充分分析。STEM 教育强调学习要完成真实情境中的任务，而要确保任务中包含教学目标，就需要对学习内容进行深入分析，明确所需学习的知识内容、知识内容间的结构关系和知识内容的类型。这可以通过绘制学习内容的知识地图，展示跨学科知识之间的关联，为整个课程知识均衡覆盖提供基础。

2. 学习任务设计

学习任务是整个 STEM 教学设计模式的核心和立足点。STEM 教学是基于现实情境的，需要学习者置身于真实、非良构的学习任务中。学生学习的过程就是解决实际问题和完成实际项目的过程，问题或项目构成了驱动学习的核心，而不像教师讲授那样充当概念、原理的例子。学习任务可以是问题或项目：它们均代表连续性的复杂问题，并要求学习者采取主动、建构、真实情境下的学习方式。

学习任务一定要放在特定情境中呈现，需要将设计的问题在特定情境中具体化。由于教科书中的知识是对现实生活的抽象和提炼，所以设计学习情景就要还原知识的背景，恢复其原来的生动性、丰富性，有时同一问题在不同情景中（不同的工作环境、社会背景）的表现是不同的。STEM 教学要基于前面的教学分析结果，对学习情境进行设计，使得学习问题能够与真实学习情境相融合，不处于分离或勉强合成的状态。

3. 工具与资源设计

问题解决或项目完成需要学习者在大量信息基础上进行自主学习、意义建构，因此设计适宜的学习环境和丰富的学习资源与工具是 STEM 教学设计必不可少的环节。学习环境设计主要包括教学中需要用到的设备、器材和各种信息化工具，如目前广受关注的 3D 打印机、开源电路板等，还需要一些用来支持或指引扩充思维过程的认知工具，如 Scratch 可视化程序设计工具、概念图工具、SPSS 数据分析工具、网络沟通工具、三维建模工具等。学习资源方面，教师需要设计：（1）了解有关学习问题的详细信息和必要的预备知识；（2）学生在解决学习问题过程中可能需要查阅的信息（为了对学生学习更好地提供指导）；（3）强化练习材料（用于学习者在教学活动实施后进行强化练习，从而检测、巩固、扩展所学知识）。

4. 学习支架设计

STEM 教育重视学习者学习主体地位的同时，也不忽视教师的指导作用。STEM 教师既需要保持对各个教学环节的控制、管理、帮助和指导，又需要从课堂主角变为幕后导演，成为学生意义建构的帮助者、促进者。学生在问题解决过程中，不同学生所采用的学习路径、遇到的困难也不相同，教师需针对不同情况给予及时反馈和帮助，指导学生开展独立探索或协作，调动学生参与的主动性；学生在自主学习中，面对丰富的信息资源易出现学习行为与学习目标的偏离，对此，教师要在问题解决过程中设置关键的控制点，规范学生学习，同时也有利于学生反思、深化所学知识。因此，针对学生问题解决过程中可能遇到的困难，教师提供起支撑、承载、联结等作用的支架，是确保学生在最临近发展区内进行学习并解决问题的关键。

在 STEM 教育项目中，支架可以保证学生在不能独立完成任务时获得成功，提高能力水平以达到任务要求，帮助他们认识到潜在发展空间。支架让学生经历一些有经验的学习者（如教师）所经历的思维过程，有助于学生对知识特别是隐性知识的体悟与理解。学生通过内化支架，可以获得独立完成任务的技能。支架还可以展示学习任务的真实情境，让学习者感受、体验和进入复杂的真实情境。典型的支架包括（闫寒冰，2003）：情境型支架，设置情境帮助进入学习；问题型支架，创设问题情境，引发思维；实验型支架，演示实验、学生实验、家庭实验等；信息型支架，包括教师已有知识、网络知识、材料等；知识型支架，主要是提供评价和产生新的经验和信息的框架；程序型支架，是指做事的顺序；策略型支架，指在不同教学条件下，为达到不同教学效果所采用的手段和谋略；范例型支架指典型事例和范例；训练型支架指通过指导和练习强化学生认知理解，提升学生学习能力。

5. 学习活动设计

学生是在完成STEM教育项目过程中获取知识、认识客观世界的，不是直接从书本或教师处获得知识的，认知与学习发生在完成任务和解决问题的过程中，是通过学习活动这一中介体完成的。因此，有效的STEM教育项目设计，必须以有效的学习活动为中介，促进知识的内化，只有这样才能真正提高学生学习效率，促进学生学习的发生。

STEM学习活动设计，就是教师根据教学目标、教学内容、教学情境灵活选择和设计学习活动，让学生通过参与活动进行学习。不同教学模式往往从不同教学环节和程序安排上显示其特征，每种教学模式都有其自身相对固定的活动逻辑步骤和每阶段应完成的教学任务。不同活动序列组合自然形成不同的教学模式。

6. 学习评价设计

教学评价包括形成性评价和总结性评价。为了在教学活动过程中更好地达到教学目标，教师需要在教学过程中不断进行形成性评价。形成性评价偏向于使用量表、行为观察和知识测验等形式了解阶段性的教学成果和存在问题，及时对教学实施方案进行修改、完善。总结性评价一般安排在教学活动告一段落后，为检验学习效果是否达到预期的教学目标而进行的评价。STEM教学侧重于培养学习者解决实际问题的能力，比传统的纸笔测试更加灵活多样并关注学习者的真实能力。例如，它可以对小组合作完成的作品按事先制定的评价标准，由教师或小组间进行评价。形成性评价和总结性评价服务于不同目的，没有孰轻孰重之分，两者均起着举足轻重的作用。

评价过程要改变以往单一的评价方式，强调多元评价主体、形成性评价、面向学习过程的评价，由学生本人、同伴、教师对学生学习过程的态度、兴趣、参与程度、任务完成情况以及学习过程中形成的作品等进行评估。

7. 总结与强化练习

项目结束后需要适时进行教学总结，促进学习者将零散的知识系统化。STEM教学关注现实问题，着力跨学科运用知识，因此更需要对涉及的知识进行总结，将STEM学习的产出从现实问题解决延伸到抽象的知识层面，让学生形成一定的知识体系和结构。教学总结可以由教师独立进行，也可以采取教师指导下学生小组合作汇报等形式进行。

完成教学总结后，教师应根据小组评价和自我评价结果，为学生设计一套可供选择并有针对性的补充学习材料和强化练习。这类材料和练习应精心挑选，既要反映基本概念、基本原理又能适应不同学生的要求，以便通过强化练习纠正原有的错误理解或片面认识，最终达到符合要求的意义建构。

8. 项目方案试用与改进

项目实施过程中，一方面要严格按照设计的方案实施，确保教学方案的执行；另一方面，要根据现实教学条件和形成性评价的结果不断修订设计方案，保证灵活性。

四、结语

随着创客在中国的火爆，创客教育出现让人担心的大跃进现象。不遵循教育规律，一窝蜂让学生学习开源电路板、3D 打印、机器人等，过分关注技术的炫酷，缺乏科学的教育设计，缺乏基础性学科知识融合注入，使得创客教育变成学校秀场，出现了泡沫化苗头。因此，本文追根溯源，对 STEM 教育进行梳理和研究。

STEM 在国内还是个新兴领域，但在国外已经受到广泛关注，并有成熟的研究与实践，值得我们借鉴。针对国内 STEM 教育尚未形成完整的理论体系和操作性强的模式的现状，本文通过对国内外现有研究的梳理，总结了 STEM 教育的九大核心特征，并对 STEM 的课程整合模式和整合取向进行分析，然后尝试提出 STEM 项目设计模型，希望能够引起业内的关注、批评和争鸣，促进 STEM 教育实践的健康发展。

值得指出的是，在 STEM 跨学科整合设计中，容易出现学科知识结构性缺失的不足，本文提出通过学科知识地图对项目设计进行总体规划，实现跨学科知识的均衡覆盖。STEM 教育在实施过程中，容易出现伪探究、伪问题解决的状况，从而导致学生挫折感强、形不成系统的知识结构、教师主导地位严重缺失等问题，本文在项目设计中特别强调了总结与强化练习环节。这些针对性的改进措施，以及借鉴中国传统教育在知识掌握方面的优势，可为其他国家的 STEM 教育实施提供参考。

选自《开放教育研究》2015 年 04 期

关联拓展阅读之四

世界级教育创新项目：回归教育的本源

腾讯教育

谈到教育创新，许多人常常会联想到城市和儿童、精英化和高科技，但是 WISE 教育项目奖的获奖案例再次告诉我们，教育创新可以低成本、规模化的方式惠及农村贫困地区的各个年龄层。这些案例大多以问题为导向、将教育联系生活，运用可推广的科技手段让更多的人接触到更为优质的教育资源，更好地享受教育的权利和社会的关怀。与此同时，这些案例也告诉我们，世界各地无论贫富，只要我们勇于面对问题，敢于做出改变，那么教育创新离我们并不遥远！

在中国，像 WISE 本届获奖案例的教育创新实践也不在少数，他们通过自身的努力尝试解决中国农村的教育公平问题。在今年 4 月首届 LIFE 教育创新峰会上，这些教育创新的实践者们汇聚一堂，进行了精彩的展示和热烈的交流，让世界更好地看见中国教育创新的力量，也让中国教育创新的经验走向世界。

2015 年 WISE 教育项目奖揭晓——6 项教育创新项目斩获大奖

旨在推动全球教育创新与合作的世界教育创新峰会（World Innovation Summit for Education，简称 WISE）揭晓了 2015 年度 WISE 教育项目奖的 6 个获奖项目。自 2009 年设立以来，WISE 一直致力于表彰并推广最富成效的实践方案，以应对全球教育领域面临的迫切挑战。WISE 教育项目奖收到了来自全球各地的申请，最终，6 个获奖项目由教育界专家组成的评审团从 15 个入围项目中选出。

本次获奖的 6 个项目着重应对读写能力、特殊教育、教育资源覆盖面和就业等方面的挑战。

一、AL-Bairaq STEM 学科教育计划：培养未来的理工科人才

来自卡塔尔的 AL-Bairaq STEM 学科教育计划旨在培养学生的创新创业能力，带领中学生开展科学实践活动以近距离体验 STEM（科学、技术、工程和数学）科学家的工作，并给予他们投身 STEM 领域的契机。2015 年，AL-Bairaq 获得世界教育创新峰会（WISE）教育项目奖。

AL-Bairaq 是一个非传统的教育项目，旨在支持卡塔尔构建知识经济的努力，充实卡塔尔的人力资本，并通过创新、创业和应用研究提高国家竞争力。

近期的不少研究发现，大量卡塔尔学生在高中阶段对数学和科学学科失去兴趣。AL-Bairaq 致力于将中学生沉浸在科学实践活动中，增加对科学家的欣赏和认同感，提高他们对科学的兴趣。

AL-Bairaq 由卡塔尔大学发起，向所有感兴趣的中学生开放。学生用一到三个月的时间，与小组一起完成一个研究项目，卡塔尔大学的教授为他们提供指导。至今，研究课题涵盖运动科学、纳米科学、高分子、复合材料等领域。研究项目结束后，学生会受邀汇报他们的成果，而听众包括企业家和政府官员。

这一项目提高了参与者的自信心、领导力和问题解决能力。学生与专家合作，分析数据并开发新产品。

第三方调研的数据表明，该项目有效鼓励了学生今后投身科学。参加项目的学生从 2010 年到 2011 年的 7 所学校 243 个学生，发展到了 2013~2014 年的 38 所学校 946 个学生。

二、桥梁国际学院：将世界级教育带给最贫困的孩子

通过前沿的课程设计、学校管理和本地教师培训，肯尼亚的桥梁国际学院为优质而低价的教育创立了标准模式，将世界级的教育带入了贫困社区。2015 年，桥梁国际学院获得世界教育创新峰会（WISE）教育项目奖。

优质教育就一定要付出高昂学费吗？有没有可能花更少的钱，让更多人获得更好的教育？

香农·梅（Shannon May）给出的答案是：规模化。她在肯尼亚创办的连锁低价学校"桥梁国际学院"（Bridge International Academies）常被比作麦当劳或星巴克：教案由总部"调制"好后统一"配送"，将世界级教育带入最贫困的社区；并利用技术和数据，保证每一所学院都能提供同等优质的教育。桥梁国际学院的学费是每月 6 美元，低于当地

70% 的私立学校；优秀的学子还可以获得奖学金。自 2008 年创办以来，桥梁国际学院已经成为非洲最大的连锁私立学校，并继续以惊人的速度扩张：每 2.5 天，就有一所新的学院开办。连锁学校很快开到了乌干达、尼日利亚和印度。2025 年，桥梁国际学院计划为 12 个国家的 1 000 万儿童提供优质而低价的学前和小学教育。

充分利用科技和数据。在肯尼亚，公立学校教师的缺勤率高达 47%，每天的平均授课时间只有 2 小时 19 分钟。65% 的教师都不合格——他们甚至连自己所教科目的考试都通不过。教师缺勤和教学质量的低下导致很多已经从小学毕业的孩子连二年级的读写水平也达不到。怎样快速而有效地解决这个问题？

桥梁国际学院想到了一个简单易行的办法：既然当地老师缺乏学科知识、不会教课，那就把专为他们设计的教案发到他们手里，一步一步地指导他们教学。教案由负责教学设计的"专家教师"（Master Teacher）编写。这些像剧本一样详细的教案由总部"调制"，然后"配送"到为每一个老师配备的平板电脑上。每个学期，"专家教师"都会结合最先进的教学法设计出 5 000 份教案和多种教材、练习册、学习工具、试题等，而负责实地教学的"学院教师"（Academy Teacher）根据这些内容授课，确保每一个孩子都积极参与课堂互动。有了这些和总部联网的平板电脑，"专家教师"可以和"学院教师"及时沟通，并实时跟踪课堂进展和学生的学习成效。

科技不仅可以用来降低教育成本，也可以用来提高教学质量。桥梁国际学院利用严谨的研究、技术和数据分析，将高质量教育的整个"供应链"标准化并规模化。第三方评估证明，桥梁国际学院的模式极大地提高了教学质量和学习效果。总部通过对每个课堂进度的实时跟踪，迅速调整和改善教案，教师缺勤率也降到 1% 以下。

可持续的商业模式。在肯尼亚，公立学校的学费高达每月 12 美元。因为公立学校普遍质量低下，51% 的家庭最终选择把孩子送进私立学校。然而，由于管理不善，很多私立学校在运行仅仅几年后就关门大吉。香农·梅很清楚，用更少的钱提供更好的教育的最有效方法，就是规模化。开发世界级的课程内容需要投入大量经费，只有迅速达到前所未有的规模，才有可能把每个学生的学费降到每月仅 6 美元，让 88% 的家庭有能力把家里所有的孩子都送进校园。在桥梁国际学院之前，还没有任何一个商业模式在当地取得如此巨大的成功。桥梁国际学院利用数据和技术实现了高效的管理。每一所学校都只有一名负责管理工作的"学院经理"。大部分行政任务——比如给老师发工资、管理开支等——都通过学院经理的手机应用集中到总部进行自动化处理，而这些都和 ERP 管理软件连接。学院经理得以从繁杂的行政工作中解放出来，把精力集中在更有意义的事情上，比如监督课堂教学、与学生家长沟通、与当地社区建立联系等等。"高质量教育＝高学费"。桥梁国际学院的创新模式打破了这个等式，将前沿的课程和教学思想带进了每一个村庄、每一个贫民窟、每一间教室。

三、Nafham：阿拉伯世界的"众教"平台

Nafham 是一个鼓励同侪教学的"众教"平台，每个人都可以上传教学视频，并由专业教师进行审核以保证质量。Nafham 不仅集众人之力，让更多学生获得了优质的教育资源，而且给学生创造了一个自己当老师的平台，在教别人的过程中学得更好。2015 年，Nafham 获得世界教育创新峰会（WISE）教育项目奖。

著名的物理学家和教育家弗兰克·奥本海默曾说："教是最好的学。"如果你想掌握好一门知识、一项技能，最有效的办法就是把这门知识、这项技能教给别人。

Nafham 就是这样一个鼓励同侪教学的"众教"（Crowd-teaching）平台。无论是老师、家长还是学生，都可以上传 5 至 15 分钟的视频，讲解一堂课或者一个知识点。Nafham 每个月都会举行比赛，用户可以通过上传教学视频或解答别人的提问获得积分，登上排行榜。

人人教我，我教人人。在埃及，很多公立学校无法为学生提供优质教育，也不能满足他们的个性化需求。因此，即使是并不富裕的家庭也不得不投入一大笔费用请昂贵的家教给孩子补课。很多阿拉伯国家都面临同样的问题。

学校里学不到东西，家教又请不起，怎么办？Nafham 提供了一个全新的选择。在阿拉伯语中，Nafham 的意思是"让我们弄懂它"。它是一个来自埃及的免费在线平台，为中小学生提供通过众包方式获取的教育视频。Nafham 集众人之力，搜集、编辑、传播视频资源，人人可参与，人人可获取。目前，平台上已经有超过 2.3 万个视频，覆盖埃及、沙特、科威特、阿尔及利亚和叙利亚的教材，并以年级、学期、学科分类，便于搜索。用户可以在 Nafham 的网站上上传和观看视频，也可以下载 Android 或 iOS 应用。Nafham 最近也推出了智能电视应用。

除了让更多人获得优质资源，Nafham "众教"模式的另一个好处就是让学生参与到创造课程的过程中，既帮助了同龄人，又能让自己更牢固地掌握知识。

四、"教育！"体验式学习：培养非洲的创业家

在乌干达，"教育！"通过与当地学校和政府合作，建立创新、经济的体验式学习模式，以培养青少年的创业精神。2015 年，"教育！"体验项目获得世界教育创新峰会（WISE）教育项目奖。

"教育！"是乌干达的一个体验式学习项目。参加项目的中学生在导师的指导下，创办自己的小型企业。"教育！"鼓励学生动手实践，培养他们的创业能力和就业能力。通过与学校和政府的合作以及对教师的培训，"教育！"的创新模式正迅速扩展到撒哈拉以南非洲的其他国家。

为生活做准备。项目创始人认为，教育应该为生活做准备，而不是为考试做准备。全球有 3.1 亿年轻人没有工作，大部分是因为教育和就业市场需求的脱节。这一问题在非洲尤为严重。由于没有正式工作，90% 的非洲青年将只能在灰色经济中工作。中等教育提供了巨大的机遇，去利用未开发的资源来推动变革。

"教育！"与乌干达全国各地的中学合作，提供创新的、有影响力的、经济有效的教育模式。这种教育模式以学生为中心，帮助他们为未来做好准备。在过去五年中，该项目培养了乌干达中学生的 21 世纪技能，很多参与项目的学生创办了自己的企业，提高了生活水平。通过直接影响青少年、教师能力建设，并在整个教育体系中推广该模式，"教育！"正在变革非洲的中等教育。

"教育！"的模式基于三个核心：可规模化，可持续性，可测量的影响力。"教育！"项目开发的课程已经被列入乌干达国家创业课程标准。项目开发了自己的测量工具，也邀请第三方组织进行独立评估。评估的标准有四个方面：（1）学生的生活状况是否切实改善；（2）是否创造了更多的工作和创业机会；（3）是否提高了社区参与；（4）21 世纪技能是否提高。"教育！"项目内部的评估显示了项目对前两届学生的影响力："教育！"项目的毕业生中，94% 的学生已参加工作、读大学或创业。"教育！"项目毕业生的收入是同龄人的两倍，创业的概率比其他人高出 64%。"教育！"项目之后 10 年的计划是推动系统的变革，在 6 个非洲国家形成政策性的影响，呼吁更多体验式学习和以技能为导向的学习。

五、会说话的书：为乡村不识字人群提供知识的有声设备

"会说话的书"（Talking Book）其实是一个价格低廉、低功耗、支持互动的有声设

备，为加纳乡村地区不识字的人群提供农业和健康方面的知识。2015 年，"会说话的书"获得世界教育创新峰会（WISE）教育项目奖。

谁说创新一定要高大上？在不通电、不通网、没有手机信号的加纳乡村地区，接地气的创新才能真正解决问题。

会讲故事的百科全书。在识字率极低的撒哈拉以南非洲地区，口口相传是最主要的信息传递方式。加纳有一家名叫"识字桥"（literacy Bridge）的非政府组织开发了一种价格低廉、低功耗的有声电子书，用以在乡村地区传播与当地需求密切相关的农业知识和防病信息。

有声电子书其实是一种低成本的音频电脑，它不需要联网，也不需要电源，为用户提供健康、教育和农业新技术方面的建议和指导，从而切实改善他们的生活。内容的形式多种多样，有访谈、歌曲，也有戏剧、故事。

加纳上西区的识字率在 10% 以下，近 60 万人生活在偏远农村地区。在有声电子书试点项目的参与者中，有 77% 的成年人从来没有上过学。虽然广播的覆盖面很广，但播过的内容很容易被人忘记，错过了也不能重听。相比于广播，想什么时候听就什么时候听、想听几遍就听几遍的有声电子书具有明显的优势。

可编程的移动教师。用户可以在设备上录音，分享新信息。但是，有声电子书可不仅仅是一台录音机。它其实是一台可编程的电脑，用户可以在上面创建和运行各种"音频应用"。与一般的录音不同，这些应用支持用户与设备互动。比如，你可以在设备上创建多选题、音频超链接和各种互动游戏。

有声电子书采用锌碳电池供电，可以支持 12 到 15 小时的使用。每台电子书内部都有一张 micro SD 存储卡，可以存储 17 到 70 小时不同语言或方言的音频文件。任何两个设备都可以互传音频。

点对点的解决方案。在某一地区投放有声电子书之前，"识字桥"会首先调研该地区的具体情况和面临的问题，并有针对性地调整有声电子书的内容。通过与当地政府和非政府机构合作，有声电子书总能提供与当地居民生活密切相关的实用知识。

目前，已经有 40 000 人拥有"会说话的书"，覆盖加纳的 50 个农村、5 000 个家庭。

六、手语视频书：为失聪儿童讲一个睡前故事

阿根廷的手语视频书为失聪儿童教育提供了革命性的工具。视频书用当地手语录制，每本"书"都配有旁白和字幕，以便失聪儿童与家庭共享阅读的乐趣，融入有声世界。

2015 年，手语视频书获得世界教育创新峰会（WISE）教育项目奖。

据统计，90% 的失聪儿童都面临与家长或老师的沟通障碍，难以融入有声世界。在阿根廷，80% 的失聪者都是功能性文盲。Canales 是阿根廷的一家非政府组织，专门为失聪儿童录制手语视频书。Canales 还创建了第一座阿根廷手语视频书在线图书馆。

为失聪儿童开一扇门。90% 以上的失聪儿童都有听力完好的家长和老师。失聪儿童通常不能参与对话，没有办法和家长、老师有效交流，在语言和思维发展上面临明显的挑战。在那些没有任何智力障碍的失聪儿童中，功能性文盲的比例依然居高不下。

在阿根廷，学校普遍缺乏针对这一人群的教学资源和工具；学校已有的特殊教育资源通常仅仅针对有智力障碍的儿童。而最脆弱的是那些生活在农村地区的听障或失聪儿童。残障导致他们被社会隔离，使他们成为功能性文盲，并导致失业，让他们的身心健康受到伤害。他们接受高等教育的机会也比其他孩子少很多。

怎样改变他们边缘化的状况？怎样弥合他们在语言发展上的鸿沟？

用阿根廷手语"写"成的视频"书"通过文学和教育，为失聪儿童打开了一扇通往有声世界的大门。每本"书"都配有旁白和字幕，以便失聪儿童与听力完好的其他家庭成员共享阅读乐趣。目前，Canales 已经制作出两个当代图书和经典故事的选集，另一个面向青少年的故事集正在制作中。

视频书是一个独具创新性的项目。它利用科技，让常常被边缘化的失聪儿童获得新知，享受听故事的乐趣。每个月，都有来自 40 个国家的用户访问视频书的网站，大多数用户来自拉丁美洲。目前，已有 12 000 名失聪的青少年儿童从该项目中受益。

关联拓展阅读之五

怎样给孩子面向未来的教育

古典（新精英生涯执行总裁）

在瞬息万变的时代里，优秀教师一定要有预见未来的能力。因为教育是帮助一个孩子在未来的生活中更成功地寻求自己的幸福，如果我们现在的教育不能为孩子的未来奠基，那我们的孩子30年后一定会被全新的社会所抛弃。"教孩子3年，一定要为孩子未来想30年"，做教师就要有这种责任情怀。

新世界正在降临，我们还在以旧世界的规则教育孩子吗？30年后职场大变，怎样给孩子面向未来的教育？

未来30年孩子所面临的职业世界会是怎样的？

2040年的职业环境将从信息时代转向概念时代，改变会更多、更猛，更快、更不可测，是以幸福与自我实现为核心的生涯。我们都希望孩子不要输在起跑线上，那么我们当下对孩子的教育，真正能够让他们胜任这么一个理性减退、概念增加，专业、行业、职业都迅速变化，真正追求幸福，而不是追求成功的年代吗？未来世界的主人翁到底需要什么教育呢？

一、什么是教育

在一开始我先来谈一个问题，就是教育的英文单词 Education 是怎么来的。我在新东方讲过词汇，这个单词是苏格拉底发明出来的，是三个词根的拼写，前面那个"E"是向外的意思，"duce"是引导，"tion"是名词，引导出来。所谓的教育就是把一个人的内心真正引导出来，帮助他成长成自己的样子。

我讲个故事，去更好地阐明"leading out（引导出来）"这样一个好的想法。一个美国的联邦大法院，前边坐着两个人，一个是4岁的黑人小姑娘，一个是她的母亲。他们很高兴地举着这张报纸，上面写的字是：最高法院今天禁止了在中学里面发生的种族隔离制度。在 1956 年，小姑娘想去自己社区里面的白人学校被拒绝。

这个法案的执笔人叫布朗，布朗法官第一次清楚地在法律文件中阐明了教育的观点：教育是帮助一个孩子在未来的生活中更成功地寻求自己的幸福（注意，是他本人的幸福，不是他家的，不是他们学校的），而不是为社会机器塑造一个合适的螺丝钉。当我看到这句话的时候热泪盈眶，终于有一个人告诉我：我从小到大所受的教育，不是为了成为一个社会机器的螺丝钉，而是为了 leading out，让我心里那个最好的自己走出来。教育应该是倾听孩子的声音，帮助他成为他自己，帮助他在未来生活中找到他要的幸福。

二、未来的世界是一个怎样的世界

未来世界，创新与创意能力将更加重要。

现在我们的所有教育都希望孩子不要输在起跑线上，但是我要问的是，未来的世界是一个怎样的世界？各位有没有意识到，今天的小学生真正在人生的顶峰、最需要小学所教的能力，是什么时候？其实不是高考的时候，而是 35 岁的时候，这一辈子他在职业最顶峰的时候，最需要运用到一些从小到大学习的人际技能。

所以今天所讲的人才，是要适应他 35 岁也就是 2040 年的社会，而不是适应 16、18 岁高考时候的人才。那么未来的世界是一个怎么样的世界，今天的孩子到那个时候在追求怎么样的生活？有没有可能其实每一个小孩都没有输在起跑线上，而未来其实是一场游泳比赛呢？我们努力让他拼命往一个起跑线上奔跑，但是其实未来就不需要跑步，可能出现一个全新的规则。

2040 年的职业环境应该是怎么样的？第一个是从信息时代转向概念时代，这是棋王大战深蓝电脑，就是一个计算机跟一个棋王下了 6 盘棋，现在是 3 比 3 还在下。4 年前富士康痛定思痛，决定把整个富士康机器人化，这些机器人 24 小时不眠不休也不会跳槽又不会抱怨，还不会要求涨薪。在过去 20 年间，在信息时代的很多重要工作，在未来 20 年会极大程度地被电脑所取代，而到那个时候，所有做这些工作的人都有可能失业。比如现在很多人都趋之若鹜的银行柜员，5 年、10 年之后，这个职位就会越来越少，如果你没有别的技能，会非常尴尬。

逻辑分析能力是信息时代的核心，而概念时代是什么呢？是高概念化、高感性。举个例子，麦肯锡是全世界最大的企业咨询公司，1993 年员工有 67% 是 MBA，2003 年这个比例已经降到了 41%。现在 10 年过去了，还在继续往下降，那么是什么人填补了麦肯锡这些头脑一流的 MBA 呢？是麦肯锡增加了很多 MFA（Master of fine art），就是艺术硕士。麦肯锡意识到，他们的调查报告必须要用艺术的方式来表达，于是很多 MFA 慢慢替掉了 MBA。

更加好玩的是，有几个公司现在很火吧，一个是苹果，苹果靠什么，靠程序员，靠工程师吗？不是，靠的是好的理念，是不是靠概念取胜的呢？第二个是小米，小米靠什么？小米背后没有很雄厚的产品工厂，但最核心的是依靠很雄厚的粉丝营销和参与感，是不是靠感知来运作的，是不是靠逻辑呢？再比如之前的海底捞。

信息时代向概念时代推进的时候，那些原本仅靠知识和逻辑工作的人，基本逐渐就会被电脑所替代，越来越贬值，而那些只有人能做的工作，才能够真正地做起来。计算可以被电脑完成，但是创意不能。

第二个改变就是改变会更多、更猛，更快、更不可测。2010 年，中国中小企业的平均寿命是 2.97 年，世界五百强是 40 年，而世界一千强是 30 年，而你们的职业生涯有多长呢？如果 25 岁参加工作，65 岁退休，那就是 40 年。这意味着如果你一毕业就创业，一创业就创成了世界五百强，那么在你退休的那一年，公司正好倒了。

所以当世界五百强都只有 40 年寿命的时候，你就会更明白，未来的孩子不可能不换工作，他这一辈子一定会至少换五到七份工作，而且换两到三个行业。其实不仅公司命短，行业的命运也如此。一辈子在一个公司，一个行业会变得越来越难，这个时候如果我们还教他在大学期间做好一个专业，你觉得是不是有可能是对他的诅咒和害他呢？

第三个改变是以幸福与自我实现为核心的生涯。中国和美国的 GDP，2008 年中国人均 GDP 是 3 400 美金，2013 年人均 6 470 美金。预计到 2016 年的时候中国人的平均 GDP 到 8 000 美金，2025 年中美的 GDP 就会接近，2040 年就会持平。但是很遗憾，从 1994 年开始，中国人的平均幸福感就没什么明显上升，甚至有几年还会下降。这一点我想不用给数据，大家已经有感觉。

为什么 3 000 美金和 8 000 美金这两个数据这么重要？因为在经济学上有一个很重要的观察现象发现，3 000 美金是一个国家开始现代化的界限，意味着一个国家和民族挣脱了贫困，开始过得小康和幸福，所以中国大概是 2008 年的时候过了小康。8 000 美金也是经济学上公认的一个拐点，在这个点之后，幸福和经济收益没有显著的正相关，也就是说再过一两年我们不管怎么挣钱，都不会过得更加幸福。我们的幸福感不会随着我们的收入开始上升了。

所以，我想下一代人一定不会像我们这代人，追求房子，追求安全感，追求生存，追求赚钱，那他们为了追求什么？他们会真真正正地代替我们开始追求幸福，我们这一辈子觉得有点小奢侈的话题。

这其实也符合马斯洛的需求层次理论。马斯洛的需要层次分成三个：底层的生存、中间的社交和高层的自我实现。人的主要需求是出现在 14 到 18 岁这段时间，他的需求会慢慢固化下来。"60 后"主要是什么需求？他们的童年经历了自然灾害，经历了"文革"的前期，所以这拨人最核心的就是生存需求和尊重需求。"70 后"不太一样，"70 后"前半段的人存在着理想主义，因为那时候谁都穷，但后半段的人就开始下海了，开始追求成功，所以"70 后"是中国最纠结的一代人，他一会儿特别浪漫主义、诗人，一会儿又挣钱挣钱，是最纠结的。

"90 后"完全不一样，"90 后"有没有安全的感受？没有。有没有被认同的需求呢？"90 后"是第一批公开在网络上承认自己是脑残、屌丝，承认对方是女神的一代。心理学上，一个人的内心要极其强大，才敢自贬到这个样子。"90 后"早就被爸爸妈妈、爷爷奶奶、姥姥姥爷六人天团天天关注，认同感需求已经爆棚了。所以"90 后"就呈现出强烈的自我实现需求，虽然这很困扰着我们，但是从好的方面来看，如果把整个家族作为一个人来看，其实"90 后"在很大程度上是实现了整个家族从开始的安全感走向自我实现、被认同的需求，虽然有一点稚嫩，但他们去追求个人成长和存在感是历史趋势，与外界的环境完全符合。

讲到现在，你觉得你的教育符合这个年代吗？就你对于孩子的教育，真正能够让他们胜任这么一个年代吗？胜任这么一个理性减退、概念增加，专业、行业、职业都迅速变化，真正追求幸福，而不是追求成功的年代吗？

三、未来世界的主人翁需要什么教育

第一个从理性到感性。著名未来学家丹尼尔·平克说未来有六种技能：设计感、讲故事的能力、整合事物的能力、共情能力，还有你需要会玩，你需要找到意义感。简单说，2040 年当我们和美国的人均 GDP 平等的时候，活得很好的人应该是这样：有品位，会讲故事，能跨界，有人味儿，会玩儿，而且有点自己的小追求。

如果在 20 世纪 90 年代，可能家长们会建议儿女们选择公务员、银行柜员和土木工程师。因为一技藏身，有一个组织，有一个单位最安全。可能近些年家长会鼓励孩子们去读国际贸易、金融和计算机工程。但是在 2040 年，社会中最核心、最优秀的一群人，在我看来一定干着像产品经理、导演、旅游设计师这种人文和科技交融的职业，这种职业才是未来的大趋势。

第二个就是从规划到创造。我们总是希望未来被计划、被设定，父母希望孩子能够很早就定下来，不要动。在我看来，未来你给孩子最大的伤害，莫过于在所有需要做最重要决定的时候不让他做，小学不让他做，大学不让做，媳妇不让他挑，房子不让他选，工作帮他找好了。于是到他 35 岁那年，真正面临他的职业变化的时候，你什么都不懂，而他一次都没有做过选择。所以在今天一个真正比较恰当的人生态度是适应比规划更重要，我们应该鼓励孩子们定一个三到五年的计划就足够了，然后有极强的跨界整合的能力，保持好奇，拥抱变化，在恰当的时候可以创造自己喜欢的事业。

第三是一定要让你的孩子拥有幸福的能力。在一个不是每个人都能成功的世界，一定要让你的孩子有一个幸福的能力。所谓幸福是有意义的快乐。爱因斯坦成功地创造了一个能发挥自己优势的工作方法，有些人可以把兴趣变成自己的热爱，还有些人找到工作背后的意义感。所有这一切都能让你觉得工作虽然不是最成功，但一定是更加幸福，因为在今天这个网络时代，没有一个人看到自己是最成功的。

再讲一个真实的故事，我有一个朋友是老师，有一天他在一个小吃店吃饭，走进来一个中年人，提着一个小提琴，旁边跟着一个小姑娘，一看就知道刚参加过一个小演出，但这个小姑娘嘟着嘴不开心。原来这个小姑娘刚刚参加过小提琴的三级考试，没考过。她父亲就说，爸爸当年给你报这个小提琴班，不是为了让你过级。爸爸就是希望有一天你长大了，爸爸不在你身边，你觉得不开心了，把琴箱打开，帮自己拉一曲，那个熟悉的音乐走出来，环绕着你，就好像爸爸还在你身边一样。我就希望你有一个这样的爱好，能在这个时刻陪伴着你。我那位朋友听完很不争气地哭了。所以我想，让自己幸福的能力也是极其重要的，尤其在未来信息透明、不可能人人成功的世界，你一定要帮你的孩子拿到这个能力。

最后总结一下，我觉得未来主人翁有这么几个技能：第一个有感性的思考力，而不仅仅是理性思考力。第二个应该有生涯应变能力和创造力，要多于规划能力。第三个应该有让自己幸福的能力，让自己成功、不成功的时候都能幸福。我觉得从强到美是未来孩子培养的方向，我们要培养很多美的人。

最后我要讲一个对我来说很重要的故事，让我开始决定做生涯规划的工作。这个故事的主人公是爱因斯坦，有一个普林斯顿大学的学生，他是校报记者，有一天接到一个任务去采访爱因斯坦。而恰巧这个家伙是物理系的学生，你可以想象一下，一个物理系的学生能够采访到爱因斯坦，他激动坏了。他看完了爱因斯坦所有的访谈，发现没有一个问题是真真正正懂得科学的人问出来的，他发誓一定要作为物理系的学生问爱因斯坦一个真正智慧的问题，挖出爱因斯坦真正的智慧。他在一个大的图书馆里面读书，巨大的天顶，桌子上面有绿色的吊灯。读书到晚上两三点，突然一个灵感打动了他的脑袋，有一个绝妙的问题，他小心翼翼把这个问题抄下来，对折再对折，放在自己前面左边的兜里，就揣着回家睡觉。

第二天下午两点半他来到爱因斯坦的小楼前，敲门，门打开了，爱因斯坦就站在他面前，跟照片一样，爱因斯坦有一个爆炸头，穿着一个睡衣，下面踩着羊毛拖鞋，踩在卡其色的地毯上。爱因斯坦冲他点点头，示意他进去，左手拿着个烟斗。这个年轻人就跟他一起走过走廊，进入客厅。客厅大概是十多平方米，有一个沙发，沙发旁边有一个咖啡壶，正在煮咖啡，发出咕噜咕噜的声音，整个房间弥漫着神奇的咖啡和烟草混合的味道。很多年以后，年轻人回想起那天的下午，他就想起那个神奇的烟草和咖啡的混合味。

爱因斯坦坐定，这个年轻人就问：作为当代最伟大的科学家，你觉得什么是这个时代最重要的科学问题？爱因斯坦说，嗯，这是个好问题。这个年轻人很高兴，心想我难倒爱因斯坦了，于是等着爱因斯坦回答。爱因斯坦闭着眼睛，时间过得很慢很慢，灰尘在光线里面飞，房间弥漫着咖啡豆和烟草的味道。大概过了 15 分钟，爱因斯坦看着年轻人，眼睛里闪烁着光芒，年轻人知道他有答案了。爱因斯坦说，如果真有什么关于最重要的科学问题，我想就是这个世界是善良的还是邪恶的。

这个年轻人说，爱因斯坦先生，这难道不是一个宗教问题吗？爱因斯坦说不是，因为如果一个科学家相信这个世界是邪恶的，他将终其一生去发明武器、创造壁垒，创造伤害人的东西，创造墙壁，把人隔得越来越远。但如果一个科学家相信这个世界是善良的，他就会终其一生去发明联系，创造链接，发明能把人连得越来越紧密的事情。说完这一切，爱因斯坦闭上眼睛，这个年轻人知道他拿到了答案，他轻轻起身，穿过那个长廊，把门带上。这个答案第二天在报纸上登了出来，也影响了很多人，而这个年轻人后来成为互联网的创始人之一。

所以我想说在生涯方面，如果有什么最重要的问题，我觉得不是技术，也不是未来需要什么能力，也不是我们有什么技术方法，而是你对于未来的信心是什么样的。一切都是面向未来的，所以你对于未来世界的信念就是最重要的教育信念。如果一个家长、一个老师相信未来是善良的，那么他就教孩子们去打开可能性，去创造可能，去尝试更多，去体验精彩。但如果一个家长和老师相信未来是灰暗的，就会教孩子保护自己，开始死读书，熬过那些考试，找一份安稳的工作，做一个老老实实又平庸的人。所以我想说你对于这个未来世界的判断其实是关于生涯教育最重要的话题。我有了自己的答案，所以这是我写给自己一岁女儿的信，我说亲爱的弯弯，希望你活得认真，活得精彩，跟自己比，希望你过上我从未理解、也未曾看见的生活。

选自《新东方家庭教育》

附 丛书阅读导图

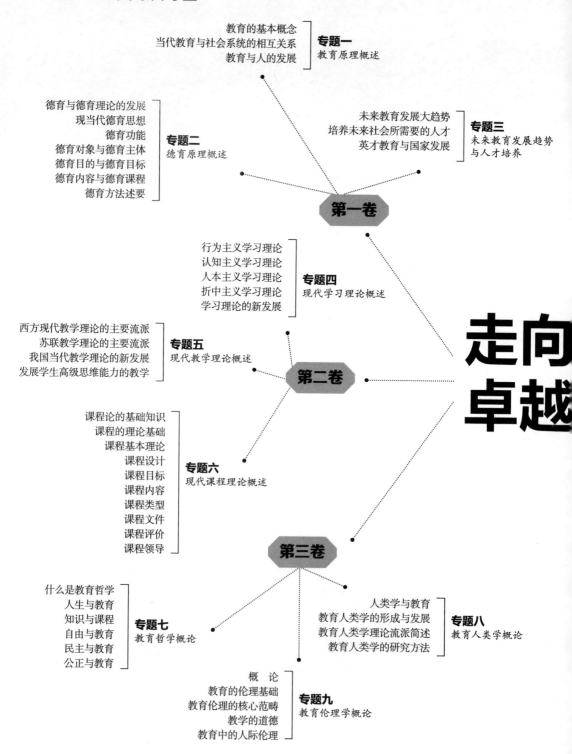

教育的基本概念
当代教育与社会系统的相互关系
教育与人的发展

专题一
教育原理概述

未来教育发展大趋势
培养未来社会所需要的人才
英才教育与国家发展

专题三
未来教育发展趋势
与人才培养

德育与德育理论的发展
现当代德育思想
德育功能
德育对象与德育主体
德育目的与德育目标
德育内容与德育课程
德育方法述要

专题二
德育原理概述

第一卷

行为主义学习理论
认知主义学习理论
人本主义学习理论
折中主义学习理论
学习理论的新发展

专题四
现代学习理论概述

西方现代教学理论的主要流派
苏联教学理论的主要流派
我国当代教学理论的新发展
发展学生高级思维能力的教学

专题五
现代教学理论概述

第二卷

课程论的基础知识
课程的理论基础
课程基本理论
课程设计
课程目标
课程内容
课程类型
课程文件
课程评价
课程领导

专题六
现代课程理论概述

走向
卓越

第三卷

什么是教育哲学
人生与教育
知识与课程
自由与教育
民主与教育
公正与教育

专题七
教育哲学概论

人类学与教育
教育人类学的形成与发展
教育人类学理论流派简述
教育人类学的研究方法

专题八
教育人类学概论

概 论
教育的伦理基础
教育伦理的核心范畴
教学的道德
教育中的人际伦理

专题九
教育伦理学概论

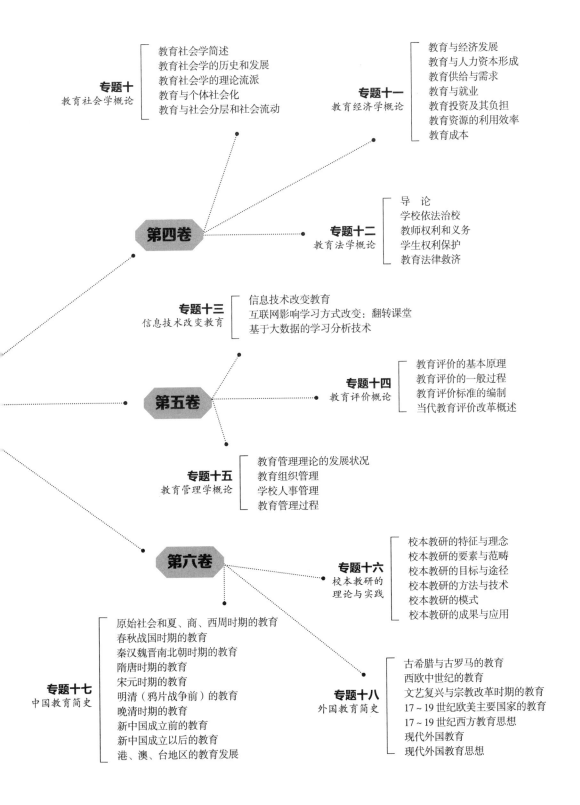

专题十
教育社会学概论

- 教育社会学简述
- 教育社会学的历史和发展
- 教育社会学的理论流派
- 教育与个体社会化
- 教育与社会分层和社会流动

专题十一
教育经济学概论

- 教育与经济发展
- 教育与人力资本形成
- 教育供给与需求
- 教育与就业
- 教育投资及其负担
- 教育资源的利用效率
- 教育成本

第四卷

专题十二
教育法学概论

- 导　论
- 学校依法治校
- 教师权利和义务
- 学生权利保护
- 教育法律救济

专题十三
信息技术改变教育

- 信息技术改变教育
- 互联网影响学习方式改变：翻转课堂
- 基于大数据的学习分析技术

第五卷

专题十四
教育评价概论

- 教育评价的基本原理
- 教育评价的一般过程
- 教育评价标准的编制
- 当代教育评价改革概述

专题十五
教育管理学概论

- 教育管理理论的发展状况
- 教育组织管理
- 学校人事管理
- 教育管理过程

第六卷

专题十六
校本教研的
理论与实践

- 校本教研的特征与理念
- 校本教研的要素与范畴
- 校本教研的目标与途径
- 校本教研的方法与技术
- 校本教研的模式
- 校本教研的成果与应用

专题十七
中国教育简史

- 原始社会和夏、商、西周时期的教育
- 春秋战国时期的教育
- 秦汉魏晋南北朝时期的教育
- 隋唐时期的教育
- 宋元时期的教育
- 明清（鸦片战争前）的教育
- 晚清时期的教育
- 新中国成立前的教育
- 新中国成立以后的教育
- 港、澳、台地区的教育发展

专题十八
外国教育简史

- 古希腊与古罗马的教育
- 西欧中世纪的教育
- 文艺复兴与宗教改革时期的教育
- 17～19世纪欧美主要国家的教育
- 17～19世纪西方教育思想
- 现代外国教育
- 现代外国教育思想